U0484287

中国大事看重点100件大事

刘乐土◎编著

华夏出版社
HUAXIA PUBLISHING HOUSE

图书在版编目（CIP）数据

中国大事看重点——100件大事/刘乐土编著.－北京：华夏出版社，2012.1
（完美人生读书计划）

ISBN 978-7-5080-6535-9

Ⅰ.①中… Ⅱ.①刘… Ⅲ.①中国历史－历史事件 Ⅳ.①K205

中国版本图书馆CIP数据核字（2011）第111334号

中国大事看重点——100件大事

编　　著：	刘乐土
策　　划：	景　立　浩典图书
责任编辑：	赵　楠　刘晓冰　李春燕
责任印制：	刘　洋
装帧设计：	浩　典／道·光
出版发行：	华夏出版社
社　　址：	北京市东直门外香河园北里4号
邮政编码：	100028
经　　销：	新华书店
印　　刷：	三河市李旗庄少明印装厂
装　　订：	三河市李旗庄少明印装厂
开　　本：	720×1030　1/16开
印　　张：	26
字　　数：	459千字
版　　次：	2012年1月北京第1版
印　　次：	2012年1月北京第1次印刷
书　　号：	ISBN 978-7-5080-6535-9
定　　价：	35.00元

本版图书凡印刷、装订错误，可及时向我社发行部调换

目录 CONTENTS

前言 / 1
人定胜天：大禹治水的传奇 / 2
周公"制礼作乐" / 7
齐桓公成就旷古霸业 / 12
晋楚的较量 / 16
卧薪尝胆换江山 / 22
范蠡激流勇退 / 27
不可抗拒的割据趋势 / 29
孔孟儒家学说的形成 / 33
兵学圣典《孙子兵法》 / 36
变法先驱：商鞅 / 39
游说之士与合纵连横 / 43
流血漂橹的长平之战 / 48
吕不韦以美女为饵钓江山 / 52
法家以法治国的理论根源 / 54
秦灭六国锐不可当 / 57
前所未有的秦始皇中央集权制度 / 62
修筑万里长城 / 66
焚书坑儒的浩劫 / 70
大泽乡陈胜、吴广起义 / 75
刘邦、项羽楚汉之争 / 79
西汉文景之治 / 84
七国割据起烽烟 / 88
张骞开辟丝绸之路 / 94
君权神授的佐证 / 98
汉武帝抗击匈奴 / 101
士大夫苏武牧羊 / 106

公元前221年

司马迁忍辱著《史记》/ 110
王莽托古篡政 / 114
摧枯拉朽的绿林赤眉起义 / 119
来之不易的光武中兴 / 123
挑战神学的朴素唯物主义学说 / 127
以悲剧收场的党锢之争 / 130
不堪暴政的黄巾大起义 / 134

公元25年　公元208年　公元589年　公元690年

以少胜多的官渡之战 / 138
形成三足鼎立局面的赤壁之战 / 142
三国归晋 / 146
野心与权欲书就的八王之乱 / 150
葬送前秦的淝水之战 / 154
北魏孝文帝历尽艰辛的强国之路 / 158
隋文帝势如破竹统一南北 / 162
物阜民丰的开皇之治 / 166
开凿亘古罕见的大运河 / 170
席卷全国的隋末农民起义 / 173
手足相残的玄武门之变 / 178
弘扬农学的《齐民要术》/ 181
中华盛世贞观之治 / 183
千古传颂的文成公主和亲 / 186
中国历史上唯一的女皇帝 / 189
国力鼎盛的开元之治 / 193
大唐兴衰的转折点——安史之乱 / 196
牛李党争 / 201

唐末黄巢大起义 / 205

阿保机建国 / 209

石敬瑭贪权割燕云 / 214

赵匡胤兵不血刃得江山 / 218

隐患消弭于杯酒间 / 222

化干戈为玉帛的澶渊之盟 / 226

旷世史书《资治通鉴》/ 230

王安石变法 / 234

阿骨打建女真国 / 239

公元960年　　　公元1368年

覆灭北宋的靖康之变 / 243

为封建专制服务的宋明理学 / 248

岳飞抗金 / 252

驰骋大漠的成吉思汗 / 257

忽必烈统一中国 / 262

红巾军起义 / 266

乞丐皇帝建立明朝 / 270

叔侄相残的靖难之役 / 275

创造人类航海史奇迹的郑和 / 279

千古流芳的《永乐大典》/ 284

土木之变 / 287

可歌可泣的卫国斗士戚继光 / 291

张居正改革 / 295

药物学的里程碑:《本草纲目》/ 299

东林党争 / 302

访遍千山万水的徐霞客 / 307

李自成起义 / 310

"三言二拍"引发的文学革命 / 314

闯入山海关的清兵 / 316

郑成功收复台湾 / 321

平定三藩，一统天下 / 326

康熙帝抗击沙俄 / 330

安疆靖域的准噶尔之战 / 335

石破天惊的《红楼梦》/ 339

鸦片战争惊醒"天朝大国"迷梦 / 342

不平等的《南京条约》/ 346

太平天国运动 / 350

"师夷长技以制夷"的洋务运动 / 355

中日甲午战争 / 359

昙花一现的戊戌变法 / 364

义和团运动 / 368

丧权辱国的《辛丑条约》/ 373

中国同盟会的成立 / 378

给封建专制制度致命一击的辛亥革命 / 382

中华民国的成立 / 386

新文化运动 / 390

五四运动 / 394

震撼现代文坛的《沉沦》/ 398

荡涤心灵的徐志摩新诗 / 401

九·一八事变 / 404

公元1661年

公元1851年

公元1919年

前言
PREFACE

  安静的阅读能带来头脑的充实、心境的平和以及性格的完美，但在现代社会匆忙的生活节奏中，你每天可以有多少时间去阅读？很少？甚至没有？让我们在匆忙的物质生活中抬起头来，去精神的世界里遨游一番。阅读能带来心灵的洗涤和精神的震撼，用知识装满头脑，你的人生才能够逐步完美。去安静地阅读吧！你获得的将不只是知识，还有受益匪浅的完美人生！

  在悠悠的历史长河中，我们的先辈给我们留下了丰厚的文化遗产。在历史进程中，数以万计的灵魂人物涌现出来。他们是历史这辆火车的轨道铺路人，也是这辆火车的操纵者。可能这些在厚重的历史面前只能算沧海一粟，但我们却可以借助它们去了解历史，了解世界。卷帙浩繁，完美人生的阅读从何处开始呢？

  《完美人生读书计划》丛书将人类历史中最具有代表性的名书、名人、名址、名文、建筑、学说、大事、战争一一分类收录，各自成册，方便读者阅读。本套丛书内容丰富，种类齐全，使读者可以全面而精简得当地了解完备的知识，进而完成完美人生的读书计划。

  从周朝的礼乐之邦，到秦朝一统的强大气势；从大汉的泱泱帝国，到魏晋的儒雅风度；从大唐的鼎盛之朝，到五代的分崩离析；直至最后元明清的统一，历史经历了分分合合，《中国大事看重点——100件大事》，纵览影响中国历史的100个重大事件——读知历史，收获智慧！

发生地点	发生时间	推荐理由
黄河流域	4000多年以前	大禹治水不仅是中国古人战胜自然的神话，更是华夏民族智慧和力量的象征。

人定胜天：大禹治水的传奇

事件介绍

大约在四五千年以前，我国黄河流域和长江流域一带居住着许多氏族部落。尧、舜、禹是黄帝以后我国黄河流域先后出现的三个很有名的部落联盟的首领。尧的发祥地是山西汾水流域，舜的部落居住在今河南的北部和中部，禹的祖先开始居住于河套一带，禹的时候迁至今河南西部。尧舜禹时期是我国从原始社会向奴隶社会过渡的父系氏族公社时期，当时人们的生产能力很低下，生活条件相当艰苦。

尧做部落联盟首领时，黄河流域发生了特大水灾，房屋被毁，田地被淹，到处是茫茫一片的洪水，人们流离失所。很多人被无情的洪水淹死，活着的人们也不得不逃到高山上去躲避灾难。为了解除水患，尧召开部落联盟会议，请众部落首领共商治水大事。群臣和四方部落的首领公推鲧去办理。尧认为鲧太任性，对他并不信任，但是部落首领们坚持让鲧去治水，尧才勉强同意。

鲧到了治水的地方以后，只是采用了水来土挡、造堤筑坝的传统办法，哪里有水害，他就指挥在哪里竖起屏障，堵塞洪水。他还把人们的活动区域用土墙围了起来，洪水来时，就不断地把土墙加高加厚。但是由于洪水异常凶猛，不断冲击土墙，结果堤毁墙塌，水灾

帝尧像。帝尧在位七十年,九十岁时禅位于舜。

反而闹得更凶了。鲧治水九年,劳民伤财,却没有把洪水制服。

尧年老的时候,按照当时的"禅让"制,大家推举舜为尧的继承人。尧死后,舜当上了部落联盟的首领。舜登基之后,到四方去巡行,并亲自到水灾地区巡视治水情况。他见鲧对洪水束手无策,并且耽误了大事,就把鲧处死在羽山。传说中还有另一种说法,鲧为治水,到天上偷了天帝的一种叫"息壤"的东西到人间。"息壤"可以生长,如果哪里被洪水淹没,只要在那里放上一点,那里就会立即长出平地。天帝发现"息壤"被盗,大怒,下令把鲧处死于羽山。鲧治水失败被杀之后,帝舜寻求治理洪水之人,四方部落首领又共同推荐鲧的儿子禹。舜同意了,让禹继承父亲的事业,并勉励禹说:"如平水土,维是勉之。"并同时派商族的始祖契、周族的始祖弃、东夷族的伯益和皋陶等人一同协助禹治水。

禹是个精明能干、吃苦耐劳、大公无私的人。在接受治水任务时,他刚刚和涂山的一个姑娘结婚。意志坚强的大禹,想起数十年来群众饱受水灾之害的痛苦,他清楚地意识到自己肩负的重大责任,便毅然告别妻子,来到治水工地。

帝舜像。舜与尧并称,为传说中的帝王。

3

大禹和他的徒众不畏艰险，经过艰苦的实地考察，对各地的水情都做了认真细致的分析研究，制定了一套切实可行的方案：一方面要继续加固和修筑堤坝；另一方面，改鲧过去"堵塞"的办法为"疏导"的方法来根治水患。原来，黄河水系有主流、支流之分，如果把主流继续加深加宽，把支流疏通并与主流相接，这样就可使所有支流的水都流向主流。把原来的高处培修得更高，把原来的低地疏浚使它更深，便自然形成了陆地和湖泽，再把这些大小湖泽与大小支流连接起来，洪水就能畅通无阻地流向大海了。

靠着坚持不懈的精神，大禹指挥人们花了十年左右的工夫，挖通了一座又一座大山，疏通了一条又一条河渠。他公而忘私，把全部身心都用在开山挖河的事业中。大禹为了治水"三过家门而不入"的故事被传为美谈，至今仍为人们所传颂。

经过十几年坚持不懈的努力，大禹用疏导的办法取得了治水的成功。治水成功之后，大禹来到茅山（今浙江绍兴城郊），召集各部落首领，论功行赏。他还组织人们发展农业生产。他派伯益把稻种分发给广大群众，让他们在气候适宜的地方种植水稻；又派后稷教给大家种植不同品种农作物的方法；还让人们在湖泊中养殖鱼、鸭、鹅等，种植蒲草。伯益又改进了凿井技术，使农业生产有了较大的发展，水害变成了水利，到处都出现了五谷丰登、六畜兴旺的繁荣景象。

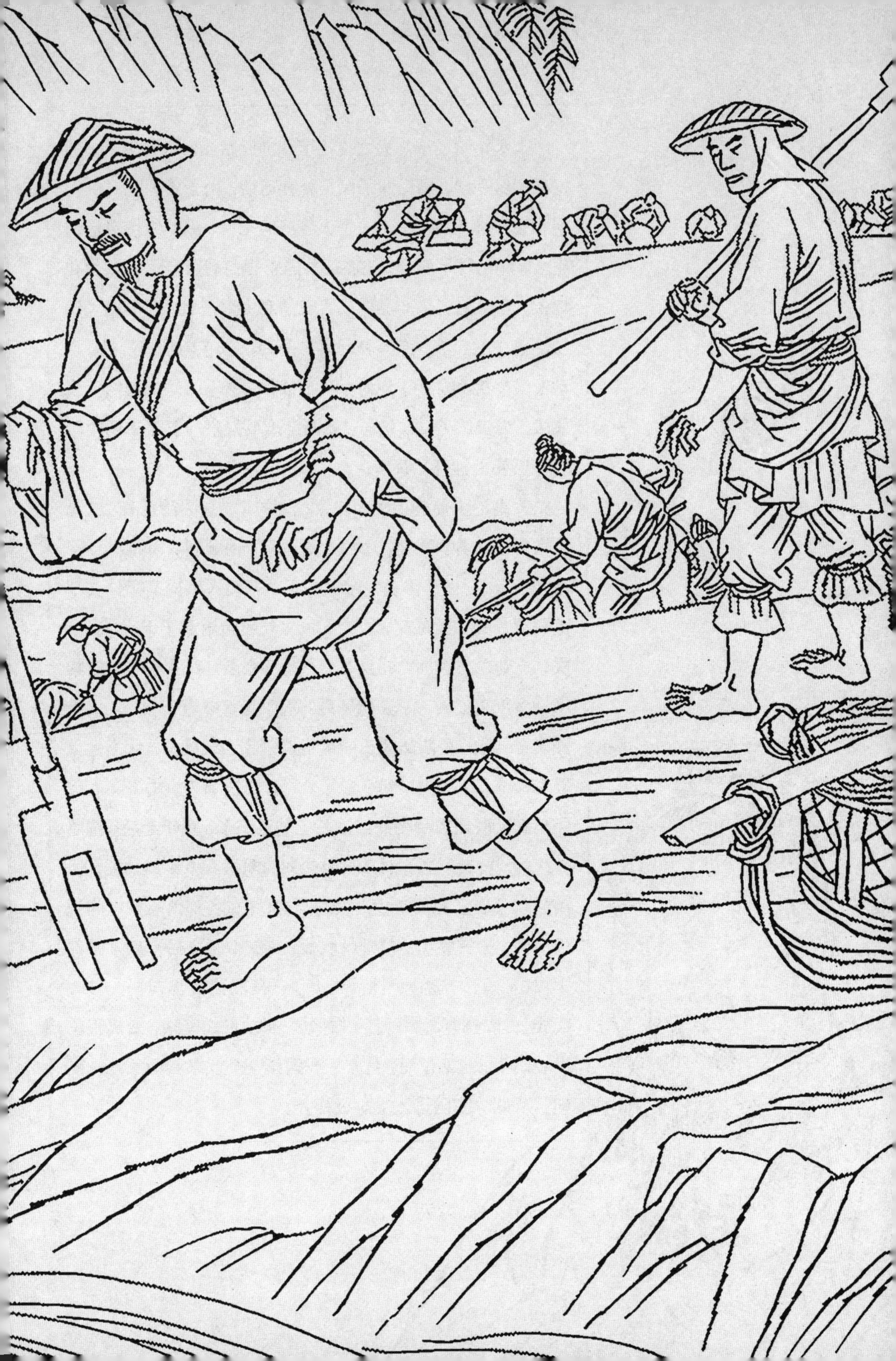

三过家门而不入的治水先贤大禹像

大禹治水的成功大大促进了我国原始社会末期生产力的发展。那时候，已经到了氏族公社后期，由于农业生产的发展和生产能力的提高，一个人生产的东西，除了维持自己的生活，还出现了剩余。氏族部落的首领们利用自己的权力和地位，开始把剩余产品变成自己的私人财产，逐渐形成了氏族部落中的贵族。部落和部落之间为了争夺剩余的产品，常常发生冲突和战争。他们不再把战俘杀掉，而是把他们变成奴隶，为贵族劳动。这样，就渐渐形成奴隶和奴隶主两个阶级，氏族公社开始瓦解。

大禹治水促进了我国阶级社会的形成。因治水有功，禹被大家公认为舜的得力助手。舜死后，他顺理成章地继任部落联盟首领。由于禹在治水中的丰功伟绩大大提高了他在部落联盟首领中的威望，原始的民主气氛渐渐淡了下来。有一次，禹到东方视察，并且在会稽山（今浙江绍兴一带）召集了许多部落的首领。去朝见禹的人手里都拿着玉帛，仪式十分隆重。有一个叫防风氏的部落首领到会最晚。禹认为他怠慢了命令，下令把防风氏杀了。经过这次事件，禹事实上已经从部落联盟首领变成名副其实的国王了。禹年老后，按照传统的"禅让"制，部落联盟首领的职位应该传给伯益。但禹的儿子启已经拥有相当大的实力，并在各部落联盟之间积极活动，企图取代伯益部落联盟首领的位置。后来启率领部下攻击伯益，并杀掉了他，当上了部落联盟首领。这样一来，氏族公社时期部落联盟的"禅让"制被正式废除，变成王位世袭制了。启即位后，建立了我国第一个奴隶制国家——夏朝。从此，我国进入了阶级社会。

发生地点	发生时间	推荐理由
今河南一带	公元前11世纪	西周的建立与礼乐文明的兴盛，不仅对历史发展影响深远，而且对民族统一体的形成意义重大。

周公"制礼作乐"

事件介绍

秦岭脚下，渭水河畔，一位七十岁高龄的老者，在此怡然垂钓。只见他童颜鹤发，气宇轩昂，更令人不可思议的是他的鱼钩是直的，而且离水面有三尺之高。这位老者正是姜子牙。

姜子牙是个有才略的人，胸怀济世之志，一心想施展自己的抱负。他勤学苦读，孜孜不倦，可谓是上通天文，下知地理，深谙治国安邦之道，但在商朝却无用武之地。岁月蹉跎，转眼已到了垂暮之年，他仍然是怀才不遇，在穷困潦倒中度日。

白发苍苍的姜子牙，听说周国经济发达，政治清明，社会稳定，大得人心，很想到周国一展自己的才略。而周文王姬昌也正求贤若渴，为治国兴邦而广揽人才。姜子牙于是离开商朝，不辞劳苦，来到了周的领地渭水之滨，终日以钓鱼为生。姜子牙垂钓，自然是醉翁之意不在酒了。

周文王得知姜子牙垂钓之事后，在文武大臣的前呼后拥下，来到姜子牙垂钓之地，并单膝下跪，向姜子牙施大礼，表明来意。为了表示诚意，周文王还把姜子牙扶上自己的马车，并亲自驾辕。途中突然绳断车停，姜子牙问周文王："你拉我多少步，可曾记得？"文王回答道："800步。"姜子牙立即拍手笑道："好！我就保你大周江山800年。"后来周文王拜姜子牙为军师，伐商灭纣，完成了兴周大业，周朝江山果然持续了800年。

商朝末年，国势日益衰落。商纣王性情残暴，是中国典型的暴君，他统治的暴虐程度，也是我国历史上前所未闻的。反对他的人，甚至向他劝谏的亲信臣僚，都被施以重刑，轻则终生残疾，重则全家丧命。纣发明了酷刑："炮烙"之刑。"炮烙"之刑就是用青铜铸造一根中间空的柱子，把"罪人"绑在柱子上，上面烧火，将人活活烙死。朝内有一个大臣，极力反对纣的这些惨无人道的暴行，纣就把他杀了，剁成肉酱，分赏给诸侯吃，并宣布再有劝谏者，照此处罚。他甚至以暴虐为乐，以至"剖孕妇而观其儿"，"杀比干而观其心"。

为了淫乐，纣甚至想出了"酒池肉林"的方式，"以酒为池，悬肉为林，使男女裸相逐其间，为长夜之饮"。"酒池"就是在人工挖成的池塘中放满了酒，可以供数千人狂饮而不竭；"肉林"就是把肉悬挂在树上，人们可随便伸手摘取食用。纣王取乐时，还命令成群的赤身裸体的男男女女在"酒池肉林"间嬉笑寻欢，常常是通宵达旦。

当商纣王一味沉湎于花天酒地之中时，地处商朝西边的一个属国周在周文王姬昌的领导下，开始了灭商兴周的大业。周文王大力发展农业，并牢记古公亶父的遗训，招贤

▶ 直钩垂钓的姜太公。

纳才，对有真才实学的人倍加敬重。当时，不少著名的能人听到周文王广求贤才的消息，都纷纷跑到周国归顺他，就连商王朝的大臣也有跑到周国的。

周国日趋强盛起来，引起了商王朝的恐惧，商王朝的大臣崇侯虎把周国聚集人力、物力准备反商的情况报告给了商纣王。商纣王听后十分恼怒，马上把周文王抓来，关在羑里（今河南汤阴县北）。周文王手下的贤才们想出了一条妙计，他们把美女、好马和大量的财宝奉献给纣王，以示周国对商朝的"忠诚"和"顺从"。贪婪好色的商纣王果然释放了文王，还赐给他弓、矢、斧、钺等武器，授予文王对小国自行征伐的权力。文王回到周国后，对商纣王更加仇恨，并不遗余力要找到能辅佐周国讨伐商纣王的人才。

周文王自得到姜子牙后，事事与他商量，并尊称他为"太公"。姜子牙帮助周文王制定了一系列发展经济的措施，极大地促进了周国的经济发展，为后来兴兵伐纣奠定了稳固的经济基础。

只可惜周文王灭商的夙愿还没实现，就病逝了。姜子牙又继续辅佐文王的儿子周武王。公元前1027年，周武王和姜子牙、周公等率领兵车300乘、虎贲3000人、步卒45000人东进伐纣，并向全国诸侯发表伐纣檄文说："纣有深重的罪恶，不可不消灭。"周武王的军队来到孟津，会合了伐纣的各路人马，并争取到分布在西北、西南和长江、汉水流域的各诸侯国前来助战。周武王在孟津举行了誓师大会，历数纣王"自绝于天"的罪行，痛斥商纣王沉湎酒色，暴虐残忍，祸害下民，耗竭民力，大兴土木，并号召各诸侯齐心协力，共同伐纣。誓师后，武王率大军由孟津冒雨迅速东进，渡过黄河，兼程北上，抵达牧野，直指朝歌。

此时商朝上下，众叛亲离，怨声四起。当周武王观兵孟津时，纣王正在鹿台享受酒宴歌舞。得知周武王的军队已到达孟津，纣王惊慌失措，急忙命人于东夷各地调兵遣将，又将奴隶集中编队，发给矛、戈等兵器，还调集朝歌、沙丘等处的亲军、卫队，一共17万人。纣王本打算等驻守东夷的商军到达后再去与周交战，但周武王率领的联合大军已兵临城下，纣王只得南下，当他率领奴隶兵赶到朝歌南郊牧野（今河南淇县南70里）时，周武王率领的大军已抵达牧野。周武王十一年正月，我国历史上著名的牧野之战开始了。

周军人数虽不如商军多，但旌旗鲜明，队列严整，士气高昂，战鼓声、呐喊声震天，呈现出雄伟壮观的景象。商军中的奴隶和战俘心向武王，这时便纷纷起义，掉转戈矛，杀向商军，帮助周师作战。武王乘势以"大卒冲驰帝纣师"，猛烈冲杀敌军，商军十几万之众顷刻间土崩瓦解。在倒戈商兵的协助下，周军直抵朝歌城下。纣王见大势已去，深知自己若被擒获，必死无疑。当天晚上纣王仓皇逃回朝歌，登上鹿台，穿好衣服，把多年搜刮来的宝物堆积在身边，然后命人放火焚烧鹿台，自焚而死，从而结束了他暴虐的一生。

周武王率军到达朝歌城下，得知纣王自焚于鹿台，就亲自举旗，将伐纣的诸侯召集起来，以兴奋的心情宣布了这一消息。诸侯向周武王拜贺。然后，周武王率领诸侯进入朝歌，在鹿台前，亲自

◀ 西周时期的兽目交连纹温鼎。

周文王姬昌。周文王在中国历史上是一位名君圣主,被后世历代所称颂和敬仰。

对着鹿台连射三箭,又从车上下来,用剑对着鹿台挥舞三下,以示自己将纣王消灭。接着又命人把纣王的尸体抬出,虽然尸体已烧得不成形了,周武王还是用黄钺斩下商纣的头,挂在大白旗上,昭示商纣已被诛杀。翌日,周武王在朝歌设立了祭坛,举行隆重的仪式,宣告天下以周代商。从此,商王朝600年的统治结束,周王朝确立了对中原地区的统治地位。

周武王灭商之后,迅速分兵四出,征伐商朝各地诸侯,基本上控制了商朝原来的统治地区。为了不断巩固和稳定周王室的统治,周武王对天下进行分封,封神农的后代于焦,黄帝的后代于祝,尧的后代于蓟,舜的后代于陈,大禹的后代于杞,师尚父于齐,周公于鲁。同时还封商纣的儿子武庚于殷,由武王的弟弟管叔、蔡叔和霍叔三人加以监督,称为"三监"。殷都以东为卫,管叔监之;殷都以西为鄘,蔡叔监之;殷都以北为邶,霍叔监之。

不久,周武王病死,其子成王即位,由武王的弟弟周公旦掌管政事。管叔、蔡叔对此不满,并串通武庚,联合了东夷各国部落,发动叛乱。周公毅然决定调动大军东征,经过三年的持续战斗,平定了武庚、管、蔡的叛乱,进一步巩固了周朝的统治。

周公东征取得胜利之后,将殷商遗民一分为二,一部分分给了商纣王的哥哥微子启,封于商丘,国号宋。另一部分分给了成王的叔父康叔,封于殷商故墟,国号卫。吸取了武庚、管、蔡大规模叛乱的教训,周公决定按武王的计划营建洛邑(今河南洛阳),把"殷顽民"迁到那里,并派大军震慑,作为周王朝东部地区的政治、军事中心。从此,周朝有了两座都城,西部的镐京称为宗周,东部的洛邑称为成周。

发生地点	发生时间	推荐理由
今河南、山东一带	公元前6世纪	齐桓公称霸加速了新的制度的形成，促进了民族融合，保护了中原文化的完整。

齐桓公成就旷古霸业

事件介绍

齐桓公是春秋时期第一位真正的霸主，而管仲就是他称霸之路的功臣。他任用管仲在国内致力于生产、军事的改革，国力日益强盛，并打起"尊王攘夷"的旗号，"九合诸侯，一匡天下"，最终称霸中原。

公元前686年，齐襄公被他的两个大夫袭杀，齐国内部争夺王位的斗争异常激烈。齐襄公有两个弟弟，公子纠在鲁，公子小白在莒，鲁国和莒国都急于护送他们回国继承王位。鲁国在派军护送公子纠回国即位的同时，派管仲率兵拦截从莒归国的公子小白。管仲在途中遇上公子小白一行，还没正式交战，就先向公子小白前胸射出一箭。只见公子小白中箭后大叫一声，仰天倒在车中。管仲以为射死了公子小白，立即派人报知公子纠。公子纠得知对手已死，喜出望外，就慢悠悠地回国去了。其实，管仲那一箭正好射在公子小白腰间的带钩上，小白为了麻痹对方，就顺势倒下诈死，躲过了公子纠的追杀，在鲍叔牙的协助下抢先回国即位，这就是大名鼎鼎的一代名君齐桓公。

公子小白即位六天后，公子纠才慢悠悠地到达齐都临淄。鲁国不肯罢休，就将军队驻扎在临淄以东的乾时（今山东桓台县南）。两军交战，鲁军大败，鲁庄公弃车而逃，两名

12

武士打着鲁庄公的旗号引开齐军,后来成为齐军的俘虏,鲁庄公坐轻车逃回鲁国。齐桓公在乾时大败鲁军后,又派鲍叔牙带领军队逼迫鲁国杀死公子纠,交出管仲。

鲍叔牙知道管仲是个不可多得的人才,他辅佐齐桓公以后,就极力荐举管仲。管仲入齐后,齐桓公豁达大度,不计管仲一箭之仇,并知人善任,重用管仲,终于成就了旷古的霸业。

公元前684年春,齐桓公派大军进攻鲁国,鲁庄公率军反击,齐、鲁两军在鲁国的长勺相遇交战,结果齐军被鲁庄公用曹刿"彼竭我盈"的战术击溃,大败而逃。齐国在长勺大战中失败之后,战略重点转入征服周围的小国和整顿内政上。齐桓公任用管仲为相,在齐国实施了一系列重要的改革措施,极大地促进了齐国国力的发展。

齐国经过管仲改革,国力很快强盛起来。在整顿内政的同时,齐国也开始对外进行武力扩张。公元前681年,齐桓公约宋、鲁、陈、蔡、卫、郑、曹、邾等诸侯国会盟于北杏(今山东东阿县北),意欲成为盟主。结果,八国中鲁、卫、曹、郑拒不出席,到会的宋国又中途退出,北杏会盟失败。齐借口鲁不出席会盟,再度伐鲁,并迫使鲁与齐结盟。公元前680年,齐桓公以宋"背北杏之会"为由,联合陈、曹等国,并请周王室派军相助,以天子之名义伐宋,宋被迫求和。公元前679年,齐、鲁、宋、卫、

陈、郑在卫国的鄄（今山东鄄城北）会盟，齐桓公主盟，成为诸侯之长，这是他称霸的开始，史称"齐始霸也"。

齐桓公称霸后，管仲又向齐桓公提出了"尊王攘夷"的谋略，以巩固齐国的霸主地位。

正当齐桓公称霸中原之际，南方的楚国也迅速强大起来，开始北上中原争雄。地大物博、物质力量雄厚的楚国，先平定了周围的一些小国。楚成王时，先后灭掉申、息、邓等国，并伐黄服蔡，屡次攻伐随国，逼进郑国。郑国无力与楚抗衡，准备依附楚国。为了阻挡楚国北上，公元前659年，齐桓公召集鲁、宋、郑、曹、邾等国商议救郑，形成了中原诸国与楚国对峙的局面。公元前656年春天，齐桓公率领齐、宋、陈、卫、郑、许、曹、鲁八国的军队攻打蔡国，蔡国寡不敌众，一战即溃，八国军队长驱直入，到达楚国边境陉地（今河南偃城县南）。楚成王派遣使者屈完去与诸侯军队言和，并发誓臣属于周王室。诸侯军队退兵到召陵（今河南偃城县东）驻扎，齐桓公在召陵与屈完订立了盟约。召陵之盟事实上等于楚国承认了齐国在中原的霸主地位，也暂时阻挡住了楚国向北扩张的势头。

公元前656年，周天子欲废太子郑，改立宠妃所生的公子带为太子。为了安定王室，公元前655年，齐桓公在首止（今河南睢县东）会合宋、鲁、陈、卫、郑、许、曹等国国君与太子郑会盟，以定太子之位。周天子召见郑文公，告诉他打算立公子带为太子，要他同楚国一起辅佐王室。郑文公于是借口国内有事，逃盟而去。其余七国歃血为盟，约定：凡我同盟，共辅太子，佐助王室，谁违盟约，即受天罚。公元前654年，齐国以郑文公逃盟为由，率鲁、宋、陈、卫、曹等国军队讨伐郑国，楚成王出兵包围许国，迫使齐桓公解郑国之围。公元前652年，周天子去世，太子郑即位，即周襄王。周襄王担心其弟带会争位，于是秘不发丧，向齐桓公求助。公元前651年，齐桓公率鲁、宋、卫、许、曹的国君与周襄王的大夫在洮地（今山东鄄城西）会盟，以巩固周襄王的王位，周襄王王位稳定下来后才发丧。

公元前651年，齐桓公与宋、鲁、卫、郑、许、曹

辅佐齐桓公创立霸业的管仲。

等国的国君及周襄王的使者宰孔在葵丘（今河南兰考县）相会。周襄王为了感谢齐桓公对他的支持，让宰孔把天子祭祀祖先的祭肉赏赐给齐桓公。按照当时的礼制，天子祭祖的物品只能分给同姓国家，齐是姜姓，没有分享祭品的权力，周襄王赏赐齐桓公祭肉，是表示对齐桓公的特别敬重。齐桓公听从管仲的意见，下堂行跪拜礼，宰孔又说周襄王加赐齐桓公一等爵位，不必下拜。齐桓公表示谦虚，跪拜受赐。当时周天子已经没有什么实权，齐桓公的"尊王"表现，意在"挟天子以令诸侯"。而周襄王赏赐齐桓公，也是为了依靠齐桓公霸主的势力而维护自己天子的地位。

然后，齐桓公向各诸侯国国君宣布了一系列结盟的规定和周王朝的禁令，其中包括不得更易太子、不允许以妾为嫡妻、不得私自分封国邑等条文，维护了周天子定下的宗法制度。盟约还声称，凡是参加结盟的国家，结盟之后要不计前嫌，言归于好，不得有意不卖给邻国粮食，不许再互相攻伐。这次盛会正式确立了齐桓公的霸主地位，标志着齐桓公的霸主事业达到顶峰。管仲为创立霸业立下了不朽的功勋，被齐桓公尊为仲父。

齐桓公死后，齐国国势日益衰落，又出现了晋文公称霸、晋楚争霸、吴越争霸的局面。整个春秋历史，就是诸侯列国割据争霸的战争史。各诸侯国的争霸战争，是奴隶制接近崩溃的反映。

发生地点	发生时间	推荐理由
今河南、山东一带	公元前6世纪到公元前7世纪	晋楚争霸是民族融合与统一中原的前奏曲。

晋楚的较量

事件介绍

晋文公重耳，是春秋时期具有雄才大略的一代君主，聪明贤达，老成持重，而他的图霸事业却历尽了艰难险阻。直到六十多岁时晋文公才登上帝位，而之前他曾因为晋国内乱，而被迫在外流亡19年。

晋献公晚年十分昏庸，他的宠妃骊姬为了让自己的儿子奚齐即位，就设毒计谋害太子申生，申生被迫自杀。申生的弟弟重耳，为了躲避迫害，决定流亡。为斩草除根，晋献公急忙派人去追杀重耳。在狐偃等一批大臣的护卫和追随下，重耳逃到自己母亲的国家狄国避难，开始了长期的流亡生活。

重耳逃到狄国的时候，跟从他的人有狐偃、赵衰、魏武子、贾佗、先轸等人，这些人都是当时晋国很有才能的人。重耳在狄国一躲就是12年，狐偃等人害怕重耳在狄国一直住下去，会变得全无斗志，于是对重耳说："当初我们到狄人这里来，非以狄为荣，而以其可以成事。现在我们应该到齐国或楚国去，寻求帮助，以成大业。"于是重耳带领随臣们离开狄国，投奔齐国去了。

重耳到齐国后，受到了齐桓公的热情款待。齐桓公把自己的女儿嫁给重耳，并赏给他

80匹马,让他过上了富足的生活。不久,齐桓公去世,齐国发生内乱,重耳的随臣们劝他离开这个是非之地,另谋出路。可重耳贪图安逸的生活,不愿意离开齐国。重耳的妻子姜氏也劝说重耳,可是重耳根本听不进去。姜氏见劝说无效,于是和子犯合谋将重耳灌醉,然后把重耳装到车上,拉着他火速离开了齐国。

重耳一行离开齐国,路经曹国、宋国、郑国,前往楚国,楚成王热情地设宴招待了他。在宴会上,楚成王问重耳:"公子若返回晋国,准备怎样报答我呢?"重耳说:"若托您的福,我得以返回晋国,将来晋、楚两国如果发生战争,我将退避三舍(30里为一舍)。"楚成王见重耳志向远大,文质彬彬,俭仆有礼,其随臣忠诚能干,于是就派人把重耳等人护送到了秦国。

到秦国后,秦穆公对重耳很尊重,并把自己的女儿嫁给了重耳。此时,晋怀公刚刚即位,就下令所有跟随重耳的人在限定期限内回晋国来,并杀害了狐偃的父亲狐突。重耳在全面了解了晋国的形势之后,认为怀公新立,人心不稳,自己返晋的时机已到,于是就请秦穆公帮忙,借助秦国的武力返晋。公元前636年正月,在秦国军队的保护下,重耳一行渡过黄河,返回晋国。由于晋国人心思变,重耳一过河,各城邑就纷纷倒向了重耳。晋怀

▼ 晋文公复国图(部分)。

公派军抵挡，但众将领不但不愿作战，反而和重耳联合起来攻入晋都，杀死了晋怀公。重耳从此登上了晋国国君的宝座，是为晋文公。

公元前632年夏，楚成王攻打宋国，宋国急忙到晋国告急求救。宋国位于中原腹地，战略地位十分重要，晋文公深知，如果宋国被灭，自己的霸业就将成为空中楼阁。晋国名将先轸也认为这正是"报施救患，取威定霸"的良机，是否能成就晋国的霸业，就在此一举了，力主晋文公出兵。狐偃认为，如果向归附于楚国的曹、卫进攻，楚国一定会救援，那么宋国就免遭楚军的进攻了。于是，晋文公举行大规模的阅兵式，组建上、中、下三军，率大军渡过黄河，进攻卫国，很快占领了整个卫国。接着，晋军又向曹国发起了攻击，三月间，攻克了曹国都城陶丘（今山东定陶），俘虏了曹国国君曹共公。

晋国大军袭卫攻曹，原本想解宋围，但楚国见二国已失，并不前来相救，反而率陈、蔡国的军队加紧围攻宋国。宋国派人向晋文公告急求救，晋文公左右为难。如果舍弃不救，宋国就会与晋国绝交；请楚国退兵，楚国断然不会答应；如果与楚国作战，齐国和秦国不会支持。进退两难之际，中军元帅先轸献上一计：让宋国用大量财物去贿赂齐、秦两国，请他们出面要求楚国退兵，晋国分曹国、卫国的土地给宋国。楚国同曹、卫两国友好，两国国土被分，楚国必定不会答应齐、秦的调解，而齐、秦两国接受了宋国的贿赂，肯定恼恨楚国不给面子，就必然出兵伐楚。晋文公采纳了先轸的离间计，果然，齐、秦与晋联合起来，晋、楚双方的力量对比发生了重大的变化。

楚成王见形势对他不利，就退回申地（今河南南阳）驻扎，防备秦国的袭击，又命令围攻宋国的子玉率部撤退，避免与晋军交战。他认为晋文公在外流亡了19年，什么艰难险阻都经历了，什么世道民情都知道了，是上天让他称霸中原的，是不可打败的。但是子玉却骄傲自负，坚持要与晋军作战。同时晋文公又采纳了先轸的离间计，曹、卫两国果然派人到子玉营中同楚断交。子玉十分恼怒，立即率军北上，与晋军交战。

晋文公见楚军逼近，于是避开楚军的锋芒，下令退避三舍。将士们对后退行动很不理解，认为晋君躲避楚臣是极大的耻辱，何况楚军攻宋不下，在外转战多时，已经疲敝不振。狐偃解释说，这样做是为了报答晋文公流亡时楚君给予的恩惠，兑现晋文公当年所许下的"两国若交兵，退避三舍相报"的诺言。于是晋文公率军退后90里，在卫国的城濮（今山东濮县南）驻扎下来，齐、秦、宋诸国的军队也陆续抵达这里和晋军会合。

晋军的"退避三舍"，实际上是诱敌深入，以逸待劳，后发制人，是晋文公使用谋略制敌的一着妙棋。刚愎自用的子玉却认为是晋军害怕楚军，这正是聚歼晋军，夺回曹、卫的大好时机,于是挥兵追至城濮,并夸下海口,要全歼晋军。城濮上空战云弥漫,晋楚两军的一场战车大会战在这里上演了。

晋军针对楚中军较强、左右两翼薄弱的部署态势,采取了先击其侧翼,再攻其中军的作战方针。晋下军副将胥臣命令士卒给驾车的马蒙上虎皮,出其不意地首先向楚军中战斗力最差的陈、蔡的军队发动猛攻。陈、蔡军队遭到这一突然而奇异的袭击,立即溃不成军,楚军右翼被彻底打垮。晋下军主将栾枝让士卒用战车拖曳树枝,扬起滚滚尘土,伪装败逃,楚中军立即发起追击。求胜心切的子玉,以为晋军主力溃逃,急忙下令左翼军追击,造成楚军侧翼空虚。元帅先轸见楚军中计,立即指挥最精锐的中军拦腰截击楚左军,狐毛、狐偃也回头杀来,前后夹击,楚国的左军也被打垮。子玉见左右两军全垮,大势尽去,急忙收兵撤退。想到无颜回去见楚成王,子玉挥刀自尽。

城濮之战,是晋国与楚国争夺中原霸权的第一战,晋国国威大振,周天子册封晋文公为侯伯(霸主),并赏赐了晋文公许多财物,各国也都承认了晋文公的霸主地位。从此,晋楚争霸成为大国争霸的主要内容。

公元前613年,楚成王死了,楚庄王上台。晋国乘楚国治丧之时,把几个归附楚国的诸侯国拉拢过去,订立了盟约。楚国的大臣们很不服气,屡次向楚

庄王提出要与晋国较量一番。可是楚庄王却置之不理，整日打猎、喝酒，并下令谁敢劝告他，就治谁的罪。

就这么过了三年。有一天，一位名叫伍举的大臣冒死求见楚庄王，并对他说："有人让我猜个谜，我猜不着。大王您多才多艺，您就猜猜吧。"楚庄王觉得很有意思，就让伍举讲下去。伍举说："楚国山上有只大鸟，身披五彩的羽毛，样子很神气，可是一连三年不飞也不叫，这是什么鸟？"楚庄王立即明白了伍举的意思，于是对他说："这可不是只普通的鸟，它不飞则已，一飞就要冲天；不鸣则已，一鸣就要惊人。你别着急。"伍举听后连声叫道："大王英明！大王英明！"

从那以后，楚庄王就把敢于进谏的伍举、苏从提拔起来，帮助他处理国家大事，改革内政，同时开始制造武器，操练兵马。很快楚国就收复了南方的许多部落，一直打到周都洛邑附近。后来他又请到了一位有名的隐士孙叔敖当令尹（相当于宰相）。孙叔敖指挥众人开垦荒地，挖掘河道，奖励生产，使粮食丰收，楚国越来越强大。

后来楚庄王打败晋国，当上了霸主，正所谓"不鸣则已，一鸣惊人"。

公元前608年，楚庄王带兵袭陈，乘机又侵入宋国。晋国得知后，急忙联合宋、陈、卫等国在北林（今河南新郑北）会合，讨伐和楚结盟的郑国，以解除陈、宋之围。两军在北林相遇交战，晋军败退。公元前607年，晋、宋、卫、陈再次联合讨伐郑国，楚军立即开到郑国国都，四国联军惧怕楚国，不战而退。

楚军与晋军两次相遇都占了上风，楚庄王更加肆无忌惮，开始四处侵略扩张。公元前597年，楚国发兵包围了郑国都城，晋国派大军前来救郑，于是爆发了春秋史上有名的晋楚邲之战。邲之战，是晋楚争霸中原的第二次重大较量，以晋军大败而告终。在作战过程中，楚军利用晋军内部有分歧、指挥无力等弱点，适时出击，战胜对手，从而一洗城濮之战中失败的耻辱，在中原争霸的斗争中暂时占了上风，楚庄王从此确定了他的霸主地位。中原各诸侯国慑于楚国的威力，都不得不倒向楚国，附近的小国和部族也都纷纷归附于楚，楚庄王因此成为名副其实的霸主。

公元前575年，楚庄王之子楚共王诱使郑国叛晋，与楚结盟，又唆使郑成公发兵攻打晋的盟国宋，并大败宋军。晋厉公为重振晋国霸业，率大军南渡黄河，攻郑以救宋。楚共王得知晋攻郑，也率大军北上救郑。晋、楚两军相遇于郑地鄢陵。激战中，楚共王被射伤左眼，楚军军心动摇，士气大减。楚右军在晋的重兵攻击下，迅即溃退，楚中军及左军亦因此退却。晋军乘胜全线追击，楚共王率军连夜撤退。

鄢陵之战是晋楚争霸的最后一幕，标志着楚国对中原的争夺从此走向颓势，晋国方面虽然借此得以重振霸业，但其对中原诸侯的控制力也逐渐减弱了。这场战争后，晋、楚两国都逐渐失去以武力争霸中原的强大势头，中原战场开始沉寂下来。

发生地点	发生时间	推荐理由
今江苏、浙江一带	公元前5世纪	春秋争霸实现了中国区域统一，拉开了全国一统的战争序幕。

卧薪尝胆换江山

事件介绍

吴国和越国都是春秋时期长江下游的国家，到春秋中期，晋、楚争霸，晋国联吴制楚，楚国联越制吴，因而造成吴越长期对立、互相攻伐的局面。

公元前506年深秋，吴王阖闾拜孙武为将，率雄兵大举伐楚。楚国猝不及防，仓促应战，五战五败，溃不成军。吴军乘胜直入郢都，强楚几乎在一夜之间覆灭。

公元前505年，越王允常趁吴军伐楚未归，率大军一路横扫，一直攻入吴国都城。吴王阖闾急忙率领伐楚大军星夜兼程返回，直奔国都。为了避免与士气正盛的吴国主力直接对抗，允常下令撤军回国，没有和吴国的征楚主力交战。但从此以后，吴越之间结怨越来越深。

公元前496年，越王允常在苦心经营中耗尽精力，与世长辞。吴王阖闾迫不及待，欲乘越国治丧之时，挥师南下。

越国新君勾践，在文种、范蠡等良臣的悉心辅佐下，率领一支经过先王精心训练的精锐部队，奋起抵抗。加之"国遇新丧"的含悲积愤，越国上下齐心协力，奋起反抗。正所谓"哀兵必胜"，越军士气高昂地北上迎击吴军，双方在吴越边界槜李（今浙江嘉兴）对阵。

越王勾践剑。

只见吴军军阵严整，戈甲精锐，勾践知道不可轻敌，于是派敢死队冲锋陷阵，左500人，各持长枪，右500人，各持大戟，一声呐喊，杀奔吴军。吴军大败而逃。吴王阖闾受伤含恨而死，后夫差即吴王位。

公元前494年，吴王夫差迫不及待地要报仇雪恨，于是兴兵伐越。在夫椒（今太湖椒山）吴军大败越军，并趁势攻入越国。此时越王勾践只剩5000名甲士守着会稽山，眼看越国就要覆亡。在这紧要关头，勾践派文种到吴军中去讲和，通过吴国太宰伯嚭，卑辞厚礼，向吴王请罪。

文种又向勾践献上美人计，精选美女八人和厚礼，贿赂吴国太宰伯嚭。伯嚭接受贿赂后，向吴王说："自古以来，攻人之国无非是降服而已，现在越国请降，称臣纳贡，还能要求什么呢？"被引见的越国大夫文种也软中带硬，表示若请和不成，越王勾践将杀妻灭子，销毁宝器，以5000名甲士与吴军死拼到底，这样，吴国也得不到任何好处。夫差也认为越国偏小，从此将一蹶不振，不足为患，就答应了越国的请求。于是，越王勾践带领

300人入吴称臣。伍子胥只得仰天长叹："这真是养虎遗患啊！越国十年生聚，十年教训，二十年后，吴国的宫殿就要成为越国的池沼了。"

吴王夫差意在称霸中原，根本不把弱小的越国放在心上。越国求和后，吴国开始进兵中原，四处征战。

就在吴王夫差向中原进攻期间，越王勾践忍辱负重，卑躬屈膝，夫差见勾践很顺从，就把他放回了越国。

越王勾践回国后，发愤图强，立志灭吴争霸，决心报仇雪恨。为了不忘记耻辱，时刻激励自己的斗志，勾践在自己的住处挂一个苦胆，无论是坐着还是躺着，总是能看见。喝水和吃饭时，都要用舌头舔一舔、尝一尝苦味。晚上睡觉时，总是躺在柴草上。勾践礼贤下士，以优厚的待遇接待宾客。他还深入民间赈济贫穷百姓，慰问死伤者家属。

⬤ 伍子胥画像。

吴王的举动和勾践的行为使伍子胥深为担忧，他多次向吴王进谏，陈述勾践"悬胆于户，出入尝之"，而且食不重味，衣不重彩，吊死问疾，休养生息的行为，并断定此人不死，必为大患。但夫差一意争霸中原，根本没把勾践放在眼里。伍子胥见夫差如此，就把自己的儿子寄放到齐国的鲍氏家中，以留后路。伯嚭和伍子胥不和，向夫差进谗言，说伍子胥寄子于敌国，意在谋反。夫差大怒，赐伍子胥自杀。

勾践归国后，积极推行富国强兵的政策。经过"十年生聚，十年教训"，越国国势日益强盛。越国内部养精蓄锐，但对吴却不露声色，不时奉送珍宝玉器，讨其欢心，还施美人计，选美女西施、郑旦入吴，助长夫差的荒淫。

公元前482年，夫差决定挥师北上，与晋定公在黄池（今河南封丘南）相会，争夺霸主。临行前，太子友以"螳螂捕蝉、黄雀在后"的故事劝谏夫差，希望他停止这种徒劳无功的行动。然而夫差眼中根本没有越国，一心想尝尝当中原霸主的滋味，于是带精兵北上，国中仅留下太子友及老弱病残留守。勾践和范蠡认为时机已到，于是倾全国的兵力，兵分三路：范蠡率兵从海路迂回进入淮河，断绝北去吴军的归路；畴无

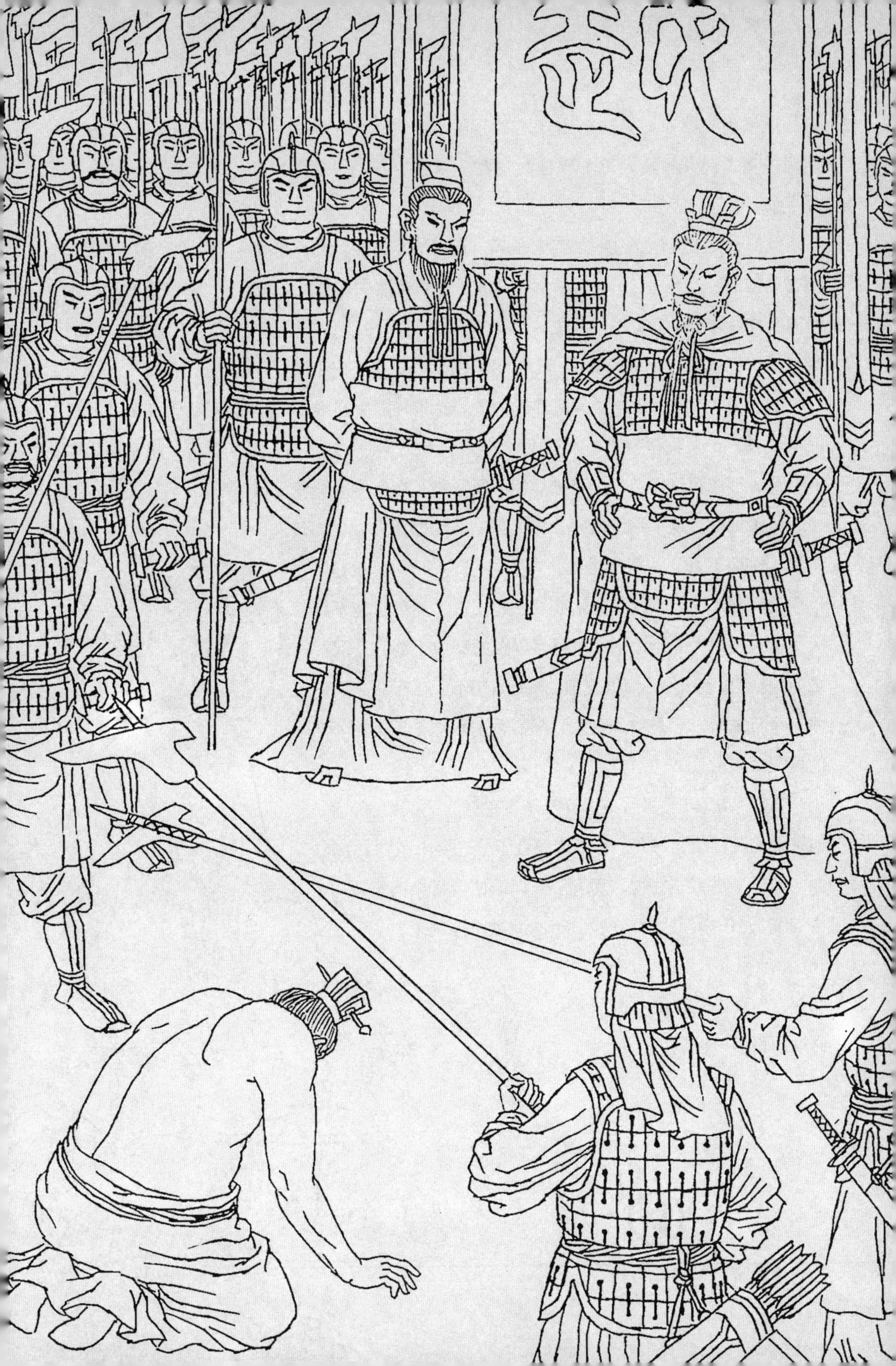

余、讴阳为先锋，从吴国南边直逼姑苏，勾践自率大军跟进，从陆路袭击姑苏。越兵训练多年，武器精良，范蠡等皆为宿将，双方交锋后，吴军大败，越军杀入吴都，火烧了姑苏城。

此时，吴王夫差正在黄池与晋争霸，听得姑苏城破，太子友被俘，急忙回师。吴军长期在外征战，人困马乏，又听得都城失守，军心涣散。夫差料难取胜，于是派太宰伯嚭携带厚礼向越求和。范蠡对勾践说："现在吴军精锐尚在，还难以使其灭亡，大王且先准和，待日后伺机再战，一举灭吴。"于是勾践同意议和，班师回国。

公元前478年，吴国"大荒荐饥，市无赤米，国廪空虚"，越国君臣认为灭吴的时机完全成熟，于是整顿朝政，大军伐吴，双方在笠泽（今苏州南）隔江对峙。越军分为左右两翼，形成钳形攻势，士卒披犀甲、佩弩矢，在夜半时分渡江进击，吴军大败。越军继续挥师，将吴都姑苏团团围住，并高筑营垒，围而不歼，达三年之久。

公元前475年，越军向姑苏城发起强攻。不久，越军灭吴，勾践封夫差于甬东（今绍兴以东的海中小岛）一隅之地。夫差蒙受此辱，悔恨交加，深悔当初不听伍子胥之言，才有今日之耻，于是拔剑自杀。随后，勾践诛杀了为臣不忠的吴国太宰伯嚭。

勾践平定吴国之后，成为江淮下游最强大的国家。随后，他率师北渡江淮，与齐、晋等诸侯会于徐（今山东滕县），并向周天子进贡了礼物。周天子立即派使者将祭肉赏赐给勾践，并任命勾践为诸侯之长。从此越军控制了长江、淮河以东地区，诸侯都表示朝贺，勾践终成霸业，成为春秋时期的最后一位霸主。

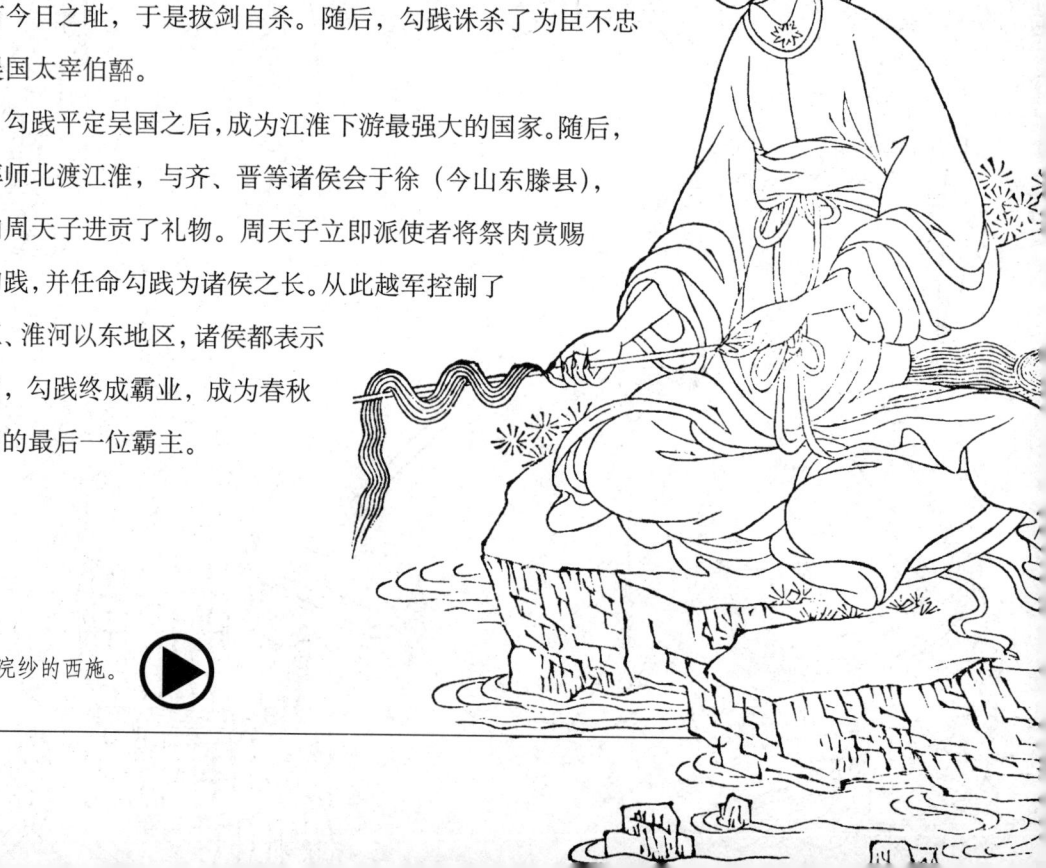

溪边浣纱的西施。

发生地点	发生时间	推荐理由
赵国	春秋时期	避免"飞鸟尽，良弓藏"的最佳选择，士大夫不耻"委身商贾"的明智之举，成为后世文人政客明哲保身、功成隐退的典范。

范蠡激流勇退

事件介绍

范蠡不辞劳苦、尽心竭力地帮助越王勾践消灭吴国，洗刷了当年亡国称臣的耻辱。之后，范蠡又辅佐勾践北上进兵，与中原的齐国、晋国争霸，并最终称霸诸侯，为勾践立下了汗马功劳，被封为上将军。

但是，范蠡认为，越王勾践这人可以与他同患难，难以和他共安乐，自己盛名之下难以长久安居，于是就写信给勾践说："臣下听说，如果君主感到忧愁，臣子就该辛劳；君主受到耻辱，臣子就该去死。当年大王在会稽受辱，我之所以不死，正是为了报仇雪耻。如今大仇已报，臣下也应该得到当初应得的惩罚了。"他乘船渡海到了齐国，后来一直没有返回。

范蠡在齐国隐姓埋名，与儿子一起辛勤地开垦荒地，种粮食、种蔬菜，兼营副业，养猪、养羊、养鸡，农闲时也做做生意。由于他治家有方，又善于经营，不几年，竟成了当地的大富翁。他又怜贫恤苦，仗义疏财，于是名气越来越大。不久，连齐王也听说他是个贤才，于是就把他请进都城临淄，拜他为相国。

范蠡在相国的位置上待了两三年，感叹地说："居家则拥有千金之产，居官则达到卿

相之位，对于一个白手起家的老百姓来说，这已是到了极点了。长久处在尊贵的位置上，只怕不是吉祥的征兆啊！"

于是，他将相印归还给了齐王，把钱财分给了知交好友以及在海边垦荒时认识的那些老乡们，自己则带着妻儿，一身布衣，悄悄地离开临淄，向西而去，在陶地（今山东定陶西北）隐居下来。

陶地东邻齐、鲁，西接秦、郑，北通晋、燕，南连楚、越，居于"天下之中"，是个理想的经商之处。范蠡根据时节、气候、民情、风俗等，转运货物，"人弃我取，人取我与"，顺其自然，待时而动。过不多久，他又成了大富翁。

于是，范蠡自称"陶朱公"。渐渐地，陶朱公之富，名扬天下。有谁知道，他就是当年那位越国大夫范蠡呢？

发生地点	发生时间	推荐理由
今山西一带	公元前5世纪	三家分晋促进了战国七雄并立局面的形成。

不可抗拒的割据趋势

事件介绍

春秋时期，西周以来的社会政治秩序遭到严重破坏，各诸侯国的大权逐渐落入卿大夫手里，出现了"政自大夫出"的局面。三家分晋就是晋国公室与私家之间激烈斗争的结果。"公室"是指诸侯国的国君，"私家"是指诸侯国国内的卿、大夫。

早在春秋初期，晋国公族内部的嫡系与旁支之间就展开了激烈的斗争。

到了春秋后期，一向被称为中原霸主的晋国，国君的权力日益衰落，各卿大夫家族之间又互相勾心斗角，攻打兼并，最后只剩下韩氏、赵氏、范氏、魏氏、中行氏、智氏六家最大的卿大夫家族，这就是所谓的"六卿"。

六卿占有大量土地，他们直接统治奴隶、农民，富比国君，为了顺应社会经济发展的要求，他们实施了一系列有利于生产发展的革新措施，成为新兴的地主阶级。而以国君为代表的公室则竭力维护旧的制度，是一批顽固的守旧贵族，仍然残酷地压迫和剥削奴隶，有不少奴隶因为受不了国君的压迫和虐待，情愿逃到大夫的封地里去做佃农。于是，六卿与晋国旧贵族之间展开了持续不断的斗争。旧贵族遭到了沉重打击，很多旧贵族都被降为奴隶和平民。六卿又先后灭掉了祁氏、羊舌氏，并把祁氏的领地划分为七个县，把羊舌氏

的领地划分为三个县,任命韩、赵、魏等族的子弟和有才能的人去做县大夫。在与旧贵族进行斗争的同时,六卿内部也进行了激烈的斗争。

公元前493年,范氏、中行氏与郑国联合起来,发兵攻打韩、赵、魏。赵氏在誓师时郑重许诺:凡在战斗中立军功的人,上大夫赏赐给县,下大夫赏赐给郡,士赏田10万亩,平民可以升为士,奴隶可以被释放。这样一来,韩、赵、魏的军队士气高涨,一举打败范氏、中行氏。公元前485年,智、韩、赵、魏四家联合起来要瓜分原来属于范氏、中行氏的土地,晋出公不肯,四家就赶跑了晋出公,智氏另立晋哀公,自己控制了政权,又占领了范氏、中行氏的土地。这样一来,晋国的大权就完全由智伯瑶、赵襄子、魏桓子、韩康子四家所控制。

四家之中,以智伯瑶的势力最大,他一直想吞并晋国所有的土地。他对赵、魏、韩三家说:"晋国一向是中原的霸主,没想到吴王夫差和越王勾践先后夺去了霸主的地位,这是我们晋国人的耻辱。如今只要把越国打败,晋国就仍然能够当上霸主,我建议每家大夫拿出100里的土地和户口来归公。公家的收入增加了,壮丁增加了,实力才会增强,才能够重新当上霸主。"

智伯瑶的话表面上听起来好像很有道理,可是这三家大夫早就知道智伯瑶存心不良,想独吞晋国,他所说的"公家",其实就是"智家"。但慑于智家的强大,他们三家又各怀鬼胎,没有联合起来反抗智伯瑶。韩康子和魏桓子如数交割了土地和户口后,智伯瑶派人去找赵襄子要100里的土地和户口。赵襄子不答应,他说:"土地是先人的产业,我怎么也不能送给别人。韩家、魏家愿送,不干我的事!"智伯瑶得到回话大怒,就派韩、魏两家一同发兵去打赵家,并答应他们灭了赵家之后,赵家所有的土地和户口由三家平分。

公元前455年,智伯瑶自己率领中军,韩家的军队为右路,魏家的军队为左路,三队人马直奔赵家。赵襄子知道寡不敌众,就带着赵家的兵马退到晋阳城里,打算在那儿死守。晋阳城是赵家最坚固的一座城,当初由

春秋时期的虎头短剑

赵家家臣董安于一手经营，所有的建筑都很牢固。

三家的兵马把晋阳城围困了两年多，也没打下来。到了第三年，有一天，智伯瑶正在察看地形的时候，看到晋阳城东北的那条晋水，就有了主意了：晋水是由龙山那边过来，绕过晋阳城往下流去的；要是把晋水一直引到西南边来，晋阳城不就淹了吗？于是他就吩咐士兵们在晋水旁边另外挖一条河，一直通到晋阳城，又在上游那边造了一个很大的水库，在晋水上筑起坝来，拦住上游的水。这时候正赶上雨季，一连下了几天大雨，水库里的水都满了。智伯瑶叫士兵们开了个豁口，大水就直冲晋阳城，灌到城里去了。不到两天工夫，城里的房子多半都给淹了。老百姓跑到房顶上和高地上避难。竹排、木头板子都当了筏子，烧火、做饭都在城头上。可是全城的老百姓宁可淹死，也不肯投降。

赵襄子叹息着对张孟谈说："民心固然没变，可是要是水势再高涨起来，不就全完了吗？"张孟谈说："我总觉得韩家和魏家决不会心甘情愿地把自己的土地让给智家。他们也是出于无奈。我先想办法去见韩康子和魏桓子去。"赵襄子当天晚上就派张孟谈偷偷地去跟两家相商，约他们反过来一同去打智伯瑶。

第二天，智伯瑶命令下来，叫韩康子和魏桓子一同去察看水势，他指着晋阳城得意地对他们说："我用不着交战就能让这条晋水替我消灭赵家。你们看，晋阳不是就快完了吗？早先我以为晋水像城墙一样可以拦住敌人，照晋阳的情形看来，水能灭国，大河反倒是个祸患了。你们看：晋水能够淹晋阳，汾水就能淹安邑（魏家的大城，今山西解县东北），绛水也就能淹平阳（韩家的大城，今山西临汾县南），是不是？哈哈哈！"韩康子和魏桓子连连答应着说："是，是，是！"但是他们心里就此决定要反智伯瑶了。

第三天夜里，智伯瑶在睡梦中猛然听见一片喊杀声。他急忙爬起来，衣裳和被子已经湿了，兵营里全是水，这才明白敌人把水放过来了。正在惊慌不定的时候，霎时四面八方都响起了战鼓声，韩、赵、魏三家的士兵都驾着小船、竹排、木筏子，一齐冲杀过来。豫让说："主公赶紧杀出去，到秦国去借兵吧！我留在这儿对付他们。"说着，他跳上木筏子，杀散敌人，叫大将智国保护着智伯瑶逃跑。

智国保护着智伯瑶，坐着小船一直向龙山那边划去。赵襄

战国时期的鹿纹瓦当

子早就料到智伯瑶会从这条路上逃跑，预先带领一队兵马在那边埋伏着，终于俘虏了智伯瑶，砍下了他的脑袋。智国见难逃一死，就自杀了。

　　三家的兵马会合到一起，把沿河的堤坝拆了，大水仍旧流到晋水里去，晋阳城又露出来了。赵襄子安抚了居民之后，就向韩康子和魏桓子道谢。他们宣布了智伯瑶的罪状，就照古时候的习惯把智家灭门了。韩家和魏家的100里土地和户口，由各人收回去。智家的土地和户口，他们就三家平分了。

　　公元前438年，机会来了，晋国的国君晋哀公死了，儿子即位，就是晋幽公。韩康子、赵襄子、魏桓子他们见新君刚即位，软弱无能，大家就商定了平分晋国的办法。他们把晋国的绛州和曲沃两座城给晋幽公留着，别的土地三家瓜分了。这样一来，韩、赵、魏三家就称为"三晋"，各自独立。公元前425年，赵襄子得了重病死了。就在这一年里，韩康子和魏桓子也都病死了。这三家的继承人叫赵籍、韩虔和魏斯，他们都打算自己正式做诸侯。

　　公元前403年，韩、赵、魏三家派使者上成周（今河南洛阳东北）去见周威烈王，要求他把他们三家加在诸侯的名册上，周威烈王知道就是不认可也没用，于是就顺水推舟，封魏斯为魏文侯，赵籍为赵侯，韩虔为韩侯。

　　晋幽公之后，到了他孙子即位时，三晋干脆把这个徒有虚名的国君也废了，让他做个老百姓。从此，晋国的统治系统就断了，以后只有韩、赵、魏，连晋国这个名称也不用了。

发生地点	发生时间	推荐理由
今山东一带	公元前5世纪	孔孟儒家学说是中华民族传统文化的核心内容，是支持中华民族长期延续发展的精神支柱。

孔孟儒家学说的形成

事件介绍

孔子生活于春秋大变革时代，那时战乱频频，诸侯争霸，他反对以政治高压、残酷刑法来强迫人民服从。他所说的"礼"，是一种政治秩序，他所说的"仁"，是最高的道德规范，当然，在当时的阶级社会中，这种"仁"和"礼"是有上下、尊卑、贵贱、等级之分的。

孔子所谓"礼"，其核心是"正名"。在孔子看来，周礼最重要的原则是"尊尊"与"亲亲"。为了贯彻"尊尊"和"亲亲"的原则，孔子提出"正名"的主张，他说："名不正，则言不顺；言不顺，则事不成；事不成，则礼乐不兴；礼乐不兴，则刑罚不中；刑罚不中，则民无所措手足。"（《论语·子路》）所以，孔子提出"君君，臣臣，父父，子子"（《论语·颜渊》）作为"正名"的具体内容。就是说，为君者

◀ 大教育家孔子。

要使自己符合于君道，为臣者要符合于臣道，为父者要符合于父道，为子者要符合于子道。

在等级森严的奴隶制社会里，上下、尊卑的关系是靠"礼"来维持的。因此，孔子对于不按自己名分行事的人和事进行批评。如他批评鲁国大夫季氏："八佾舞于庭，是可忍也，孰不可忍也？"（《论语·八佾》）鲁国的三桓在祭祖时，唱起天子祭祀时唱的"相维辟公，天子穆穆"的《雍》诗，也受到了孔子的指责。

"大道之行也，天下为公……故人不独亲其亲，不独子其子，使老有所终，壮有所用，幼有所长，矜寡孤独废疾者，皆有所养……谋闭而不兴，盗窃乱贼而不作，故外户而不闭，是谓大同。"这种夜不闭户、路不拾遗、天下为公的大同世界，正是孔子想通过向每一个人灌输仁爱观念，大力推行仁道来建立的理想社会。

"仁"，可以说是儒家学说的核心。虽然早在孔子之前的一些古代文献（如《诗经》、《左传》）中，就已有"仁"字出现，但那时只有《说文解字》所解释的"仁，亲也，从人从二"，即表示人与人之间相亲相爱的基本含义。"仁"真正具有《论语》中那样的重要性与崇高地位是自孔子开始的。

孟子生于我国奴隶制向封建制转变的时代，是继承和发展由孔子创立的儒家学说的新儒家代表，是儒家第二代宗师，后世尊他为"亚圣"，声名仅次于孔子。

作为儒家学派的"亚圣"，孟子主要继承并发展的是孔子的"仁"的思想，他力主统治者应该对人民施行"仁政"，而反对施行"暴政"；提出了"民为贵，君为轻"的重要思想。

除了继承和发展了孔子的"仁"的学说，孟子又提出了"义"的范畴。何为"仁"？何为"义"？这两者之间有什么区别呢？

《孟子·尽心上》中提到："亲亲，仁也；敬长，义也。"可见，"仁"与"义"的差别，不在于概念的内涵上，而在于理论的实践上。"仁"是一个原则，一个标准，是儒家本体论的，是静止的。"义"则是有所作

孔庙是第一座祭祀孔子的庙宇，它以孔子的故居为庙，按皇宫的规格而建。

为，有所取舍，以达到这个原则和标准，是动态的。"义"所不同于"仁"而特别强调的，就是实践和取舍。

"义"的关键问题在于取舍的异同。孟子提出"性善说"的目的也是要归结于取舍的选择。所以孟子说："生，亦我所欲也，义，亦我所欲也，二者不可得兼，舍生而取义者也。"

孟子说过的几句最有名的话，如"我善养吾浩然之气"，"万物皆备于我"和"舍生而取义"，都是从"义"的取舍意义上进行阐述的，其逻辑线索则来自于他的性善理论。"性善说"表面上看是对人性的抽象论述，实际上则是孟子思想中实践原则的最得力的理论论证。

就孟子的整个思想而言，"性善说"是它的核心。"性善说"的真正根据，是人的普遍心理。它的实质，是贯穿在其政治主张中的实践原则和实践目的。依"仁"而行，就是尽心，就是知性，就是知天命顺天命，这都重在一个"行"上。人人依"仁"而行，人人可以知性知天，人人可以为君子，人人可以为尧舜。

发生地点	发生时间	推荐理由
吴国	春秋时期	《孙子兵法》流传广泛，古今中外的军事家们都使用其中论述的军事理论来指导战争。

兵学圣典《孙子兵法》

事件介绍

关于这部著作的作者，学术界议论纷纷，直到1972年4月，在山东临沂银雀山发掘的两座汉代墓葬中同时发现了用竹简写成的《孙子兵法》和《孙膑兵法》，《孙子兵法》的作者才被确认为春秋时期吴国的将军孙武。

孙武，字长卿，后人尊称其为孙子、孙武子。他出生于公元前535年左右的齐国乐安（今山东广饶），具体的生卒年月日不可考。孙武的祖先叫妫满，被周朝天子册封为陈国国君（陈国在今河南东部和安徽一部分，建都宛丘，今河南淮阳）。后来由于陈国内乱，孙武的直系远祖妫完便携家带口，逃到齐国，投奔齐桓公，并改姓田，故他又被称为田完。一百多年后，田氏家族成为齐国国内后起的一大家族，地位越来越显赫，在齐国的领地也越来越大。田完的五世孙田书做了齐国的大夫，他很有军事才干，因为领兵伐莒（今山东莒县）有功，齐景公在乐安封给他一块采地，并赐姓孙氏。

由于贵族家庭给孙武提供了优越的学习环境，孙武得以阅读古代军事典籍《军政》，了解黄帝战胜四帝的作战经验以及伊尹、姜太公、管仲的用兵史实，加上当时战乱频繁，兼并活动激烈，他的祖父、父亲都是善于带兵作战的将领，他从小也耳闻目睹了一些战争，

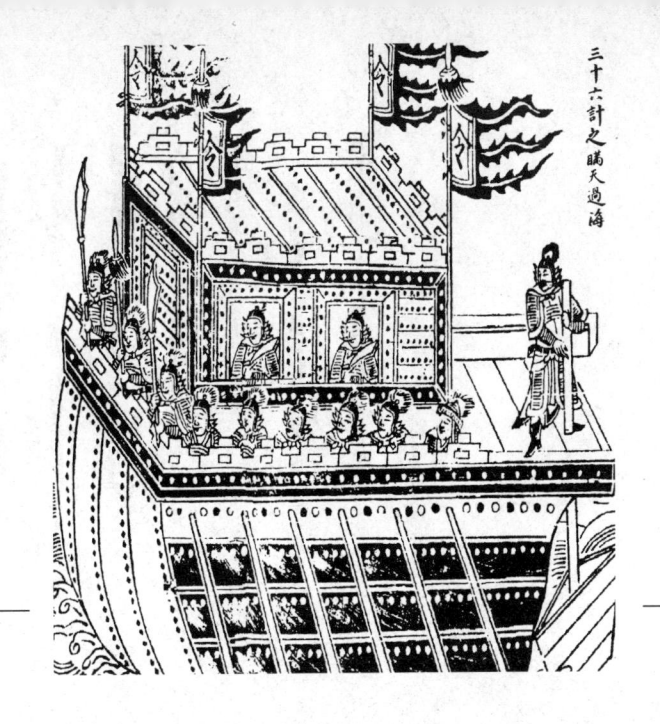

孙武像。孙武所著的《孙子兵法》十三篇，为后世兵法家所推崇，被誉为"兵学圣典"。

这对少年孙武的军事方面的培养是非常重要的。但孙武生活的齐国内部矛盾重重，危机四伏。齐景公初年，贵族相互之间争权夺利的斗争愈演愈烈。孙武对这种内部斗争极其反感，不愿纠缠于其中，就萌发了远奔他乡、另谋出路去施展自己才能的念头。

当时南方的吴国联晋伐楚，国势强盛，很有新气象。孙武认定吴国是他理想的施展才能和实现抱负的地方。大约在齐景公三十一年（公元前517年）左右，孙武正值十八岁的青春年华，他毅然离开乐安，告别齐国，长途跋涉，投奔吴国而来，孙武一生的事业就在吴国展开，死后亦葬在吴国，因此《吴越春秋·阖闾内传》就把孙武称为"吴人"。

孙武来到吴国后，在吴都（今苏州）郊外结识了从楚国而来的伍子胥，两人谈得十分投机，就结为密友。这时吴国的局势也在动荡不安之中，两人便隐居起来，待机而发。

公元前515年，阖闾即位，礼贤下士，任用伍子胥等一批贤臣，而且他又体恤民情，注意发展生产，积蓄粮食，建筑城垣，训练军队，因而大得民心，吴国呈现出一派欣欣向荣的景象。阖闾又注重搜求各种人才，立志要使吴国更加强盛，准备适时向长江中游发展，灭楚称雄。隐居吴都郊外的孙武由此更加看清了自己的前途，他在隐居之地一边灌园耕种，一边写作兵法，并请伍子胥引荐自己。终于，孙武写好了十三篇兵法。

这十三篇兵法，讲的全部都是如何克敌制胜的战略战术，全书构成了一个严密的体系。

第一，《计篇》，论述怎样在开战之前和战争中进行谋划的问题，并论述谋划在战争中的重要意义。

第二，《作战篇》，论述速战速胜的重要性。

山东临沂银雀山两座汉代墓葬中出土的《孙子兵法》竹简。

第三，《谋攻篇》，论述用计谋征服敌人的问题。

第四，《形篇》，论述用兵作战要先为自己创造不被敌人战胜的条件，以等待敌人可以被我战胜的时机，使自己"立于不败之地"。

第五，《势篇》，论述用兵作战要造成一种可以压倒敌人的迅猛之势，并要善于利用这种迅猛之势。

第六，《虚实篇》，论述用兵作战须采用"避实而击虚"的方针。

第七，《军争篇》，论述如何争夺制胜的有利条件，使自己掌握作战主动权的问题。

第八，《九变篇》，论述将帅指挥作战应根据各种具体情况灵活机动地处置问题，不要因机械死板而招致失败，并对将帅提出了要求。

第九，《行军篇》，论述行军作战中怎样安置军队和判断敌情的问题。

第十，《地形篇》，论述用兵作战怎样利用地形的问题，着重论述深入敌国作战的好处。

第十一，《九地篇》，该篇主要论述了在九种不同的作战区域的用兵原则，并阐述了"兵之情主速"、"并敌一向，千里杀将"等问题。

第十二，《火攻篇》，论述在战争中使用火攻的办法、条件和原则等。

第十三，《间篇》，论述使用间谍侦察敌情在作战中的重要意义，并论述了间谍的种类和使用间谍的方法。孙武十分重视间谍的作用，认为间谍是作战取胜的一个关键，军队依靠间谍提供的情报而采取行动。

孙武的兵法十三篇，各有侧重，波澜起伏，分析透彻，见解精到，实用性强。

发生地点	发生时间	推荐理由
今陕西一带	公元前4世纪	商鞅变法是秦由弱变强的关键，为秦始皇统一中国奠定了坚实的基础。

变法先驱：商鞅

事件介绍

战国时期，秦孝公任命卫鞅推行新法。为了取信于民，卫鞅命人在秦国京都雍城（今陕西凤翔县）南门口，立了一根约三丈长的木杆，并贴出告示："谁能把这根木杆扛到北门去，赏黄金十两。"不一会儿，南门口就围了一大群人，大家交头接耳，议论纷纷。人们只是你看看我，我看看你，没有人敢去扛。卫鞅听说没有人肯扛木杆，一下子就把赏金加到五倍，说："谁能把这根木头扛到北门去，赏他50两黄金。"

正在大家疑神疑鬼的时候，忽然人群里钻出一个小伙子来。他打量了一下那根木杆，就说："我扛得动！放着黄澄澄的50两金子，竟然没人敢取。"于是把木杆扛起来就走。小伙子一到北门，卫鞅就对他说："你听从朝廷命令，是个奉公守法的好人。"当时就命人把50两黄金端了过来，赏给了那个小伙子，一分也不少。看热闹的人一见他真得了赏赐，都愣了。他们都后悔刚才没扛，错过了机会。这件事情立刻传开了，全国都知道了。老百姓都说："现在官府真是说话算话啊！"

卫鞅深深懂得"民无信不立"的道理，他通过扛木赏金这件事取得了百姓的信任。

卫鞅，本名公孙鞅，是我国战国时期著名的改革家。由于他曾在秦国主持变法，政绩卓著而被封于商地，所以史书上往往称他为商鞅。

三家分晋和田氏代齐后，北起长城，南至长江，形成了齐、楚、燕、韩、赵、魏、秦七雄并立的局面，称为"战国七雄"。中国历史从风云变幻、五霸争雄的"春秋"时期过渡到了烽火连天、七国称雄的"战国"时期。

公元前361年，秦国的新君秦孝公即位，下决心改革图强，恢复春秋时代秦穆公的霸业。他采取了一项重要措施，就是广揽天下贤才，这吸引了一个卫国的贵族，就是商鞅。

商鞅入秦后，住在秦孝公的亲信景监家里，并通过他先后三次与秦孝公相见。头两次，商鞅游说秦孝公学尧舜禹汤的仁义，行帝王之道。秦孝公听不进去，直打瞌睡，还生气地对景监说，你的客人简直太迂腐了，我怎么能重用他呢？商鞅请求第三次见孝公，以富国图霸之术游说秦孝公。商鞅对秦孝公说："一个国家要富起来，必须注重农业；要强大，必须奖励将士；要把国家治理好，必须有赏有罚。有了重赏，老百姓就能够拼命；有了重罚，老百姓就不敢犯法。有赏有罚，朝廷才有威信，一切改革措施也就容易进行了。"秦孝公听得津津有味，一连和商鞅谈了好几天，并决定重用商鞅，变法图强。他任用商鞅为左庶

秦朝时期的陶量。

长，掌握军政大权，开始进行一系列重大改革。

商鞅变法分为两次。第一次是在公元前359年施行的，主要内容如下。

一、编定户籍，实行保甲制度。

全国每五户人家编为"一伍"，十家编为"一什"，互相监督。一家犯法，其余九家都应当告发，如果不告发，则十家连坐，告发的人赐爵一级，藏匿坏人者，按投敌者论处。

二、废除世卿世禄制，按军功进行奖励。

按照军功大小分为20个等级，然后按等级不同确定爵位以及田宅、奴婢、车骑、衣服等等的占有数量。

三、奖励农业生产。

凡是努力从事农业生产，使粮食和布帛的产量超过一般产量的，免除本人的劳役和赋税。同时鼓励韩、赵、魏无地的农民到秦垦荒，并为他们提供方便。

新法公布之后，很多人议论纷纷，旧贵族强烈反对。商鞅执法不徇私情，不久便收到了"令行而禁止，法出而奸息"的效果，没有人敢不遵守新法了。

新法推行之后，秦国发生了极大的变化。秦国原来的封建领主制度变成了地主制度。变法后，老百姓开始认识到新法的好处，极大地提高了生产的积极性，秦国的农业生产也大大发展了。由于立了军功就能升级，将士们都愿意勇敢作战，秦国军队的战斗力也大大提高了。新法推行十年，成效显著。秦国的农业生产能力大大增加，人民丰衣足食，出现了"秦民大悦，道不拾遗，山无盗贼，家给人足"的太平局面。

公元前350年，秦国迁都咸阳。秦孝公提拔商鞅为"大良造"，总揽军政大权，开始推行第二次变法，主要内容如下。

一、废井田，开阡陌。

井田制是我国奴隶社会长期实行的土地所有制的基本形式。井田归国家所有，土地不能自由买卖。商鞅颁布了"改帝王之制，除井田，民得买卖"的政令，使得土地私有合法化，并可以自由买卖，国家按实占田亩数合理征收实物地租，这样大大提高了农民的生产积极性，从而为封建经济的发展开辟了广阔的前景。

秦朝铠甲武士俑。

"阡陌"是田间大路，商鞅下令，除了田间必要的走道以外，把宽阔的阡陌全部铲平，也种上庄稼。同时鼓励开垦荒地，谁开垦的土地，归谁所有。

二、废除分封制，推行县制。

全国统一规划，除了领主贵族所占领的封邑以外，合并乡村城镇为县。全国一共建立了31个县，每个县都是由朝廷直接统治的地方机构。每县设置一个县令主管全县的事务，县令还有助理，叫县丞，县令和县丞都由国君直接任免。

三、统一度、量、衡。

随着封建经济的发展和中央集权的建立，商鞅统一了秦国的度（尺的长短）、量（斗的大小）、衡（斤的重轻），规定了一个统一的标准。

商鞅的第二次变法同样遭到了很多贵族的疯狂反对，但秦孝公坚决支持商鞅推行新法，处死了很多反对变法的人。

通过商鞅变法，秦国从一个贫穷落后的国家一跃而成为战国七雄中最为强盛的国家。秦孝公因商鞅有功于秦，封给他商地十五邑，称他为商君。

公元前338年，秦孝公死后，旧贵族乘机报复商鞅，诬告他谋反。商鞅外逃，在途中被抓，旧贵族对他施以五马分尸的极刑。但商鞅所推行的新法，却一直延续下来，使秦国一跃成为"兵革大强，诸侯畏惧"的强国，为秦始皇统一中国奠定了坚实的基础。

发生地点	发生时间	推荐理由
中原一带	公元前4世纪	合纵连横是战国中后期各诸侯国外交斗争的基本策略。

游说之士与合纵连横

事件介绍

战国中期，秦国在商鞅变法之后，大大巩固和发展了封建制度，国力迅速强盛，于是不断发动战争，夺取周边国家的土地，各大国之间的冲突也日益加剧。在山东各诸侯国中，原来的中原霸主魏国的国势日益衰落，最东端的齐国力量和秦国相当。齐、秦两个大国形成了对峙局面，彼此展开了争取盟国、孤立敌国的斗争。韩、赵、魏三国地处中原，成为齐、秦必争之地，由此分成联秦抗齐和联齐抗秦两大派，从而展开了"合纵"和"连横"的外交活动。

所谓"合纵连横"，从地域上讲，是以韩、赵、魏为主，北连燕，南连楚，南北相连为纵；东连齐或西连秦，东西相连为横。从策略上讲，"合纵"是"合众弱以攻一强"，以阻止强国进行兼并的策略；"连横"是"事一强以攻众弱"，是强国迫使弱国帮助它进行兼并的策略。起初，"合纵"既可以对秦，也可以对齐，"连横"既可以连秦，也可以连齐。秦赵长平之战以后，秦国成为七国中最强大的国家，没有谁能与之相抗衡，"合纵"演变为六国合力抵抗强秦，"连横"也演变为六国分别投降秦国之意。

在大国之间的这种"合纵"、"连横"的外交活动中，产生了一些在各诸侯国之间四处

战国碧玉龙。

活动的"纵横家"，他们凭借自己的三寸不烂之舌游说各诸侯国，或取"合纵"，或采"连横"，以此为自己谋取高官厚禄。其中最有名的是苏秦和张仪。

苏秦首先求见近在洛阳的周显王和秦惠王。但他们根本不听苏秦之言。苏秦被迫又北至燕国，一年多后，才见到燕文公。苏秦对燕文公说："燕国之所以不被诸侯列国侵扰，是因为赵国在燕国之南作为燕的屏障。而且，秦若攻燕，需战于千里之外；赵若攻燕，只须战于百里之内。如果燕国不忧百里之患而重千里之外，那真是大错特错啊！愿大王与赵国结盟，天下为一，则燕国必无后患。"燕文公听后大悦，采纳了苏秦的意见，并为苏秦备好全套车马，又拿出大批布帛，让他到赵国去游说合纵之事。

苏秦又接连说服了赵肃侯和韩王、魏王，他们答应合纵。

苏秦又来到了最东边的齐国。苏秦劝齐王说："齐国四塞之国，方圆两千多里，兵甲数十万，粮食堆积如山。都城临淄有七万户，每户三个男子，不用到远县征兵，即可得到二十一万士兵。临淄大街上，车毂相击，人肩相摩，连衽可成帷幕，挥汗如同下雨。韩、魏之所以畏惧秦国，因为与秦国接壤。两军交战，不出十天，胜败就定了。韩、魏即使能战胜秦国，军队也要损失一半，而无余力守卫四方边境；如果不能战胜，随之而来的便是国家的危亡。所以韩、魏宁愿向秦国称臣而不轻易和秦国作战。秦若攻齐则不然，必须经韩、魏之地，过亢父（今山东金乡东北）之险。秦军想向东深入，却要担心韩、魏从背后袭击，只能虚张声势而不敢进犯。所以，秦国不能危害齐国是很明显的。而群臣却劝您向秦称臣，这是很可笑的。"齐王觉得苏秦讲得很有道理，也答应了合纵。

苏秦又南到楚国，劝说楚威王，楚威王也答应了。

公元前333年，合纵联盟成立，苏秦成为合纵的纵约长，同时当上了山东六国的相国，身佩六国相印。

山东六国结为合纵，联合抗秦，特别是齐、楚两个大国结为联盟，对秦国非常不利。秦惠王大为恼怒，于是任用张仪进行旨在破坏合纵的连横之策。

公元前322年，秦惠王派张仪到魏国游说，争取魏为盟国，以破坏合纵联盟。魏国任张仪为相，张仪劝魏王背弃合纵条约，和秦国交好。魏王起初不肯，秦便以武力相威胁，一举攻克了魏的曲沃、平周。魏迫于压力，于是退出合纵联盟而与秦连横。

秦魏连横使山东各国十分惶恐。公元前319年，齐、楚、赵、韩、燕五国支持魏国的反秦势力赶走了张仪，任主张合纵的公孙衍为魏相。张仪归秦后，又成为秦国的相国。公孙衍联合了魏、楚、燕、韩、赵五国进行"五国伐秦"，并推楚怀王为纵约长。但由于五国各怀心事，仅韩、赵、魏出兵。公元前317年，联军在修鱼（今河南原阳）被秦军击败，合纵被瓦解。此后，在秦军的不断进攻之下，魏、韩不得不转而臣服于秦，形成秦、魏、韩三国连横，与齐、楚相对抗的局面。

公元前313年，秦惠王派张仪入楚，游说楚怀王。张仪对楚怀王说："大王如果能和齐绝交，秦国愿意归还楚国商于（今河南淅川西南）之地六百里。"楚怀王信以为真，就与齐断交，而与秦连横。当楚向秦索地时，张仪却改口说："当初我许下的只是六里，哪里有六百里。"楚怀王大怒，发兵攻秦，结果先后在丹阳（今河南淅川）和兰田（今陕西兰田）两次战役中为秦所败，楚国蒙受巨大损失。

公元前311年，秦惠王派人告诉楚怀王，愿意以武关以外的秦地换楚国的黔中地（今

45

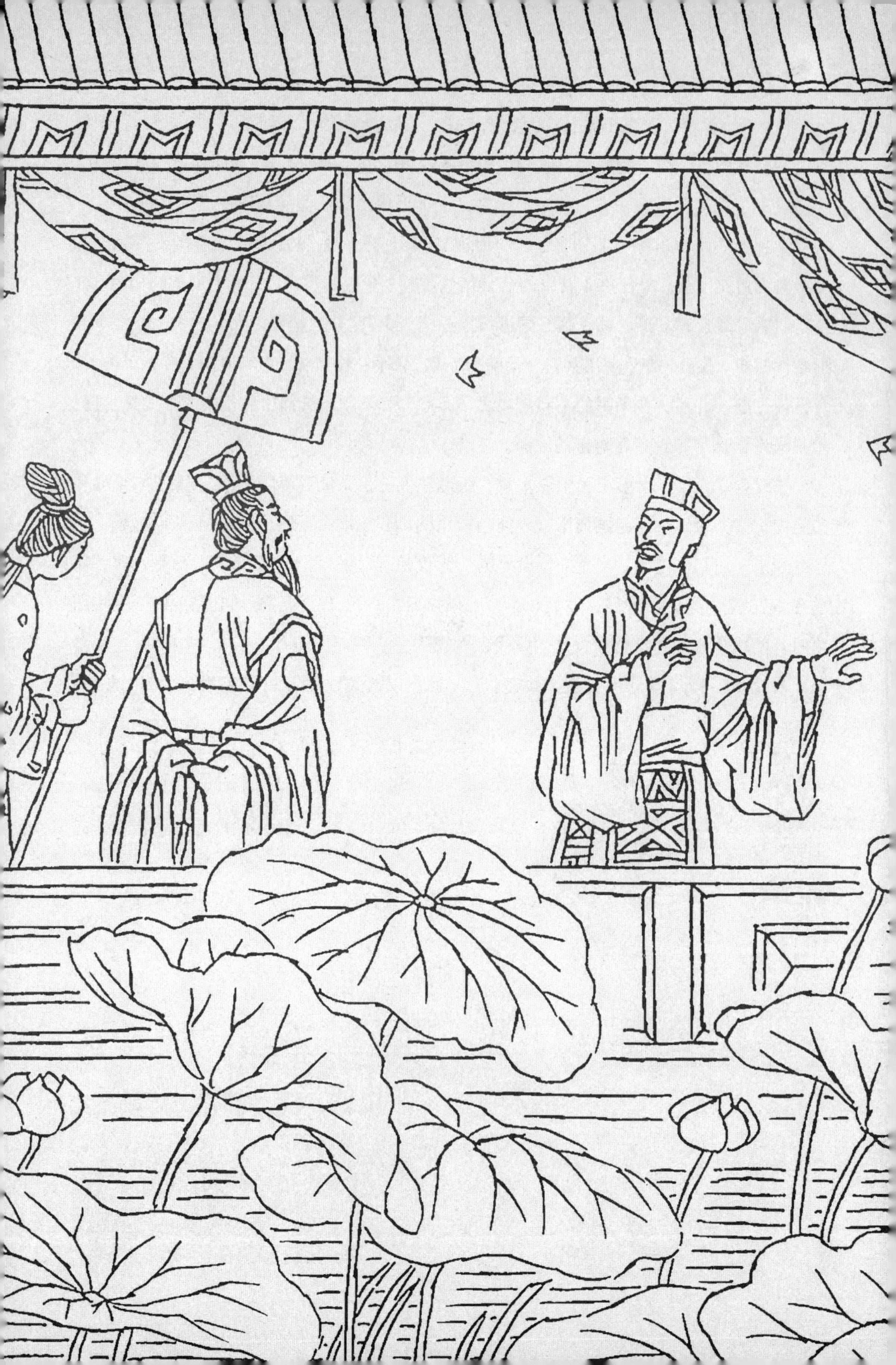

湖南西部）。楚怀王正恨上了张仪的当，就让使者告诉秦惠王，愿意拿黔中地换张仪。张仪听说后，请求前往楚国。楚怀王立即将他抓了起来，并准备杀他。大臣靳尚对楚怀王宠姬郑袖说："秦王十分喜爱张仪，准备以上庸六县和美女来赎回他。"郑袖害怕秦国送来的美女夺去楚怀王对她的宠爱，便在楚怀王面前日夜哭泣。昏庸的楚怀王便释放了张仪，并隆重地招待他。

张仪趁机劝楚怀王说："合纵无异于群羊攻猛虎，是无济于事的。大王若不和秦国连横，秦国胁迫韩、魏攻楚，楚国就危险了。秦军在巴蜀打造船只，积聚粮食，顺江而下，一日一夜行500里。秦军攻楚，三个月内就可定胜负，而楚等待山东诸侯的救兵则要半年之久。如果想依靠弱国的救援，却忘记了强秦之祸，我真的为大王深深地感到担忧啊！大王如果真能听我之言，我可使秦、楚两国永为兄弟之国，不互相攻伐。"楚怀王见张仪讲得头头是道，就答应了和秦连横。

张仪随后到韩国，劝韩王听从了他的计策，答应连横。

张仪回到秦国，秦惠王封给他六个城邑，称他为武信君。张仪一鼓作气，又游说齐、赵、燕和秦连横。合纵、连横随着各国形势的变化，意义也在发生着变化。

赵武灵王实行胡服骑射的改革后，赵国以其强大的骑兵队伍增强了抗秦的实力。为打击赵国，秦国与齐国订立盟约，准备联合五国伐赵。但后来齐王接受苏秦的劝告，联合了韩、魏、燕、赵合纵攻秦，迫使秦国将占领的魏、赵的土地归还。

宋国地处中原，是大国必争之地。公元前286年，宋国内乱，齐趁机灭宋，引起三晋及楚国的不安。公元前285年，秦国乘机组织楚、赵、魏、韩等国合纵攻齐，并率兵借道韩、魏，攻占了齐的九座城池。

长平之战后，赵国也一蹶不振，山东六国无法单独和秦相抗衡。此后，合纵连横就逐渐演变为六国合力抗强秦为合纵，六国分别投降秦国为连横了。

发生地点	发生时间	推荐理由
今山西高平西北	公元前260年	长平之战是中国古代战争史上规模最大的一场战争，为秦统一六国创造了有利的条件。

流血漂橹的长平之战

事件介绍

赵武灵王"胡服骑射"的改革成功后，赵国一跃成为战国七雄中的强国之一，仅次于秦国和齐国。

公元前284年，燕国上将军乐毅率大军伐齐，在济西大败齐军。随后乐毅果断进兵，攻克齐都城临淄后，分兵五路，迅速平定、攻占了绝大部分齐地。后来在齐将田单的率领下，齐军收复了全部失地。但齐国损失极大，国力大减，从此一蹶不振，已经无力和强秦相抗衡。魏、韩等国又慑于秦国的强大，向秦国称臣。于是，秦国便将东进的矛头指向赵国，秦赵大战随即展开。

秦赵之间的第一次大较量，就是阏与（今山西和顺）之战。在这一战中赵军统帅赵奢指挥赵军赢得了胜利。

阏与之战后不久，秦赵两国又展开了第二次大较量，我国古代战争史上规模最大的一场战争在长平（今山西高平）上演了。

秦国根据"远交近攻"的战略，从公元前268年起，先后出兵攻占了魏国的大片土地，迫使魏国亲附于秦。接着秦军又大举攻韩，于公元前261年攻克野王（今河南沁阳），将

战国时期的双鞘剑。

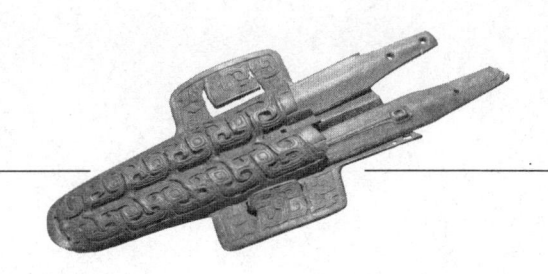

韩国拦腰截断。消息传来，韩国朝廷上下一片惊恐。韩王连忙派使者入秦，表示愿意献上党郡（今山西长治）求和。

然而韩国的上党太守冯亭却不愿意献地给秦，为了促成韩、赵两国联合抗秦，他主动将上党郡献给了赵国。赵王目光短浅，不计后果，接受了平原君的建议，将上党郡并入了自己的版图。赵国的这一举动，无异于虎口夺食，引起秦国的极大不满，秦、赵之间的矛盾于是全面激化。丞相范雎建议秦王乘机出兵攻赵，拔去赵国这颗眼中钉。"上党事件"成为长平之战的导火索。

公元前261年，秦军大举进攻赵国，攻打上党，上党赵军兵力不敌，退守长平。赵王闻报秦军长驱东进，早已失去了得地的喜悦，急忙派大将廉颇率赵军主力开往长平，企图夺回上党。廉颇抵达长平后，立即向秦军发起攻击。由于秦强赵弱，赵军数月间连战皆负，损失惨重。然而老成持重的廉颇不愧为一名明智的将帅，他鉴于实际情况，及时改变了战略方针，决心转攻为守，依托有利地形，筑垒固守，以逸待劳，使秦军陷于疲惫之中。廉颇这一招果然很灵，有效地抑制了秦军的进攻势头，两军在长平一带相持。

为了打破这个不利的僵局，秦相范雎使用离间计，派人携带千金去邯郸收买赵王的左右权臣，挑拨赵王与廉颇的关系，并四处散布流言：廉颇不为惧，他之所以防御固守，是快要投降秦军的表现；秦军最害怕的是赵奢的儿子赵括。不谙军情的赵王以为廉颇怯战，加上本来就十分恼恨廉颇初战不利，听到这些流言后，不顾蔺相如和赵括母亲的反对，立刻命令赵括接替廉颇为将。

赵括是一个缺乏实战经验、只会纸上谈兵之人。他到了长平后，一反廉颇所为，更换将领，改变军中制度，搞得赵军上下离心离德，斗志消沉。他改变了廉颇的战略防御方针，积极筹划战略进攻，企图一举得胜，夺回上党。

秦王见离间计得逞，立即任命骁勇善战的广武君白起为上将军，出任秦军统帅。白起是继孙武之后，中国战争史上又一个杰出的军事将领，也是秦国历史上战功最为卓著的军事统帅。他久经沙场，曾率领秦军攻韩击魏，远慑荆楚，所向披靡。他善于用兵，一生征战沙场达37年之久，攻占七十余座城邑，歼敌百万，未有败绩，为后来秦灭六国的战争奠定了胜利的基础。史学家司马迁也称赞白起"料敌合变，出奇无穷，声震天下"。

白起到任后，针对赵括没有实战经验、鲁莽轻敌、求胜心切的弱点，采取诱敌深入、围困聚歼的作战方针，对兵力做了周密细致的部署：以原先的前线部队为诱敌部队，等待赵军出击后，立即向预先设好的主阵地长壁方向撤退，诱敌深入；然后巧妙地在长壁构筑袋形阵地，以主力部队守卫营垒，抵挡赵军的进攻，同时组织一支精锐的突击队，等到赵军被围后，主动出击，消耗赵军的有生力量；同时在两边埋伏奇兵25000人，等赵军出击后，及时插到赵军的后方，切断赵军的退路，协同主阵地长壁的秦军，完成对出击赵军的包围；再者，派5000名骑兵插入到赵军营垒的中间，牵制和监视营垒中的赵军。

战局的发展果然按着白起所预料的方向进行。公

● 战国时期的宽首剑。

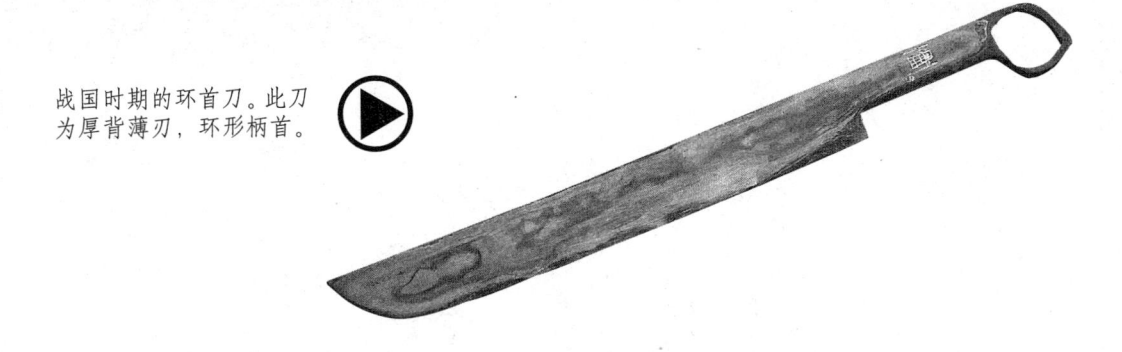

战国时期的环首刀。此刀为厚背薄刃，环形柄首。

元前260年8月，赵括统帅赵军向秦军发起了大规模进攻。两军稍一交锋，秦军的诱敌部队就后退。鲁莽的赵括不问虚实，立即率军奋起直追。当赵军追到秦军的预定阵地长壁后，遭到了秦军主力的顽强抵抗，赵军攻势受挫。这时赵括想撤兵，但为时已晚，预先埋伏的秦军两翼25000名奇兵迅速出击，及时插到赵军进攻部队的后方，切断了赵军与其营垒的联系，形成了对赵军的包围之势。另外的5000名骑兵也迅速插到了赵军的营垒之间，牵制着留守营垒的赵军。同时，白起下令突击部队不断出击被围的赵军。赵军被秦军的突然袭击打得措手不及，眼看形势危急，赵军被迫就地构筑营垒，转攻为守，等待救援。

秦昭王听到秦军包围赵军的消息，亲赴河内（今河南沁阳），把当地十五岁以上的男丁全部组编成军，增援长平战场。这支部队占据了长平以北的丹珠岭及其以东一带高地，进一步断绝了赵国的援军和后勤补给，从而确保白起能彻底地歼灭被围的赵军。

到了9月，赵军主力断粮已达四十余天，士兵互相残杀，军心动摇，局势非常危急。赵括组织了四支突围部队，轮番冲击秦军阵地，希望冲出一条血路强行突围，但都无济于事。绝望之中，赵括孤注一掷，亲自出马，率领一支敢死队发动冲锋，结果仍遭惨败，自己也命丧秦军乱箭之下。赵军失去主将，斗志全无，全部解甲投降。为了瓦解赵人的抗秦意志，并乘势一举灭赵，白起凶残地下令将赵军战俘全部坑杀，只有幼小的240人幸存。秦军终于取得了空前激烈残酷的长平之战的彻底胜利。

发生地点	发生时间	推荐理由
秦国	战国时期	吕不韦是秦王朝的奠基人之一。他帮助嬴政（秦始皇）夺取王位，统一六国，很大程度上影响了历史的演进过程。

吕不韦以美女为饵钓江山

事件介绍

秦昭王四十年，秦国太子死。昭王四十二年，立昭王次子安国君为太子。安国君有子女二十余人，其爱姬被立为正夫人，赐号华阳夫人，但华阳夫人膝下无子。安国君有一排行居中的儿子子楚，子楚的母亲夏姬不受宠爱，子楚就被作为秦国的人质生活在赵国。当时秦国经常攻打赵国，子楚在赵国的日子很不好过。

有一次，吕不韦到赵国都城邯郸去做生意，遇见了在赵国当人质的秦国公子子楚。他怦然心动，想："这个活宝贝可值大价钱哩！"

吕不韦找到子楚，对他说："您父亲是秦国的太子，可您有二十几个兄弟，您又不受宠爱，就算您父亲当了秦王，您又怎么能够当上太子呢？"

子楚无奈地说："您说得对，可我又能怎么样呢？"

吕不韦说："现在您父亲最宠爱华阳夫人，所以只有华阳夫人的儿子才能被立为继承人，可华阳夫人没有儿子。我愿意为您到秦国去游说，说服华阳夫人，让她在您父亲面前讲好话，立您为继承人。"

子楚闻言大喜，对吕不韦说："如果事情成功，秦国的天下，我就和您共享！"

于是，吕不韦依计而行，买了许多奇珍异宝，来到秦国，把这些宝物都献给了华阳夫人，并对她说："我听说以美色而得宠幸的，等人老色衰时，宠幸也就不再了。现在夫人侍奉安国君，如果夫人能选出继承人，则安国君百年之后，您所举荐之子为王，则永不失尊宠之势，这真是一句话而得百代之利啊！现诸公子中，数子楚最为贤孝，夫人如能在此时立子楚为继承人，那夫人将终生得宠于秦国啊！"

华阳夫人一听很有道理，就在安国君面前讲子楚的好话，要求他定子楚为将来的继承人。安国君十分宠爱华阳夫人，就答应了。

吕不韦的计策成功了，自己也被安国君任命为子楚的老师，陪子楚住在赵国。

吕不韦曾在赵国找了一个能歌善舞的女子做妾。有一次，吕不韦请子楚喝酒，让这个爱妾来宴席前献舞。子楚一见之下就爱上了她，并向吕不韦讨要这名女子。吕不韦心中大怒，但转念一想，自己已经为子楚投资这么多了，何必为一个女人坏了大事呢？于是就把这个爱妾让给了子楚。

可这女子已经有了吕不韦的骨肉，却没有告诉子楚。后来，这女子生下一个儿子，取名叫嬴政，他就是后来的秦始皇。

过了几年，秦国大举进犯赵国，赵国要杀掉子楚。吕不韦闻讯后，立即拿出六百两黄金贿赂看守的赵兵，与子楚等逃出赵国，回到秦国。嬴政母子也藏了起来，幸免于难。后来安国君即位，子楚成为太子，把嬴政母子接回秦国。

子楚的父亲即位一年后就去世了，子楚继承了王位，他任命吕不韦为丞相。

子楚即位三年后也去世了，年少的嬴政被立为秦王，尊吕不韦为相国，称他为"仲父"。吕不韦从一个十分富有的商人成为一位权倾朝野的政治家，左右了秦国十几年的政局。不幸的是，吕不韦卷入了宫廷的斗争，被自己的儿子秦王嬴政罢免了相国的职务，最后服毒自杀。

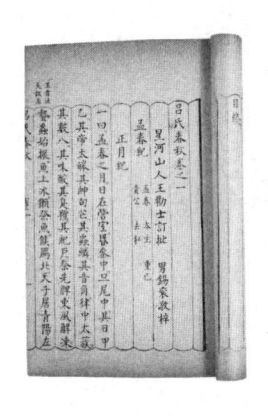

明崇祯刻本《吕氏春秋》。

发生地点	发生时间	推荐理由
韩国	战国末期	韩非子的法家学说，达到了先秦法家理论的最高峰，为秦统一六国提供了理论武器，同时，也为以后的封建专制制度提供了理论依据。

法家以法治国的理论根源

事件介绍

韩非子（约公元前280—公元前233），我国战国末期的思想家、哲学家，法家学派的主要代表人物，法家思想的集大成者。韩非子的法家学说构成了法家思想的核心。他出身韩国贵族，是荀况的学生，曾建议韩国变法，不为韩王所采纳，后为秦王政所重视，被邀赴秦，不久因李斯等人陷害，被治罪下狱，毒杀于狱中。

他批判地吸收了春秋以来儒、道、墨各家的思想，特别是总结了前期法家的思想，综合了商鞅重法、申不害重术、慎到重势的不同倾向，提出了以法为核心，把"法"、"术"、"势"三者合一的法治学说，作为封建地主阶级的统治术，对后世产生了重要影响。

他的著作有《韩非子》55篇。

韩非子的基本思想是：用暴力手段实现新兴地主阶级统治者的意志；对内进行暴力镇压，发展经济和军事实力；对外进行武力兼并，借以巩固和扩大封建统治，乃至统一天下；用严厉的现实主义眼光观察一切，不择手段地谋取封建统治者的最大利益。

韩非子注意吸取法家不同学派的长处，提出了"法"、"术"、"势"相结合的法治理论。他认为"法"是根本，就是说，新兴地主阶级的政策、法令是社会的准则，要大张旗鼓地

战国时期的人物驭龙帛画。

宣传，使之深入人心。"术"是政治斗争的策略手段，包括按照人的才能来派定官职，对群臣暗中考察。"势"是指君王的地位和权力。韩非认为只有这三者结合起来，才能建立起中央集权的封建国家。他主张"罢黜百家"，崇尚法制。

韩非子"法"、"术"、"势"相结合的理论，达到了先秦法家理论的最高峰，为秦统一六国提供了理论武器，同时，也为以后的封建专制制度提供了理论根据。

《韩非子》的理论渊源是极为广博的。

韩非子的思想不仅源于法家，而且源于墨子、老子与荀子。源于老子者，主要是自然天道观、先王的否定论、仁义无是非论。《史记》说他"归本于黄、老"，是有道理的。他的《解老》、《喻老》二篇，发展了老子的思想。例如《解老》篇说："道者万物之所然也，万理之所稽也。理者成物之文也。道者万物之所以成也，故曰道，理之者也。物有理不可以相薄。物有理不可以相薄，故理之为物之制。万物各异理，而道尽稽万物之理，故不得不化。"

因此，在韩非子那里，老子的"无为而治"，转而为"中主守法而治"；老子的"去私抱朴"，转而为"去私"、"抱法"；老子的非仁义的思想，转而为"言先王之仁义无益于治，

55

明吾法度，必吾赏罚"，"不乘必胜之势，而务行仁义则可以王，是求人主之必及仲尼"(《五蠹》)；老子的对立物同一的观念，转而为"执一以静"。总之，老子玄学的方法论，韩非子都倒转来用之于明功求利的耕战方面。最妙的是他把老子所谓"国之利器不可以示人"，转用之以颂扬利器，所谓"势重者，人主之渊也"，"权势不可以借人"。(《内储说下》)

韩非子思想源于墨子者，不仅在于名理之承继（如墨子名理之法仪与法家法度之法术，就有类似之点），更重要的是，韩非子接受了墨家所具有的显族贵族的阶级意识。

韩非子与其他法家一样，把墨子的"非命"观点接受下来，而把其"非攻"主张否定了。因此，法家"耕战"之说（即所谓"礼堕而修耕战"），就和墨子的思想有了区别。《商君书·慎法》也说："国之所以重，主之所以尊者，力也。"从历史发展角度来讲，是力非命的思想，在墨子是以国民为形式，以显族为内容（如富之贵之的贤者），在法家则赤裸裸地在形式与内容上为显族贵族讲话。

韩非子思想源于荀子者，不仅在于韩非子是他的弟子，而且更在于荀子的唯物论思想影响了韩非。韩非子归本黄、老而超出老、庄，实非偶然。

荀子谓"古今异情，其以治乱者异道"(非相)，斥责那些高谈阔论而欺骗人者为妄人。他朴素地把先王还原于文王、周公，同时说明了文王、周公的制度在于"以类分"。韩非子更进而把历史归还历史，否定了荀子的"师法"，主张"事异而备异"。荀子还承认分、辨、别、养之"礼"，韩非子则转而否认分、辨、别、养，而大谈"法"。因为在实际上，荀子的"礼"的历史理论，已经接近于"法"的观点了。

韩非子《显学篇》所谓"无参验而必之者愚也，弗能必而据之者诬也"，显然是荀子学说的传统，但韩非子也学荀子理想先王的方法，倒过来反讲先王不羞贫贱，不左亲族，贵在明法，借以为"重言"（庄子语）。

其次，荀子的性恶论和积习说，已与功利主义相接近，他评论各学派之所弊皆从政治的利害观点出发，韩非子的狭隘功利思想正是荀子传统思想的发展，例如："夫言行者，以功用为之的彀者也……今听言观行，不以功用为之的彀，言虽至察，行虽至坚，则妄发之说也。是以乱世之听言也，以难知为察，以博文为辩，其观行也，以离群为贤，以犯上为抗……是以儒服带剑者众，而耕战之士寡，坚白无厚之词章，而宪令之法息。"

韩非子不但反对征富施贫，而且主张"侈而惰者贫，力而俭者富"。他就基于这一富者功利的竞争心，来批判诸家，非议养士。这固然是由于战国末期的养士制度所激起的反对理论，但从社会根源说来，则赞美了小生产性的土地私有制，这便和荀子相反了。

发生地点	发生时间	推荐理由
中原一带	公元前230年至公元前221年	秦灭六国结束了五百余年分裂割据的局面，建立起我国历史上第一个统一的多民族的中央集权封建国家。

秦灭六国锐不可当

事件介绍

秦国自商鞅变法以来，经过六代君王的不懈努力，在长期的兼并战争中不断发展。不论是经济实力还是军事实力，秦国都超过了赵、韩、燕、楚、魏、齐六国中的任何一国。在秦国的不断蚕食下，六国逐步走向衰落。赵国原有"车千乘，骑万匹"，军队数十万，实力仅次于秦国，但长平之战以后，赵国就一蹶不振。楚国虽号称有百万大军，但在鄢郢之战中，被秦军歼灭数十万人，实力也大大削弱。齐国则自济西之战受燕重创以来，实力一直未能恢复，只好执行与秦交好的政策，以求暂时苟安。而韩、魏、燕三国的实力则更弱。长期以来，六国曾有过几次"合纵"抗秦的行动，给秦国以很大威胁。但由于各自的利害关系，六国又矛盾重重，不能形成稳定的"合纵"攻秦的局面。秦国的"连横"和"远交近攻"谋略也破坏了六国的"合纵"。于是，形成了六国皆弱而秦独强的战略局面。

◀ 秦朝时期的双兽纹瓦当。

57

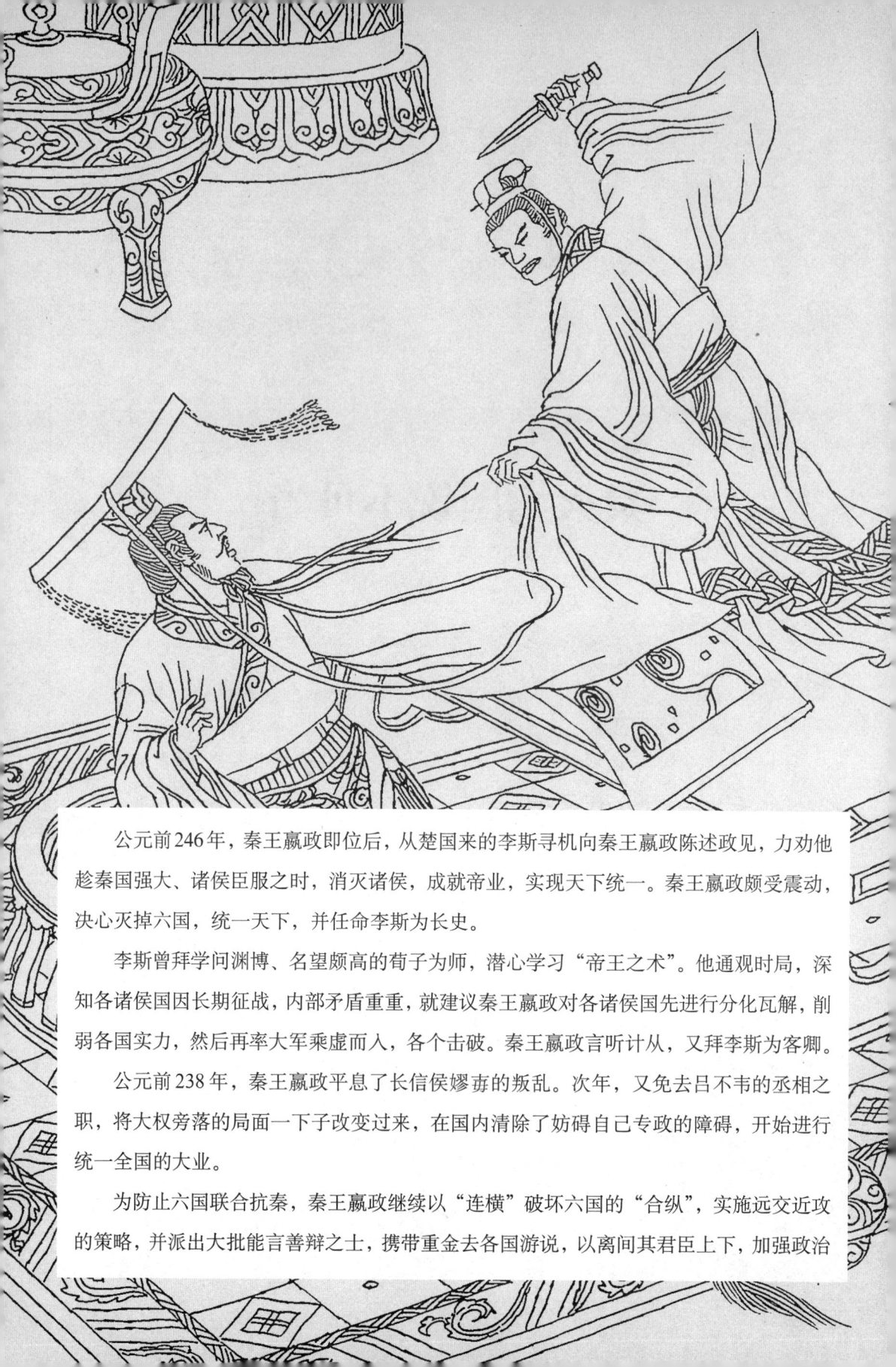

公元前246年，秦王嬴政即位后，从楚国来的李斯寻机向秦王嬴政陈述政见，力劝他趁秦国强大、诸侯臣服之时，消灭诸侯，成就帝业，实现天下统一。秦王嬴政颇受震动，决心灭掉六国，统一天下，并任命李斯为长史。

李斯曾拜学问渊博、名望颇高的荀子为师，潜心学习"帝王之术"。他通观时局，深知各诸侯国因长期征战，内部矛盾重重，就建议秦王嬴政对各诸侯国先进行分化瓦解，削弱各国实力，然后再率大军乘虚而入，各个击破。秦王嬴政言听计从，又拜李斯为客卿。

公元前238年，秦王嬴政平息了长信侯嫪毐的叛乱。次年，又免去吕不韦的丞相之职，将大权旁落的局面一下子改变过来，在国内清除了妨碍自己专政的障碍，开始进行统一全国的大业。

为防止六国联合抗秦，秦王嬴政继续以"连横"破坏六国的"合纵"，实施远交近攻的策略，并派出大批能言善辩之士，携带重金去各国游说，以离间其君臣上下，加强政治和外交攻势。秦王嬴政采纳了李斯"先取韩以恐他国"的建议，制定了中央突破、由近及远、逐个歼灭的战略方针，决定先取韩国，切断六国合纵之脊，然后进攻两翼，先破赵、燕，再灭楚、魏，最后灭亡齐国。

公元前230年，秦军南下渡过黄河，用绝对优势兵力突然袭击韩国，一举攻克韩都郑（今河南新郑），俘获韩王。继而秦军占领韩国全境，灭亡韩国。秦国占领了地处"天下之枢"的战略要地，加快了消灭六国的步伐。

公元前228年10月，秦军攻破邯郸，俘虏赵王，赵国名存实亡，秦于赵地设邯郸郡。燕太子丹物色了一名勇士荆轲，命他去刺杀秦王嬴政，但没有成功。公元前222年，王翦之子、名将王贲率军消灭了燕赵残余势力，燕赵彻底灭亡。

秦军在攻占燕都蓟以后，取得了北方决定性的胜利，开始将主攻方向转向南方。公元前226年，王贲率军进攻楚国北部，占领十余城，沉重地打击了楚国，使其不敢轻举妄动。公元前225年，攻楚大军回军北上，突然进袭魏国，包围了魏都大梁（今河南开封）。魏军拼死防守，秦军强攻无效，于是引黄河之水淹城。三个月后，魏王投降，魏国灭亡。

韩、赵、燕、魏四国相继被秦国吞并后，山东六国只剩下齐、楚两国了，秦国开始把兵锋指向南方的楚国。

秦国的名将之中，除王翦、王贲、蒙恬等人外，还有一个年轻将领李信。李信胆气过人，为灭燕立下大功，赢得了嬴政的赞赏和信任。

秦王嬴政在灭楚之前，首先想到任李信为统帅。他问李信："我想消灭楚国，依你的估计，需用兵多少呢？"李信豪气十足，对秦王嬴政夸下海口："区区20万兵力就足够了。"秦王嬴政又去问王翦，王翦说："非60万人不可。"秦王嬴政一听，就对王翦说："王将军年纪大了，胆子也变小了。"于是，秦王嬴政任李信为主帅，和蒙恬等将领统帅20万秦军南伐楚国。王翦见自己的意见未被采用，于是告病还乡。李信率秦军入楚境之后，分兵两路，自率一军进攻平舆（今河南平舆北），并命蒙恬率军攻寝（今安徽临泉），初战告捷，大败楚军。之后，李信率军东进，和蒙恬军会合。这时，楚国派遣名将项燕率军抵御秦军。项燕先是坚守不出，秦军久攻不克，于是准备向西转战。此时，以逸待劳的楚军突然出击，紧紧尾随在秦军之后，狂追秦军三日三夜不停。秦军大败，李信被迫率军撤退。

秦王嬴政听说李信攻楚失败，大发雷霆，又后悔未听王翦之言，于是亲自乘车去见王翦。秦王嬴政一脸歉意地对王翦说："寡人不听将军之言，却听信李信的狂放之言，致使我秦军受到折辱。如今楚军乘胜而西，形势危急。将军虽有病在身，难道要扔下寡人不管吗？"王

刺秦王的荆轲像。

翦谢罪说:"老臣老了,不堪为将,请大王另择贤将。"秦王嬴政又向王翦道歉:"行了,将军不要再说了。将军总得给寡人一点面子吧!"王翦见推托不下,于是对秦王嬴政说:"大王若一定要用臣为帅,非60万人不可。"秦王嬴政连忙说:"寡人听你的就是了。"于是,秦王嬴政征集秦国所有的精兵共60万人,交给王翦率领,南下攻楚。

王翦大军出发时,秦王嬴政亲自送行到灞上(今陕西西安东)。王翦乘此机会,要求秦王嬴政赐给自己上好的田宅,而且数量惊人。大军就要出关时,王翦又前后五次派人向秦王嬴政请求赐给自己上好的土地。有人劝王翦说:"将军您这样向大王索要东西,也太过分了吧!"王翦说:"不然。秦王性情粗暴,生性多疑。如今秦国所有的精兵都由我来调遣,大王不会无端地怀疑我吗?我如果不多要一点田宅为子孙之业,又怎么能坚定秦王对我的信心呢?"

楚国听说王翦率领援军到达前线,就调集了全国所有的兵力来抵御秦军。为避免长途跋涉,王翦就地为营,筑起军垒,坚壁而守,不肯出战,诱使楚军前来,变被动为主动。

项燕看秦军不出,只得引军向东撤退。王翦乘楚军退兵之际,命精兵向前冲锋,随后率大军出击。楚军大乱,向东败退,秦军狂追不停。主将项燕战死,楚军失去统帅,四散溃逃。秦军乘胜占领了楚国的大片土地。公元前223年,楚王被俘,楚国灭亡。

王翦灭楚之后,山东六国,只剩下齐国了。公元前222年,秦王嬴政调集大军,命王贲为统帅,远征辽东,消灭了燕国的残余势力,并乘胜率领秦军南下,兵临齐国边境。

公元前221年春,在经过长期周密的准备之后,王贲率领秦军攻入齐国,如入无人之境,一直打到齐国都城临淄。齐王带一部分人守卫王宫,王贲派人去引诱齐王,答应封给他五百里土地。齐王于是率人投降,秦王嬴政把齐王放逐到共(今河南辉县)的松柏林中,活活饿死了他。齐国就这样灭亡了。

至此,秦王嬴政花十年工夫兼并了山东六国,统一全国的秦王朝建立了。

秦始皇统一六国后，修建阿房宫。图为清代袁耀所绘的《阿房宫图》。

发生地点	发生时间	推荐理由
中原一带	公元前221年至公元前210年	中央集权制度的建立结束了长期的分裂局面，对后世有深远影响。

前所未有的秦始皇中央集权制度

事件介绍

秦王嬴政统一六国以后，招来文武大臣讨论他的称号。秦王嬴政认为自己"德迈三皇，功过五帝"，将皇和帝并称为"皇帝"，自称为"始皇帝"，并安排好自己死后儿孙即位，称为"二世"、"三世"，"至于万世，传之无穷"。自此，"皇帝"就代替"王"而成为最高统治者的称谓，秦始皇是中国历史上第一个称皇帝的人。

为显示皇帝的尊严和与众不同，秦始皇对一些名称也做了规定：皇帝自称用"朕"，皇帝的命称为"制"，令称为"诏"。皇帝的印章专门用玉做成，叫做"玉玺"，而且只有皇帝的印章才能叫做"玺"。有了这些规定，一般民众就再也不能使用"朕"、"玺"二字了。同时，秦始皇规定称皇帝的妻子为"皇后"，父亲为"太上皇"，母亲为"皇太后"。

秦始皇从规定的这些称号开始，逐步建立起了我国历史上第一个统一的多民族中央集权的封建国家，而这些称号，在中国两千多年的封建社会里一直延续下来。

秦始皇建立中央集权制度所采取的措施主要有以下几点。

一、加强中央集权制度。

国家的最高统治者是皇帝，皇帝以下，中央最重要的官职是"三公"、"九卿"。

秦朝时期的彩绘马车。

"三公"是指丞相、太尉、御史大夫。

丞相是"百官之长","掌丞天子,助理万机"。秦始皇采取了一系列限制丞相权力的措施。丞相负责处理国家大事,但"事无大小皆决于上",一切事务都是由皇帝一人来决断。秦朝设立了左右二丞相,以右为尊,同时使他们互相牵制,便于控制。

太尉负责军事事务,掌管武官的任免。但太尉只有带兵权,而无调兵权,军权实际上也是掌握在皇帝手中的。

御史大夫"掌副丞相"。秦国原有御史,统一全国后设置御史大夫以监督丞相。御史大夫有权复查大臣的上奏和地方的"上计",既协助丞相又监督丞相,皇帝的诏令一般由御史大夫转交给丞相去执行。

在"三公"之下,还有"九卿",大部分是继承了先秦原有的官制,有的则是秦国原有官制的发展。

三公和九卿都各有自己的府邸,以处理日常事务。大事总是先向丞相汇报,最后请皇帝裁决,军政大权独揽于皇帝一人手中。

二、调整地方政权组织,推行郡县制。

秦始皇消灭六国以后,领土空前的广阔,李斯向秦始皇提议设置郡县,由皇帝亲自任命官吏进行治理。

秦始皇采纳了李斯的建议,在全国范围内确立了郡县制度。他把天下分为36郡,后来随着边境的开发和郡的调整,郡总数达到了46个。每郡又设立守、尉、监,分管一郡的行政、军事、监察事务,郡的长官是郡守。郡以下分为若干个县,县有令、尉、丞,分

右明新货方足布，战国时期燕国货币。

贝币钱铜范，战国时期楚国货币。

圁阳新化小直刀，战国时期赵国货币。

管一县的政事、军事、司法事务，县的长官有两个名称，一是县令（万户以上），一是县长（万户以下）。县以下又设乡、亭、里、什、伍一类的基层政权机构。以十里为一亭，十亭为一乡，还通过什、伍组织，把一家一户的农民编制起来以保证封建统治秩序。

三、统一货币。

秦统一六国后，秦始皇下令废除原来在秦以外流通的六国货币，在全国范围内，一律只准使用秦国的货币，并实施了一系列的改革措施，主要包括以下几个方面：重新铸造新版圆钱，使货币的种类、形状、轻重、大小有一个统一规范；规定统一的货币换算方法，把货币分为三等，以黄金为上币，镒为单位，每镒重20两，以铜半两钱为下币，一万铜钱折合一镒黄金，以刀布为中币；规定货币铸造权为国家所有，私人不得铸币，由国家将过去重量不一的旧铜钱全部重新改铸成半两钱，地方政府铸币，必须按国家规定的标准设计铸造；在法律上明确规定私铸货币者有罪，一旦发现，严加制裁。秦始皇的这些改革措施，实现了货币的第一次统一，为经济发展开辟了道路，在中国历史上是一个伟大的创举。

四、统一度、量、衡。

秦始皇下令废除六国旧制,把混乱不清的度、量、衡明确统一起来。统一后的度、量、衡标准包括:度制以寸、尺、丈、引为单位,采用十进制计数,十寸为一尺,十尺为一丈,十丈为一引;量制以合、升、斗、桶(斛)为单位,也采用十进制计数,十合为一升,十升为一斗,十斗为一桶(斛);衡制以铢、两、斤、钧、石为单位,二十四铢为一两,十六两为一斤,三十斤为一钧,四钧为一石。这种度、量、衡标准实际上是商鞅变法时所规定的度、量、衡标准的推广和发展。所以,秦始皇统一度、量、衡,实际上是以法令形式肯定了秦国原有的制度,并向全国推行。

五、统一文字。

全国统一的当年,李斯就向秦始皇提出了"书同文字"的建议。于是秦始皇命令全国禁用各诸侯国留下的古文字,而一律以秦篆为统一书体,并命李斯等人编书,作为推行秦篆的典范。秦篆又叫小篆,有固定的偏旁符号、固定的部首位置和确定的笔画数量,形体整齐,笔画均匀,易于读写。这些特点后来成为汉字发展所遵守的基本原则,可见其进步意义是不可抹煞的。

秦始皇以小篆和隶书为统一文字,对中国的文化、政治、经济都产生了深远的影响。他的文字改革不仅是一种统一,而且还是古体文字向今体文字转变的开始。

六、焚书坑儒,加强思想控制。

为了在思想上进行控制,李斯主张严厉镇压那些对秦的统治不满的人,并给秦始皇写了一封奏疏,要求把除了《秦记》之外的所有史书一律烧毁,全国百姓和士人私自收藏的经书和诸子百家的典籍,也全部由官府统一烧毁。谁敢违抗命令一律处死。秦始皇同意了李斯的意见,下令全国进行焚书,这是中国文化的一次大浩劫。

秦始皇焚书反而激起了百姓和士人更大的反抗,对秦始皇不利的言论遍布天下。这使得秦始皇勃然大怒,派出御史到全国各地追查,最后抓到四百六十多人,绝大部分是儒生。秦始皇下令将他们押到骊山的山谷中,全部坑杀。

七、修筑长城。

为了抵御北面匈奴的侵犯,秦始皇下令将原来六国的首都和各自修造的长城拆毁,然后统一修造。秦的长城西起陇西的临洮(今甘肃岷县),东到辽东(今大同江一带),东西长达万里。长城的修筑,大大缩短了信息传播的时间,有利于中央集权的加强和政令的及时传达。

发生地点	发生时间	推荐理由
中国北方	公元前3世纪	中国古代劳动人民智慧和力量的结晶，有利于以汉族为主体的多民族国家的巩固和发展。

修筑万里长城

事件介绍

早在战国时期，修筑长城这项浩大的工程就已经开始了。

秦始皇消灭六国，一统中原以后，开始实施加强中央集权的各项改革，但北方的匈奴却乘机经常南下侵扰，一步步向中原进犯，成为秦王朝主要的外来威胁。后来，匈奴把黄河河套地区大片的土地夺了过去，一路烧杀抢掠，给中原人民带来了莫大的痛苦，同时也给秦都咸阳造成了严重的威胁。公元前217年，秦始皇巡游天下，访求仙人，以求长生不老，在前往碣石时，秦始皇派燕人卢生去访求仙人。卢生回来后，向秦始皇送上了一份录图书，秦始皇看到书中有"灭秦者胡"的言语，立刻坚定了抵御匈奴的决心。

公元前215年，秦始皇派将军蒙恬率军30万讨伐匈奴，由长公子扶苏做监军，夺回河套以南地区，接着又收复了黄河以东直至阴山的大片土地（原属赵国，后被匈奴占据）。北面匈奴的进犯势头暂时得到了遏制，但它的实力并未受到彻底的打击，对秦王朝仍然有很大的威胁，这就需要时刻防备匈奴的再次进攻。于是秦始皇下令修筑起一条新的长城。

为此，秦始皇不断从民间强制性地征调大批的民工，经过九年的时间，秦始皇终于修筑起这座抵御外敌的屏障。它西起临洮，东至辽东，沿着黄河流域，偎依着峻峭的阴山山脉，经过广阔的内蒙古大草原，蜿蜒曲折，全长约五千余公里，号称万里长城。

秦始皇为抵御匈奴而下令修筑的长城，主要由关隘、城墙、城台、烽燧四部分组成，是一个完整的防御工程体系。

关隘又叫关城，一般设立于高山峡谷等险要之处，或扼守交通要塞，以少数兵士把守就可以抵御众多敌兵，起到"一夫当关，万夫莫开"的作用。最为著名的关隘主要有：冷口、喜峰口、古北口、张家口、杀虎口、山海关、居庸关、平型关、雁门关、得胜关等等。这些关隘在以后的历朝历代抵御外族入侵的军事战争中，都是重要的防线和坚固的堡垒。

城墙的绝大多数地段是以山脉为基础，随着山势的高低起伏而修筑的，有的地段甚至建在距地面一千三百米左右的高山上。城墙的外部用砖和石砌成，内部用黄土夯实，从5米到10米不等，平均高度7.8米，在山势陡峭的地方，墙身就低一些，较平坦的地方墙身就高一些。平均宽度墙基为6.5米，墙顶为5.8米。每隔不远就有一个券门，是用石砖砌成的拱顶门，有石阶通向墙顶以供守城兵士上下。

▼ 居庸关长城春色。

▲ 河北金山岭长城。

城台又分为墙台、敌台和战台三种，相隔半里左右，凸出墙外。有的不设敌楼，只是外砌垛口，内开铺房，供兵士巡逻放哨；有的设双层敌楼，楼下砌筑屋室供小队兵士驻守。

烽燧也叫烟墩或烽火台，大多设于险要地方，或设于高山之巅，或设于平地转折之处，或设于敌楼之顶，专供传递军情而建。一旦发现敌情，烽火台立刻发出警报，白天点燃掺有狼粪的柴草，使浓烟直上云霄，夜里燃烧加有硫磺和硝石的干柴，使火光通明，以最快的速度传递军情。

秦始皇在下令修筑长城的同时，不仅派大军沿长城驻守屯防，还在长城附近设立了陇西（今甘肃东南部）、北地（今甘肃东北部）、上郡（今陕西西北部）、九原（今内蒙古乌拉特旗一带）、云中（今内蒙古托克托县东北）、雁门（今山西西北部）、代郡（今山西东北部及河北蔚县一带）、上谷（今河北西北部）、渔阳（今北京东北部）、右北平（今河北喜峰口至内蒙古喀喇沁旗以南）、辽西（今辽宁东南部）等12个郡，以管辖和开发长城沿线的地方。为保证边防的供应，秦始皇征派鄂伦春大量移民前往长城沿线开垦，并且修建了驰道、直道，加强了边关与中央的联系。

修筑长城的工程带有很强的政治意义、军事意义，长城的修建有效地抵抗了匈奴对中原地区的侵犯，在保护中原地区的政治稳定、经济发展、人民生活安定等方面起到了一定的作用，从而有利于以汉族为主体的统一的多民族国家的巩固和发展，也为中国古代的建筑艺术留下了宏伟的篇章。

发生地点	发生时间	推荐理由
咸阳	公元前213年至公元前210年	焚书坑儒破坏了自春秋战国以来百家争鸣的繁荣局面，引起知识分子的反抗，加速了秦朝的灭亡。

焚书坑儒的浩劫

事件介绍

公元前213年的一天，秦始皇在咸阳宫大宴群臣，同时特邀了七十多位博士参加。大臣们见秦始皇十分高兴，向他们频频赐酒，于是也争相奉承秦始皇，向他敬酒。

仆射周青臣敬酒之时，乘机对秦始皇歌功颂德一番，他说："昔日秦国疆域不过千里，全仰赖陛下神灵明圣，所以能平定海内，放逐蛮夷；如今普天之下，只要日月光辉照得到的地方，莫不心悦诚服，而且陛下创下前所未有的郡县制，以诸侯封地为郡县，无战争之祸患，人人安居乐业，将来千世万世传将下去，可以永享太平。臣以为自古以来，没有任何一个君王能比得上陛下的威德啊！"

秦始皇素来喜欢阿谀奉承，一听到周青臣的话，便开怀大笑，举起杯来一饮而尽，并大夸周青臣是忠臣。

博士淳于越本来是齐人，齐灭后入秦为秦臣，他十分看不惯周青臣一个劲儿地拍马屁的行为，于是起身插嘴说："臣听说殷周两朝之所以传代久远，加起来有一千五百余年，原因在于建国之后大封子弟功臣作为辅助，这就好比大树的根一样，向各个方向蔓延，占地广阔，也就不容易被风吹倒，也经得起干旱。今陛下拥有海内，而子弟

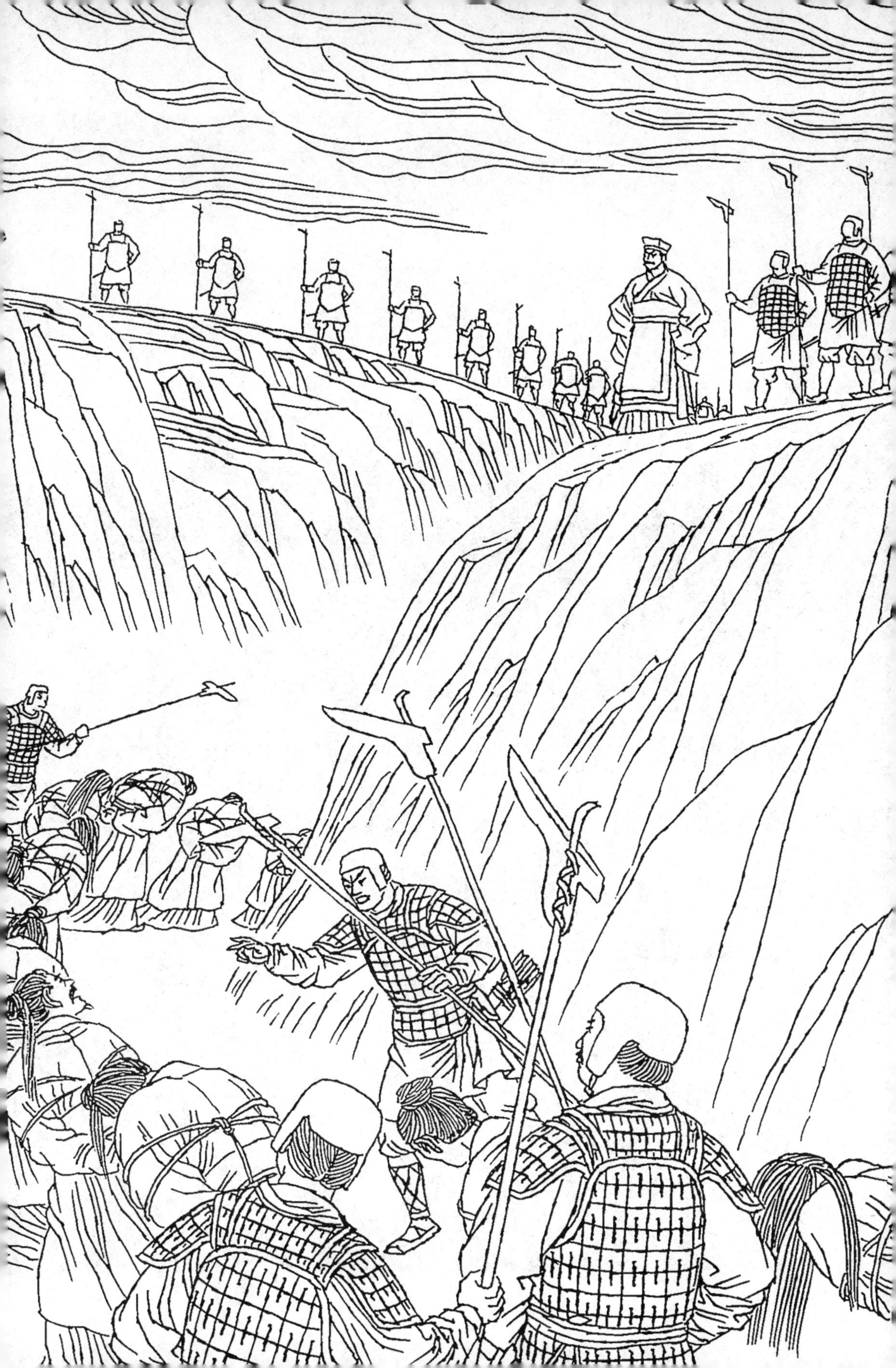

秦兵马俑一号坑。

全为匹夫，没有寸土之封，如果权臣中有人叛乱，却没有亲藩大臣相救，外人又有谁能救呢？古人说，如果不能得到十倍的利益就不要轻易改变制度，如果不效法古人，制度就很难持久。现在周青臣不但不劝谏，反而当面说一些阿谀奉承的话，怎么能称得上忠臣？还请陛下明察！"

秦始皇一听，不由得转喜为怒，但为了不"龙颜大怒"而煞了风景，就向在座的群臣征求意见。大臣们知道这话不是轻易讲的，都不吭声。这时，左丞相李斯站起来朗声说道："三皇五帝都各有各的制度，夏、商、周也各有各的治国方略，并非世代相袭而一成不变，时代环境变了，制度就要顺应时代而相应地改变。如今陛下创下千百年来空前的伟业，要世世代代传之无穷，岂是你们这些食古不化的儒生所能懂得的？刚才淳博士所说的是商、周时的事情，各位想想那时候算得了什么？能指挥的兵力不过万乘，控制的范围也不过千里，而且诸侯相争，民声鼎沸，而现在天下已定，百姓安分守己，各勤其职，三皇、五帝、夏、商、周怎么能拿来和陛下相比？各位儒生不思通今，反想学古，非议当世，惑乱民众，这如何使得？还愿陛下不要为他们的非议所迷惑！"

李斯这番话一下子捅了马蜂窝，淳于越带领着众多儒学博士纷纷还击，他们引经据典，侃侃而论，李斯等大臣也据理力争，于是庆功宴变成了儒家和法家的思想大辩论。

辩论后的第十天，丞相李斯和他的门客们向秦始皇上书《焚书议》，建议秦始皇焚书，中国古代的一场文化大浩劫由此展开了。

李斯在上书中提出了具体建议："臣请求，凡不属于秦国历史的所有史书，全部予以焚毁；除掌管国家图书的博士外，任何人不得私藏《诗》、《书》和诸子百家的书籍，各郡的地方官负责对此进行查禁，搜出的书简全部予以焚毁；一些实用的书简，如医药、卜筮、农业等不在此列，不予焚毁；凡是有两人以上集体讨论《诗》、《书》的，处以死刑；凡是以古制来批评现今制度的人，全家处以死刑；有官吏对私人藏书等知情不报者，与藏书者一同处以死刑；接到焚书令30天内不执行的，无论官吏百姓，都要在脸上刺字，判劳役四年，发配到边疆修筑长城；严禁私人办学，提倡法家教育，如有人想学习法令、刑法之类的学问，可由国家开办相应的学校来教授。"看完李斯这封声情并茂的上书，秦始皇采纳了李斯的建议。奏议得到批准后，李斯立即以秦始皇的名义诏告天下：各郡、县立即查禁所有《诗》、《书》和诸子百家的书籍，30天内全部焚毁，有违抗者，一律发往边疆修筑长城，由朝廷派出监察御史到各郡监督执行。

自秦始皇下诏焚书后，全国各地查禁的竹简、羊皮、丝绢堆积如山，在炫目的火光中，几千年来先贤们的思想智慧，无数能工巧匠体力的付出，顷刻之间灰飞烟灭，化为乌有。

秦始皇野蛮地进行"焚书"以后不到一年，又发生了残暴的"坑儒"事件，儒家学派及广大知识分子遭到了更加沉重的打击。

秦始皇虽然曾经披甲上阵，统率千军万马吞并六国，但到了晚年却十分贪生怕死，于是极其迷信神仙方术，希望寻求长生不老之术。

秦始皇听说神仙总是在海边出现，于是每次出巡总是到海边去，而且都会派很多方士去求仙找药。公元前219年，一个齐国方士上书说：海上有蓬莱、方丈、瀛州三座神山，可以寻求到仙人和长生不老药。秦始皇信以为真，于是派这位方士率童男童女一千余人乘船入海，寻仙求药。这事本来就极为荒诞，那方士最后只能以海上有风不能靠近仙岛为借口退回，寻仙求药行动也就不了了之。

公元前215年，有两个方士侯生和卢生，为了骗取富贵，他们迎合秦始皇的心理，答应他入海寻求长生不老仙药。他们在外"寻找"了三年，害怕骗术被揭穿而遭诛杀，于是和一些儒生串通起来，私下诽谤秦始皇说："秦始皇刚愎自用，野蛮专横，迷恋权势，只知道任用酷吏治理朝政。这样无德无能的人，国家在他的统治下，很快就会灭亡的，我们怎么能为他去寻求仙人仙药呢？"秦始皇得知后，勃然大怒，于是下诏指责方士、儒生们用妖言蛊惑天下百姓，并责派御史严加惩处。这些方士、儒生们为推脱责任，又相互告发，结果查出四百六十余人有惑乱朝政之罪。秦始皇下令将这些人全部在咸阳附近活埋，并告知天下，这就是历史上所称的"坑儒"事件。坑儒事件并不仅这一次，在此后又接连发生了两次残酷的屠杀儒生的事件。

发生地点	发生时间	推荐理由
安徽宿县西南	公元前209年至公元前206年	陈胜、吴广起义沉重打击了秦王朝的残暴统治，开辟了我国古代农民反抗封建统治的革命道路。

大泽乡陈胜、吴广起义

事件介绍

公元前209年7月，秦二世下令征发淮河流域的贫苦农民去防守渔阳，陈胜和吴广也被征去服兵役，并被指定为屯长（领队）。7月正值多雨季节，当陈胜、吴广一行900人行至大泽乡（今安徽蕲县东北）时，下起了倾盆大雨，洪水泛滥，淹没了道路，无法前进。

吴广他们痛恨秦王朝的残暴统治，于是他们就进行占卜。占卜的人很快就猜到了他们的意图，对他们说："你们的大事是可行的，一定会有大的业绩。但还应该向鬼神问卜。"陈胜、吴广一听都很高兴，于是找来一块帛，用朱砂在帛上书写"陈胜王"三个红字，塞到别人打来的鱼的肚子里。戍卒买回鱼煮着吃，得到鱼肚子中的帛书，觉得很奇怪。陈胜又私下让吴广夜里溜到戍卒驻地旁的丛林中的一个神庙里，点燃一堆篝火，并学着狐狸大叫："大楚兴，陈胜王！"戍卒们在夜里听到这个声音，都十分惊恐。第二天，大家都指指点点地看着陈胜。

吴广平素十分关心别人，因而戍卒们都很爱戴他，愿意听从他的使唤。这一天，看押他们到渔阳的两个将尉喝醉了酒，吴广于是在他们面前一再扬言想要逃走，故意使将尉发

怒，让他侮辱自己，以便激怒众人。将尉果然用棍子揍吴广，并拔出剑来要砍他。吴广乘机一把夺过剑来，把一个将尉杀死，陈胜也帮助他杀死了另一个将尉。

之后，陈胜把900个戍卒召集到一起说："我们遇上大雨，已经延误了期限，误了期限可是要全部斩首的。即便不斩首，等我们赶到那里，路上也要死去十有六七。身为男子汉，不死则已，死就要死得壮烈。王侯将相，难道都是天生的吗？"戍卒们齐声高呼："我们愿意听从您的指挥。"于是陈胜和吴广诈称扶苏、项燕，让大家裸露右臂，修筑高坛盟誓，用县尉的首级做祭品，号称"大楚"。

陈胜自立为将军，吴广为都尉，向大泽乡进攻。我国历史上第一次大规模的农民起义终于爆发了。

陈胜、吴广率领农民起义军首先占领了大泽乡，接着就调集士卒，攻打蕲县，很快起义军攻下蕲县。陈胜分兵四出，派人攻打蕲县以东地区，分别攻打苦（今河南鹿邑）、谯（今安徽亳县）等地，并很快都攻了下来。陈胜自己率军攻陈（今河南淮阳），在行进途中招收士卒，扩充军队。起义军所到之处，贫苦农民纷纷响应。当起义军抵达陈县的时候，已有战车六七百辆，骑兵一千余人，步兵数万人。起义军对陈县发起了猛烈进攻，陈县县令慌忙逃跑，只有县丞率人抵抗，很快就被起义军消灭了。

陈胜的军队很快占领了陈县。过了几天，陈胜派人召来了当地的三老、豪杰集会，和他们共商大事。三老、豪杰都说："将军您身披铠甲，手执锐利武器，讨伐无道昏君，消灭暴秦，重建楚国的江山社稷，这么大的功劳，您理应称王。"陈胜于是自立为王，国号为"张楚"。这是中国历史上第一个农民革命政权。

为彻底打击秦朝，陈胜决定派军进袭关中，他命周文为将军，让他领军绕过荥阳，进攻关中。周文一边作战，一边扩充队伍，等打到函谷关时，已经有兵车一千多辆，步兵几十万。起义军一路势如破竹，很快攻破函谷关，向西一直打到戏（今陕西临潼东）。戏距离秦都咸阳仅仅百余里路，秦朝统治者大为震惊。秦二世十分惊慌，急忙令少府章邯率军镇压起义大军。但是秦军主力都还驻守在边境，关中十分空虚。无奈之下，秦二世下令免去在骊山服役的数十万犯人的罪，发给他们武器，由章邯率领，大举进攻周文率领的起义军。起义军在周文的带领下，英勇作战，但由于孤军深入，缺乏训练，没有作战经验，最终战败，被迫向东退出函谷关，驻扎在曹阳（今河南灵宝东），等待增援。章邯又调集西北边防的秦军主力，紧追起义军出关，两军在曹阳相持了三个月。起义军寡不敌众，多次失利，败退到渑池（今河南渑池西），坚持了十多天，最后被秦军击败，周文自杀。

在周文被困曹阳的时候，陈胜所派出的将领开始背叛陈胜。武臣占领了邯郸（今河北邯郸）之后，在张耳、陈余的极力怂恿下，自立为赵王，以陈余为大将军，张耳和召骚为左右丞相，拒绝服从陈胜指挥。陈胜为了顾全大局，只好承认他，并命武臣率军西上，支援周文的起义军。可武臣不但不去救援周文的农民军，反而派韩广北上，攻取燕地。韩广到燕以后，也自立为燕王，不听武臣指挥。接着，六国的旧贵族都相继割地称王，魏咎称魏王，田儋自立为齐王，陈胜、吴广所领导的起义军陷入腹背受敌的境地。

秦始皇兵马俑中的铠甲武士俑。

　　章邯击败周文的起义军后,向东逼近荥阳。围攻荥阳的吴广军这时仍然没有攻下荥阳,将军田臧等人以吴广不善于指挥打仗为由,假借陈胜之命,杀害了吴广。陈胜无奈,只好赐予田臧楚令尹之印,任他为上将。吴广死后,军心涣散,田臧留一部分军队继续围攻荥阳,自己率精兵西上迎击章邯。两军在敖仓(今河南荥阳西北)展开激战,田臧战死,起义军无人指挥,被章邯打败。章邯随即进兵,又击败了围攻荥阳城的起义军。

　　公元前209年12月,章邯乘胜挥军东下,向陈县扑来。陈胜亲自领导起义军奋力抵抗。因为寡不敌众,陈胜战败,败退至下城父(今安徽涡阳东南),他的车夫庄贾暗杀了他,投降秦军。

　　陈胜死后,陈胜的部下吕臣等人坚持与秦王朝战斗。吕臣率领的"苍头军"发动了反攻,并两度收复陈县,处死了叛徒庄贾。后来,吕臣率领的起义军与项羽、刘邦等人领导的起义军会合,继续同秦军战斗。公元前206年,秦王朝在农民起义军的沉重打击下灭亡了。

发生地点	发生时间	推荐理由
今陕西一带	公元前206年至公元前203年	刘邦统一中国，建立了汉朝。

刘邦、项羽楚汉之争

事件介绍

陈胜、吴广在大泽乡揭竿而起后，各地的旧贵族乘机掀起了反秦的狂潮。楚国旧贵族项梁整顿军队，屡战屡胜，打败了秦朝大将章邯。项羽和刘邦率领的另一支起义军也连破秦军，杀了秦将李由。项梁等人为了号召群众，共立楚怀王的孙子为楚王，仍号楚怀王。同时，项梁也被胜利冲昏头脑，对秦军放松了戒备。章邯重新补充了兵力，趁项梁不备，发动了猛烈的反扑。项梁战死，项羽、刘邦只好退守彭城（今江苏徐州）。

章邯打败项梁后，又击破魏、齐等割据势力，随即率军渡过黄河，北上进攻赵国，很快就攻下邯郸，并以重兵包围巨鹿（今河北平乡）。楚怀王命宋义为上将军，项羽为副将，率七万人救赵，另派刘邦带领一支起义军西向击秦，同时做了"先入定关中者王之"的约定。

项羽"破釜沉舟"，在巨鹿之战中基本摧毁了秦军的主力，扭转了整个战局。从此，项羽成了各路反秦起义军的首领。

正当项羽北上救赵之时，刘邦带领一支起义军，迂回曲折地向咸阳进军。刘邦采取了

避实击虚的战略,大破武关,进兵蓝田,取得了节节胜利,直扑咸阳。公元前206年,秦王子婴捧着玉玺,向刘邦投降,刘邦率领起义军攻占了咸阳,秦王朝的统治结束。

根据事先的约定,刘邦以"定天下者"自居,自然要求践约称王。然而项羽认为是他歼灭了秦军主力,刘邦只是捡了个便宜。于是,刘邦和项羽,为了争做皇帝,进行了长达四年的战争,史称"楚汉之争"。

刘邦攻占咸阳后,想住在那里。部将樊哙劝他,如果想得天下,就不要贪恋美色财宝。刘邦于是还军霸上,并废除了秦朝的苛法,又约法三章:"杀人者死,伤人及盗抵罪。"深得秦人拥护。

项羽听说刘邦先入关中,立即率兵40万,攻破函谷关,杀奔咸阳而来,停驻在新丰鸿门。刘邦的左司马曹无伤向项羽密报说:"刘邦准备在关中称王,要把秦的全部珍宝据为己有。"项羽听后大怒,于是下令犒赏三军,准备出兵攻打刘邦。当时刘邦只有兵力10万,两军实力相差悬殊。

西汉时期的彩绘骑马俑。马作立姿,腿长胸阔,是典型的汉代骏马形象;俑人端坐马背,神态静穆,反映了汉代轻装骑兵的装备情况。

　　刘邦听说项羽要前来攻打,急忙带随从骑士百余人来到鸿门,拜见项羽,向他谢罪说:"我和将军联合攻秦,将军战于河北,我战于河南,侥幸先破秦入关。我入关后,秋毫未犯,将吏民登记造册,府库公物加封,只等项将军来接收,因此才派兵守关,防备盗贼入侵。刘邦在此日夜盼望将军早日到来,绝无反叛之心。"

　　项羽当即留刘邦一起饮酒吃饭。席间,项羽的谋士范增屡次使眼色示意项羽杀死刘邦,又举起所佩带的玉玦,连做三次要杀的样子,项羽却毫无反应。范增于是起身出去,叫来项庄,让他向刘邦敬酒,然后就请求在刘邦座位前舞剑,乘舞剑之时,刺杀刘邦。项庄进入帐中,向刘邦敬酒后,拔剑起舞。项伯看出项庄的用心,也立即拔剑来舞。两人舞剑的时候,项伯多次用自己的身体保护刘邦,项庄一直找不到机会刺杀刘邦。

　　刘邦的谋士张良看情况不妙,急忙起身出帐,找到樊哙说:"今日项庄舞剑,意在沛公!形势危急!"樊哙连忙带剑持盾进入帐中,痛斥项羽听信小人谗言,要杀有功之人。项羽无言以对。稍过片刻,刘邦见情势紧张,于是以小解为由,走出帐外。刘邦出帐后,急忙骑马从郦山抄小路回到军营。

　　"鸿门宴"后,项羽带兵进入咸阳,杀掉秦王子婴,将秦宫财宝掠夺一空,强占秦宫中的美女,然后放火焚烧秦宫,大火三个月不灭。项羽见秦宫王室已成灰烬,心中怀念故乡,很想衣锦还乡,东归彭城。于是,项羽自立为西楚霸王,有九郡之地,以彭城为都,并对各诸侯将相加封王爵,分给土地。

项羽担心刘邦会因先入关却未能称王而有取天下之心,于是封刘邦为汉王,把道路险阻的巴蜀之地划给他。项羽又把关中之地一分为三,封秦朝的三个降将为王,以牵制刘邦,又把天下其他各地分别封给其余诸侯将相。

正当项羽为平定诸侯叛乱,陷入泥潭不可自拔之际,汉王刘邦采用大将军韩信之策,出兵关中,以定三秦。韩信出兵东征之前,"明修栈道",派了许多士兵去修复已被烧毁的栈道,摆出要从原路杀回的架势。关中守军闻讯,密切注意修复栈道的进展情况,并派主力部队在栈道一线各个关口要塞加强防范。

公元前206年8月,韩信开始"暗渡陈仓",以樊哙为先锋,率军北进,绕道到陈仓发动突然袭击。双方在好畤一线展开激战,三秦军大败。不到一个月,关中即被汉军全部平定。

平定三秦之后,刘邦继续率大军东进。公元前205年10月,河南王申阳、韩王郑昌分别投降刘邦,刘邦占领了河南。次年3月,刘邦向河北进军,一路势如破竹,项羽分封的诸侯王纷纷投降刘邦,刘邦力量大增。于是刘邦一面声讨项羽之罪,一面调集关中及诸侯之兵56万人马汇集洛阳。4月,各路人马分三路向彭城进军。此时,项羽正率精兵攻齐,彭城十分空虚,刘邦顺利进入彭城。

刘邦进入彭城后,兴高采烈,天天置酒痛饮,以庆贺胜利。正当刘邦在彭城得意忘形之时,项羽亲自率领精锐骑兵三万人疾驰南下,击破樊哙等人的守军,在彭城和汉军展开大战。汉军不敌楚军,纷纷溃败。刘邦本人也被楚军层层包围。

彭城大战后,刘邦退守荥阳、成皋一线,楚汉战争进入相持阶段。大败后的刘

楚霸王项羽宠姬虞姬。

邦重整旗鼓,联合各地反楚力量,与项羽苦战数年,逐渐转为优势。公元前203年8月,项羽因腹背受敌,被迫与刘邦达成了"中分天下"的和约,以鸿沟(今河南贾鲁河)为界,河东属于楚,河西属于汉。中国象棋棋盘上的"楚河汉界"就是由此而来的。

公元前203年9月,项羽按约向东撤退。刘邦乘项羽不备,突然对楚军发动猛烈攻击,并约韩信从齐地(今山东)、彭越从梁地(今河南东北部)南下合围楚军。项羽被迫向垓下(今安徽灵璧县东南)退兵。

楚军在垓下屡战不胜,被汉军重重包围,兵疲粮尽,夜间忽然听到四周的汉营中响起了嘹亮的楚歌,不禁大惊:难道汉兵已经取得了楚地?惊惶之中项羽感到大势已去,于是起身到军帐中与爱妾虞姬饮酒。面对美人和骏马,项羽不禁百感交集,慷慨悲歌:"力拔山兮气盖世,时不利兮骓不逝。骓不逝兮可奈何,虞兮虞兮奈若何!"

深夜,项羽一马当先,率领麾下骑士八百多人,乘夜色向南横冲直撞,突破重围。

当项羽率领突围后剩下的26名骑士退到乌江西岸时,乌江亭长早已把船靠好,对项羽说:"江东虽小,也足有千里,民众数十万,足可为一方之王,请大王快快上船。"项羽大笑一声:"天要亡我,渡江又有什么用?事到如今,我还有什么颜面回去见江东父老?"于是,挥剑自刎而死。

"成者为王,败者为寇",楚汉之争以西楚霸王项羽的失败而告终。公元前202年6月,刘邦统一中国,建立了汉朝。

发生地点	发生时间	推荐理由
全国范围	公元前2世纪	文景之治使西汉的经济得到了恢复和发展，为西汉的全面兴盛准备了条件。

西汉文景之治

事件介绍

西汉时期的汉文帝是一个勤俭节约的皇帝，在中国历史上是少有的。汉文帝的生活十分俭朴，他即位后，身上的一件袍子，补了又补，一直穿了20年，也没有换一件新的。他还经常穿粗布衣服，生活用品很多也都是前皇帝留下来的，自己很少去添新的，就连他宠爱的夫人也不穿华丽的衣服。

汉文帝十分关心百姓的疾苦，经常亲自耕地种田，让皇后也去采桑养蚕。汉文帝采取了"与民休息"的政策，努力避免战争，减轻农民的负担，使社会逐渐安定下来。他还尽量减轻刑罚，废除秦朝严酷的法律。根据历史记载，汉文帝当了二十几年皇帝，监狱中几乎没有犯人。

汉文帝死后，汉景帝即位，继续执行汉文帝制定的政策，并果断地平定了吴、楚七国叛乱，维护了国家统一。他把农业看成"天下之本"，也像汉文帝那样，亲自耕地种田。

经过文帝、景帝几十年的用心治理，社会安定了，国家也富裕了。据史料记载，当时国库里的钱多得数不清，穿钱的绳子都烂了；粮仓的粮食一年年往上堆，都堆到粮仓外面来了。这样安定繁荣的局面是中国进入封建社会后出现的第一个盛世，史称"文景之治"。

文帝和景帝相继即位后，在汉高祖的基础上进一步采取了轻徭薄赋、与民休息的措施，促进了汉初社会经济的发展，使农业生产得到了恢复和发展，秦末以来的荒田变成了绿地，人民安居乐业，生活水平得到了大大提高。

"文景之治"的主要内容有以下几个方面。

一、轻徭薄赋，发展农业生产。

汉文帝十分重视农业生产，他曾经下诏曰："农，天下之本，务莫大焉。"为大力促进农业发展，他采取了一系列的改革措施。主要有以下几点。1、鼓励农民发展生产。汉文帝多次下诏大力鼓励农桑，按户口比例设置三老、孝悌、力田等吏员，经常给予他们赏赐。2、减轻田租。汉文帝两次将原来的十五税一改为三十税一，前13年还全部免去田租。汉景帝在位的13年间，田租一直是三十税一，后来被定为汉代田租的正式制度。3、减轻赋税。汉文帝以前，民众从十五岁至五十六岁每人每年纳税120钱，汉文帝时减为每人每年40钱。4、减少徭役。汉文帝将一年服役一次，改为"丁男三年而一事"。汉景帝时还规定男子从二十岁才开始服徭役。5、鼓励农副业生产。汉文帝下

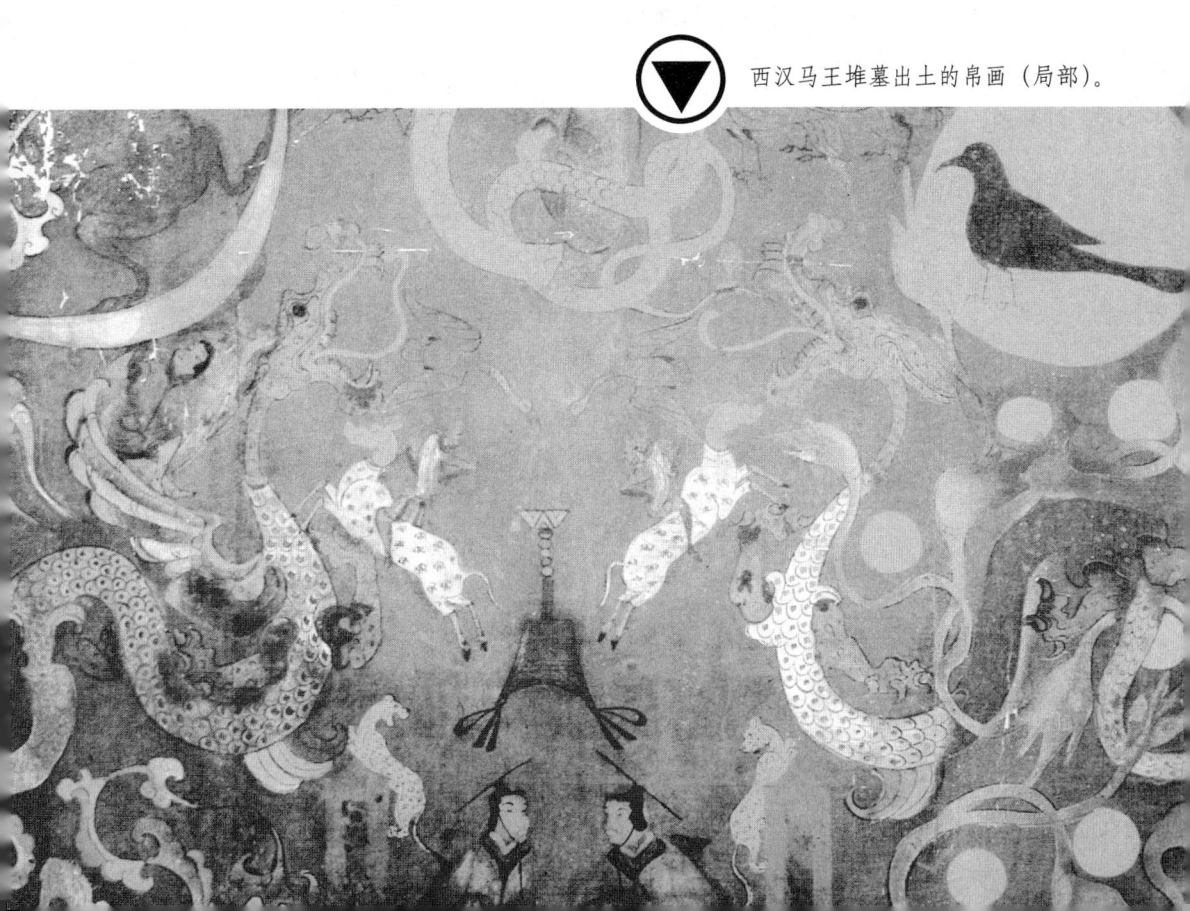

▼ 西汉马王堆墓出土的帛画（局部）。

诏"弛山泽之禁",即开放原来归国家所有的山林川泽,从而促进了农副业生产和与国计民生有重大关系的盐铁生产事业的发展。汉景帝还下诏,允许农民自由迁徙到地广人稀的地区去从事垦殖,并大力兴办水利事业,以促进农业生产。

文帝、景帝通过减轻农民负担,鼓励农业生产等措施,大大促进了农业的发展,使得财富增加,户口渐多,国家的粮仓钱库溢满,海内殷富,天下太平。

二、改革刑法,使"刑罚大省"。

汉文帝对秦朝严酷的刑法进行了重大改革,采取了一系列措施,主要有以下几点。1、废除"连坐"。汉文帝明确下令废除秦朝的"连坐",对犯罪人的全家老小不再一同治罪,对犯罪人的妻子也不再罚作奴婢。2、废除"肉刑"。秦朝有黥、劓、刖、宫四种肉刑,汉文帝下诏废除黥、劓、刖三种肉刑,改用笞刑代替。汉景帝又减轻了笞刑,规定了笞刑最高只能杖二百。3、废除终生服役制。秦朝大多数罪人,一旦被判刑,都没有刑期,终生服劳役。汉文帝下令重新制定法律,根据犯罪情节轻重,规定服刑期限,罪人服刑期满,贬为庶人。

三、稳定民族关系。

汉文帝对周边少数民族采取安抚友好的政策,不轻易动兵,尽力维持相安的关系。吕后时,对南越采取了不友好的政策。后来南越王赵佗自立为南越武帝,管辖闽越、西域等地,与汉王朝分庭抗礼。汉文帝即位后,为赵佗修葺祖坟,以示友好,并派陆贾出使南越,赐书赵佗,向他示好,赵佗才归附汉朝。

文帝、景帝继续执行对匈奴的和亲政策。公元前162年,汉文帝与匈奴定下了和亲之约,以争取时间休养生息,增强国力。但不久,匈奴在边境的骚扰活动加剧,不断南下烧杀掠夺。文帝不得不下令在边郡严加防守,并亲自出巡,视察边境军营。他还采纳晁错的建议,把一些奴婢、罪人和平民迁徙到边塞,以"什、伍"的编制组织起来,平时进行

汉景帝刘启。汉景帝为汉文帝长子，他继承和发展了其父的事业，与汉文帝一起开创了"文景之治"，并为儿子刘彻的"汉武盛世"奠定了基础。

训练，遇到匈奴南侵时，则可应敌。这种做法既起到了抵御匈奴的目的，也起到了开发边境的作用。为加强对匈奴的作战能力，文帝还大力推行鼓励养马的政策，在西北边境设立了36个牧马所，派三万人牧养、繁殖战马。这些措施一方面有效地防御了匈奴的大规模入侵，减少了战争，稳定了民族关系，另一方面也为后来汉武帝开展对匈奴的大规模反击战奠定了基础。

四、平定吴、楚七国叛乱。

七国之乱的平定，进一步确定了削藩政策，巩固了中央集权制度，基本解决了汉高祖分封子弟所引起的矛盾，为后来汉武帝进一步解决王国问题创造了必要的条件。

"文景之治"的出现，和文帝的励精图治是分不开的，表明了封建地主阶级在经历了秦王朝迅速灭亡的历史进程后，已经善于反省并总结历史教训，适时地调整统治策略，以维护整个统治阶级的长治久安。汉文帝即位后不久，就鼓励大臣广开言路，并声明，百官的错误和罪过，皇帝都要负责。文帝个人勤俭节约，贵族官僚们也不敢奢侈浪费，国家的财政开支得到了大大的节制和缩减，一定程度上也减轻了人民的负担。

发生地点	发生时间	推荐理由
今江苏扬州	公元前154年	七国之乱的平定使中央加强了对王国的控制，使汉初分封引起的割据问题得到初步解决。

七国割据起烽烟

事件介绍

楚汉相争之时，刘邦迫于形势，分封了异姓王，到西汉王朝建立之后，共有异姓王七人。这些异姓王逐渐形成了强大的军事实力派，是对刘氏天下的潜在威胁。为了巩固统治，已经夺得天下的刘邦顾不上这些了，于是大杀功臣，诸侯相继被铲除，只剩下国小势弱的长沙王吴芮一人了。

刘邦认为秦朝之所以迅速灭亡，是因为没有分封同姓子弟为王，使皇室陷于孤立，于是在消灭异姓诸王的同时，大封同姓子弟为王。他还召集诸王和大臣立下了"非刘氏不王，非功者不侯；非刘氏而王者，天下共击之"的誓言，企图以家族血缘关系来维持刘氏的一统天下。而刘邦所分封的同姓诸王，人口众多，土地辽阔，辖地共达39郡，占据了西汉整个疆土的一大半，大大超过朝廷所保留的15郡的土地和户口，形成了弱干强枝的局面。刚开始同姓诸王与高祖血统亲近，都能效忠汉朝，但随着诸王国势力的日益增强，他们控制了地方上的财政、军事、用人大权，逐渐形成了割据状态，朝廷与诸王国的矛盾也就日趋尖锐起来了。

汉文帝即位后，深感诸王对朝廷的威胁日益严重，为了巩固自己的地位，他采取了

汉高祖刘邦使四分五裂的中国真正统一起来，他对中国的统一、强大和汉文化的保护以及发扬有决定性的贡献。

一些重要措施，以削弱诸王的势力。

汉文帝死后，太子刘启即位，这就是汉景帝。汉景帝即位后，提拔晁错为内史，后又将他升任为御史大夫。晁错曾多次给汉文帝上书，坚决主张削藩，得到了汉文帝的赏识，被汉文帝称为"智囊"。晁错得到提拔后，向汉景帝提出很多建议，帮助他重新制定了许多新法令。

为了维护汉王朝的统一，晁错向汉景帝上书《削藩策》，极力主张削弱地方王国的势力。晁错力陈削藩的重要性，汉景帝看后，表示很认同晁错的建议，于是把他的《削藩策》拿给大臣们讨论。公元前154年，晁错揭发了楚王刘戊在为薄太后治丧期间淫乱的事，汉景帝马上下令削掉楚国的一个郡。后来，晁错又揭发了赵王刘遂、胶西王刘昂的一些不法行为，景帝又下令削掉了赵国的一个郡和胶西国的六个县。这样一来，中央政权同地方王国的矛盾一触即发。

削藩之举激起了诸王的强烈反对，没过多久，吴、楚七国联合起来，起兵反叛。参与叛乱的七国国王分别是吴王刘濞、楚王刘戊、赵王刘遂、济南王刘辟光、淄川王刘贤、胶东王刘雄渠、胶西王刘昂，吴王刘濞为这次叛乱的主谋。

公元前154年，汉景帝又采纳晁错的建议，向吴王刘濞下诏书，要削掉吴国的两个郡。这一下惹恼了刘濞，他马上派人去联络楚王刘戊、赵王刘遂、胶西王刘昂、胶东王

汉朝大将周亚夫像。

刘雄渠、淄川王刘贤、济南王刘辟光等，一块儿起兵造反，并声称起兵目的是诛晁错，恢复王国故地，安刘氏社稷。他向吴国的老百姓下令说："寡人今年六十二岁，亲自做军队的统帅；寡人的小儿子十四岁，也带头随军参战。凡是吴国的男子，年龄在寡人以下和寡人的小儿子以上的，一律随军出征。"很快，刘濞就征发了二十多万人。其他六国也纷纷起兵响应，"七国之乱"就这样爆发了。

汉景帝听说刘濞起兵叛乱后，立即派周亚夫带着36个将军和汉军的主力去镇压吴、楚等国的军队，同时又派郦寄和将军栾布各率领一支军队去进攻赵国和胶东、胶西诸国；另外还派大将军窦婴率领军队驻扎在荥阳，做各路军队的后援。窦婴出发前对汉景帝说："袁盎过去做过吴国的丞相，很熟悉刘濞的情况，皇上可找袁盎商量对策。"于是，汉景帝召袁盎入宫，向他征求平叛的办法。

晁错曾揭发过袁盎接受刘濞贿赂的事，所以他们俩是死对头，袁盎一直图谋报复。这一天，袁盎来到皇宫后，晁错正好也在场。汉景帝问袁盎："您过去做过吴王的丞相，如今吴楚七国起兵叛乱，你有何良策？"袁盎想趁机除掉晁错，于是诡密地说："请陛下让左右退下去。"汉景帝屏退左右，只剩下晁错一个人。袁盎让晁错也退下，汉景帝只好让晁错暂时到东厢房里躲避一下。

这时候，袁盎才悄悄地对汉景帝说："吴王发给各国诸侯的信中说，高帝的子孙各有自己的封地，只是由于贼臣晁错擅自侵削诸侯的封地，才逼得他们造反。他们之所以起兵，也不过是为了诛杀晁错，恢复他们的封地而已。为今之计，只有杀了晁错，派使者赦免吴楚七国，把没收的土地再退还给他们，那么他们肯定会退兵，陛下用不着动枪动刀就能把这场大乱平息了。"汉景帝沉默了一会儿,说:"如果真像你说的这样,我决不会因为爱惜一个人而得罪了天下。"事后,汉景帝果然杀了晁错,任命袁盎为太常,派他秘密地去同刘濞讲和。

袁盎来到吴楚的军营,托人求见吴王刘濞,告诉他汉景帝已经把晁错杀了,要他拜接皇帝的诏书,跟朝廷讲和。刘濞不禁哈哈大笑,说道:"我现在已经成了东方的皇帝,哪里还用得着再拜谁呢?"说完,刘濞就派人把袁盎关押了起来。

汉景帝杀了晁错,一直等着袁盎的消息。有一天,校尉邓公从前线回来报告军情,汉景帝问他:"你在前方听说没有,我现在已经把晁错杀了,吴楚七国究竟退不退兵?"邓公很不以为然地说:"吴王为造反准备了几十年,绝不是一朝一夕的事。他这次起兵是因为陛下削地,名义上说是要诛杀晁错,实际上却是为了夺取天下。从此以后,我倒是担心再也没有人敢给陛下说实话了。"汉景帝急忙问道:"为什么呢?"邓公说:"晁错害怕诸侯强大起来难以控制,所以才提出削藩的建议,这完全是为了汉朝的百年大计。但他的主张还没有实现,陛下就把他杀了,这等于堵住忠臣的嘴,替诸侯报仇。我对陛下做的这件事,很不赞成。"汉景帝听了邓公的话,才恍然大悟,马上派人去通知周亚夫,要他抓紧时间把吴楚七国的乱军消灭掉。

周亚夫到了荥阳,把各地赶来的军队汇合在一起。当时,梁王刘武正在睢阳(今河南商丘南)抵抗吴楚的进攻,形势十分危急。但是,周亚夫并没有去救援睢阳,反而占据了睢阳东北面的昌邑(今山东巨野东南)。他一面派士兵挖掘壕沟、修筑营垒,一面派兵去断绝吴楚的粮道。刘武派人向周亚夫求援,周亚夫却置之不理。汉景

帝派人下诏书催促，周亚夫仍然拒不出战。刘武没了指望，只好自己设法抵抗吴楚的进攻，总算保住了睢阳城。

吴王刘濞在睢阳打了两个多月的消耗战，白白损失了大批人马，不久，吴楚的粮道也被周亚夫的人马截断了。刘濞眼看着将士们就要饿肚子，只好放弃睢阳，到昌邑去同周亚夫进行决战。但是，不管吴楚的士兵怎么叫骂，周亚夫就是按兵不动。当刘濞率领军队攻击汉军营垒的东南面时，周亚夫却调集军队加强防守西北面。过了一会儿，刘濞果然调集精兵去进攻西北面，但总是攻不进去。他没有办法，只好下令撤兵。周亚夫这才下令反攻，把吴楚的军队打得落花流水。楚王刘戊走投无路，只好自杀了。刘濞逃到东越国，被东越王杀死。

在北方战场上，赵王刘遂、胶西王刘昂、胶东王刘雄渠、淄川王刘贤、济南王刘辟光等人也相继惨败，落了个身败名裂的下场。

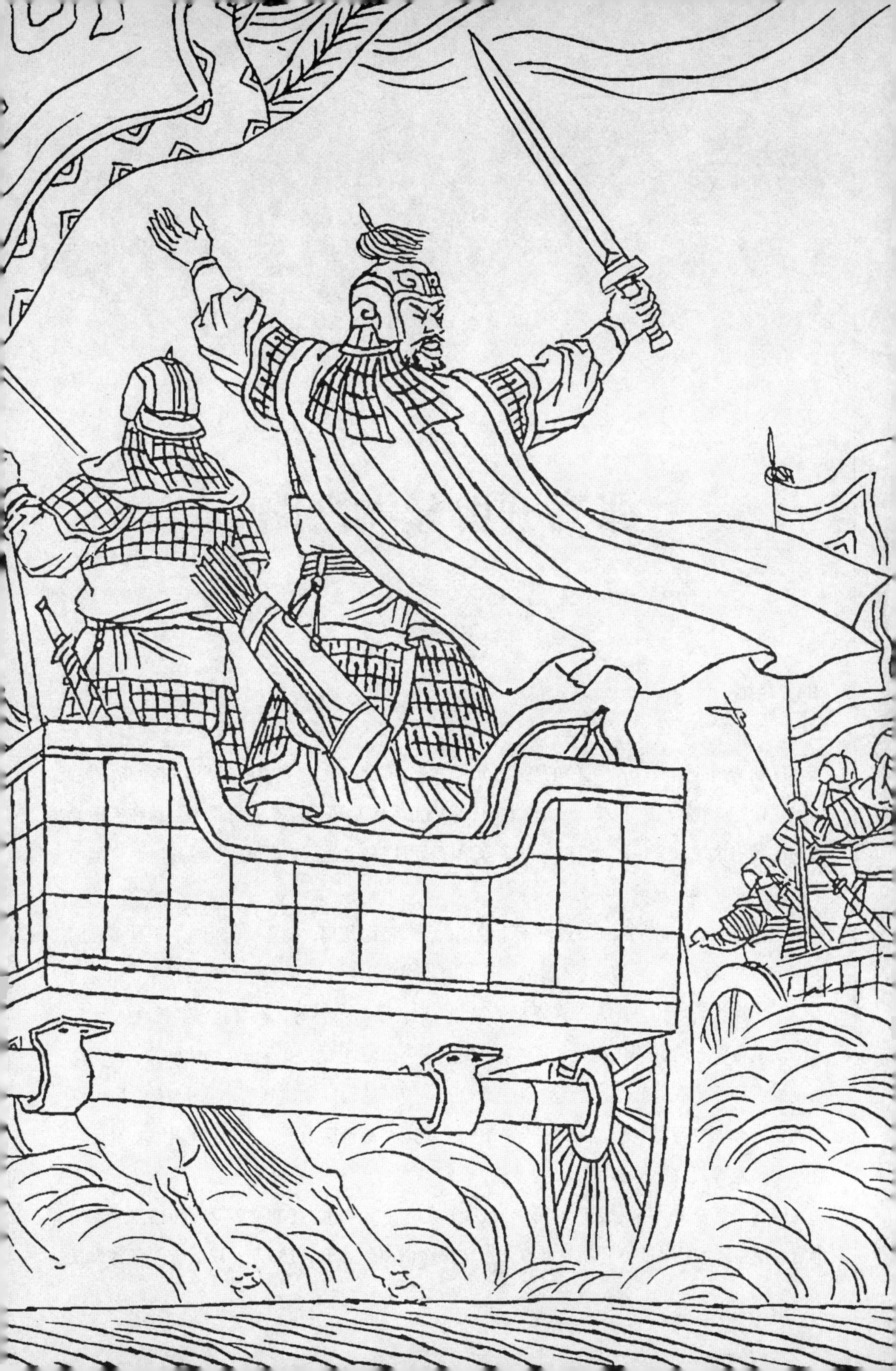

发生地点	发生时间	推荐理由
西域	公元前139年	张骞出使西域使汉文明传播到全世界，促进了汉朝与欧洲、亚洲、非洲各国的经济文化交流。

张骞开辟丝绸之路

事件介绍

汉朝所指的西域，有广义和狭义之分。狭义上的西域，主要指的是今天甘肃玉门关、阳关以西，帕米尔高原以东，天山南北的广大地区，包括葱岭以东的塔里木盆地和天山北路的准噶尔盆地，基本上就是今天的新疆地区；而广义上的西域，包括了葱岭以西直至地中海的中亚和两河流域。

西汉建立后，北方的匈奴经常南下侵扰。汉武帝即位后，决定反击匈奴，于是多方面了解匈奴的情况。不久，汉武帝就从一个匈奴俘虏口中得知：匈奴曾击败月氏王，和月氏人结下了深仇大恨。月氏人一直想报仇雪恨，但苦于势单力薄，一直找不到机会。

汉武帝得知后，出于战略上的考虑，决定派人出使西域，和月氏人结成联盟，共同抗击匈奴。但西域路途遥远，而且必须穿过匈奴人控制的地区才能到达，十分危险，所以选派的使者必须要智勇双全，汉武帝于是下令向全国招募自愿出使之人。张骞以郎官身份自告奋勇地应募，挑起了出使月氏的重任。

张骞，字子文，西汉成固（今陕西城固）人，汉武帝时，张骞在朝廷中担任汉武帝的郎官，他体魄健壮，性格开朗，富有开拓和冒险精神。公元前139年，汉武帝任张骞为汉

朝使者,持节出使西域,以联合西域各国,共同抗击匈奴。张骞选用堂邑氏家的一个叫甘父的匈奴人作为向导,带着一百多人的队伍和大批礼物,浩浩荡荡地从陇西出发,一直往西方走去。

　　张骞一行一路上风餐露宿,饱尝艰辛。他们出了陇西郡之后,就进入了匈奴地界,还没走多远,就被匈奴骑兵发现,并被抓去见匈奴单于。单于探明了张骞等人的意图后,把张骞等人全部扣留起来。就这样,张骞被扣在匈奴十几年。匈奴人为了笼络、软化张骞,还把一个女子嫁给张骞,并且生了孩子,但张骞始终没有忘记自己的使命,把汉武帝给他的符节一直留在身边。

　　为了防止张骞等人逃跑,单于命人暗中监视他们,但时间一久,也就渐渐松懈下来了。有一天夜晚,张骞趁匈奴人不备,带着下属逃出匈奴。他们取道车师国(今新疆吐鲁番盆地),进入焉耆(今新疆焉耆一带),又从焉耆溯塔里木河西行,经过龟兹(今新疆库车东)、疏勒(今新疆喀什)等地,翻越葱岭,一直向西走了数十天,到达大宛(今中亚费尔干纳)。

　　大宛国王早就听说东方有个汉王国,十分富饶,很想派使节出使西汉,但由于匈奴的阻绝，一直找不到机会。这次见张骞等到来，十分高兴，问张骞想到什么地方去。张骞说："我们为汉朝出使月氏，却被匈奴人扣留了十几年。如今逃了出来，请求大王派向导送我们去吧！如果能到达大月氏，等我返回汉朝后，一定奏明皇上，赠送大王无数的财物。"大宛王十分高兴，于是派向导带领张骞他们到了康居（今巴尔喀什湖和咸海之间），康居官府又派人把他们送到了大月氏。

但此时大月氏的国情已经发生了很大变化，不想再跟匈奴打仗。张骞见到月氏王之后，反复劝说，但月氏王觉得大月氏离汉朝十分遥远，结盟未必有什么好处，更没有联合起来共同抗击匈奴的意图。过了一年多，张骞见达不到目的，再留在那里也没有什么好处，于是决定返回汉朝。

张骞"断匈右臂"的目的没有达到，但他在大夏等地考察了一年多。公元前128年，张骞启程回国。为避开匈奴控制的地区，在归途中张骞改走南道，他们翻过葱岭，沿昆仑山北麓而行，经莎车（今新疆莎车）、于阗（今新疆和田）、鄯善（今新疆若羌）等地，进入羌人居住地区。不料途中又被匈奴骑兵截获，并被带至匈奴单于的府中扣留起来。一年多后，匈奴单于逝世，匈奴发生内乱。张骞乘乱带着妻子、孩子和堂邑父等三人逃回汉朝。

张骞回到汉朝时，当年一同出使的人中，只剩下他和堂邑父两人了，但张骞出使西域

▼ 张骞出使西域图。全图以山峦来分隔故事情节，分为四个小图。底部所画的是张骞出使西域时辞别汉武帝的情形。

归来的消息却轰动了汉朝。他这次出使月氏，往返一共13年，历经艰难险阻，足迹遍及天山南北和中亚、西亚各地，是中原去西域诸国的第一人。张骞回朝之后，向汉武帝详细汇报了他所了解的西域各国的情况，并讲述了他的所见所闻，使汉人第一次对西域各国有了初步的认识。

张骞在大夏时，曾看到邛山（今四川荥经西）生产的竹杖和蜀郡（今四川成都）生产的细布在市场上出售，觉得很奇怪，于是问土人从哪里弄来的，土人告诉他是从身毒买来的。大夏国远离汉朝一万余里，位于汉朝的西南方，而身毒国位于大夏国东南数千里的地方，又有蜀地的产物，可见离蜀地不远。张骞一分析，认为从蜀地出发，经过身毒到达大夏，一定是个捷径，而且可以免遭匈奴的阻击，于是他建议汉武帝打通西南夷道。

汉武帝听了张骞的汇报，了解到大宛、大夏、安息等国都是大国，而且有很多稀奇的东西，但是兵力微弱，于是就想：如果汉朝以仁义来安抚他们，使他们归顺汉朝，每年都来拜见，那么大汉的疆土就可以大大扩大，从而威德就遍于四海了。于是，汉武帝采纳了张骞的建议，派张骞到蜀地去，在犍为郡（今四川宜宾）派使者四路并出，希望能到达身毒国。但各路使者都被当地少数民族所阻拦，出使身毒的行动失败。

公元前123年，张骞以校尉身份随大将军卫青出征匈奴，由于他长期生活在匈奴境内，对漠北的地理环境十分熟悉，为出征匈奴立了大功，被封为博望侯。公元前122年，张骞和李广率军出击匈奴，李广军被包围，伤亡惨重，而张骞所率主力没有能按期到达。延误军期理应处斩，但汉武帝念他出使西域有功，免他死罪，贬为庶人。

公元前119年，汉军和匈奴在漠北展开大决战，匈奴大败，汉军占领了河西走廊，通往西域的道路被打通，汉武帝再次对西域产生了兴趣。张骞乘机向汉武帝建议和乌孙结盟，以威胁匈奴后方。汉武帝采纳张骞的建议，拜张骞为中郎将，命他再次出使西域。张骞率领300人，带着价值数千万的财物，600匹马和上万只牛羊，浩浩荡荡地出发了。张骞一行还有很多持节副使跟随，以便分头出使他国。

此时匈奴已被逐出河西走廊，道路畅通，张骞一行很快就到了乌孙。张骞到乌孙国后，首先送上礼物，然后转达汉武帝有关汉、乌两国结成兄弟联盟的意愿。但此时乌孙国内正面临危机，国内一分为三，乌孙王年老，不能做主，大臣们都惧怕匈奴，又认为汉朝太远，不愿东迁。张骞多次劝说无效，于是派遣使者分别出使大宛、康居、大月氏、大夏、安息、身毒等国，足迹遍及中亚、西南亚各地，使者最远到达地中海沿岸的罗马帝国和北非，使汉朝在西域树立了良好的声望。

发生地点	发生时间	推荐理由
长安（今西安）	公元前134年	董仲舒建立的"天人感应论"对当时社会的一系列哲学、政治、社会、历史问题，给予了较为系统的回答。

君权神授的佐证

事件介绍

西汉中期，战乱频繁的诸侯王国割据局面基本结束，生产得到恢复与发展，中央集权得到巩固与加强，出现了经济繁荣和政治大一统的局面。为了适应统一的中央集权的需要，董仲舒的神学唯心哲学思想也就应运而生了。他的哲学思想主要反映在他的著作《春秋繁露》中。

董仲舒，广川（今河北枣强县广川镇）人，约生于汉文帝前元元年（公元前179年），约卒于汉武帝太初元年（公元前104年）。西汉著名儒家学者、哲学家、经学家、"春秋公羊学"大师，同时也是汉代著名的思想家和政治家。景帝时任博士，讲授《公羊春秋》。汉武帝元光元年（公元前134年），董仲舒在著名的《举贤良对策》中，提出他的哲学体系的基本要点，并建议"罢黜百家，独尊儒术"，为汉武帝所采纳。

据《汉书》记载，董仲舒一生的著作共有123篇。今存有《举贤良对策》3篇（保留在《汉书·董仲舒传》中）、《春秋繁露》82篇，另有《春秋决狱》（今残缺不全），其余遗文后人编辑为《董子文集》，严可均编的《全汉文》辑有"董仲舒文"二卷。

在董仲舒的哲学体系中，"天"是最高的哲学概念，主要指神灵之天，是有意志和

汉代大儒董仲舒。董仲舒把儒家的伦理思想概括为"三纲五常"，汉武帝采纳了他的建议，从此儒学成为官方哲学。

知觉、能够主宰人世命运的人格神。董仲舒把道德属性赋予天，使其神秘化、伦理化，自然现象成为神的有意识、有目的的活动，甚至日月星辰、雨露风霜也成了天的情感和意识的体现。同时，董仲舒吸收阴阳五行思想，建立了一个以阴阳五行为基础的宇宙图式。他认为阴阳四时、五行都是由气分化产生的，天的雷、电、风、霹雳、雨、露、霜、雪的变化，都是阴阳二气相互作用的结果。董仲舒又把天体运行说成是一种道德意识和目的的体现，认为天"任阳不任阴，好德不好刑"，四季的变化体现了天以"生育长养"为事的仁德。

一、人性论。

根据天人感应论，《春秋繁露》提出了先验主义的人性论、性三品说。他认为人是宇宙的缩影，是天的副本；认为人是宇宙的中心，天按照自己的意志创造人，人的性情禀受于天。

董仲舒把人性分为三个品级：圣人之性，中民之性，斗筲之性。圣人之性为纯粹的仁和善，圣人不用教化，是可以教化万民的。斗筲之性是只有贪和恶的广大劳动人民，这些人即使经过圣人的教化也不会成为性善者，对他们只能加以严格防范。中民之性具有善的素质，经过君主的教化便可以达到善。这三个品级的人性，都是天所赋予的。这一套性三品的人性论，是孔子"唯上智与下愚不移"（《论语·阳货》）人性论的发展。

二、历史观和社会政治思想。

董仲舒认为，历史是按照赤黑白三统不断循环的。每一新王受命，必须根据赤黑白三统，改正朔，易服色，这叫新王必改制，但是"大纲人伦、道理、政治、教化、习俗、文义尽如故"，封建社会的根本原则是不能改变的。"王者有改制之名，无易道之实"，这就是董仲舒的"天不变道亦不变"的形而上学思想。所谓"道"，是根据天意建立起来的统治制度和方法，《春秋繁露》用形而上学的观点加以分析判断，认为这个道是永恒的、绝对的。所以，"三统"、"三正"也是董仲舒借天意之名宣扬"天不变道亦不变"的理论武器，目的是长期维护封建统治。董仲舒"天不变道亦不变"的历史观成为以后的历代封建朝廷万古不灭的僵死教条。

三、封建伦理道德观。

董仲舒对先秦儒家的伦理思想进行了理论概括和神学改造，形成了一套以"三纲"、"五常"为核心，以天人感应论和阴阳五行说为理论基础的系统化、理论化的伦理思想体系。《春秋繁露》大力宣扬"三纲"、"五常"的封建道德观，他说："天为君而覆露之，地为臣而持载之，阳为夫而生之，阴为妇而助之，春为父而生之，夏为子而养之。"（《基义》）虽然尚未提出"君为臣纲，父为子纲，夫为妻纲"的正式条文，但其意思已很明确了。

三纲五常的伦理观是汉王朝封建大一统政治的需要，也是中央专制集权制的反映，它在当时维护国家统一和封建制度方面，起过积极的作用。但随着整个地主阶级日益向保守、反动转化，它便成了麻痹和奴役劳动人民的精神枷锁。

董仲舒的"三纲五常"说对后世有极其巨大且有害的影响，但是还有很多正面的作用值得称道：他的"天人感应"理论，固然有宣扬"君权"的一面，但还有限制君主滥用权力的一面。董仲舒还借"奉天法古"、革除秦朝弊政为理由，提出了一系列在当时条件下值得肯定的主张。作为一名立志革除弊政的政治家，董仲舒的做法无疑是卓有成效的。

漆绘人物禽兽纹筒。

发生地点	发生时间	推荐理由
中国北方	公元前133年	抗击匈奴的胜利维护了汉朝的统一，并为汉朝经济、文化的发展创造了极为有利的条件。

汉武帝抗击匈奴

事件介绍

公元前200年，汉高祖刘邦亲率三十多万大军攻打匈奴，却被40万匈奴军队围困在白登山（今山西大同东南）七天七夜。从"白登之围"解脱后，刘邦对匈奴采取了和亲政策，把宗室的女子嫁给匈奴首领，每年还送去一定数量的黄金、绢、米、酒等。汉高祖以后的几代皇帝，也都延续了和亲政策，以争取时间休养生息，发展生产，增强国力。

汉武帝时期，西汉王朝经过了几十年的休养生息，达到了鼎盛时期，社会经济空前繁荣，国家空前强大。西汉还建立起一支强大的骑兵队伍，足以和匈奴人决一雌雄。反击匈奴的时机已经成熟。雄才大略的汉武帝即位之后，立即把反击匈奴提上了议事日程。

公元前135年，匈奴派人来向汉武帝请求和亲，汉武帝召集公卿大臣商议。群臣意见不一，大行王恢对汉武帝说："每次汉匈和亲之后，没几年匈奴就会背叛和约。不如拒绝和亲，并派军攻打他们。"御史大夫韩安国反驳道："千里而战，兵不获利，匈奴军队马快人强，难以制服。汉军在几千里之外与他们作战，必定人困马乏，匈奴人以逸待劳，我军很难取胜。况且强弩之末势不能穿鲁缟，而得其地不足以为广，有其众不足以为强，汉军千里迢迢到匈奴之地去征战,是得不偿失的。所以还是答应与匈奴和亲为妙。"其他大臣大多都附和韩安国,汉武帝于是答应了匈奴的和亲要求。

　　第二年,大行王恢向汉武帝上书说:"匈奴刚刚和汉朝和亲,一定以为边境上平安无事,如果乘机引诱他们,然后伏兵袭击,一定能击破匈奴。"汉武帝再次召问公卿,主战派王恢说:"臣听说战国时的代国是个小国,北有强胡之敌,内连中原之兵,然而却能安居乐业,仓廪丰实,匈奴不敢轻易侵犯。如今陛下神威,国家一统,匈奴却侵盗不止,这是因为不怕我们的缘故。臣认为应该发兵进攻。"

　　御史大夫韩安国又表示强烈反对,他说:"臣听说高祖皇帝曾经被匈奴人包围在平城,七天七夜找不到食物,得不到后援,等解围之后,也就没有了当初的愤怒逞强之心。圣人当宽宏大度,不能以私怨而伤及天下,臣以为还是不发兵进攻为好。"

　　王恢紧接着又进行了反驳,他说:"臣如今所说的进攻,本来就不是你所指的发兵深入,而是迎合匈奴单于的贪欲,将他引诱到边境,然后我们选择精锐骑兵和壮士在暗中埋伏,守住各处要道,这样必定可以大败匈奴,生擒单于。"

　　汉武帝早就想进击匈奴,听了两人的辩论以后,决定采纳大行王恢的建议,发兵攻打匈奴。公元前133年,汉武帝任御史大夫韩安国为护军将军,卫尉李广为骁骑将军,率领各路大军包括车兵、骑兵和步兵共三十多万,埋伏在马邑旁边的山谷之中。一切准备就绪后,汉武帝派间谍对匈奴单于说:"我能斩杀马邑县令,财物可尽归匈奴所有。"匈奴单于信以为真,于是穿过边塞,率十万骑兵进入武州塞(今山西左云)。当匈奴兵离马邑还有一百多里时,看到牲畜满野却没有人放牧,觉得很奇怪,于是派兵进攻边防小亭,并擒获尉史。这个尉史贪生怕死,就将汉军的计划和埋伏地点全都告诉了匈奴单于。匈奴单于听后大吃一惊,急忙引兵撤还,埋伏的汉军急忙追击,但追至边塞也没有追上,就撤了回来。汉军的马邑埋伏战无功而返,但这是西汉大规模反击匈奴的开始。

卫青像。卫青是西汉时期能征善战,为汉朝北部边疆的安定做出过重大贡献的将领,也是中国历史上为人所熟知的常胜将军。

霍去病墓前石刻《马踏匈奴》。

马邑之战后，汉朝和匈奴双方开始了大规模的武装冲突，双方都竭尽全力，战争长达数十年。汉武帝在位期间，双方大规模的作战一共有六次。通过这六次战争，汉朝基本上扭转了被动挨打的局面，争取到了战争的主动权。

公元前128年秋，匈奴两万多骑兵侵入辽西（今河北卢龙），又攻入雁门郡（今山西右玉西北），大败雁门都尉，杀死一千余人。汉武帝派将军卫青率三万骑兵援救雁门，派李息率兵出代郡以声援渔阳。卫青率军赶到雁门后，匈奴兵败走，汉军斩杀匈奴兵数千人后返回。

公元前127年春，匈奴军大举入侵上谷（今河北怀来东南）、渔阳等地。汉武帝立即派卫青和李息率数万骑兵西出云中，包围匈奴右部，并将其击败，俘虏了五千余人，获牛羊百余万头，匈奴兵落荒而逃。

公元前126年夏，匈奴数万骑兵入侵代郡，杀死代郡太守，并掳去一千余人。这年秋天，匈奴兵又攻打雁门郡，杀掠一千多人。次年夏，匈奴兵再次大举进犯，派九万骑兵分三路南攻代郡、定襄和上郡，并派匈奴右贤王向朔方郡发动猛攻。公元前124年春，汉武帝派兵大举反击，由大行李息和岸头侯张次公率军抗击匈奴左部，以卫青为统帅的主力军在朔方郡进击匈奴右贤王。卫青率大军神不知鬼不觉地渡过黄河，抵达五原，在夜间派军突袭匈奴右贤王的大营。这一次大战，汉军获俘虏一万五千余人，牲畜数十万头，沉重地打击了匈奴的嚣张气焰。

公元前122年，匈奴数万骑兵再次侵入上谷。公元前121年春，为打通河西走廊，汉武帝命霍去病为骠骑将军，率领一万多精锐骑兵，从陇西出发，在数千里之外与匈奴右部主力短兵相接，并大败匈奴兵。汉军长驱直入，转战六日，斩杀匈奴折兰王和卢侯王。生擒浑邪

汉武帝刘彻使汉朝成为当时世界上最强大的国家，他也因此成为中国历史上伟大的帝王之一。

王的儿子，获俘虏八千九百余人，匈奴兵十之七八战死。这一战彻底切断了匈奴右臂。

同年夏天，汉武帝再派霍去病与合骑侯公孙敖率数万骑兵分两路出击，由霍去病出北地，公孙敖出陇西，并在祁连山地区会师。为牵制匈奴左部主力，汉武帝又派博望侯张骞和郎中令李广出右北平，分两路进击匈奴左贤王。匈奴单于此时也率军入侵代郡和雁门郡。霍去病率军渡过黄河，经过今甘肃省青玉湖，到达居延海，然后沿额济纳河南下，到达小月氏（今甘肃酒泉），进击祁连山一带的匈奴兵，打通河西走廊。在这次战役中，霍去病获俘虏两千多人，斩杀匈奴兵三万多人。但是，李广所率领的4000名骑兵被左贤王数万骑兵包围，激战了两天两夜，李广军死伤大半，幸好张骞率一万多骑兵赶来救援，李广才得以脱险。

同年秋天，匈奴单于责怪浑邪王、休屠王打仗惨败，要处死他们。浑邪王得知后，与休屠王合谋降汉，派使者到长安请降。汉武帝害怕浑邪王只是诈降，于是派霍去病率领大军迎接。休屠王见霍去病率大军前来，十分后悔，被浑邪王杀死。霍去病渡河后，浑邪王率领的匈奴兵见汉军声势浩大，害怕被袭击，纷纷逃跑，霍去病急忙率军追击，斩杀匈奴兵八千多人，并遣送浑邪王到长安。此后，河西地区平定，汉武帝在河西走廊设敦煌、张掖、武威、酒泉四郡，由此打通了通往西域的道路。

公元前120年秋天，匈奴单于十分恼怒于右部的惨败，于是分派两路大军，各有数万骑兵，大举入侵右北平和定襄二郡，杀掠数千人后撤退。此时河西地区已经平定，汉武帝认为彻底打击匈奴本部的时机已经成熟，于是召见大臣们商议对策。公元前119年，汉武帝将汉军主力分为两队，分别由卫青和霍去病指挥，向漠北发起进攻。大将军卫青率郎中令李广、太仆公孙敖为右队，霍去病率从骠侯赵破奴、校尉李敢等为左队，左右两队各领精骑五万，并有负责辎重运输的步兵数十万，保证了主力军的物资供应。汉武帝又组织了十四万匹战马随行，以备换用。

当两军出征时，汉武帝判断匈奴单于所率主力必在西面，于是令霍去病所率的由最精锐的骑兵编成的纵队从定襄出击，令卫青所率军从代郡出击。但当霍去病到达定襄后，从俘虏口中得知，匈奴单于在东，汉武帝于是又命霍去病出击代郡，而命卫青出定襄。匈奴单于听说汉军大举北征，一面调集其右部精兵集中于漠北以抵御强敌，一面将其辎重远置北方，准备展开决战。

卫青出定襄后，从俘虏口中得知匈奴单于所在的地方后，亲自率领精兵疾驰而进，出定襄一千多里后，在今蒙古国南部、车臣汗部西南地区与匈奴军主力遭遇。匈奴单于见汉军人数众多，而且人强马壮，自己又被包围，十分害怕战败被擒，于是率数百精骑向西北方向突围逃走。这次战斗，卫青军一共斩杀匈奴兵一万九千多人。

右路军霍去病出代郡后，连军粮都没带，轻骑直追，在祷余山与匈奴左部展开激战。左贤王军大败，汉军穷追不止，翻山越岭，一直追到狼居胥山（今蒙古国乌兰巴托东），登临瀚海（今贝加尔湖），然后还师。从出击代郡算起，霍去病北征两千余里，斩获匈奴军七万余人，匈奴左部几乎被全部消灭，匈奴本部也遭到沉重打击，被迫向北撤退，出现了"匈奴远遁，而幕南无王庭"的局面。从此大漠以南再也没有匈奴的侵扰了。汉武帝又派60万吏卒从朔方到令居（今甘肃永登），开荒屯田，加强防守。汉军经历这场大战之后，士卒死伤数万，战马损失十万余匹。漠北大决战之后，汉匈双方在较长一段时间里处于休战状态。在接二连三的军事打击下，匈奴内部的矛盾也日益尖锐，统治者内部发生内讧。到汉昭帝时，匈奴分裂为南北两部。公元前51年，南匈奴呼韩邪单于降汉，北匈奴郅支单于被迫西迁，后被西汉西域都护甘延寿和副校尉陈汤所杀。在汉朝的帮助下，呼韩邪单于统一了匈奴。公元前33年，汉元帝将宫人王嫱（即王昭君）嫁给呼韩邪单于，结束了一百多年来汉朝与匈奴之间的战争冲突。

发生地点	发生时间	推荐理由
匈奴	西汉时期	苏武可杀不可辱的士大夫气节流芳千古，并被后人所推崇和仿效。

士大夫苏武牧羊

事件介绍

西汉时期，朝廷与北方匈奴的关系十分不好，匈奴经常南下进犯。汉武帝派大将卫青、霍去病等人抗击匈奴，使得匈奴有好几年不敢侵扰。

公元前100年，匈奴派出使者前来求和，还把以前扣留的汉朝使者都放了回来。汉武帝十分高兴，为了答复匈奴的善意，他派中郎将苏武带着副手张胜和随从出使匈奴，并送回扣留在汉朝的匈奴使者。

苏武把匈奴使者送到后，匈奴单于正要派遣使者送苏武回汉，不料匈奴发生虞常等人的叛乱事件。虞常是投降匈奴的汉人，他本来和苏武的副使张胜相熟。苏武一行来到后，虞常偷偷地来到汉使驻地与张胜见面。

虞常对张胜说："听说汉朝天子对投降匈奴人的汉人卫律恨之入骨，我有办法用冷箭把他射杀。我的母亲和兄弟都在汉朝，事成之后，希望能得到犒赏。"张胜就答应了他。

不久，单于出外打猎，虞常等七十多人准备乘机发动叛乱，杀死卫律。不料其中一人反悔，连夜逃出，告发了他们。单于立即发兵攻击，活捉了虞常。

虞常供出了张胜后，单于大怒，命卫律召苏武前来受审。苏武说："受匈奴侮辱，损害了国家的尊严，即使不遭杀害，又有何面目回汉复命？"说罢拔出佩刀就要自杀。卫律大惊，急忙抱住苏武，但苏武已经受了重伤，血流如注。

单于听说了这种情形，倒十分敬佩苏武，每天早晚派人问候他，只把张胜抓了起来。

苏武的刀伤好了以后，单于又派人劝降，都被苏武正义凛然地挡了回去。于是，卫律下令斩了虞常，接着厉声喝道："汉使张胜参与谋杀单于近臣的阴谋，依法当斩，单于有命，如愿投降可以赦罪。"张胜十分害怕，立即表示愿意投降。

卫律又把剑对准苏武，进行恐吓，但苏武巍然不动，毫无惧色。卫律又换了一副面目，劝道："苏君，我从前背了汉朝，归降匈奴，蒙单于大恩，封为丁灵王，拥有数万之众，马匹牲口，漫山遍野，富贵无比。苏君今天如果归降，明天就会和我一样啊！"

苏武越听越怒，开口骂道："你本是汉朝臣子，如今不顾恩义，背叛君王，抛弃亲人，投降蛮夷，我为什么要来见你？你明知我是大汉使者，不会投降，却苦苦相逼，莫非是想引起两国的战争？匈奴亡国之祸，必将由你而起！"

卫律知道无法使苏武屈服，只得回去禀报单于。单于听了更加钦佩，也更加想使苏武屈服，于是把他关在原来做仓库的地窖里，不给他东西吃。当时天正下着雪，苏武从地上抓点雪，再从穿的皮袍上拔点毛，胡乱吞咽下去，一连几天，竟没有饿死。

匈奴人以为是神灵在保佑苏武，于是改变办法，把苏武放逐到北海（今贝加尔湖）边上无人的荒野里，命他放牧公羊，并且对他说："如果公羊产了羊羔，就释放你。"

苏武到了北海，没有粮食吃，只得挖野鼠洞

◀ 苏武牧羊图。苏武被拘匈奴十九载，受尽磨难而终得归汉的传奇经历，不知激励了多少中华民族的热血男儿。

匈奴金冠饰。这件金冠饰可能是匈奴部落酋长或王的冠饰。

里藏的草籽来吃。他牧羊的时候，手执当初出使匈奴时汉朝交给他的"节"（使者职权的标志），睡眠时也不放下，日子长了，节上的毛都落光了。

一直到了公元前85年，匈奴单于死了，匈奴发生内乱，再也没有力量和汉朝打仗，于是又派使者前来求和。那时候，汉武帝已死去，他的儿子汉昭帝即位。汉昭帝派使者到匈奴去要求放回苏武，但匈奴谎称苏武已经死了。使者信以为真，就没有再提。

第二年，汉昭帝又派使者到匈奴。苏武的随从常惠还在匈奴，他买通匈奴人，私下和汉使者见面，把苏武在北海牧羊的情况告诉了使者。

使者见了单于，严厉责备他说："匈奴既然同汉朝和好，就不应该欺骗汉朝。我们皇上在御花园射下一只大雁，雁脚上拴着一条绸子，上面写着苏武还活着，你怎么说他死了呢？"

单于听了，吓了一大跳。他还以为真的是苏武的忠义感动了飞鸟，连大雁也替他送消息呢！他连忙向使者道歉，并答应立即放回苏武。

公元前81年，苏武终于回国。苏武当初出行时带了一百余人，被扣19年，跟苏武一起生还的只有9人。苏武出使时正值壮年，在匈奴受了19年的折磨，回国时胡须、头发全白了。

回到长安的那天，长安的人民都出来迎接苏武。人们看见白胡须、白头发的苏武手里拿着光杆子的旌节，没有一个不感动的。

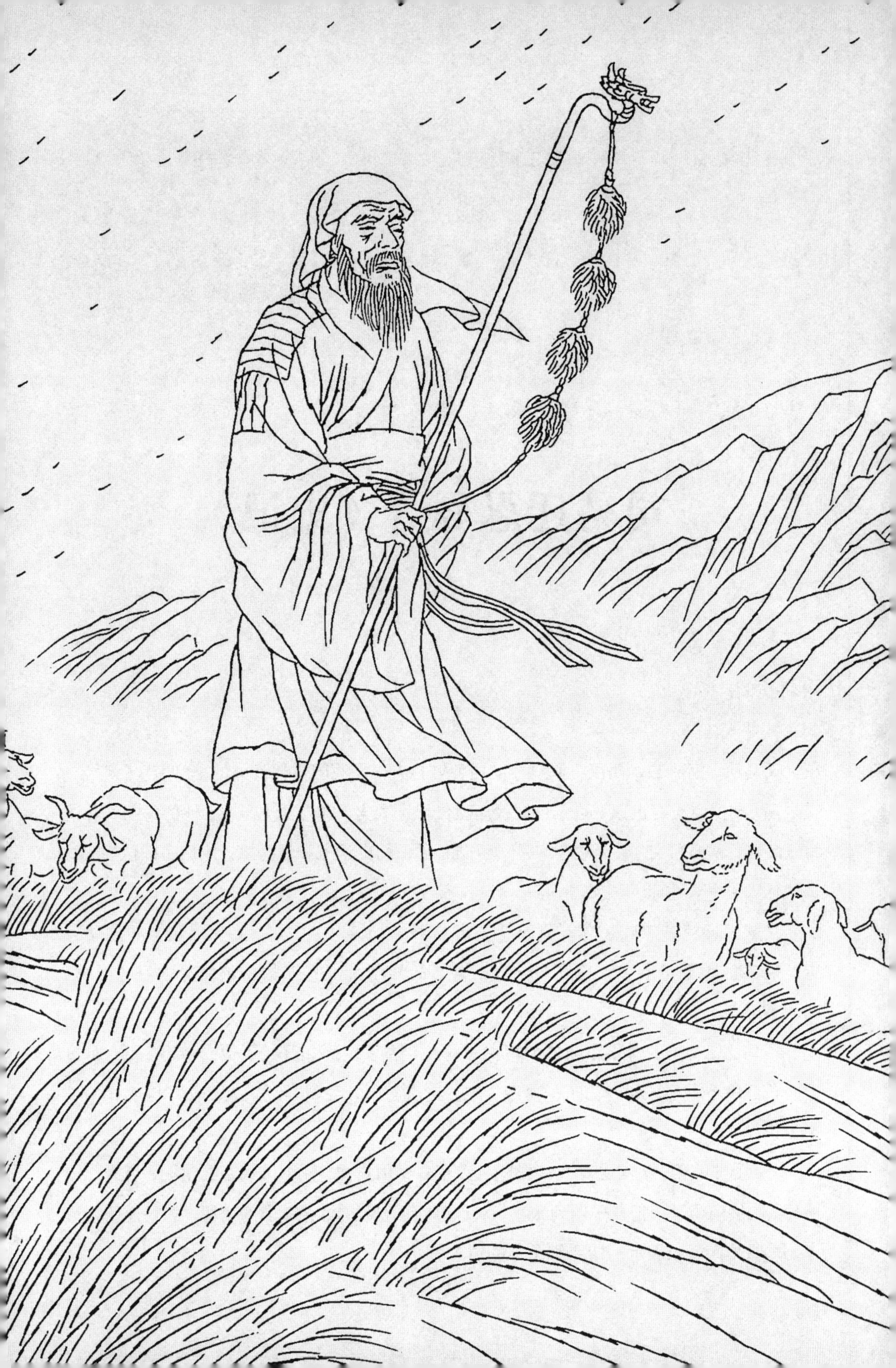

发生地点	发生时间	推荐理由
长安	西汉时期	《史记》是中国第一部通史，它在史学和文学方面的价值，使它成为后世的光辉典范。

司马迁忍辱著《史记》

事件介绍

司马迁，字子长，西汉夏阳（今陕西韩城）人，是我国古代伟大的史学家、哲学家、文学家。他生于史官世家，祖先自周代起就任王室太史，掌管文史星卜。他的父亲司马谈博学多才，精通天文、黄老之学，是一位颇有学识的史学家和思想家。汉武帝即位后，司马谈任太史令长达30年之久，著有《论六家要旨》等书。

受家庭环境的熏陶，司马迁从十岁起就开始诵读"古文"，接受他父亲的启蒙教育。后来他跟随父亲来到长安，向当时著名的经学大师孔安国、董仲舒学习《尚书》和《春秋》。

司马迁二十岁的时候跟随博士褚太等六人"循行天下"，开始了他的游历生活，足迹遍及长江中下游地区和今山东、河南等地。这次游历，使司马迁大大开阔了眼界，增长了见识。

公元前110年，太史公司马谈跟随汉武帝到泰山封禅，途中因病留在洛阳，后来郁闷而死。临终前司马谈把儿子叫到跟前，对他倾吐了自己"欲论著"的宿愿。司马迁俯首流涕，郑重地向父亲表示一定会继承他的遗志。

西汉史学家司马迁。司马迁的《史记》是中国历史上第一部纪传体通史，被鲁迅誉为"史家之绝唱，无韵之《离骚》"。

　　读万卷书，行万里路，司马迁少年时代良好的教育背景和他多年的游历生活，奠定了他后来著书立说的坚实基础。司马谈死后不久，司马迁继任父职，做了太史令，这让他有机会阅读皇家图书室中大量的文史经籍以及诸子百家的论著。阅读了大量的史籍后，司马迁开始积累材料，准备写作。

　　正当司马迁专心著述的时候，巨大的灾难降临在他的头上。公元前98年，李陵出征匈奴时被围，在矢尽粮绝的情况下被迫投降匈奴。消息传到长安，汉武帝大怒，朝廷的文武百官也都大骂李陵投敌卖国可耻至极。而书生气十足的司马迁却为李陵辩护说："李陵转战千里，矢尽粮绝，战败投降是有情可原的。凭臣对他的了解，臣以为只要他不死，还是会效忠汉朝的。"盛怒中的汉武帝听了司马迁的辩解，更加恼怒，下令把司马迁定为死罪，或者用腐刑代替。司马迁家中贫困，没有足够的钱财来减轻自己的"罪过"，但他又想到父亲临终前的嘱托，自己的著作又"草创未就"，如果伏法受死，实在"轻于鸿毛"。为了完成自己的著作，司马迁毅然地接受了腐刑以求"忍辱偷生"。

　　这一奇耻大辱，使司马迁的精神受到极大刺激，思想也发生了重大变化。在狱中，他曾一度想自杀，但他又想起了父亲的遗言，想起了先贤们如孔子、屈原、韩非等在逆境中发愤有为的事迹，于是就鼓励自己忍辱负重地活了下来。公元前93年，在狱中待了六年的司马迁终于结束了备受摧残的囚禁生活。汉武帝十分赏识司马迁的才学，司马迁出狱不

111

西汉时期的铜立马。

久,又任他为中书令。这时的司马迁已经饱尝辛酸,决心以残烛之年,完成父亲著书立说的遗愿。他把自己全部的才学、见识和心血,都贯注于著作之中,最后终于完成了一部"究天人之际,通古今之变,成一家之言"的不朽的史学著作——《史记》。

《史记》原名《太史公书》,包括十二本纪、三十世家、七十列传、十表、八书,共计一百三十卷,五十二万六千五百字,是一部组织严密、内容丰富的百科全书式的通史。它是我国史学上一个划时代的标志,是一部伟大的文学著作,也是一部具有深刻思想性的著作。

《史记》包括的时代和记载的内容之广,是前所未有的。它上起传说中的黄帝,下至汉武帝,共记载了约三千年的历史;它所记载的地理范围,西至中亚,北至大漠,南至越南,东至朝鲜、日本,把通史的时空界限扩大到前所未有的范围。《史记》在广阔的时空背景上,展开了囊括古今的人类社会的完整画卷,人类社会生活的各个方面,如政治、经济、文化、科技、交通、民族、民俗、宗教等;构成社会的各个阶层,如皇帝、贵族、官吏、将士、学者、游侠、卜者,以至农工商贾,都得到了较全面的反映。

《史记》把本纪、世家、列传、表、书五种体裁有机地统一起来,以和它所反映的社会生活相适应。本纪,主要是以能左右天下大势的代表人物为主体,连续而集中地记述了夏、商、周三代到汉武帝时期的政治大事,以反映朝代的兴衰和更迭。世家,记载王侯、开国功臣和对社会起过突出作用的人物及大事。列传可分为两大类,一类是人物传记,按人物性质排列立传,另一类是对外国或国内少数民族的记载,涉及中外关系史和国内民族关系史。表,以表格的形式列出帝王、诸侯、贵族、将相大臣的世系、爵位和简要政绩,形象、直观,起到提纲挈领的作用,便于阅读。书,主要记载历代的历法、礼乐、封禅、水利、经济等各项典章制度的发展过程,具有专史的性质。这五种体裁各自独立,又互相配合，相辅相成，构成了一个完整的记述人类社会史的体系。以后所有的正史，都毫无例外地沿袭了《史记》的著作形式，被称为"纪传体"史书。

司马迁在著《史记》时，在选材上最重视真实的原则。他所收集的材料都经过严格的考证，主要依据先秦的史籍和自己游历时的所见所闻。在评史时，司马迁继承和发展了《左传》、《国语》中直接评史的方法，或在篇中，或在篇末，加之以"太史公曰"，他的评论大都言简意赅，发人深思。《史记》还善于把作者对历史的理解和看法，融入到叙事当中，这就是"于叙事中寓论断"的高明手法。

《史记》还是一部优秀的文学作品。司马迁的文学功底本来就很好，尤其"善述事理"，能有条不紊地组织和叙述繁杂的史实。《史记》的描写手法也十分精彩，大至壮烈的战争场面，小至微妙的人物心理，都能得到生动的展示。特别是在人物的塑造上，《史记》所重点描写的上百个历史人物，个个性格鲜明，栩栩如生。同时，司马迁还注意通过人物的活动和际遇，去展现当时的社会生活和政治状况。

发生地点	发生时间	推荐理由
全国	公元9年至21年	王莽改制悖逆历史潮流，导致此起彼伏的农民起义，为东汉王朝的建立提供了契机。

王莽托古篡政

事件介绍

王莽，字巨君，汉元帝皇后王政君的侄子。王政君的父亲和兄弟在汉元帝、汉成帝时期都先后被封为侯，只有王莽的父亲王曼死得早，未能封侯。所以王莽没有父亲的庇护，身处贫困境地，于是他勤学苦读，逐渐变得博学多才，而且待人接物都十分恭敬谦逊。

公元前21年，大将军王凤病重，王莽去侍候王凤，忙得数月不解衣带，使王凤大为感动。临死时，王凤将王莽托付给太后和汉成帝，汉成帝任命王莽为宫禁中办事的黄门郎。不久，王莽又升为带兵的射声校尉。

王莽做官后，他的叔父王商上书汉成帝，表示愿把自己的土地分给王莽，并请成帝封他为侯。当时的社会名流如长乐少府戴崇、中郎陈汤等，也都在汉成帝面前说王莽的好话，汉成帝也认为王莽是个德才兼备的贤臣，于是在公元前16年，封王莽为新都侯，后来又升他为骑都尉、光禄大夫、侍中。

王莽的官做得越大，越注重节操，而且言行更加谦虚谨慎。他把自己家中的车马衣裘等财物都用来接济和帮助宾客，还供养了大批名士，同时还广泛结交将、相、卿、大夫等

新莽时期的四神瓦当。

上层文武官员。因此，满朝文武大臣都一而再，再而三地在汉成帝面前称颂他。王莽的名声大振，甚至超过了他的几个叔父。

　　王莽还敢于做些常人不敢做的事情以博取声誉，并且一点也不感到难堪，好像是出于天性。当时，太后姐姐的儿子淳于长以才能出众而官至九卿，位置比王莽高，于是王莽就暗中调查他的罪过，并通过大司马王根上告。淳于长被杀后，王莽得到忠直之名声。王根退休时，推荐王莽取代他的职位，汉成帝就擢升王莽为主管全国军事的大司马。

　　后来，汉成帝、汉哀帝先后逝世，年仅九岁的汉平帝即位。孝元皇后上朝执政，国家大事都交给大司马王莽处理。从此，凡归附服从王莽的大臣，都得到升迁，凡顶撞触怒王莽的大臣，都遭到诛杀。王莽又用小恩小惠收买人心，拉拢地主阶级和知识分子，结交官僚贵族。孝元皇后不得已下诏："任命王莽为位在文武百官之上的太傅，称安汉公。"

　　王莽位高权重，认为一切准备妥当，于是毒死年幼的汉平帝。汉平帝死后，汉元帝这一支皇族已没有子孙可以即帝位，只有汉宣帝这一支皇族的子孙中还有五人为王，广戚侯等48人为侯。王莽嫌他们都已长大成人，即位后会妨碍自己夺权，于是借口兄弟之间不能传位，而选广戚侯的儿子、年仅两岁的孺子婴即位，推说是经过占卜察看后，以他为帝最为吉利。

　　就在这个月，谢嚣上奏说："武功县（今属陕西）县令孟通疏浚水井时发现了一块白石，白石上面写有'告安汉公莽为皇帝'八个红字。"王莽派大臣们去告诉孝元皇后。孝元皇后说："这是欺骗天下的鬼话，不能干这种事。"负责引导天子修养德行的太保王舜对太后说："王莽并不敢有夺取帝位的想法，只是想暂

115

居皇帝之位以加强他的权威,借以镇服天下民众罢了。"孝元皇后这才答应下来,下诏说:"命令安汉公暂居皇帝之位,即日登基。"

在长安求学的梓潼(今四川梓潼)人哀章品行恶劣,好说夸大不实的话。他见王莽暂居皇帝之位,就做了一个铜柜,装进自己伪造的一幅图、一封信。他在信上说王莽为真天子,然后穿着黄衣、扛着铜柜来到汉高祖刘邦的祭庙,交给负责转送奏章的尚书仆射。尚书仆射急忙报告王莽。王莽立即赶到刘邦的祭庙拜受铜柜。他戴上皇冠,朝见过孝元皇后,便进入皇宫,坐在未央宫的前殿上颁布诏书说:"皇天上帝将天下臣民交给我治理,我是很敬畏皇天上帝的,怎敢不恭恭敬敬地接受这个重任!从现在起,我就是真皇帝了,天下从此改'汉'为'新'。"汉朝的江山就这样被王莽篡夺了。

王莽当政后,面临着严重的社会危机,西汉末年以来的土地兼并问题越来越严重,

公元9年,鉴于西汉末年土地兼并问题十分严重,王莽仿照古代的井田制对全国的土地分配政策进行改革,他下诏说:"古代的井田制度是八家共一井,一夫一妇,种100亩土地,然后将收成的十分之一上交国家。从现在起,全国土地都是皇家的土地,称'王田',

所有人家的奴婢称'私属',都不准买卖交易。凡是男丁不超过8人,而土地超过800亩者,必须将多余的土地分给九族、邻里、乡党等。凡是以前没有土地者,按古代井田制度,一夫一妇可以受田百亩。如有人胆敢非议神圣的井田制,无法无天,造谣惑众,就把他流放到边疆去。"

王莽推行的所谓"井田圣法",触动了大官僚、大贵族和商人们的利益,遭到他们的强烈反对。同时,这项改革措施并没有解决土地问题,相反又把农民禁锢在"王田"里当牛做马,更没有解放奴婢,而是把占有奴婢作为一种制度固定下来。所以他所谓的土地改革实质上是复古倒退的改革。

王莽先后进行了三次货币改革,但由于货币品种名目繁多,而且很多是早已失去货币性能的原始货币,如龟壳、贝壳等,这些也都拿来使用,一度造成了货币流通的严重混乱,货币也严重贬值。改革事实上是王莽集团对广大民众的一次大搜刮,大量的黄金、白银流到了他们的腰包里。

公元10年,王莽颁布实行"五均六管"制,规定:在长安、洛阳、邯郸、临淄、宛、成都等六大城市设"五均司市",负责管理市场,平衡物价,收税和贷款;盐、酒、铁器等由官府专卖;钱币由官府统一铸造;设六管之令,收取山林、池沼和农商、手工业税。这项改革措施是王莽集团对广大民众的又一次变相搜刮。王莽所任用的"五均六管"的官员,都是一些大富商、大贵族,如薛子仲、张长叔等人。这些人拥有特权后,乘机收贱卖贵,投机倒把,大发横财。

公元12年,王莽下诏,以洛阳为东都,常安(长安)为西都,按照《禹贡》把全国划分为九州,并采取西周分封制,大封五等诸侯共796人。公元14年,王莽按照《周礼》、《王制》多次改动官名和县名,如改大司农为羲和,后改为纳言;改少府为共工;改郡太守为大尹;县令长为宰。后来这些名称又一再更改,有的郡甚至五易其名,每次下诏书的时候,都不得不注明原名。

王莽颁行五等爵,滥加封赏,把受封的人留在长安食禄。很多官吏因为得不到俸禄,生活没有着落,于是互相勾结,行贿受贿,残酷剥削贫苦农民。公元18年,王莽下诏:全国详细核查从公元10年以来各官吏、将士所获得的"黑色收入",一旦发现,没收其所有财产的五分之四,以资助边境防务;鼓励士兵揭发他们的将领,奴婢揭发他们的主人。这项措施不仅没有改变官场贪污成

新莽时期的一刀平五千错金铜币。

风的现象,反而弄得人心惶惶,大小官吏更加疯狂地压榨平民百姓,贪污现象更加严重。

公元19年,王莽宣布每六年改元一次,并称他自己是黄帝的后人,"当如黄帝仙升天"。次年,王莽下令建造九庙,其中黄帝庙高17丈。王莽还把大肆搜刮来的民财任意挥霍,大兴土木。他还招纳了120个美女"送给"神仙,并派人到处挑选民间美女,然后把她们带回宫中,供他淫乐。

正当王莽整日沉浸在花天酒地之中时,北方的匈奴又开始大举南下侵扰。公元15年,王莽以重金贿赂匈奴单于,并劝他改称"恭奴善于"。单于得到了很多金银财宝,于是表面上答应,但事实上仍然经常南下侵扰。为了对付匈奴,王莽征发大量农民去服役,屯兵二十余万。公元21年,王莽又把各地的谷、帛都转运至西河、五原、朔方、渔阳等地,准备攻击匈奴。

但此时国内已经陷入重重危机。王莽所推行的改革不仅没有解决西汉末年以来的社会矛盾,反而使社会矛盾加剧。王莽还挑起了对东北和西南少数民族的战争,大量征发徭役和物资,使广大农民陷入悲惨境地。兵荒马乱,民不聊生,广大贫苦农民饿死者十之六七。

各地农民再也活不下去了,于是纷纷揭竿而起,以赤眉军、绿林军为主的农民大起义,以排山倒海之势,攻城略地,一直打到长安城下。起义军杀死王莽,新莽政权被农民起义军推翻了。

发生地点	发生时间	推荐理由
今湖北、山东、河南、陕西一带	公元18年至27年	绿林赤眉起义推翻了新莽政权，给腐朽的封建地主阶级以沉重的打击，使严重的社会危机得到缓和。

摧枯拉朽的绿林赤眉起义

事件介绍

西汉末年，土地兼并之风愈演愈烈，民不聊生，社会危机进一步加深。农民反抗斗争此起彼伏，最后终于发展成以绿林军和赤眉军为代表的大规模农民起义。

公元17年，新市（今湖北京山）的饥民王匡、王凤集合了数百人，又收留了外地流亡来的马武、王常、成丹等人，以绿林山（今湖北大洪山）为基地，举起了绿林军的起义大旗。绿林军发展十分迅速，两三个月就有贫苦农民近万人加入，王匡、王凤也成为绿林军的领袖。绿林军每攻占一个县城，就打开监狱，放出囚犯，还把官吏家里的粮食分发给当地贫苦农民。这样，投奔绿林山的穷人越来越多，起义军人数迅速增加到五万多。

公元22年，绿林山一带发生了传染病，绿林军因此损失近半，于是决定分兵两路进行转移。王常、成丹等率领一支人马，西下南郡（今湖北江陵），称"下江兵"；王匡、王凤、马武等率领一支人马，北上南阳（今河南南阳），称"新市兵"；不久，平林（今湖北随县北）人陈牧也聚集一支队伍响应，称"平林兵"，后来西汉皇族、破落地主刘玄参加了平林兵。南阳大地主刘演、刘秀兄弟也乘机率家兵响应，并聚集了七八千人，称"舂陵

汉光武帝刘秀。

兵"。绿林军队伍的组织成分变得越来越复杂，领导权也逐渐被刘玄、刘秀等地主阶级分子篡夺。

在绿林军取得节节胜利之时，领导集团内部却发生了严重分歧。新市军、平林军欲立刘玄为帝，而春陵军欲立刘演为帝，双方僵持不下。刘演和刘玄本是同宗，刘演起兵较晚，是春陵军中的"南阳豪杰"，有较强的军事实力；刘玄参加起义较早，但没有军事实力。公元23年2月，经过反复推举，在大多数农民军将领的坚持下，刘玄称帝，改年号为更始。刘玄设置了三公九卿，封新市兵的将帅王匡为定国上公，平林兵的将帅陈牧为大司空。革命政权建立后，绿林军改称汉军，挑起了"汉"的旗号。

赤眉军是反抗王莽统治的另一支主力大军。公元18年，山东琅琊（今山东诸城）人樊崇在莒县（今山东莒县）集合饥民百余人起义，并占据泰山，附近农民纷纷响应。不久，他的同乡逄安，东海人徐宣、谢禄等也都率领贫苦农民加入，起义队伍猛增至数万人。樊崇勇猛善战，他指挥起义军以泰山为中心，转战山东，攻克莒县、青州等地后，起义军发展成为拥有十一万多兵力的队伍。他们到处杀官军，没收地主财物，严惩恶霸地主，赢得了广大贫苦农民的热烈拥护。

樊崇领导的起义队伍是由清一色的贫苦农民组成的，这支队伍是一支单纯、质朴、实在、刚正的农民武装。为了和王莽的军队区别开来，他们把眉毛涂成红色，因此被称为"赤眉军"。

刘玄被立为更始皇帝之后，以"灭新复汉"为口号，开始了推翻新莽政权的斗争。他先派主力部队约十万人围攻战略要地宛城（今河南南阳），然后派王凤、王常和刘秀等人统率两万兵力，向颍川（今河南禹县）、洛阳等地进击，以阻止王莽军南下，保障主力部队展开行动。王凤等人很快就攻克了昆阳（今河南叶县）、定陵（今河南舞阳北）、郾县（今河南郾城南）等地，与围攻宛城的主力部队形成掎角之势。

王莽政权对更始农民起义军的日益强大和北上进攻态势感到十分不安，公元23年3月，王莽派大司空王邑和司徒王寻奔赴洛阳，企图以优势兵力一举消灭更始军，以保障长安、洛阳的安全。5月，王邑、王寻率大军进抵颍川，迫使已经抵达阳关的更始军刘秀部撤回昆阳。王邑等率军继续推进，直逼昆阳。

当42万王莽军逼近昆阳之时，昆阳城中的更始军只有八九千人。王凤见王莽军声势如此浩大，其他将领也认为敌我两方兵力悬殊，不易取胜，都主张化整为零，先撤回根据地，日后再做打算。但刘秀却反对这种消极做法，刘秀说："敌人来势凶猛，我军不能正面迎战，而要集中主要兵力，坚守昆阳，同时派人赶紧出城调集援兵。只要我军坚守不出，就可以逸待劳，然后伺机破敌，以主力攻取宛城。"王凤采纳了刘秀的建议，于是和廷尉大将军王常坚守昆阳，并派刘秀、李轶等率精锐骑兵连夜出城，赶赴郾县、定陵一带调集援兵。

王邑、王寻等人率军抵达昆阳城下后，动用全部兵力，列营一百余座，将昆阳城包围了数十层，猛攻不止。王邑认为昆阳城攻破在即，拒绝了王凤的请降。昆阳守军没有退路，只得依靠城内人民的支持，合力抵抗，坚守危城，多次击退了王邑军的进攻，极大地消耗了王邑军的力量。

这时，宛城的王莽守军内无粮草，外无救兵，不得已向汉军投降。刘秀等人赶到定陵、郾县后，把那里的绿林军调出一万余人，急忙赶往昆阳。刘秀亲自率步兵、骑兵千余人为前锋，到达距王邑大军四五里的地方摆开阵势。王邑、王寻等人自恃兵力雄厚，狂妄轻敌，只派出数千人迎战。刘秀一马当先，率先冲入敌阵，斩杀数十人。其他将士也奋勇进攻，横冲直撞，杀敌一千余人，取得了初战的胜利，大大振奋了士气。

更始起义军主力攻占宛城已经数日，但捷报还没有传入昆阳。为了鼓舞全军的士气，动摇敌人军心，刘秀制造了攻克宛城的战报，用箭射入昆阳城中，同时故意将战报遗失，让敌军拾去。消息一散布，昆阳城中的守军士气更加高涨，而王邑军由于久攻昆阳不下，又听说宛城失陷，士气更加低落。

趁敌人士气低落之时，刘秀从队伍中精选勇士3000人，组成敢死队，出其不意地迂

手持剑形戈。

回到敌军的侧后方，并偷偷地渡过昆水（今河南叶县辉河），向王邑大本营发起猛烈进攻。此时王邑仍然轻视汉军，没把刘秀放在眼里，只率领万余人出营列阵。为了防止州郡兵失去控制，王邑又下令军中各部没有他的命令不得妄动。

两军交战，刘秀所率的精兵奋勇向前，王邑军大败，纷纷溃退，王寻也做了刀下之鬼。其他各营眼见王邑军败，但由于王邑军令在先，都不敢擅自发兵相救。昆阳城中王凤、王常等将领见状，也打开城门，率军冲向王邑军营，与刘秀形成内外夹击之势。一时间喊杀声震天动地，拥挤在昆阳城外狭小地区的王莽数十万大军顿时大乱，自相践踏，以至伏尸百余里，死伤不计其数。

昆阳之战，王莽军的主力被彻底击溃，为起义军胜利进军洛阳、长安，并最终推翻新莽政权创造了有利条件。公元23年9月，更始军攻入长安，长安城内的贫苦农民乘机暴动，打进皇宫，处死了王莽。"新"朝的罪恶统治就这样在起义军的猛烈打击下结束了。

更始政权迁都洛阳后，刘玄派人去招抚赤眉军。赤眉军领袖樊崇亲自率领二十多万起义军赶往洛阳，表示对更始政权的信赖和支持。但此时，刘玄暴露出了他这个没落贵族的本性，整日在后宫饮酒作乐，并先后把农民将领申屠建、陈牧、成丹等人用计骗进宫中杀害。刘玄尽管将樊崇封为列侯，但没有安置其领导的大军。为了团结部众，樊崇率领赤眉军离开洛阳。攻破长安后，刘秀也率领一支队伍在河北发展自己的势力。起义军队伍内部的矛盾开始尖锐起来。

公元25年9月，赤眉军进攻长安，更始帝刘玄投降，被农民军处死。由于地主阶级把粮食藏了起来，赤眉军在长安驻扎了一年多，最后粮食断绝，不得已撤离长安。公元27年，赤眉军在宜阳一带被刘秀用重兵包围，被迫投降。

发生地点	发生时间	推荐理由
全国	公元25年	光武中兴使长期动乱的中原一带出现了政治清明、国泰民安的繁荣景象。

来之不易的光武中兴

事件介绍

公元25年6月,刘秀在群臣的拥戴下,于鄗县南千秋亭(今河北柏乡)称帝,仍沿用汉的国号,年号建武,刘秀就是光武帝。

刘秀称帝后,基本控制了中原要地(今河南、河北大部和山西南部),但各地仍然处于分裂割据的状态。刘秀根据形势,决定采取"先关东,后陇蜀"的策略,先集中力量消灭对中原威胁最大的关东武装势力,再挥师向西各个击破。

详细分析了全国的形势后,刘秀做出了战略部署。他任足智多谋的邓禹为前将军,领精兵两万由晋南进驻关中,伺机进攻长安;任刚毅果决的冯异为孟津将军,扼守黄河渡口,防止屯驻洛阳的更始军北渡;刘秀本人则亲率大军北上,肃清河北境内的残余农民军,完全控制了河北。

在刘秀平定河北之时,邓禹在关中也取得了重大胜利,他大败更始军主力,连续攻克安邑、衙县等地。冯异也积极配合邓禹的行动,在洛阳更始军军心涣散之际,转守为攻,北取天井关、上党等地,迫使更始军十余万人投降,接着也进逼洛阳。刘秀又派大司马吴汉统军十余万围攻洛阳,并随后亲至河阳坐阵指挥。刘秀采取政治诱降的策略,不记杀兄之仇，使洛阳30万人不战而降。

攻克洛阳后，刘秀迁都洛阳，史称"东汉"。为了确保洛阳的安全，公元26年春，刘秀命大将盖延率军五万进击直接威胁洛阳的刘永。公元29年，盖延在垂惠（今安徽蒙城）全歼刘永兵马，从而消灭了关东地区最大的割据势力，解除了对京师洛阳的威胁。刘秀在以优势兵力攻打刘永的同时，也派军进攻睢阳（今河南新野北）的邓奉和堵乡（今河南方城）的董沂。公元27年3月，汉军迫使董沂投降，击杀邓奉，并乘胜消灭了南阳刘玄余部。之后汉军进击驻守黎丘（今湖北宜城西北）的秦丰，两年后，秦丰被迫投降。同时，占据夷陵的田戎曾率兵援救秦丰，被汉军打败。南方的割据势力基本被平定。

公元29年，刘秀采取"北守东攻"的战略方针，亲自率军集中优势兵力进攻东方的割据势力董宪，同时派耿弇、朱佑等深入河北，对渔阳的彭宠施压。河北汉军很快消灭了彭宠，占领渔阳，统一了燕蓟地区。刘秀也全歼董宪主力，并乘胜进击张步，攻占了济南郡（今山东济南）、临淄等地。张步为挽回败局，倾全军之力（号称20万大军）反攻临淄，被汉军用计打败，被迫投降。接着，汉军又在舒（今安徽庐江西南）消灭了独据一方自立为天子的李宪。至此，汉军在短短的四年里，就将关东地区各个割据势力全部铲除。

在平定关东割据势力的同时，刘秀在关中也开始了镇压赤眉农民起义军的行动。公元25年9月，赤眉军攻入长安，推翻了更始政权。赤眉军占据长安一年后，因为缺粮而被迫西出陇东寻求出路，但在途中遭遇大雪，只好又折回关中，重新控制了长安。但很快赤眉军再度因为缺粮而军心涣散，被地方豪强武装所包围。不久，赤眉军被迫放弃长安，引兵东归。为了一举消灭赤眉军，刘秀决定以逸待劳，寻找机会截击赤眉军。

公元26年，邓禹在关中与赤眉军多次交战，大大削弱了赤眉军的力量，但汉军方面损失也很大。于是刘秀调兵遣将，以善于治军、作战稳健的冯异代替邓禹，主持关中军事事务。冯异不负重托，迅速调整部署，在华阴将赤眉军围困了六十多天。公元27年1月，冯异与邓禹两军在湖县（今河南灵宝西北）会合，与赤眉军形成对峙局面。邓禹邀功心切，主动出击。赤眉军佯败后退，待诱敌深入后，大举反攻，邓禹大败，只率24骑逃回宜阳。冯异率军相救，也被赤眉军击败，被迫退至崤底。

2月，冯异在崤底集合散兵和当地豪强武装数万人，准备反攻赤眉军。这时，赤眉军追到崤底，冯异派一部分士卒化装成赤眉军，潜伏于道旁。战斗开始后，冯异以少数兵力诱使对方进攻，然后调动主力迎击，等赤眉军攻势减弱后，伏兵突然出击。赤眉军因无法辨认敌我而阵脚大乱，八万多人被迫投降。接着，刘秀亲率大军，在宜阳（今河南宜阳西）拦截折向东南的赤眉军，将其全部歼灭，赤眉军包括首领樊崇等十余万人投降。

至此，刘秀终于将持续战斗了十年多的赤眉农民起义军镇压了，取得了关中地区，接着又开始了下一步的战略计划：西图陇、蜀，统一全国。当时，窦融据有河西，隗嚣占据陇西，公孙述割据巴蜀。刘秀根据形势，制定了由近及远、稳住窦融、先陇后蜀、各个击破的战略方针，首先将矛头指向隗嚣。

公元30年4月，刘秀派耿弇等分兵进攻隗嚣，并命大司马吴汉赴长安集结兵力，同时争取河西窦融出兵相助，使隗嚣腹背受敌。隗嚣见处境危急，于是向公孙述紧急求救，并向他称臣，联蜀抗汉。公元31年秋，隗嚣得到西蜀援兵，然后亲率三万大军进攻安定（今甘肃镇原东南），被汉军冯异击败。刘秀见隗嚣后方空虚，于是派来歙率军占领陇西要地略阳（今甘肃庄浪县西南）。隗嚣大惊，急忙调兵数万进击来歙，企图夺回略阳。来歙与将士们顽强坚守，有力地牵制了隗嚣的主力。刘秀把握战机，速派吴汉、岑彭、耿弇、盖延诸将分兵进击陇山，占领高平（今宁夏固原），自己则率关东大军亲征隗嚣。隗嚣军土崩瓦解，隗嚣也在忧愤交加中死去。公元34年10月，隗嚣的儿子隗纯投降，历时四年的陇西之战宣告结束。

陇西平定后，公孙述割据的巴蜀就成为刘秀统一大业的最后一个障碍。公元35年，刘秀再接再厉，派大将岑彭、大司马吴汉率荆州诸军由长江溯江西

汉光武帝像。汉光武帝刘秀是东汉王朝的开国皇帝，他使得自新莽末年以来四分五裂、战火连年的中国再次归于统一。

进，命大将来歙率陇西诸军出天水，直指河池（今甘肃徽县西北），两路兵马逼近成都。公孙述急忙从各路调集兵马保卫成都，准备迎击刘秀大军。公元36年11月，吴汉大败蜀军，公孙述身负重伤，成都守军投降。至此，刘秀彻底平定巴蜀，取得了统一战争的最后胜利。

刘秀完成了统一大业，恢复了汉室的统治。在政治上，光武帝采取了一系列加强中央集权的措施，限制外戚干涉朝政。对于功臣，光武帝封他们为侯，赐予他们优厚的俸禄，但限制他们干预政事。在行政体制上，光武帝削弱了太尉、司徒、司空等三公的权力。

在经济上，光武帝采取"与民休息"的政策，以安定民生。他下诏恢复了西汉景帝时期三十税一的旧制，并把公田借给农民耕种，提倡垦荒，发展屯田，安置流民，赈济贫民。

光武帝还认识到王莽政权的迅速灭亡，很大程度上是因为政令繁苛以致丧失民心，于是下令废除新莽政权的所有刑法。

公元39年，光武帝针对当时"田宅逾制"和隐瞒土地、户口的严重现象，下令全国清查土地、户口。为了使清查工作进行到底，光武帝一方面镇压农民的反抗斗争，一方面严厉处罚弄虚作假的大地主和官吏。虽然后来光武帝迫于压力，下令停止度田，但隐瞒土地的现象有所减少。

光武帝为人豁达大度，以诚服人，不因帝王之尊而拒谏饰非。他知人善任，才智之士多为其所用。

发生地点	发生时间	推荐理由
洛阳	东汉	《论衡》一书是王充的朴素唯物主义学说的代表作，它针对东汉时期的儒术和神秘主义的谶纬说进行批判，是古代一部不朽的唯物主义哲学文献。

挑战神学的朴素唯物主义学说

事件介绍

两汉时代，儒家思想在意识形态领域里占支配地位，但与春秋战国时期所不同的是儒家学说被蒙上了神秘主义的色彩，掺进了谶纬学说，这使儒学变成了"儒术"。而其集大成者并被作为"国宪"和经典的是皇帝钦定的《白虎通义》。东汉前期思想界的荒诞迷信，比西汉后期更为严重。不但有经术家专谈天人感应、阴阳灾异，而且由于光武帝的倡导，专门伪造神秘预言的图谶之学也特别风行。中国文化中原有的理性精神几乎完全被压抑了。

王充，字仲任，会稽上虞（今属浙江）人，约生活于公元27年到公元97年间。王充自幼聪明好学，青年时期曾到京师洛阳入太学，拜班彪为师。但他一生在政治上很不得志，只做过郡县的属吏，又与上司同僚不合，痛恨俗恶的社会风气，每次仕进都为期极短。他一生撰写了《论衡》、《讥俗节义》、《政务》和《养性》四部著作，其中《论衡》一书流传至今。全书85篇，现今实存84篇。

因为《论衡》一书"诋訾孔子"，"厚辱其先"，反叛了汉代的儒家正统思想，故遭到当时以及后来的历代封建统治阶级的冷遇、攻击和禁锢，被视为"异书"。

《论衡》写作于明帝永平末至章帝建初末的十余年间。正是在章帝年间，皇帝亲临白虎观，大会经师，钦定经义，并命班固把会议的内容编纂成《白虎通义》，郑重其事地把一套谶纬迷信和天人感应的学说制定为"国宪"，也就是宗教化的国家意识形态。其核心是"天人感应"说，并由此生发出对其他一切事物的神秘主义的解释和看法。"天人感应"的要旨就是"天帝"有意识地创造了人，并为人生了"五谷万物"；有意识地生下帝王来统治万民，并建立统治的"秩序"。

一、《论衡》的宇宙观。

《论衡》一书从宇宙观上反对"天人感应"这种见解，针锋相对地提出：天地万物（包括人在内）都是由"气"构成的，"气"是一种统一的物质元素。"气"有"阴气"和"阳气"，分"有形"和"无形"，人、物的生都是"元气"的凝结，死灭则是复归元气，这是个自然发生的过程。由"气"这个物质性的元素出发，《论衡》指出："天乃玉石之类"的无知的东西，万物的生长是"自然之化"。天地、万物和人，都是由同一的充塞于宇宙中的气形成的，而且是在运动的过程中形成的，所以，"外若有为，内实自然"。而人与天地、万物不同的是"知饥知寒"，"见五谷可食，取而食之；见丝麻可衣，取而衣之"。所以，人和五谷不是上天有意创造出来的，而是"气"的"自然之化"。

东汉时期的轺车。

《论衡》一书首先从宇宙观上否定了"天人感应"的"天",还原了世界的物质性面貌。不过,《论衡》中所描述的宇宙观,是一种自然主义的宇宙观,"天地合气,物偶自生矣","及其成与不熟,偶自然也"。(《论衡·物势》)所以,这种宇宙观只能是人能利用自然,辅助"自然之化",但终究不得不听命于自然力。这是古代唯物主义的最大缺陷。

二、《论衡》的社会历史观。

汉儒的"天人感应"说在社会历史观上就是"天人合一"的"道统"观。如果统治者取得了这个"道统",即奉天受命,并有足够的"德教"力量维护这个"道统",社会就太平。如果统治者没有足够的"德教"力量维护这个"道统",社会就变乱,新的统治者就会取而代之,并把这个"道统"重新延续下去。这样,"天不变,道亦不变"的社会观和"一治一乱"的历史循环论就独特地结合到了一起。这种社会历史观的实质就在于"同姓不再王",世界上没有万世一系的帝王,但统治阶级对万民的统治却是万古不变的。《论衡》一书对这种社会历史观持批判的态度。它认为社会治乱的原因是寓于其本身之中的,而不在于"人君"的"德"、"道";相反地,"人君"的贤不贤是由社会历史所决定的。"世之治乱,在时不在政;国之安危,在数不在教。贤不贤之君,明不明之政,无能损益"(《论衡·治期》)。而自古而然的"一治一乱"同样是自然的现象,不是取决于"上天"或人的意志。

《论衡》一书是从自然主义的唯物论出发来论述社会历史发展过程的。从其承认客观物质的力量来说明社会历史是个不以人的意志为转移的客观发展过程,否定"天"和"人君"是历史发展的力量,否定"德"和"道"及"天不变,道亦不变",从这几点上来说是正确的。但其把社会历史的发展过程归结到"时"和"数"上,认为是一种盲目的自然力量在起作用,否定了一定社会的阶级、集团和个人在社会历史发展过程中的作用,这显然是不正确的。因此,《论衡》中的社会历史论述是带有唯物主义因素的自然宿命论的社会历史观。

发生地点	发生时间	推荐理由
洛阳	公元159年至169年	士大夫忧国忧民、自我献身的精神，激发着一代又一代人的良知。

以悲剧收场的党锢之争

事件介绍

东汉末年，外戚与宦官轮流把持朝政，皇帝形同虚设，甚至像走马灯似的被他们换来换去。他们专权乱政，一方面残酷地剥削、压榨广大贫苦农民，大肆搜刮民脂民膏，一方面把持官吏的选拔任用大权，滥用亲朋，结党营私，使一大批有识之士无用武之地。

公元159年，汉桓帝与宦官单超、徐璜、具瑗、左悺、唐衡等五人联合发动政变，将飞扬跋扈的大将军梁冀一家，不分男女老幼，斩尽杀绝，朝廷中的外戚高官也几乎被罢黜一空。梁氏外戚虽然被铲灭，但政权并没有回到汉桓帝的手中。单超等五个宦官因诛杀外戚有功，汉桓帝被迫封他们为列侯，号称"宦官五侯"。这样很快又形成了宦官独霸朝政的局面。

单超等宦官为了扩大势力，利用手中的权力，安插兄弟姻亲到各地去做地方官。这些人既无才又无德，只知道搜刮和欺压老百姓，简直跟强盗没有什么区别。

兖州（今山东兖州）刺史第五种派卫羽去调查贪污案，发现单超的侄子、济阴太守单匡贪污了五六千万钱。他非常气愤，就上书告发单匡，并弹劾单超。单匡不但不低头认罪，反而收买了一个叫任方的刺客去暗杀卫羽。卫羽逮捕了任方，把他关进洛阳的监狱，但单匡通过单超疏通门路，把任方释放了。后来，单超捏造罪名，撤掉第五种的官职，把他充军到朔方。第五种知道朔方太守董援是单超的外孙,去朔方肯定没有自己的活路,只好在半路上找机会逃跑了。

宦官专权乱政,横行不法,激起了士大夫和广大读书人的强烈不满。特别是洛阳城里的太学,简直成了抨击宦官、指点朝政、品评人物的场所。那里有三万多名太学生,多数都是忧国忧民的热血青年。他们以郭泰、贾彪为领袖,跟反对宦官集团的外戚、宗室、士大夫联合起来,互相标榜,互相赞誉,逐渐形成了一个有统一斗争目标的党派。当时,他们还给35个最有名的大官僚、大名士加了称号,窦武、陈蕃、刘淑三人称"三君",李膺、杜密等八人称"八俊",郭泰、范滂等八人称"八顾",张俭、刘表等八人称"八及",度尚、张邈等八人称"八厨"。他们还编了许多像"天下楷模李元礼,不畏强御陈仲举"这样的歌谣,号召人们跟宦官集团做斗争。

公元165年,李膺做了司隶校尉(负责纠察京师百官及所辖附近各郡),陈蕃升任太尉,窦武也因为他女儿被立为皇后而做了城门校尉。这么一来,朝廷上又出现了一些新气象。

宦官张让的弟弟张朔,在野王县(今河南沁阳)做县令,干过很多坏事。如今听说李膺做了司隶校尉,吓得连夜逃回他哥哥张让家里。张让也知道李膺严厉,只好把张朔藏在夹壁里面。李膺得知后,亲自带领卫兵闯进张家,打开夹壁,把张朔捉拿归案。他审完案子,马上把张朔杀了。张让没有办法,只好去向汉桓帝告状。但由于张朔在被处死前已经招供了,汉桓帝也不便对李膺进行处罚。从此以后,那些宦官更加痛恨李膺了。

时隔不久,又发生了一起杀人案。原来,有个叫张成的卜者,跟宦官来往很密切。他从宦官那儿获悉汉桓帝要实行大赦,就让他儿子杀了一个仇人。李膺刚派人捉住凶手,汉桓帝果然颁发了大赦令。李膺听说张成故意让儿子杀人,不顾手下人的反对,坚决把张成的儿子杀了。张成一听儿子被杀,就要宦官侯览、张让等替他报仇。他们让张成的弟子牢修向汉桓帝告状,诬告李膺等人收买太学生和进京游学的人,串通各地的学生互相标榜、树立私党,到处诽谤朝廷、败坏风俗,请求汉桓帝对李膺和他的同党严加制裁。汉桓帝看了牢修的奏章,立即让太尉陈蕃签发命令,逮捕李膺和所有的"党人"。

◀ 李膺像。李膺,字元礼,颍川襄城人,祖父李修,安帝时为太尉,父李益,赵国相。

◀ 东汉时期的陶俑。

陈蕃接到逮捕党人的公文，却不肯在上面签字。他连忙去见汉桓帝，劝解说："陛下要逮捕的这些党人，都是天下有名的人才。他们忧国忧民，并没有犯什么过失，怎么能随便逮捕呢？"汉桓帝见陈蕃站在党人一边，索性罢免了他的官职，改任光禄勋周景为太尉。事后，汉桓帝亲自签发了命令，把李膺、杜密、陈寔、范滂等两百余名党人全都关进了监狱。

自从陈蕃被撤了职，大臣们都吓得心惊肉跳，谁也不敢替党人说话。正在新息县（今河南息县）做县令的贾彪听说后，急忙赶到洛阳去找窦皇后的父亲窦武，请他设法搭救李膺等人。当时，窦武还没有什么势力，但他很想利用党人把宦官压下去，于是亲自向汉桓帝上书，请求赦免党人。他还交还了印绶，向汉桓帝表示，如果不释放党人，他自己就不再做官。汉桓帝听了他岳父的话，不得不下诏释放了李膺等两百多名党人。但是，汉桓帝却把这两百多个党人的名单通报给各地官府，明确宣布对他们"禁锢终身"，一辈子不允许再做官。这就是第一次"党锢之祸"。

公元167年，汉桓帝病逝。他前后立过三个皇后，却没有生一个儿子。窦皇后和他父亲窦武商量，立河间王刘开的曾孙刘宏为皇帝，这就是汉灵帝。汉灵帝只有十二岁，大臣们于是尊窦皇后为太后，请她临朝摄政。窦太后马上拜窦武为大将军、陈蕃为太傅，让他们辅助处理朝政。窦武、陈蕃上台后，决心除掉宦官集团，把朝政大权全部夺回来。

他们不顾汉桓帝生前颁发的禁令，重新起用被废黜的李膺、刘猛、杜密等党人做大臣，跟他们商议对策，共同做好了诛灭宦官的准备。

公元168年5月，出现了一次日食现象。陈蕃去找窦武说："我陈蕃已经快八十岁了，除了愿意帮助将军除害，还贪图什么呢？趁现在发生日食，将军可以归罪于宦官，把他们都除掉！"窦武听了陈蕃的话，马上去见窦太后，请求诛杀宦官。窦太后却说："汉朝以来历代都有宦官，要诛杀也只能诛杀有罪的，怎么能全杀了呢？"窦武只好听从窦太后的意见，先把罪恶昭著的管霸、苏康杀了。后来，窦武和陈蕃还想杀死曹节、王甫等人，但因为窦太后犹豫不决，这件事就拖了下来。

一直到了8月，窦武、陈蕃才开始行动，他们先找借口罢免了看守宫门的宦官魏彪，让一个叫山冰的宦官代替他。然后，他们又让山冰告发尚书郑飒，把他关进监狱。郑飒忍受不了严刑拷打，供出了曹节、王甫等宦官的许多罪行。于是，窦武、陈蕃给窦太后上书，准备把宦官一网打尽。

转眼到了9月。一天，有个宦官趁窦武、陈蕃没有上朝，偷走了窦武、陈蕃的奏章。他看到窦武、陈蕃开列的名单里面还有自己的名字，就马上召集张亮等宦官一块儿商议对策。曹节、王甫听说了，急忙把窦太后和汉灵帝抢过来，然后再以汉灵帝的名义下诏书，带领人马去捉拿陈蕃、窦武。

陈蕃见事情紧急，连忙召集手下的几十名官员和门生，手执兵器闯进皇宫。他振臂高呼道："窦大将军忠心卫国，并没有造反，真正造反的是宦官！"王甫带领人马冲杀过来，捉住了陈蕃，把他关进了监狱。还没过一天，陈蕃就被他们活活地折磨死了。

与此同时，曹节、王甫又派人杀了山冰，救出郑飒。郑飒带着皇帝的符节去逮捕窦武，窦武急忙跑到北军的军营里，集合了几千人马，向宦官反击。那时候，中郎将张奂刚从西北边塞回来，还不知道其中的底细。曹节、王甫于是假传诏书，调集张奂的人马攻打窦武。双方的军队在洛阳城里混战了一场。

结果，窦武兵败自杀，曹节等人就把他的首级割下来，挂在大街上示众。窦太后被迫交出玉玺，搬出了皇宫，窦家的宗族、宾客、姻亲，全部被杀了头。李膺、杜密等人再一次被革了职，而曹节、王甫等十几个宦官却全被封了侯。从此以后，他们拿汉灵帝做傀儡，就更加为所欲为了。

第二年，宦官侯览又指使他的心腹朱并诬告山阳（今山东金乡西北）的秀才张俭，说他跟同郡的24个人结党谋反。曹节趁机给汉灵帝上书，把李膺、杜密、范滂这些"党人"一律逮捕入狱。

这一次，各地像李膺、杜密、范滂这样著名的党人，被杀、自杀的有一百多人。那些宦官乘机把跟党人不沾边的读书人也算作党人。这样，前后被监禁、杀害的竟多达六七百人。在太学生里面，跟党人有牵连的，也被关押了一千多人。当时，曹节、王甫等宦官还让汉灵帝下诏书，宣布凡是党人和党人的父子、兄弟、门生以及他们以前推荐的官吏，一律"禁锢终身"，永远不能做官。这就是第二次"党锢之祸"。

东汉时期的八角圆环嵌松石金饰。

发生地点	发生时间	推荐理由
全国各地	公元184年	黄巾大起义是经过长期酝酿的、有组织的、有准备的大规模农民战争，为后来的农民战争留下了宝贵的经验及教训。

不堪暴政的黄巾大起义

事件介绍

东汉末年，外戚与宦官轮流把持朝政，豪强地主的势力迅速膨胀，他们疯狂地兼并土地，大肆搜刮民脂民膏，残酷地剥削、压榨广大贫苦农民，弄得民不聊生，社会危机日益加重。

乱世出英雄，冀州巨鹿（今河北平乡西南）人张角，目睹了广大贫苦农民在东汉王朝腐朽统治下的悲惨境况，创立了太平道，积极开展革命宣传和组织活动，从而成为东汉末年农民大起义中当之无愧的领袖人物。

张角一家兄弟三人，另外两个一个叫张宝，一个叫张梁。东汉末年，疫气流行，张角于是自称"大贤良师"，散施符水，为人治病。病人们喝了张角的符水后，病情很快好转，张角也赢得了百姓的信任。于是，张角创立太平道，收了很多徒弟，并派他们云游四方，用符水为人治病。

在给人治病的同时，张角让徒弟们在贫苦农民中宣传原始道教中"人无贵贱，皆天之所生"的平等思想，鼓动民众起来反抗东汉的腐朽统治，建立起一个财产公有的"太平"世界。广大贫苦农民纷纷响应，有的甚至变卖家产，十余年间张角的徒众发展到数十万人，遍布于青、徐、幽、冀、荆、扬、兖、豫八州。张角又提出了"苍天（指东汉王朝）已死，

东汉时期的绿釉陶水榭模型。

黄天（指太平道）当立，岁在甲子，天下大吉"的口号，让部下在信徒和贫苦农民中广泛宣传。一场在宗教形式掩护下的农民大起义已经是呼之欲出了。

可是在起义即将发动的前夕，太平道内部出现了可耻的叛徒，张角的弟子、济南人唐周向朝廷上书告密，起义计划全部泄露。张角当机立断，决定提前举行起义，他星夜派人通告各方同时行动，并规定起义军以黄巾缠头为标志。历史上著名的"黄巾大起义"正式爆发了。

黄巾大起义爆发后，声势十分浩大，"旬日之间，天下响应，京师震动"。在起义的战略部署上，张角吸取了以往农民起义大多被统治者各个击破的教训，采取了"内外俱起"、"八州并发"、同时出击的策略，在京师洛阳内外和地方各州一起发动起义。起义过程中，黄巾军逐渐形成了三支主力，分布在三个地区：义军首领张角自称"天公将军"，他的弟弟张宝自称"地公将军"，张梁自称"人公将军"，他们率领起义军主力活跃于冀州地区，形成北方地区的起义中心；张曼成自称"神上使"，率领黄巾军活跃于南阳地区，形成南方地区的起义中心；波才、彭脱等人率领黄巾军转战于颍川、汝南（今河南汝南东北）、陈国一带，成为东方地区的革命主力。

八州并起的黄巾大起义使东汉统治者极为震惊，整日惶恐不安。汉灵帝慌了手脚，惊呼："万人一心，其害甚矣！"于是他急忙任命何进为大将军，率兵驻扎在都亭，以确保京师的安全，在函谷、太谷等八个险隘之处派兵加强防卫，以加强洛阳外围的防御。当时，活动于颍川一带的波才起义军对洛阳构成直接威胁，于是汉灵帝派中郎将皇甫嵩、右中郎将朱儁统率主力镇压东方黄巾军。同时，汉灵帝派北中郎将卢植率北军五校尉和当地郡国兵镇压河北一带张角领导的北方黄巾军；对于南阳地区张曼成领导的南方黄巾军，则加强防御，暂取守势。各地方的大小官僚和地主，为维护自己的利益，也联合起来派军镇压农民起义军，实力比较强的有袁绍、袁术、公孙瓒、曹操、孙坚、刘备等。

135

公元184年4月，东方黄巾起义军在波才的率领下，和东汉王朝大军在颍川一带展开战略决战。黄巾军奋勇杀敌，多次击败朱儁的进攻，并乘胜在长社（今河南长葛东北）围攻皇甫嵩，形势对黄巾军十分有利。眼看皇甫嵩就要抵挡不住了，这时形势却发生了逆转。由于农民军缺乏战斗经验，依草结营，戒备不严，被皇甫嵩抓住了反扑的机会。一天深夜，皇甫嵩乘黄巾军不备，带轻骑偷偷地绕到黄巾军大营后，纵火烧营，起义军营中大乱，烧死者不计其数，损失惨重。皇甫嵩于是会合朱儁、曹操两部分汉军，乘胜进击，大败黄巾军，残杀起义军将士数万人。

东方黄巾军的失败，使东汉朝廷摆脱了京师之危，并得以腾出力量来对付其他地区的起义军。汉灵帝又派朱儁乘胜开赴南阳，镇压张曼成领导的南方黄巾军，南阳一带成为起义军和汉军战略会战的第二个场所。

张曼成领导的南方黄巾军从一开始就以重兵围攻南阳，遭到南阳太守秦颉的顽固抵抗。双方相持了三个多月，黄巾军士兵久战疲惫，张曼成也战死沙场。后来，起义军推举赵弘为统帅，继续艰苦战斗，终于攻克了南阳，队伍也迅速壮大到十几万人。朱儁率领汉军主力进抵南阳后，会同荆州、南阳地区的地方武装力量猛烈围攻南阳。黄巾军在赵弘的率领下，顽强奋战，坚守南阳城，并多次打退汉军的猛烈进攻。

但是黄巾军在汉军疲惫之时,没有乘胜出击,扩大战果,使汉军得到了喘息的机会。朱儁见南阳久攻不下,于是重新集结力量,发动了更加猛烈的进攻。不久,起义军统帅赵弘战死,韩忠被推举为统帅,黄巾军又与汉军相持了一段时间。朱儁见强攻未能奏效,于是假装撤围,以引诱黄巾军出击,暗中却布下埋伏,伺机进击。韩忠缺乏指挥经验,见汉军撤退,于是下令出城追击,在途中遭到汉军伏击。黄巾军大败,损失惨重,统帅韩忠也被迫投降,后被杀害。黄巾军余部在孙夏带领下退回南阳,但最后因寡不敌众,南阳被攻破,孙夏战死,黄巾军牺牲一万多人。至此,南方黄巾军也惨遭失败,战争的中心转移到河北地区。

就在这紧要关头,黄巾军首领张角突然病逝,黄巾军由张角的弟弟张梁、张宝率领,继续同官军浴血奋战。公元184年10月,黄巾军在广宗一带与汉军展开激战,数次打退了皇甫嵩的猛烈进攻。皇甫嵩见强攻不下,于是闭营休兵,暗中观察黄巾军的变化。这时起义军又犯了轻敌的错误,误以为敌人已停止进攻,于是松懈了戒备。皇甫嵩得知后,抓住机会连夜布阵,向黄巾军大营发起突然袭击。黄巾军阵营大乱,仓促应战,终于惨遭失败,战死者和投水自尽有八万多人,张梁也在混战中被汉军杀死。

皇甫嵩攻克广宗后,立即调转兵锋,攻打下曲阳张宝领导的黄巾军。经过激烈的战斗,黄巾军寡不敌众,惨遭失败,十万多起义军士兵惨遭屠杀,张宝也被汉军杀死。为了邀功请赏,皇甫嵩下令开棺戮尸,把张角的首级送到京师,悬挂示众。下曲阳的陷落,标志着张角等人所领导的黄巾起义惨遭失败。

在东汉王朝和各地豪强武装力量的残酷镇压下,黄巾大起义最终失败了,但东汉末年农民起义的火焰并没有熄灭。在镇压农民起义的过程中,各地豪强地主阶级的武装力量从此崛起,并形成了割据和混战的局面,东汉王朝已经名存实亡。

东汉晚期的骑俑。

发生地点	发生时间	推荐理由
今河南省中牟县	公元200年	官渡之战使曹操基本统一北方，结束了东汉末年北方地区割据混战的局面。

以少胜多的官渡之战

事件介绍

东汉末年，朝政腐败，外戚宦官专权，天灾人祸不断，终于酿成了黄巾农民大起义。后来起义虽然被镇压下去了，但它却沉重地打击了地主阶级的统治，使腐朽的东汉政权分崩离析，名存实亡。在镇压黄巾农民起义的过程中，各地州郡大吏独揽军政大权，并乘机抢占地盘，形成了群雄混战、军阀割据的局面。其中孙策占有江东，刘表占有荆州，张鲁占有汉中，韦端占有凉州，马腾、韩遂等人占有关中，曹操则占据兖州、豫州。诸多军阀中，力量最强大的是袁绍，实力远在曹操之上。

公元196年，曹操奉迎汉献帝迁都许昌，控制了朝政，并"挟天子以令诸侯"，先后击败吕布、袁术，并赶走刘备，夺取了徐州和青州的大部分地区，在中原站稳了脚跟。

公元199年6月，袁绍自恃兵多粮足，于是挑选精兵10万，战马万匹，计划挥师南下，消灭曹操。

袁绍举兵南下的消息传到许昌，曹操的谋士荀彧和郭嘉分析了袁绍的弱点和曹操的优点，一致认为袁绍虽然地广兵多，但只是外表强大，双方如果发生战争，袁绍必败无疑。

曹操于是决定以所能集中的数万兵力抗击袁绍的进攻，并开始着力做好战争部署。为了防止袁军从东面袭击许昌，曹操率军进据黄河北岸重镇黎阳。官渡是袁绍进攻许昌的咽喉之地，曹操布置主要兵力在官渡筑垒固守，组成阻止袁军南下的正面防线。曹操亲自坐镇官渡，严阵以待。

公元200年1月，袁绍发布声讨曹操的檄文，并率领10万大军南下讨伐曹操。2月，袁绍的军队进据黎阳，准备渡过黄河。袁绍先派大将颜良渡河，围攻驻守白马城（今河南滑县东）的曹操的东郡太守刘延，以在黄河南岸建立据点，保障主力渡河。曹操设计斩杀了颜良，大败袁军。

双方还未正式交战，就先损失一员大将，袁绍得到报告后十分恼火，下令全军渡河追击曹操。袁绍的骑兵将领文丑和刘备带领五六千骑兵先后来到南坂后，都下马抢夺曹操故意留在路上的车马，队伍十分混乱。曹操立刻下令全部骑兵冲向袁军。当时曹操的骑兵还不到六百人，但他们个个奋勇向前，横冲直撞，结果大败敌军，杀了大将文丑。袁军撤退后，曹操也率军退守官渡。

8月，袁绍主力逼进官渡，依沙堆扎下营寨，东西长达数十里，与曹军对峙。9月，曹军与袁军交战一次，失利后又退回营寨坚守。袁军在曹营外堆起土山，砌起堡楼，弓箭手由堡楼上放箭直射曹操营中，箭如雨下，营中行走的人都只好用盾牌掩蔽身体，人人都十分恐惧。当时曹操的士兵还不到一万名，受伤的士兵就占了十之二三。曹操于是命工匠制造"霹雳车"，将许多大石块准确地抛射到袁军的堡楼上，把堡楼全部击毁。袁绍又命令挖地道通入曹营，曹操则令在曹营内挖条深沟，使外面的地道无法向营内延伸。

由于曹军粮食不足，士兵疲惫，许多百姓也因征赋繁重而逃到袁绍那边。曹操于是写信给留守许都的谋臣荀彧，和他商议准备回许都。荀彧回信说："袁绍把所有的兵力集中在官渡，要与您决一胜负，您以十分弱小的兵力抵挡非常强大的部队，假使不能压制他嚣张的气焰，就会让他占了上风，

魏武帝曹操像。

这是关系到国家命运的关键时刻啊！再说，袁绍只不过是外表强大罢了，而您有雄才大略，再加上朝廷的威望，何愁不胜呢！我军粮食紧张，但是比汉高祖与项羽在荥阳、成皋对抗时，又强许多。当年刘邦、项羽谁也不肯先退兵，就是因为先退者必然失势。如今您以袁军十分之一的兵力，却让袁军半年不能前进一步，如果再坚持下去，局势必定会发生变化。这正是施展奇谋之时，万万不可轻易失掉。"曹操于是打消了撤军回许都的念头，决定坚守不退，并准备寻找机会主动出击。

此时，袁绍的运粮车有数千辆将到达官渡，曹军预先得到了情报。荀攸对曹操说："袁绍的粮草车明日就过来了，押送粮草的将领韩猛素来轻敌，如果派军袭击，他必败无疑。"曹操于是派遣偏将军徐晃与史涣前往故市（今河南封丘西北）伏击韩猛，韩猛大败，徐晃将缴获的粮草全部焚烧。后来袁绍又派车队回去运粮，令大将淳于琼等人带领一万士兵护卫。沮授建议另派一支部队挡在淳于琼军前，以防曹军再度攻袭，袁绍不从。许攸也建议说："曹操全力以赴与我军对抗，许昌一定空虚，如果再派一支轻骑，星夜兼程，去袭击许昌，一定可以攻克。攻下许昌，则可迎回天子，以讨伐曹操，那时前后夹击，曹操首尾难顾，必将被擒。"袁绍不听，固执地说："我一定要先擒曹操。"就在这期间，许攸的家属在邺城犯了法，留守邺城的将领把许攸的家属抓了起来。许攸闻讯，一怒之下，投奔了曹营。

曹操听说许攸来降，喜出望外，来不及穿鞋就跑到门外迎接，紧握着许攸的双手，高兴地说："子卿（许攸的字）一来，我就大事告成了。"许攸向曹操献计说："现在袁氏有军粮一万余车，屯集在故市和乌巢（今河南延津东南），防守并不严密，如果能派一支精悍的队伍去攻击，烧掉袁绍的军粮，不出三天，袁氏定可不战自败。"曹操大喜，于是留下曹洪、荀攸坚守大营，亲率步骑五千人，打上袁军旗帜，每人背一捆柴草，悄悄在夜间出发，直扑乌巢。路上偶尔碰上袁军士兵的询问，曹操回答："袁公恐曹操抄袭后方，特意增兵加强防备。"曹军顺利到达乌巢，乘夜色包围了粮屯，立即聚柴纵火。守粮的袁军在营内大乱，不敢出来。到黎明时，淳于琼发现曹军兵员不多，才出营列阵。曹操下令冲锋，淳于琼又忙撤军回营，曹操加紧攻击。

袁绍的大本营距乌巢只有40里，接到曹操亲自率军袭击乌巢的急报后，袁绍对他的儿子袁谭说："即便曹操击败淳于琼，我攻破他的大营，他还有何处可去？"于是命大将张郃、高览率重兵疾攻曹营，而只派一支轻骑去救援淳于琼。张郃建议说："我们现在应该立即派重兵去救淳于琼，如果淳于琼等人被俘，就会全军覆灭。"袁绍不听。等袁绍派的救兵赶到乌巢后，曹操已经大破淳于琼军，把乌巢屯粮全都烧毁了。张郃、高览率袁军主力猛攻官渡曹营，一时不能攻破。这时曹操已破淳于琼军的消息传来，袁绍手下力主疾攻官渡的将军郭图，因自己的计策失败而感到惭愧，反过来又在袁绍面前诬陷说，张郃对袁军失利感到非常高兴。张郃又怒又怕，就与高览焚烧掉攻城器具，投降了曹洪。

曹操率军赶回官渡后，士气大振。袁军上下一片混乱，人心惶惶，曹操下令全面反攻，袁军无力再战，溃不成军，袁绍和袁谭仅率800名骑兵渡黄河北遁。曹军一路追杀，杀袁军七万余人，缴获袁绍的辎重、图书、珍宝等不计其数。冀州的许多郡县听说曹兵打败了袁绍，都献城投降了曹操。

官渡之战，经过一年多的对峙，至此以曹操的全面胜利而告终。

公元202年5月，袁绍因在官渡之战中战败，整日忧郁不安，最后吐血而死。袁绍的三个儿子为了争夺王位而勾心斗角，最终势力分散，被曹操所灭。

发生地点	发生时间	推荐理由
赤壁（今湖北蒲圻）	公元200年	赤壁之战是三国鼎立局面形成的关键。

形成三足鼎立局面的赤壁之战

事件介绍

公元200年，曹操在官渡之战中大败袁绍，基本统一了北方。

当时，南方的割据势力主要有两个，一个是东吴的孙权，一个是荆州的刘表。孙权占据土地肥沃、物产丰富的扬州六郡，拥有数万精兵和周瑜、程普、黄盖等著名将领，同时据有长江天险，成为曹操吞并天下的主要障碍。刘表年老多病，懦弱无能，加之他的两个儿子正在为争夺继承权闹得不可开交，政权十分不稳，曹操并没有把他放在眼里。

曹操吞并天下的另外一个主要障碍是刘备。刘备原来依附于袁绍，官渡之战后投奔刘表，没有自己固定的地盘。刘表对他并不友好，让他在新野、樊城一带屯兵，以阻止曹操南下。但刘备素称"枭雄"，志在"匡复汉室"，于是趁曹操忙于统一北方之际，千方百计地招揽天下英才，在他手下聚集了关羽、张飞、赵云等众多猛将，还有神机妙算的军师诸葛亮。

刘备三顾茅庐请出诸葛亮，但还没来得及按照诸葛亮的指点大展宏图，曹操的大军就已经开到了荆州。就在战争一触即发的紧要关头，刘表却一命呜呼了，而即位的次子刘琮更加懦弱无能，被曹操的大军吓破了胆，不做任何抵抗，便拱手让出荆州。

早在曹操进兵荆州以前，孙权就曾打算夺取荆州，与曹操对峙，刘表死后，孙权又派

清代张亿所绘的《三顾一遇图》。刘备三顾茅庐请出诸葛亮，成就了古代君主礼贤下士的佳话。

鲁肃以吊丧为名前去打听情况。鲁肃赶到江陵时，听说刘琮已投降了曹操，于是当机立断，立即赶到长坂坡会见刘备，向他说明联合抗曹的意向。而此时刘备正处于困境，于是欣然接受了这个建议，并派诸葛亮随同鲁肃前去会见孙权。

周瑜给孙权分析了作战形势。他说："现在曹操虽然平定了北方，但局势并不稳定，加上马超、韩遂还在关西，是曹操背后的大患；现在他放弃骑兵，依靠水军，想与吴越争高低，而驾船弄水，本来就不是中原军队所熟悉的；目前又是严寒季节，战马缺乏草料，中原士兵从老远的北方到南方潮湿的地方来打仗，一定水土不服，疾病丛生。这些都是用兵的大忌啊！可见曹操是多么的骄傲轻敌，将军要捉拿曹操，也就在此一举了。"

孙权听了周瑜一席话，十分高兴地说："曹操老贼一直想要阴谋废掉汉献帝，只是顾忌袁绍、袁术、吕布、刘表和我罢了。现在其他几个英雄都被打倒了，只有我还在，我和老贼势不两立！"

孙权坚定了联刘抗曹的决心后，立即调精兵三万，任命周瑜、程普为左右都督，鲁肃为赞军校尉，率军与刘备会师，共同抗击曹操。公元208年10月，周瑜率兵沿长江西上，

在樊口与刘备会师。不久，孙刘联军与曹军在赤壁（今湖北蒲圻西北，长江南岸）小战一次，曹军失利，退到长江北岸，屯军乌林（今湖北嘉鱼西），以图来年春天再战。周瑜和刘备驻扎在长江南岸，与曹操隔江对峙。

　　曹操的士兵大多是北方人，不习水性，而且水土不服，以致军中流行疾疫。曹操初战失利，于是下令把战船用铁环首尾连接起来。江东老将黄盖向周瑜献计说："如今敌众我寡，不宜长久相持，曹军把船舰首尾相连，用火攻定可大胜。"周瑜听后大喜，于是让黄盖写信向曹操诈降，并与曹操事先约定了投降的时间。曹操不知是计，欣然接受了黄盖的"投降"，并表示重重有赏。在黄盖诈降的同时，周瑜又命他挑选出十艘蒙冲斗舰，在上面堆满枯柴，里面浇上油，并在外面裹上红色帷幕，上面插上旌旗，每艘大船后面，还系有空舟一只，以便放火后换乘。

　　在约定投降的那天夜里，黄盖率领着准备好的十艘蒙冲斗舰开向江北。曹军将士听说黄盖来降，都跑出营外观看，指指点点，议论纷纷，丝毫没有防备。这时，江上正刮着猛烈的东南风，船到江中后，黄盖下令升帆疾驰，迅速向曹军阵地靠近。当距离曹军水寨只有二里时，黄盖下令所有船只同时点火。火烈风猛，十艘火船箭一般地冲入曹军水寨。曹

◀ 蜀国军师诸葛亮。

军船只首尾相连,分散不开,移动不得,顿时变成了一片火海。这时东南风正紧,火顺着风势扑到岸上,一直烧到了岸上的曹军营寨,一时间烟火冲天。曹军被这突如其来的大火烧得惊慌失措,顿时大乱,烧死、溺死者不计其数。

周瑜乘势率大军在后面猛烈冲杀,鼓声、喊杀声震天,曹军死伤无数。在长江南岸的孙权、刘备主力也乘机擂鼓前进,横渡长江,大败曹军。曹操被迫率军由陆路经华容道向江陵方向仓皇撤退,路上又遇上大风和暴雨,道路泥泞不堪,用草垫路后,骑兵才得以通过。一路上,人马自相践踏,死伤无数。孙刘联军乘胜水陆并进,穷追猛打,一直追到南郡(今湖北江陵境内)。曹操留下征南将军曹仁、横野将军徐晃驻守江陵,折冲将军乐进驻守襄阳,自己率领残兵败将逃回邺城。

赤壁之战后,曹操不敢再轻易南下,势力只是局限在长江以北。

赤壁之战使得一代枭雄刘备获得了发展的机会,势力日益壮大。曹操逃往北方后,刘备乘胜攻占了武陵、长沙、桂阳、荆州等地,取得了立足之地。公元221年,刘备自立为皇帝,国号为汉,定都成都(今四川成都),历史上称为蜀汉。

公元229年,孙权也自立为皇帝,国号为吴,定都建业(今江苏南京),历史上称为东吴。

从此,魏、蜀、吴三国鼎立的局面完全形成。

吴国都督周瑜。 ▶

发生地点	发生时间	推荐理由
洛阳	公元280年	晋统一天下，结束了中国近百年的分裂战乱局面，促进了社会的进步。

三国归晋

事件介绍

赤壁之战后，形成了魏、蜀、吴三国鼎立的局面，而各国之间的力量对比也在发生变化。公元249年，司马懿发动政变，剪除了曹氏势力，完全控制了魏国的军政大权。司马懿死后，他的儿子司马师、司马昭相继执掌朝政。魏国在司马懿父子的治理下，政治稳定，经济发展，军事力量更加强大，国势日益强盛。

而相比之下，蜀国和吴国却日益衰落。吴蜀的夷陵之战使当年诸葛亮制定隆中对策时勾画的战略蓝图破灭，蜀国国力大减。诸葛亮等人死后，蜀国的国力日益衰落，无力再和强大的魏国相抗衡。江东的孙吴同样也是每况愈下。

蜀国、吴国的衰落和魏国的强盛形成了鲜明的对比，也为魏国南下消灭蜀、吴，统一天下提供了有利条件。

公元263年夏，司马昭"征四方之兵18万"，兵分三路，大举进攻蜀国：征西将军邓艾率兵三万多，从狄道（今甘肃临洮）进攻驻守在沓中的姜维；雍州刺史诸葛绪率三万多人马，从祁山（今甘肃礼县祁山堡）进攻阴平之桥头，以切断姜维后路；镇西将军钟会率主力十万余人，分三路进军汉中，逼近蜀国。刘禅听说魏军真的来攻，一时乱了手脚，于

司马懿像。据传，司马懿号称"冢虎"，诸葛亮、庞统、姜维与之并称为"卧龙、凤雏、幼麒、冢虎"。

是仓促应战，急忙派右将军廖化率军赶往沓中，增援姜维；派左将军张翼和辅国大将军董厥率军驻扎在阳安关口，增援汉中诸城。

9月，魏军三路大军按计划发起猛烈进攻。钟会的主力部队三路齐进，迅速进入汉中，紧接着占领阳安关，长驱直入，进逼剑阁（今四川剑阁西），威胁蜀国都城成都。与此同时，邓艾率领的魏军从东、西、北三面进攻沓中的姜维。姜维听说魏军进入汉中，担心阳安关失守，剑阁受到威胁，于是引兵且战且退，企图移向剑阁。但是诸葛绪率领的中路魏军已经到达阴平之桥头，切断了姜维的退路。为引开桥头的魏军，姜维率军从孔函谷（今甘肃武都西南）绕到诸葛绪后方，攻击魏军。诸葛绪生怕自己的后路反被切断，急忙率军撤退。姜维趁机调兵越过桥头，并向南撤退。当诸葛绪发觉上当后，蜀军已远远离去了。姜维在途中与北上的廖化、张翼、董厥等蜀国援军会合后，立即退守剑阁。

剑阁是通往成都的要道，地形险峻，易守难攻。姜维利用这种有利于防守的地形，在此"列营守险"。钟会率军抵达剑阁后，屡攻不下。不久，魏军粮食不足，军心涣散，很多将士都主张退兵。这时，邓艾建议从阴平绕小道进击涪城（今四川绵阳东），钟会采纳了邓艾的计策，并派邓艾率一部分魏军绕道进攻涪城。

克服了重重困难，邓艾终于率军通过了阴平的险道，到达江油。蜀国江油守将突然看到魏军奇迹般地出现，大惊失色，不战而降。邓艾占领江油后，率军乘胜进攻涪城。

江油失守后，刘禅急忙派诸葛亮之子诸葛瞻率军阻击邓艾。诸葛瞻率诸军来到涪城后，魏军大破蜀军前锋，诸葛瞻被迫退守绵竹（今四川绵竹）。邓艾派遣使者送信给诸葛瞻劝降，诸葛瞻拒降，但防线终被魏军所破，魏军占领了绵竹。

◀ 晋武帝司马炎。

攻克绵竹后,邓艾挥师直逼成都。此时,蜀国的兵力大多在剑阁,而成都事实上已无防守能力可言。蜀国君臣听说魏军已经逼近成都,都慌作一团,不知所措。公元263年11月,刘禅下令开城门向魏军投降,同时派使者传令姜维等也投降魏军。

至此,魏军占领了成都,蜀国灭亡,三国鼎立的局面结束,从而形成了西晋和东吴南北对峙的局面。

司马昭灭蜀后,因功晋爵为晋王,司马氏在魏国的势力进一步加强。当司马昭正紧锣密鼓地筹划取代曹魏的时候,却突然死去,他的儿子司马炎继承晋王之位。公元265年12月,司马炎废掉魏元帝曹奂,自己登上了皇位,改国号为晋,历史上称为西晋,他就是晋武帝。

公元269年,晋武帝派羊祜、司马伷等分别镇守荆州、徐州等地,把这些地方作为进军东吴的军事基地。羊祜死后,继任者杜预继续练兵习武,囤积军粮,加紧备战。公元272年,司马炎又任王浚为益州刺史,命令他加紧制造大船,训练水军。几年的时间里,一支强大的水军在长江上游逐渐建立起来。

西晋的国力日益强盛,而江东的孙吴却政局混乱,国力日益衰落。公元264年,孙权的孙子孙皓即位,使得吴国的政局更加不可收拾,社会矛盾也更加尖锐。

公元279年11月,王浚、杜预等以吴主孙皓"荒淫凶虐"为由,上书建议司马炎举兵征伐东吴。司马炎见消灭东吴的时机已经成熟,于是下令兵分六路大举进攻东吴:镇军将军、琅琊王司马伷从下邳出击,进攻涂中(今安徽滁河流域);安东将军王浑从和州出击,进攻江西;建威将军王戎向武昌方向发动进攻;平南将军胡奋向夏口(今湖北武汉市)发动进攻;镇南大将军杜预从襄阳进军江陵(今湖北江陵);龙骧将军王浚、广武将军唐彬率巴蜀之卒顺江东下。各路军队一共20万人,以太尉贾充为大都督,行军将军杨济为副都督,统领全军。为了协调行动,司马炎命王浚的军队到达建平时受杜预指挥,到建业后受王浑指挥。

公元280年2月，王浚、唐彬率领的七万大军沿江而下，攻克丹杨（今湖北秭归东），进逼西陵峡。一路势如破竹，攻克西陵、夷道（今湖北宜都）、乐乡（今湖北松滋东北）等地。与此同时，杜预率军攻克江陵，胡奋率军攻克江安（今湖北公安西北）。晋军所到之处，大多不战而胜。

此时，司马炎下诏命王浚和唐彬率军继续东下，攻克巴丘（今湖南岳阳），与胡奋、王戎等一起平定夏口、武昌，然后顺流而下。同时司马炎命杜预南下安抚零陵（今湖南零陵）、桂阳、衡阳（今湖南湘潭西）等地。王浚奉命立即攻克了夏口，然后与王戎联合攻克了武昌，随后又"泛舟东下，所在皆平"。至此，晋军主力已完全控制了长江上游地区。

公元280年3月，王浚率军抵达三山（今江苏南京西南）。吴主孙皓见形势危急，于是急忙命张象率领水军三万多人迎击王浚率领的晋军。但此时的吴军已经毫无斗志，都望旗而降。孙皓无奈，只得又拼凑了两万多人以抵抗王浚，而这两万多人却提前出发，然后趁夜色逃跑了。吴国再也没有兵力可以防守了，各路晋军纷纷兵临建业，东吴大势已去。王浚军攻入建业，孙皓投降。

至此，吴国灭亡，三国割据和纷争的局面结束，中国又重新统一了。

发生地点	发生时间	推荐理由
洛阳	公元291年至306年	八王之乱给西晋王朝以毁灭性的打击，从内部挫伤了它的元气，使西晋王朝快速地走向了灭亡。

野心与权欲书就的八王之乱

事件介绍

晋惠帝司马衷天生痴呆，他即位后除了享乐以外，什么事也不懂。司马衷在位的17年中，先后有八个封王为了皇帝的宝座互相残杀，上演了西晋历史上有名的"八王之乱"。

"八王之乱"的八王，分别是汝南王司马亮、楚王司马玮、赵王司马伦、齐王司马冏、长沙王司马乂、成都王司马颖、河间王司马颙、东海王司马越。八王都想登基称帝，但因为彼此势均力敌，相持不下，所以他们又不得不把白痴皇帝抬出来当傀儡。于是晋惠帝司马衷扮演了一个很奇特的角色，一方面是八王消灭的目标，一方面又被八王争来抢去，成为他们的挡箭牌。

晋惠帝刚即位时，由杨皇后的父亲杨骏辅政。晋惠帝的皇后贾南风，阴险毒辣，是一个有政治野心的女人，她十分不满中央大权落入杨氏手中。公元291年，贾后与宫中的侍从官勾结，消灭了杨氏集团。

贾后独揽大权后，作威作福，大树自己的党羽，但不久以后，贾南风和太子的矛盾加剧。公元300年，贾南风设圈套废太子为庶人。

太子无罪被废，引起了诸王和一部分拥护太子的朝臣的不满。这时，早就在窥探时机的右将军——赵王司马伦趁势而起了。司马伦是司马昭、司马师的九弟,也是汝南王司马亮的弟弟,是一个浑浑噩噩、才能低下的庸碌之辈,并不像他的几位哥哥那样或足智多谋,或英俊有为。司马伦手下有个佞臣孙秀,诡计多端,多年来一直讨好贾、郭两家,使司马伦深得贾南风信任。太子被废后,忿忿不平的东宫旧将官打算除掉贾南风,恢复太子的地位。他们看到司马伦是个见利忘义的人,手中又有兵权,便想利用他,于是向孙秀陈说利害,让他鼓动司马伦起兵。司马伦听了孙秀的话,很快同意了,孙秀又劝他先别动手,等贾后害死太子,再以为太子报仇的名义除掉贾后,这样便可一箭双雕,不但能免祸,而且可以得志。于是,孙秀派人行反间计,使贾南风杀了太子,然后他们又以此为借口,起兵杀了贾南风,一举搬掉了两块绊脚石。

贾南风和太子既然已经死了,司马伦就紧紧抓住司马衷这个白痴,事事借口皇帝的旨意来一步步扫除障碍,企图借此达到自己登基称帝的目的。

赵王司马伦和孙秀如此飞扬跋扈,使宗室子弟忿忿不平。司马伦利用司马衷的痴傻,杀死了这些宗室子弟,并安排自己一个亲信的外孙女羊氏当了皇后,把内外大权都揽到自己手中。

司马伦的篡位行为惹恼了其他几位封王。司马衷的堂弟齐王司马冏首先举兵声讨,然后司马衷的六弟长沙王司马乂和十六弟成都王司马颖、族叔河间王司马颙也起兵响应。诸王的讨伐得到各地支援,朝中的百官和将士也振奋起来,鼓动洛阳士兵杀了孙秀,逼迫司马伦下诏退位。他们把痴傻的太上皇从金墉城接了回来,一时满城百姓齐呼万岁。

齐王司马冏光复朝廷功居第一,受到了官加九锡的最高待遇,掌握了朝廷的政权和兵权,与皇帝位仅一步之遥。这又引起了司马颖和司马乂的嫉妒和不安。司马冏考虑到司马衷的子孙都已绝,最有希望继承皇位的是司马颖,他担心将来司马颖登基会对自己不利,于是立了司马衷一个八岁的侄儿当太子,自

已做了太子太师。齐王司马冏原来是个很有作为的人,此时他居功自傲,渐渐自大起来。他独揽朝政,又想剪灭诸王的势力,一时朝野威信大失。河间王司马颙乘机联合成都王司马颖、长沙王司马乂等举兵讨伐司马冏,司马颙的部将张方率军直扑洛阳。长沙王司马乂深知在这种场合下,谁能挟持住司马衷,谁就必然会在舆论上占上风。于是他率领左右百余人率先驰入宫中,找到司马衷,然后,奉迎着他来讨伐司马冏。司马衷、司马冏在洛阳城内摆开了战场,恶战了三日,最终以司马冏大败被斩而告终。从此,长沙王司马乂又成了最有权势的人物。

司马乂的专权不久便引起了成都王司马颖和河间王司马颙的不满,二王联合起兵讨伐司马乂。司马乂紧紧控制着皇帝司马衷不放。他带着司马衷一起来到洛阳城西的十三里桥,亲自抵抗司马颙的前锋张方。在战事的进展过程中,他又把司马衷挟持到洛阳城的宣武场、河桥、芒山,后来又到了洛阳东北的偃师。张方乘势进入洛阳,大肆抢掠,都城洛阳死者成千上万。

张方的残暴引起朝野不满,司马乂认为可以反击了,于是,他挟持着司马衷攻讨张方。张方的士兵看见皇帝的车马来了,不敢抵抗,纷纷逃跑,于是张方大败。

长沙王司马乂虽然一直挟持着司马衷,但对皇帝不曾失礼,所以很得兵士的拥护。但与司马乂共事的司马衷的族叔东海王司马越畏惧张方的强大势力,他联合殿中侍卫拿下了司马乂,并暗中报告张方,带回营中,司马乂被张方用火活活烧死。

司马乂死了,司马颙、司马颖上表请求废除司马伦所立的皇后羊氏和太子司马覃。司马颙因自己不是嫡支,没有继承大统的希望,又上表请求立一同起兵的成都王司马颖为皇太弟。司马颖长得仪表堂堂,风度翩翩,开始时受到一致拥护,但他其实是个庸才。他信任佞臣,奢侈腐化,不久就露出了本相,一时朝野上下大失所望。东海王司马越乘机起兵声讨,抢到了白痴皇帝,并挟持着他前往司马颖的老巢邺城声讨司马颖。

司马颖听说白痴皇帝亲自出征,布置部下说:"除了皇帝外,见一个杀一个!"司马越军战败,司马越的部下丢下司马衷落荒而逃。后来司马颖的部将找到了皇帝司马衷,赶紧把他抢到自己营中。

司马颖夺走皇帝,引起当时驻守幽州的王浚的不满,王浚起兵攻打邺城。见情势危急,司马颖的谋士劝他挟持司马衷回洛阳,但司马颖的母亲程太妃留恋邺城,不肯离开。正犹豫不决时,王浚的兵马攻来,司马颖的军队已经大败,司马颖只好率帐下几十名骑士簇拥着皇帝坐牛车南奔洛阳。

司马颖挟持着司马衷逃到洛阳，此时在洛阳把持朝政的是司马颙的部下张方。张方极其蛮横，他不让司马颖参与政事，自己却纵容士兵烧杀抢掠，无恶不作，遭到朝野上下一致反对。张方看到自己在洛阳站不住脚，打算迁都到司马颙的老巢长安。他怕司马衷和各位公卿不愿迁都，假装请司马衷拜谒祖庙，准备半途把他劫走。但司马衷没有答应随他去谒庙的事。于是，张方亲自引兵闯入殿中来劫持皇帝。司马衷吓坏了，跑进后花园，躲到竹林中，被张方的兵士搜出来硬拉到车上载走了。张方抢走了皇帝，又纵容部下抢掠宫人、宝物。洛阳自曹魏以来，近百年的积蓄，一下子被抢了个精光。

迁都长安以后，司马颙废掉了皇太弟司马颖，另立司马衷的一个没有势力的弟弟豫章王司马炽为皇太弟。朝廷大权完全掌握在司马颙及其部将张方手中。

司马颙的独断专行又引起了其他诸王的不满，其他势力联合起来，王浚等公推东海王司马越为盟主，准备讨伐司马颙，恭迎司马衷还复旧都洛阳。司马越经过近一年的战争，攻下了长安，将白痴皇帝用牛车载回洛阳。

司马衷回洛阳后不久，一次吃面饼时中毒，第二天就一命呜呼了。

晋惠帝死后，他的弟弟豫章王司马炽被立为皇帝，这就是晋怀帝。晋朝大权最后落入司马越手中。至此，八王之乱才告结束。

发生地点	发生时间	推荐理由
淝水	公元383年	淝水之战一方面使东晋巩固了统治，另一方面使北方重新出现了混战割据的局面。

葬送前秦的淝水之战

事件介绍

前秦皇帝苻坚博学多才，谦恭识礼，很具备汉人士君子的气质，而完全没有氐人那种剽悍凶蛮的作风。苻坚还没当皇帝时，当时的前秦皇帝苻生昏庸无道，而苻坚通情达理，深受氐人的拥护，于是苻坚在众人的支持下，废掉了苻生，自立为前秦天王。

此时的中国正处于南北分裂的状态，是中国历史上少有的动乱时期。西晋灭亡的第二年，晋琅琊王司马睿在建康（今江苏南京）称帝，重新建立政权，占有现汉水、淮河以南的大部分地区，历史上称之为东晋。而北方的匈奴、鲜卑、羯、氐、羌等少数民族的首领纷纷称王称帝，使得整个北方地区陷入了割据混战的局面。

苻坚即位后，采纳了汉族知识分子王猛"重礼尊法"的主张，重用王猛、邓羌等人，课农桑，兴水利，恤困穷，建学校，崇儒学，举异才，实施了一系列政治、经济、文化等方面的改革措施，并取得了显著成效，使得"关陇清晏，百姓丰乐"，前秦的国力迅速强大起来，出现了"国富兵强"的局面。

随着前秦的国力日益强盛，苻坚积极地向外扩张势力。公元370年11月，苻坚亲自率领前秦10万大军，攻陷邺城，生擒燕主慕容玮，消灭了前燕。之后，苻坚又率军先后

前秦丞相王猛。王猛曾经被苻坚等人誉为诸葛亮式的人物，当时有"关中良相唯王猛，天下苍生望谢安"之说。

攻克了汉中、益州、凉州等地，消灭了前凉、代等割据政权，使得中原地区全部统一在前秦的政权之下。接二连三的军事胜利，使得苻坚的野心也日益膨胀，他已经不满足于统一北方了，而是要统一天下。在把长江上游和汉水上游地区纳入前秦的版图之后，苻坚又挥师顺江东下，先后占领了襄阳、彭城两座重镇，并且一度包围三阿（今江苏高邮附近）、进袭堂邑（今江苏六合）。这样一来，秦晋之间的矛盾日趋尖锐，终于导致了淝水大战。

公元382年10月，苻坚认为消灭东晋的时机已经成熟，于是准备亲自挥师南下，一举攻克建康，消灭东晋。

公元383年7月，苻坚下令平民每十人出兵一人，富豪人家二十岁以下的从军子弟，凡强健勇敢的，都任命为禁卫军军官。出师之前，苻坚扬言说："等我们胜利了，可以让俘虏的司马昌明（即晋孝武帝）做尚书左仆射，谢安做吏部尚书，桓冲做侍中。而大军凯旋指日可待，可提前替他们建好官邸。"可谓是意气风发，志骄意满。8月，苻坚亲率步兵60万、骑兵27万、禁卫军3万，一共90万大军，前后千里，东西万里，旗鼓相望，水陆并进，大举南下攻打东晋。

此时东晋孝武帝年幼，由谢安、桓冲等辅政，政局稳定。在强敌压境、生死存亡的紧急关头，东晋王朝决意奋起抵抗。谢安的侄子谢玄招募了一支劲旅，号称"北府兵"，这支军队虽然只有10万人，但训练有素，战斗意志坚决。谢安任谢石为征讨大都督，谢玄为前锋都督，统率这支有着较强战斗力的"北府兵"，沿淮河西上，抵抗秦军主力的进

攻，同时又命胡彬率领水军五千增援战略要地寿阳（今安徽寿县），摆开了与前秦大军决战的阵势。

前秦的百万之师很快就攻克了寿阳，生擒晋平虏将军徐元喜等人。退守硖石（今安徽凤台西南）的胡彬粮草缺乏，于是写信请求谢石救援。不料信被前秦军截获，苻坚得知晋军兵力单薄、粮草缺乏的情况后，立即率领前秦军迅速开进，进抵寿阳，并派遣原东晋襄阳的守将朱序到晋军中劝降。朱序到了晋军阵营后，不但没有劝降，反而向谢石等人密告了前秦军的情况，并建议谢石等人乘前秦军各路人马尚未集中之时，主动出击，以打败前秦军的前锋，挫伤前秦军的士气，打退前秦军的进攻。谢石采纳了朱序的建议，决定转守为攻，争取主动权。

11月，晋军前锋都督谢玄派猛将刘牢之率领精兵5000人在洛涧大败前秦军，斩杀一万多人，活捉前秦扬州刺史王显等人，缴获了大批辎重、粮草。洛涧一战的胜利，极大地鼓舞了晋军的士气。谢石乘机命诸军水陆并进，直逼寿阳。苻坚站在寿阳城上，看到晋军布阵严整，又看到淝水东面八公山上的草和树木，以为也是晋兵，心中顿生惧意，于是对苻融说："这明明是强敌，你怎么说他们不堪一击呢？"

洛涧之战失利后，苻坚命令军队沿着淝水西岸列营布阵，晋军受阻，不能渡河作战。谢玄知道敌强我弱，只可速决而不可持久，于是派使者用激将法对苻融说："将军率领军队深入晋地，本来就是为了与我们决战。但如今却临水布阵，这不是速战速决的方法。如果您能让前秦兵稍稍后撤，空出一块地方，使晋军能够渡过淝水，两军一决胜负，你我在一旁骑马慢行观战，不是很愉快的事情吗？"

苻坚的部将觉得这是谢玄的诡计，于是对苻坚说："最好还是据守淝水西岸阻挡他们，不让他们渡河与我交战。我们人多，他们人少，这对我们来说是万全之策。"但苻坚却说："我们只引兵略微后退，等他们一半渡河，一半未渡之际，用精锐骑兵猛烈冲杀，一定可以取得胜利。"苻融也觉得这是一个好办法，于是答应了谢玄的要求，指挥秦军后撤。

前秦军本来就士气低落，内部不稳，阵势混乱，指挥不灵，这一后撤，更造成阵脚大乱。朱序乘机在前秦军阵后大喊："秦军败了！秦军败了！"前秦军听了信以为真，于是都争相逃命。东晋军队在谢玄等人的指挥下，乘势抢渡淝水，展开猛烈的攻击。苻融一看大事不妙，于是立即骑马飞驰，巡视阵地，想稳定退却的士兵，结果被冲落马下，追上来的晋军手起刀落，苻融一命呜呼了。

前秦军队失去指挥，全线崩溃，完全丧失了战斗力。晋军乘胜追击，一直追到青冈（今寿阳附近）。前秦军在逃跑时被踩死、投水而死者不计其数，苻坚挣扎着逃回淮北。

淝水之战后，鲜卑贵族慕容垂、慕容泓各自起兵叛秦，重新打起大燕的旗号，平阳太守慕容冲也在河东起兵响应。英勇善战的慕容冲所向披靡，不久就逼到长安城下。长安城内兵力微弱，慕容冲很快就攻下了长安。苻坚兵败后出逃，被他最信任的将领姚苌缢死于新平佛寺中。这个英雄一世的氐人君主、风流千古的贤明皇帝，却落得个身死国灭的悲惨下场。

发生地点	发生时间	推荐理由
平城、洛阳	公元493年	孝文帝迁都和改革促进了北方民族的大融合及地区经济发展，对中国这个统一的多民族国家的发展做出了积极的贡献。

北魏孝文帝历尽艰辛的强国之路

事件介绍

淝水之战后，强大的前秦王朝土崩瓦解，北方重新陷入割据混战的状态。此时，北方的另外一个少数民族——鲜卑族的拓跋部首领拓跋珪，重新建立了被前秦吞并的代国，后来改国号为魏，历史上称为北魏。之后，北魏迅速崛起，并不断地南征北战，逐步统一北方，雄踞中原。

孝文帝即位后，尽管北方已经统一，但仍然存在着深刻的民族矛盾。由于鲜卑贵族和大商人残酷的压榨和剥削，北方各族人民不断起来反抗北魏的统治。北魏统治集团内部的矛盾也十分尖锐，旧贵族与汉族地方豪强之间彼此争权夺利。孝文帝深深地意识到北魏所面临的危机，于是在政治、经济、文化等各方面进行了全面、深入的改革。通过一系列的改革措施，北魏各族人民的生产和生活都逐渐稳定下来，北魏长期以来的民族矛盾在一定程度上得到缓解。

北魏自道武帝以来，一直定都平城。平城位居北边，十分寒冷，甚至6月份都会下大雪，而且伴随有大风沙。在恶劣的气候环境中，难以发展农业生产，促进社会经济的发展。再者，平城位置偏僻，不便于汉化和进行统治，对北魏控制整个中原地区十分不利，而且不利于对江南用兵。

公元493年,孝文帝经过深思熟虑之后,开始对迁都之事进行周密的部署和安排。他深知北方人十分"恋本",如果直接提出迁都,肯定会遭到众人的反对,于是他采取了"外示南讨,意在谋迁"的策略。

　　随后的几个月里,孝文帝积极为南伐做准备。6月,他下令加紧修造河桥,以方便大军渡河;并亲自选择勇士。7月,他发布文告,下令实行戒严,声称南伐;并下诏在扬州和徐州征集民丁,招募军队;派遣广陵王拓跋羽持节安抚北方六镇,调遣精锐骑兵。8月,孝文帝命太尉拓跋丕、广陵王拓跋羽留守平城,然后亲自率领步兵、骑兵三十多万南下,大举"南伐"。

　　"南伐"大军自从离开平城以来,秋雨一直下个不停,道路泥泞,行军十分艰难。跟随的文武大臣和南伐将领们本来就不太赞同南伐,这下更加觉得凶多吉少,于是一路上一直要求孝文帝停止南伐。但孝文帝坚决下令继续进军,一直到了洛阳才让大军休息,自己则到西晋太学遗址参观《石经》去了。洛阳是汉、魏、西晋的故都,虽然遭到战争的严重

北魏莫高窟中的尸毗王壁画像。

破坏,但仍然是中原政治与文化的中心。孝文帝在洛阳一边参观,一边想到北魏深入汉化的紧迫性,于是更加坚定了迁都洛阳的决心。

孝文帝参观回来后,策马冲在队伍的最前面,下令继续进军。这时,众大臣一齐跪在孝文帝马前,极力请求停止南伐,大司马拓跋休等人甚至哭泣着以死相谏说:"陛下此次大举南伐,并没有做长期的准备。况且南齐政权也并非不堪一击,我军千里迢迢,一定兵困马乏,恐怕凶多吉少啊!恳请陛下放弃南伐,待日后积聚力量,再挥师南下也不迟啊!"

孝文帝见状,心中暗自高兴,但他仍故作严肃地说:"这次我们兴师动众,如果半途而废,岂不是让别人笑话吗?如果大家不愿意前进,那就把国都迁到这里。各位现在立即做出决定,同意南伐的站右边,同意迁都的站左边。"众大臣一听,都面面相觑,犹豫不决。这时,一个贵族站出来说:"只要陛下同意停止南伐,我们愿意迁都洛阳。"许多文武官员虽然不赞成迁都,但听说可以停止南伐,也都只好表示拥护迁都了。

迁都洛阳之事决定后,大军停止前进。孝文帝又派遣任城王拓跋澄回到平城,向留守官员宣布迁都之事,并命司空穆亮、尚书李冲等留下修建已经破败不堪的洛阳城。一切布置妥当后,孝文帝离开洛阳,到河北等地巡视去了。

迁都洛阳后,孝文帝觉得推行汉化的时机已经成熟,于是在鲜卑族的风俗习惯、文化制度等方面进行了一系列的改革。

为了减少各族人民之间的隔阂,孝文帝下令鲜卑族人一律改穿汉族服装,不准再穿鲜卑服装。诏令一宣布,"国人多不悦",但畏于禁令,不得不换上汉服。

　　不久,为了促进朝廷内大臣们的团结,孝文帝下令禁止在朝廷中说鲜卑语,并做了具体规定:朝官三十岁以上者,逐渐改说汉语;三十岁以下者,如在朝廷中不说汉语,一律降职或免职。

　　孝文帝又下诏改鲜卑复姓为汉姓,并带头把拓跋氏改为元氏。很多贵族也跟着把复姓改为汉姓。

　　服装、语言、姓氏等各方面的改革,大大促进了北魏各民族之间的融合。为了促进鲜卑贵族与汉族之间的进一步融合,形成联合统治,孝文帝又利用皇帝的权威,强令两族的贵族互相通婚。

　　通过两族大姓之间的联姻,鲜卑贵族和汉族官僚之间的矛盾逐渐淡化了,政治利益日益趋同,巩固了北魏王朝的统治。

发生地点	发生时间	推荐理由
全国范围	公元 589 年	隋文帝统一南北结束了南北长期对峙的局面，建立了统一的多民族的封建国家。

隋文帝势如破竹统一南北

事件介绍

隋文帝姓杨，名坚，弘农郡华阴（今陕西华阴）人，隋朝开国皇帝。杨氏从汉朝直到魏晋、南北朝时期，一直是名门望族。在西魏时期，杨坚的父亲杨忠是员大将，因为屡建功勋，帮助宇文觉建立了北周政权，被封为随国公。公元568年，杨忠去世，杨坚袭爵，成为随国公。周武帝还让太子娶杨坚的大女儿当太子妃，而太子是未来的皇帝，杨坚也就成了未来的国丈。

公元578年，周武帝病死，杨坚的女婿周宣帝即位，杨坚的女儿被封为皇后，杨坚也升任上柱国、大司马，掌握了朝政大权。周宣帝昏庸荒淫，胡作非为，乱杀朝中大臣。南北朝时期，皇帝杀大臣、大臣杀皇帝，甚至父子、兄弟残杀都是司空见惯的事，杨坚看周宣帝根本不是治国之才，于是开始准备取而代之。

公元580年，周宣帝决定出兵南伐，任命杨坚为扬州总管。但是杨坚还没出征，周宣帝就暴病而死。于是，杨坚联合其他大臣伪造皇帝遗诏，夺取了军政大权，辅佐小皇帝即位，也就是周静帝。杨坚做了辅政大臣后，开始总管朝政，并用假诏书把周宗室在外藩的五王召回长安，然后收缴了他们的兵权。后又以谋反罪迅速除掉了五王，肃清了宗室的反对势力。

朝廷内部的威胁解除后，河南、四川、湖北等地的地方势力却又开始起兵反叛，以至"关天之下，汹汹鼎沸"。势力最大的是相州（今河南安阳南）总管尉迟迥，他统治着旧齐之地。杨坚征发关中精兵，任命韦孝宽为行军元帅，东讨尉迟迥。关中军很快攻陷邺城，尉迟迥自杀。郧州（今湖北安陆）总管司马消难的女儿是周静帝的皇后，尉迟迥起兵后，他也立即起兵反叛。杨坚以王谊为行军元帅，率荆襄兵大举进攻司马消难。司马消难兵败如山倒，于是逃奔南方的陈朝。益州（今四川成都）总管王谦在益州发兵叛乱，杨坚任命梁睿为行军元帅，出兵20万，深入蜀境，进逼益州，平定了王谦叛乱。杨坚只用了半年的时间，就彻底平定了地方叛乱，从此也就彻底控制了北周的政权。

公元581年，杨坚采用尧、舜时期使用的禅让制，体面地登上了帝位。他命人替周静帝写好退位禅让诏书，然后假意推辞，最后在大家的一致拥护下，穿上龙袍，登上了心仪已久的宝座。因为杨坚承袭了父亲的爵位随国公，后来又被晋封为随王，于是他把新王朝改名为"随"，但又觉得这个字里有个"走"，不太吉利，于是改为"隋"。

东晋灭亡后，我国历史进入了南北朝的大分裂时期，南北一直处于对峙的状态。隋文帝登上皇位后，决心统一南北，并计划先消灭江南的陈朝，后灭突厥。公元581年3月，隋文帝派大将贺若弼、韩擒虎分任吴州和庐州总管，镇守江北要地广陵（今江苏扬州西北）、庐江（今合肥），做好了灭陈的准备，并命尚书左仆射高颎率大军伐陈。12月，突厥沙钵略可汗趁隋举兵伐陈之际，联合原北齐营州刺史高宝宁，攻占了临榆镇（今河北抚宁东），准备大举攻隋。隋朝新立不久，边防还很不稳固，军队的实力也不够强，隋文帝根据实际情况，决定改变原来的计划，采取"南和北战"的策略，先灭突厥，后下江南消灭陈朝。

突厥有四个可汗，各拥重兵，沙钵略与阿波、达头等可

隋朝的青瓷武士俑。

汗为争夺地盘矛盾重重。隋文帝采纳奉车都尉长孙晟的建议,利用突厥各可汗之间的矛盾,实行"远交而近攻,离强而合弱"的策略,先后派出使臣与西面的达头可汗和东面的处罗侯可汗交好,以分化、削弱沙钵略的力量。5月,沙钵略可汗率领本部与阿波等各可汗的士兵共40万大举南下,分兵攻掠隋朝的北方要地。尽管隋军曾分别在马邑(今山西朔县)、可洛峻(今甘肃武威东南)等地击败了来犯的突厥军,但突厥大军气势汹汹,一路上烧杀抢掠,一直深入到金城(今兰州)、天水、上郡(今陕西富县)等北方要地。当突厥大军到达周槃(今甘肃庆阳南)后,遭到了隋军的顽强抵抗,达头可汗不愿继续南进,引兵撤退。长孙晟乘机使用离间计,使沙钵略撤兵北返,为隋朝争取了时间,为反攻突厥做好了充分的准备。

由于隋朝的分化瓦解计策,突厥内部的矛盾不断激化,加之北方灾荒严重,形势越来越对隋朝有利。公元583年春,沙钵略再次率大军南犯。4月,隋文帝下达了"清边制胜"的诏令,并命卫王杨爽为行军元帅,率隋军主力20万分道反击突厥。隋军先后在白道(今内蒙古呼和

隋文帝像。隋文帝杨坚是隋朝的第一个皇帝，他统一了全国，开创了辉煌的"开皇盛世"。

浩特西北）、高越原（今甘肃武威北）、灵州（今宁夏灵武西南）、和龙（今辽宁朝阳）等地击败了突厥各部，并乘机说服阿波可汗归附隋朝，进一步加剧了突厥内乱，使沙钵略与阿波等相互攻战不休。公元584年，达头可汗降服于隋，沙钵略因屡次为隋军所败，也向隋求和称藩。

隋军反击突厥获胜后，稳固了北部的边防，消除了南下灭陈的后顾之忧。

公元588年10月，隋文帝命晋王杨广率领水陆军五十余万，从长江上游至下游，分别从永安（今四川奉节东）、襄阳（今属湖北）、蕲春（今属湖北）、庐江、六合、江陵、广陵、东海（今江苏连云港西南）出兵。12月，隋军在"东接沧海，西拒巴蜀，旌旗舟楫，横亘数千里"的长江沿线发起攻灭陈朝的大规模战争。杨素率水师从永安顺江东下，与荆州刺史刘仁恩的兵马相配合，一举攻占了狼尾滩（今湖北宜昌西北），继而攻克岐亭、延洲。杨俊率军把从公安（今湖北公安西北）东撤的陈军阻于汉口以西，使得散布在长江中下游的陈朝水陆军队首尾不能相顾，上游的陈军也无法东下增援陈都建康。

即将覆灭的陈氏王朝，却依然沉醉于花天酒地之中，很快溃败。

隋文帝进入建康城后，令陈后主陈叔宝以手书招降长江上游的陈军。吴州（今江苏苏州）、湘州（今长沙）等地的陈军拒绝投降，但很快被隋军击破。岭南数郡共奉高凉（今广东阳江西）洗夫人为主，拒绝归附隋朝。隋文帝一方面派使臣安抚岭南各郡，一方面命陈叔宝致书洗夫人，劝其归隋。洗夫人自知无力和隋朝相抗衡，于是迎接隋使，表示愿意归附隋朝。至此，隋文帝结束了东晋以来近三百年南北分裂的局面，完成了统一南北的大业。

发生地点	发生时间	推荐理由
全国范围	公元581年开始	隋文帝的改革使隋朝在经济、政治上得到空前的发展，其各项措施被以后历朝历代所沿用，对中国的历史产生了深远的影响。

物阜民丰的开皇之治

事件介绍

隋文帝建立隋朝以后，从公元581年开始，在政治、经济等方面进行了一系列的改革。经过这些改革，到隋文帝统治后期，国家富足强盛，人民安居乐业，社会呈现出空前繁荣的景象。历史上把隋文帝的统治时期称为"开皇之治"。

隋文帝改革的内容主要有以下几个方面。

一、确立三省六部制，加强中央集权。

隋文帝结合汉魏官制，在中央设立了"三师三公"。三师是指太师、太傅、太保，三公是指太尉、司徒、司空。"三师三公"名义上是皇帝的老师、顾问，实际上基本不参与政事，没有实权，只是用以安置那些德高望重的大臣。

隋初的中央机构中，最重要的是尚书省、门下省、内史省，它们合称"三省"。三省的最高长官均为宰相。门下省和内史省都是辅助皇帝的决策机构，内史省负责起草诏书，门下省则负责审查政令，同时负责侍奉皇帝的衣食起居等。尚书省是最后执行诏令的机构，地位最高，权力很大，可以说是"事无不总"，几乎包揽了一切政务。

尚书省的总官署称尚书都省，设置尚书令一人，左右仆射各一人作为助手，都是"国之宰辅"。

尚书省以下分设吏部、礼部、兵部、都官（后改刑部）、度支（后改户部）、工部六个具体办事的机构，合称"六部"。吏部，掌管全国官吏的任免、考核、升降和调动等事务；礼部，掌管祭祀、礼仪和对外交往等事务；兵部，掌管全国武官的选拔和兵籍、军械的管理等事务；都官，掌管全国的刑律、断狱等事务；度支，掌管全国的土地、户籍以及赋税、财政收支等事务；工部，掌管全国的各项工程、水利、交通等事务。六部的最高长官为尚书。

隋文帝进行的官制改革，确立了三省六部制，使秦朝开创的中央集权制度进一步完备。三省分掌草诏、审核、执行之权，他们既互相牵制，又互相补充，共同辅佐皇帝。这样，一方面分工明确，一方面权力被削弱，避免了权臣独专大权，有利于加强皇权。三省六部制是中央集权得到强化的体现，这些制度基本上都被唐代所沿用，六部制甚至一直沿用到清末。

二、推行州、县制，加强对地方政权的控制。

公元583年，隋文帝采纳了河南行台兵部尚书杨尚希的建议，以"存要去闲，并小为大"为原则，把行使了四百余年的州、郡、县三级制度废除，改为州、县两级制，以州直接统县，并且合并了很多州、县，裁掉了很多地方官员。

为了加强对地方政权的控制，隋文帝规定，九品以上的地方官，均由中央吏部直接任免，每年由吏部考核。隋文帝还规定，州、县地方官员不能在本地任职，而且三年一任，不得连任。同时，州刺史只管民政，没有军权。这样一来，地方州、县官吏的权力大大削弱，"五服之内，政决王朝，一命免拜，必归吏部"，有利于防止地方割据势力的形成，也有利于维护国家的统一和稳定。这些制度和规定，也为唐代及以后各朝所沿用。

三、推行府兵制，寓兵于农。

西魏、北周建立的府兵制，士兵另立户籍，完全脱离生产，实际上是地方豪族的武装，统兵权不归中央。隋朝初年，继续实行西魏、北周以来的府兵制度。公元590年，隋文帝统一南北以后，对府兵制度进行了改革。

隋文帝改革府兵制度，其中心是将府兵制与均田制结合起来，以实现兵农合一，寓兵于农。新的府兵制规定：军人户籍归州县管理，按均田制授田，平时参加生产，战时出征。这样，府兵制度下的军人，也成了均田

隋朝时期的灰陶女立俑。

制下的农民，府兵及其家属实现了安土定居，不仅有利于国家的稳定，也使军事力量得到加强。这是和平时期的一种养兵方法，既保证了国家的兵源，又加强了对农民的奴役和控制。这种寓兵于农的制度在唐代得到延续。

四、实行均田制，促进经济发展。

公元582年，隋文帝重新颁布均田令，并改革原有的赋役制度。均田制大体上沿袭了北齐的制度，其主要内容是：从王公贵族到普通农民甚至奴婢耕牛，都由国家按等级、男女等分给一定数量的公田和露田、永业田；自诸王以下到正七品的都督，受永业田从一百顷到四十亩不等；普通百姓受田分为露田与永业田两种，丁男一人受露田八十亩（妇人四十亩）、永业田二十亩，限额内的奴婢和普通百姓一样受田；所受之田，都要按国家规定，种植桑、麻、榆、枣等，露田受者死后，要把露田归还给国家，永业田不用归还。

凡受田的百姓都要相应地承担国家的赋役义务。隋初的赋役制度规定：一夫一妇为一床，缴纳租粟三石，绸绢一匹（四丈）或布一端（五丈），绵三两或麻三斤；单丁和奴婢按半床缴纳。开皇三年，隋文帝又下令，将受田并承担赋役的成丁年龄从十八岁推迟到二十一岁，丁男每年为政府服役的时间从一个月减至二十天，赋绢由一匹改为半匹。

公元590年，隋文帝统一南北后，进一步宽其徭赋，规定年满五十岁者，可以"输庸停防"，即以缴纳绢帛的方式来代替服役。这种制度称为"庸"，很快普遍施用于所有丁男，凡不愿服役者都可输庸代役。这些规定在一定程度上减轻了农民的负担，使农民有更多的时间来从事农业生产。同时，西晋以来的租调制发展为租庸调制，为唐代的赋役制度奠定了基础。

五、制定《开皇律》。

公元581年，隋文帝下令制定了对后世法律影响深远的《开皇律》，为维护地主阶级利益确立了法律根据。公元583年，隋文帝又让苏威等人对《开皇律》加以修订。《开皇律》是在北魏、北齐旧律的基础上修改而成的，它比起前代的刑律有很大的进步。

《开皇律》分为12篇，减省了前代的一些刑律，共减去死罪81条，流罪154条，徒、杖等罪千余条，只保留500条，大大减少了律文。判刑的名目分为五种：一是死刑，二是流刑，三是徒刑，四是杖刑，五是笞刑。为了缓和阶级矛盾，修订《开皇律》时，废除了一些酷刑，如枭刑——斩首悬于木杆上，宫刑——破坏生殖器等，同时对于死刑的判决也比较慎重。公元592年，隋文帝下诏："诸州死罪不得便决，悉移大理案覆，事尽然后上省奏裁。"公元595年，他又规定："死罪者三奏而后决。"对死刑判决的慎重，是隋律较前代有所进步的表现。

总体上来讲，隋律对前代刑法做了总结，较为宽简，并废除了一些残酷的刑罚，在刑法史上有其进步性，对后世影响也很大，如唐代刑律基本上就是沿袭隋律而来的。

六、建立科举制，废除九品中正制。

隋初，隋文帝命令各州每年推荐三个文章写得华美、有才能的人，考试录用到中央。后来，隋文帝又下令，京官五品以上，地方官总管、刺史，都要由有德有才的举人担当。到隋炀帝时，定十科举人，开设进士科，以考试诗赋为主，选择"文才秀美"的人才。这标志着科举制度的产生。科举制度，重才学而不重门第，为普通地主参加政权开辟了道路。这种"任人唯贤"的改革，成为后来中国封建社会一千多年来选拔人才的一种制度，对后代影响很大。

隋文帝对官制的改革，废除了南北朝时期紊乱的官僚体制，建立了一套名实相副、职权分明、既相互分工又相互制约的封建官僚体系。隋朝的官制，后来逐步发展成为唐代官制的模式。

隋文帝所推行的一系列经济改革措施，促进了经济的发展，使隋朝初年的农业生产得到了很大的发展。国家富足强盛，编户大增。隋文帝统治时期仓储的丰实也为历代所罕见。

发生地点	发生时间	推荐理由
北京至杭州	公元605年	大运河在国家的统一、经济的繁荣、文化的融合以及对外开放和国际交往中都发挥着非常重要的作用。

开凿亘古罕见的大运河

事件介绍

开凿大运河早在隋炀帝的父亲隋文帝杨坚当政时就开始了。隋文帝统一南北以后，人民得到安定的社会条件来从事生产，社会经济逐渐恢复。但关中地狭人众，而且经常干旱，所产的粮食不足以满足京师的需求，所以必须解决漕运的问题。为了从长江中、下游地区和关东黄河下游地区转运粮食和物资，从隋文帝到隋炀帝，都不遗余力地大规模地开凿和疏通运河，陆续开凿了广通渠、通济渠、邗沟、永济渠和江南运河，构成了一个新的运河交通网。

公元584年，隋文帝命宇文恺率众重开漕渠。宇文恺从都城附近开始开凿，从大兴城西北引来渭水，大体上沿着汉代漕渠的旧道向东开凿，直到潼关和黄河衔接。这条漕渠全长一百五十多公里，是把故道进行重新凿修，裁弯取直而成的，所以就命名为广通渠，公元604年，又改名为永通渠。除广通渠外，公元587年，隋文帝又命人大体上沿着邗沟故道重新修凿，次年完工。由于时间短促和其他方面的因素，河面比较窄，工程质量也比较差。

隋炀帝即位以后，以洛阳为都城，也开始了大规模的开凿，修造以洛阳为中心的大运河。公元605年，隋炀帝征发河南、淮北100万士兵和夫役，修造通济渠。通济渠分东西两

隋炀帝杨广。从隋文帝到隋炀帝,都不遗余力地大规模地开凿和疏通运河,构成了一个新的运河交通网。

段:西段起自东都洛阳,西引谷水、洛水,循着阳渠故道由洛水入黄河;东段起自板渚(今河南荥阳北),引黄河水东行,至今河南开封市折向东南,经今杞县、睢县、宁陵至商丘东南,行蕲水故道,又经夏邑、永城、安徽宿县、灵璧、泗县,江苏泗洪至盱眙对岸注入淮河。

通济渠全长大约一千多里,渠宽约40步,是隋炀帝时众多运河中最重要的一条,对当时以至唐、宋两代中原和江淮地区之间的经济和文化的交流与发展起到了促进的作用。唐时改名为广济渠,宋时通称西段为漕渠和洛水,东段为汴水或汴渠。《元和郡县图志》中说,在通济渠上下,"公家运漕,私行商旅,舳舻相继",可见通济渠在交通运输上的作用。

在开凿通济渠的同年,隋炀帝又征发淮南诸州的民夫十多万开凿邗沟,从山阳(今江苏淮安)到扬子(今江苏仪征东南)入江。新开凿的邗沟一共三百多里,水面宽40步,两岸都是大道,并都种上了杨柳。隋朝的邗沟比吴王夫差时的遗迹要偏西一点,河身经过屡次的改道后,也比以前直一些。今天邗沟通往淮水的末口已经淤塞,仅留存遗迹。

公元608年,隋炀帝又征发大量民工开凿通向东北的永济渠。永济渠大部分也是利用自然河道形成的,"引沁水南达于河,北通涿郡(今北京西南)",即从沁水下游凿渠与淇水相通,在淇县境内与卫河相接,由卫河而下,再溯漯水而上,直达蓟城。蓟城是当时的军事重镇,是隋炀帝用兵辽东的前哨基地,所以永济渠成为隋炀帝运兵运粮的航线。公元611年,隋炀帝欲亲征高丽,曾乘船到江都,经邗沟、通济渠渡过黄河进入永济渠,直达涿郡。

公元610年,隋炀帝又征发大量民工开凿江南运河。江南运河从京口(今江苏镇江)起,绕太湖之东而直达余杭(今浙江杭州),全长约八百里,成为我国东南地区连接长江与钱塘江的一条重要航道。江南运河流经长江以南太湖流域的河网地带,湖泊星罗棋布,水道交错,直通钱塘江岸上的闸口,十分有利于航行。

隋朝时期的白釉钱仓。

至此，隋朝大运河开凿完成。这条运河，西到京师大兴城，北抵涿郡，南至余杭，全长四五千里。大运河沟通了海河、黄河、淮河、长江、钱塘江五大水系，并把京师、东都、涿郡（幽州）、浚仪（汴州）、梁郡（宁州）、山阳（楚州）、江都（扬州）、吴郡（苏州）、余杭（杭州）等重要的城市连接起来，从而加强了南、北各地区间的联系。当时运河上"商旅往返，船乘不绝"，它对隋唐时期的南北经济、文化交流起到了很大的促进作用。

大运河两岸都修建了宽阔的街道，种植着成行的柳树。从长安至江都，隋炀帝还修建离宫四十余所。为便于粮食的转运和储存，在大运河两岸还修筑了很多仓窖，比较重要的有广通仓（今陕西华阴）、常平仓（今河南三门峡）、黎阳仓（今河南浚县东南）、兴洛仓（后改名洛口仓，今河南巩县东北）、回洛仓（今洛阳城北）、含嘉仓（今洛阳城北）、河阳仓（今河南孟县南）等。这些仓窖储粮极多，如兴洛仓有窖3000个，每窖可储粮8000石，含嘉仓总面积达43万平方米，有窖四百多个。国家仓储的丰实，一方面反映农业生产有了进一步的发展；另一方面也表明隋王朝通过大运河的开凿，更方便了对农民的剥削。

隋炀帝开凿大运河前后用了六年的时间，在这短短的时间里，能够开凿出规模如此之大的大运河，不得不令人佩服我国古代人民的高度智慧和高超技艺。

大运河的开凿不仅加强了隋王朝对南方的军事与政治统治，而且使南方的物资能够顺利地到达当时的洛阳和长安。一方面有利于隋王朝的统治，另一方面使南北之间的文化交流得到加强。晚唐诗人皮日休在《汴河怀古》中写道："尽道隋亡为此河，至今千里赖通波。若无水殿龙舟事，共禹论功不较多。"比较客观地评价了隋炀帝开凿的大运河在历史上的贡献。

隋朝开凿的大运河存在了约五百年时间，唐、宋及以后的各个朝代，从维护统治阶级的切身利益出发，都对大运河进行了不同规模的整修和疏通，最后形成了京杭大运河。现在的大运河，基本上就是元朝的河道。

发生地点	发生时间	推荐理由
全国范围	公元611年	隋末农民起义推翻了隋王朝的残暴统治，给后来的唐初统治者以深刻教训，在中国农民战争史上占有重要地位。

席卷全国的隋末农民起义

事件介绍

隋炀帝杨广是中国历史上有名的骄奢淫逸之君，后人常常把他和秦二世相比。在隋炀帝统治期间，徭役异常苛重。公元605年，隋炀帝下令修建洛阳城，每月服役的男丁多达200万人。这项工程历时10个月，几乎有一半的民工活活累死在工地上。隋炀帝还征发大量民丁修筑长城、开凿大运河。修筑长城时，隋炀帝两次征发男丁120万人，死者过半。据粗略统计，从大业元年至大业六年，为开发各段运河，隋炀帝先后征调河南、淮北、淮南、河北、江南诸郡的农民和士兵三百多万人。开凿永济渠时，男丁不足，以妇人供役。

隋炀帝在位期间，几乎年年出巡，他曾三游江都，两巡塞北，一游河右，三到涿郡，还在长安与洛阳之间频繁往来。他每次巡游，都兴师动众，宫人、侍卫和各种随从人员多达10万人。沿途一切消耗，都由所经州县供给。

隋炀帝在位期间，还连续发动了三次对高丽的战争，但都遭到惨败。

隋炀帝的暴政"使天下死于役而家伤于财"。大规模的修建和远征，经常在农忙的季节里进行，官吏强迫农民过度劳动，先后有上百万的壮丁死于徭役。为了躲避徭役、兵役，

农民不惜弄残自己的肢体,称其为"福手福足"。这一切,终于导致了隋末农民大起义的爆发。

公元611年,山东邹平县铁匠王薄首先领导农民在长白山(今山东章丘)起义。随后,又有几支起义军相继起兵。孙安祖占领高鸡泊(今山东恩县),张金称在鄃县(今山东夏津)聚众起义,高士达活跃在蓨县(今河北景县)。后来发展壮大的翟让领导的瓦岗(今河南滑县南)军和以后南渡长江的由杜伏威、辅公祏领导的起义军,也都在这一两年间组织起来了。

农民起义促使隋朝统治阶级的内部矛盾日益激化。公元613年,大贵族杨素之子、礼部尚书杨玄感在黎阳(今河南浚县北)负责督运军粮。他看到农民革命的风暴已经席卷全国大部分地区,于是趁隋炀帝远在辽东前线之机,在黎阳起兵并进攻东都洛阳。他打起"救民"的旗号,声言"为天下解倒悬之急,救黎元之命耳",队伍很快发展到十万多人,甚至不少官僚贵族子弟也投身到杨玄感军中。消息传到前线,隋炀帝急忙收兵回师,很快镇压了杨玄感。但隋政权也遭到了沉重的打击,农民起义更加蓬勃发展起来。

瓦岗军是隋末农民起义浪潮中起义较早、发展最快、势力最强大的三大义军之一。隋朝贵族蒲山公李宽之子李密,曾参加杨玄感领导的反隋活动,失败后在河北、山东一带流

亡，后来也投奔了瓦岗军。李密具有战略眼光，他向翟让建议先攻取荥阳，然后休整部队，占据洛口仓，这样既有可供长期战争使用的粮食储备，又能直接威胁洛阳。

公元616年10月，隋炀帝调任张须陀为荥阳通守，命他率两万人马镇压瓦岗军。张须陀曾屡败义军，骄狂轻敌。翟让、李密抓住他的这一特点，采取诱敌深入、伏兵袭击的战术，在大海寺（今河南荥阳东北）北的树林中埋伏一千余人，把隋军全部歼灭，张须陀突围不成也丧了命。瓦岗军乘胜攻占河南军事重镇荥阳。荥阳大捷是瓦岗军取得的一次重大胜利，奠定了在河南取得胜利的基础。

公元617年2月，翟让与李密一起亲率精兵7000人，袭取位于河南巩县东北的洛口仓。洛口仓是隋廷的一个重要粮仓，这次袭击成功，使瓦岗军获得大批军粮，切断了隋廷东都洛阳的粮食供应。瓦岗军于是开仓济贫，农民起义军的队伍也迅速壮大到数十万人。接着，瓦岗军又大败越王杨侗的军队，河南讨捕大使裴仁基也投降了瓦岗军。此次大捷后，瓦岗军威名远扬，力量得到进一步加强，成为中原地区起义队伍的主要力量。翟让自知才能不及李密，于是推李密为主，号魏公。李密拜翟让为上柱国、司徒、东郡公，在洛口筑城而居，建立农民政权。

农民政权建立后，李密、翟让发布檄文，列举隋炀帝十大罪状，"罄南山之竹，书罪未

隋朝时期的执刀石俑。

穷；决东海之波，流恶难尽"，号召广大民众联合起来推翻暴君。瓦岗军分兵四击，很快控制了河南诸郡，并逼近洛阳，隋炀帝急忙命监门将军庞玉等率领关内大军援救洛阳。9月，河南、山东发大水，饿殍遍野，李密率军攻取了黎阳仓，并把粮食分给广大的贫苦农民，不到十天，瓦岗军队伍就增加了二十余万人。

瓦岗军乘胜向隋朝东都洛阳进军，隋炀帝十分恐慌，派江都通守王世充率精兵增援洛阳。

瓦岗军日益壮大，中原各郡县都派使者向瓦岗军表示归降，江淮一带的许多义军也纷纷响应瓦岗军，瓦岗军已成为中原地区最强大的一股军事势力。此时，李密错误地估计了形势，以为只要占领东都，就可将天下据为己有了，于是长期屯兵于防守严密的洛阳城下，与王世充大军前后交锋百余次，极大地消耗了起义军的力量，贻误了战机。后来李密又被隋朝招降，改变了瓦岗军反隋的斗争大方向，丧失了斗志。

此时，隋朝将军宇文化及利用禁军将士思归关中的不满情绪，在江都策动政变，缢杀隋炀帝，并率兵十余万逼近长安。隋廷于是授予李密高官厚禄，令其率瓦岗军征讨宇文化及。李密率精兵打败宇文化及，准备入朝领赏，王世充却在洛阳发动宫廷政变，独揽大权，并乘瓦岗军元气大伤之时，率精兵两万余人，大败李密，俘虏瓦岗军十余万人。瓦岗军一部分投降了李渊，一部分投降了王世充。这支在推翻隋炀帝残暴统治过程中起过决定性作用的瓦岗农民起义军，就这样分崩离析，彻底瓦解了。

窦建德领导的河北起义军也是隋末农民大起义中的一支重要力量，在推翻隋炀帝暴政的斗争中做出了很大的贡献。

窦建德为人朴实，每次攻城所得资财，都分给手下将士，很受起义军的爱戴。公元620年，窦建德进军河南，在洺州"劝课农桑"，发展农业生产，使河北义军达到最兴盛的时

期。后来，窦建德在虎牢关（今河南荥阳西北）被李世民擒获，后被斩杀于长安。

江淮一带的反隋起义军也发展迅速。他们依托山林川泽，劫富济贫，攻打郡县，各自为战，到公元613年，逐渐形成了以杜伏威和辅公祐为首的江淮起义军。江淮起义军打败了隋炀帝右御卫将军陈棱率领的围剿部队后，乘胜攻占历阳（今安徽和县），建立了农民政权，成为江淮间强大的起义力量。公元618年4月，杜、辅上表称臣，接受了越王杨侗授予的官爵，失去了消灭隋在江都的割据势力的大好时机，同时改变了起义军反隋的战斗目标，以致军心涣散。公元619年9月，杜伏威又派遣使者到长安请降于唐朝。

在各路起义军的沉重打击下，隋王朝土崩瓦解。官僚、地主纷纷打起反隋旗号，劫杀郡县长官，割据地方，窃取农民起义的胜利果实。公元617年5月，隋朝太原留守李渊从太原起兵，并趁隋军与瓦岗军大战之机，渡过黄河，进入关中。11月，李渊攻克长安，控制了渭水流域。宇文化及杀死隋炀帝后，率军北上，又被瓦岗军打败，关中士兵纷纷逃亡，江淮士兵大部分投降瓦岗军，宇文化及的势力也彻底覆灭。公元619年，宇文化及被窦建德俘获并杀死。隋炀帝死后，李渊在长安称帝，建立唐朝。

发生地点	发生时间	推荐理由
长安	公元626年	玄武门之变为李世民扫清了登上皇位的障碍，使唐朝在李世民的统治下强盛起来，影响了中国的历史。

手足相残的玄武门之变

事件介绍

隋朝末年，各地的农民起义风起云涌，隋王朝的统治岌岌可危，各地的割据势力于是竞起逐鹿，夺取农民起义的胜利果实。公元617年初，李渊被任命为太原留守。太原自北齐、北周以来，一直是天下精兵之所在，太原仓储丰厚，有数以千万计的布帛，人力物力都非常充足。面对隋王朝摇摇欲坠的败局，李渊深感自身难保，于是趁天下大乱之际，秘密酝酿起兵反隋。隋炀帝南巡江都之时，李密率领瓦岗军围攻东都洛阳，大大牵制了隋军主力，各地的割据势力也纷纷建国称帝。李世民向李渊建议趁虚入关，号令天下，成就帝业，同时伪造隋炀帝的诏令，让太原、河西、雁门等地二十岁到五十岁的人全部充军，使人心大乱。李渊于是在晋阳举起了起兵的大旗，然后挥师南下，攻取西河郡，开仓赈济贫民，队伍迅速壮大。之后，李渊亲率大军沿汾水进军关中，一路上势如破竹，攻克临汾、泾阳等地，沿途陆续招降当地武装力量，扩充兵力，围攻长安。公元617年11月，李渊攻克长安，次年称帝，建立了唐朝，他即是唐高祖。

在李渊从晋阳起兵到称帝的过程中，他的三个儿子李建成、李世民、李元吉都曾建功立业，尤其是李世民，气度非凡，胸怀大志，几乎战无不胜。

尉迟敬德，唐朝名将，是凌烟阁二十四功臣之一，在中国的传统文化中，他与秦叔宝是"门神"的原型。

李渊称帝后，根据立长不立幼的传统习惯，册立长子李建成为太子，并封李世民为秦王，李元吉为齐王。为了在大臣和诸子中树立太子李建成的威望，巩固他的太子地位，唐高祖接二连三地委托李建成办理一些军国大事，平定地方叛乱。

唐高祖望子成龙，但李建成还是辜负了父皇的厚望。唐高祖恨铁不成钢，对李建成越来越失望，而李世民却在统一全国的战争中屡立战功，逐渐受到唐高祖的重用。

李世民统一全国的赫赫战功使其在朝野上下的威信日增，唐高祖也任命他为尚书令，这个职位相当于宰相之首，同时，李世民还有自己的亲兵卫队。太子李建成对李世民的威望日益提高感到非常不安，于是拉拢李元吉和朝中大臣一起对付李世民。于是，文武大臣分为两派，分别归入李建成的太子集团和李世民的秦王集团，李世民和太子的矛盾日益加深，兄弟之间争权夺位的斗争也日益激烈。

李建成、李元吉积极地拉拢后宫嫔妃，给秦王李世民制造了很多是非，唐高祖李渊也对李世民越来越疏远和淡漠，对李建成、李元吉则越来越宠爱。于是，李建成、李元吉加紧了对李世民的陷害行动，处处给李世民制造是非，让唐高祖对他更加不信任，他们甚至暗中私募东宫卫士和突厥兵，想密谋发动政变，一举干掉李世民。

公元626年，双方的斗争已成剑拔弩张之势。此时，突厥率军南侵，李建成向李渊建议让李元吉代替李世民北伐突厥，以趁机剥夺李世民的军权，李渊同意了。他们于是决定在昆明池设宴为李元吉饯行时，趁机派人将李世民刺死。

李世民得知这个消息后,他的部下纷纷劝他先下手为强,房玄龄、杜如晦也表示支持。于是李世民决定先发制人,以免后患。

公元626年6月4日上午,李世民率领长孙无忌、尉迟敬德等十员大将埋伏在玄武门内。玄武门是宫城北门,是内廷警卫驻扎的重地,是出入皇宫的必经之地。尉迟敬德等人勒紧战马的缰绳,一个个剑拔弩张、神情紧张地观察着通往东宫的道路上的动静。突然,远处传来清脆的马蹄声,不一会儿,只见太子李建成、齐王李元吉策马而来。当李建成、李元吉走到临湖殿的时候,发觉守门的士卒不是自己的属下,于是感到有些不妙,急忙调转马头,想返回东宫。李世民乘机射出一箭,正中李建成咽喉。李建成立时从马上栽下,气绝身亡。李元吉看到这一情景,不免一怔,慌乱之中向李世民连射三箭,没有射中,他自己却被李世民及长孙无忌等人的乱箭射中,从马上滚了下来。这时,李世民的坐骑突然受惊,奔入林中,把李世民甩落马下,李元吉趁机赶到,抢走了李世民的弓,欲将其杀死。此时,尉迟敬德催马而至,将李元吉射杀。李建成和李元吉死后,东宫和齐府的2000名精兵猛攻玄武门。刹那间,玄武门外人声嘈杂,战马嘶鸣,刀枪辉映,一场激烈的血战开始了。

李世民立即派尉迟敬德向唐高祖李渊报告情况。尉迟敬德向李渊报告说太子和齐王要造反,已经被秦王杀死。李渊听后目瞪口呆,向身边的大臣悲戚地问策。大臣们见太子已死,便对高祖说:"建成、元吉一直嫉恨秦王德高望众,多次陷害秦王,今日被诛,秦王功盖宇宙,陛下可封他为太子,委以国事就是了。"李渊也觉得此事已成定局,于是写了手谕,命令一切军队都听秦王李世民指挥,又派黄门侍郎裴矩出宫宣读皇帝手谕。攻打玄武门的东宫和齐王府的将士们见李建成和李元吉已死,又有皇帝手谕在,于是停止了血战,一哄而散了。

唐太宗李世民是中国历史上一位颇具才能的皇帝,图为清代任颐所绘的《唐太宗评字图》。

发生地点	发生时间	推荐理由
今山东一带	约公元630年至640年	《齐民要术》是我国一部著名的农业科学著作，也是我国第一部农业百科全书，被列为我国古代"四大农书"之一。

弘扬农学的《齐民要术》

事件介绍

《齐民要术》的作者是我国古代著名的农业科学家——贾思勰。

贾思勰出生在一千多年前的北魏益都（今属山东），大致生活在5世纪末到6世纪初，即从北魏孝文帝到东魏这段历史时期。贾思勰出身于中小地主家庭，虽世代务农，但也称得上是书香门第，他的祖上就很喜欢读书、学习，尤其重视农业生产技术知识的学习和研究，这对贾思勰的一生有很大影响。这样一个并不是很富裕的家庭，却拥有大量藏书，使他从小就有机会博览群书，从中汲取各方面的知识，为他以后编撰《齐民要术》打下了基础。成年以后，他开始走上仕途，根据《齐民要术》的署名"后魏高阳太守贾思勰"可以推断出他曾经任北魏高阳郡（今山东临淄）太守等官职。

统治者的励精图治，农业生产的蒸蒸日上，也为贾思勰撰写农书提供了便利的条件。贾思勰为官期间，到过山东、河北、河南等许多地方。他非常重视农业生产，他曾经亲自从事农业生产实践，进行各种实验，饲养过牲畜，栽种过粮食。贾思勰不但注重亲身实践，而且善于向经验丰富的老农学习，吸取劳动人民在长期的生产生活中总结出来的宝贵经验。

贾思勰在总结前人经验的基础上,结合自己从富有经验的老农那里获得的生产知识以及对农业生产的亲身实践与体验,经过认真分析、系统整理、概括总结,最后完成了《齐民要术》这部伟大的著作。

　　由于《齐民要术》的成书时间早于印刷术的发明,因此该书自问世以来,长期以手抄本的方式流传。现存最早的《齐民要术》版本是北宋天圣年间崇文院刻本,是个残本,仅有卷五、卷八和两页卷一。现在,唯一的一部北宋天圣年间崇文院刻本藏于日本京都博物馆。《齐民要术》在国际上也受到了高度重视,对其他国家的农业研究也产生了影响。20世纪50年代,日本的西山武一、熊代幸雄将《齐民要术》翻译为日文出版。日本将其看做是一门专门的学问,称之为"贾学",并专门成立了《齐民要术》研究会,翻译出版了多种版本。欧洲学者也翻译出版了《齐民要术》的英文版和德文版。

▽《耕织图·耕图》。

发生地点	发生时间	推荐理由
全国范围	公元7世纪	贞观之治使唐朝在政治、经济、文化等各方面处于世界领先地位，中国封建社会出现了一个空前的盛世。

中华盛世贞观之治

事件介绍

唐太宗亲身经历了隋末的社会大动荡，亲眼看到一个实力雄厚的大帝国在风起云涌的农民起义的猛烈冲击下很快就灭亡的事实。他和大臣们深刻总结了隋朝灭亡的惨痛教训，并励精图治，在政治、经济等方面实施了一系列的开明政策和措施，展开了中国历史上一段美丽辉煌的画卷——贞观之治。

唐太宗认为，君主要避免失误，必须借助于忠臣的直谏，这样才能够充分了解各方面的情况和意见，然后择善而从。他十分赞同魏征的话，"兼听则明，偏听则暗"。贞观之治形成的原因很大程度上也在于君主从谏如流，知人善任，而文武百官则敢于为国事犯颜直谏。

除积极纳谏外，唐太宗还知人善任，推行"任人唯贤"的政策。唐太宗认为，君主治国应"至公无私"，

◀ 唐太宗李世民。

"择贤才而用之"。他打破了统治阶级内部各集团所持有的政治偏见，并竭力协调他们之间的利益关系，起用关陇、关东与江南地区的贵族与士族，甚至任用曾经与自己为敌的人。这种以才取人的作法缓和了统治阶级内部的矛盾，稳定了局势。同时，唐太宗选拔人才不拘一格，尤其注意从普通地主及平民中选拔。由于唐太宗知人善任，贞观年间各地方官人尽其才，官吏各守其职，为各项制度的完善奠定了基础。

唐太宗在一个分崩离析的社会的基础上，使"天下英雄，入吾彀中"，以至满朝文臣武将人才济济，他们对巩固唐太宗的政权，促进贞观之治的形成起到了十分重要的作用。尉迟敬德、房玄龄、杜如晦就是几个很好的例子。

尉迟敬德是唐太宗最器重的一员猛将，是一个不可多得的将才。而他原来却是唐太宗的敌人刘武周手下的一员偏将。后来，李世民率军平定了刘武周，尉迟敬德与隋将寻相一起投降大唐。不久，寻相起兵叛唐，李世民的部将就把尉迟敬德一起抓起来也准备杀掉，以除后患。李世民知道尉迟敬德勇敢善战，于是下令将他释放，并将他请到自己府上，和他推心置腹地长谈，并表示绝对不会听信谗言而随便怀疑好人。之后，李世民还送给他许多金银财帛，尉迟敬德十分感动，从此忠心耿耿地跟随李世民，成为李世民的得力助手。李世民发动玄武门之变时，尉迟敬德立下大功，被封为吴国公。

房玄龄和杜如晦都是唐太宗最得力的谋士。李世民即位后，朝廷的各项制度、国家的各项法律，几乎都是由他俩商议制定的。房玄龄的特长在于谋划，而杜如晦的特长在于决断，而且他们两人深刻了解对方的长处，并能同心同德，共同辅佐唐太宗。后来人们称他俩是"房谋杜断"，每当谈论历史上的忠臣良相时，都会提起房玄龄和杜如晦。

后来，唐太宗为了表彰功臣，命人将房玄龄、长孙无忌、杜如晦、魏征等24位功臣的像画在凌烟阁上，史称"凌烟阁画像"。唐太宗经常去观赏，以示对功臣的赞赏。

唐太宗还深深地理解"水可以载舟，也可以覆舟"的道理，他把民众比作水，皇帝比作舟。他亲眼看到强大的隋王朝被农民起义军所摧

犯颜直谏的魏征像。

毁,认识到人民力量的强大,即位后力求缓和阶级矛盾,并制定了一系列有效的措施,大大减轻了农民的负担。

唐太宗认为,只有使人民安心生产,生活稳定,国家才能昌盛,政权才能稳定,统治者才能"长守富贵"。于是他要求统治者"去奢省兵,轻徭薄赋",并且身体力行,克制私欲。同时,唐太宗在隋朝法律的基础上,继续减轻刑罚,以缓和阶级矛盾。贞观四年,天下判死刑者仅29人。

通过这些改革措施,隋末以来的阶级矛盾得到缓和,社会经济有了很大的发展,百姓安居乐业,天下太平。贞观四年,天下农业大丰收,就食他乡的百姓又都回归故里。生产的恢复与发展,人民生活的稳定是贞观之治的重要特征之一。

贞观时期,政治、科举、军事等各项制度也得到进一步的完善和贯彻。唐承隋制,在中央设三省六部,各司其职。

贞观时所颁布的《贞观律》,为后世的立法者和当时的东亚各国所效法。《贞观律》改重从轻,内容完备,条文简洁。唐太宗格外强调:对贪赃枉法的人,不论其职位身份,一律要依律严惩。唐太宗还强调:官吏断案,必须有凭有据。在唐太宗的努力下,《贞观律》基本得到了实施,形成上下守法的局面。

贞观时期,"寓兵于农"的府兵制比以往更加完备,"兵农合一"的趋势更加明显。兵士被征调服役时,本人免去租调,但自备武器、行装和粮食。平时,兵士和农民一样从事农业劳动。"兵农合一"既减少了国家的军费开支,又保证了均田制下的农民安心生产。

科举制度在贞观时期得到了完善。通过改革,唐太宗把选拔人才的权力全部集中于中央,并为地主阶级知识分子打开了参加政权的方便之门。以策试为主的进士科考试开始兴起,有利于将优秀人才选拔到各级政权中,从而有效地加强了封建国家的统治力量。

发生地点	发生时间	推荐理由
西藏	公元7世纪中叶	文成公主和亲促进了汉藏两族人民的经济、文化交流，给吐蕃带来了深刻的变化。

千古传颂的文成公主和亲

事件介绍

在大唐王朝全面兴盛之际，我国西部的藏族也获得了长足的发展。7世纪初，吐蕃杰出的领袖松赞干布继承祖父、父亲两代开创的基业，征服了青藏高原羌族各部，实现了青藏高原的统一。松赞干布统一西藏后，又积极向外扩张，进而形成了吐蕃雄踞西南的局面。

吐蕃和中原相隔万里，加之中间还隔着吐谷浑等部族，所以和中原一直没有联系。唐太宗征服吐谷浑后，隔在唐朝和吐蕃之间的屏障消失，松赞干布知道了东方有一个国力强盛、威震四海的唐朝，唐太宗也知道了在西部还有一个叫吐蕃的王朝。松赞干布是一位眼界开阔、很有政治远见的人物，他十分敬佩有着悠悠数千年文明历史的中原古国，于是也效仿其他各国，派遣使者出使唐朝，献上了很多金银财宝，并表达了和亲的愿望。

明代松赞干布雕像。

大唐文成公主雕像。▶

经过一番试探，唐太宗终于答应了松赞干布的请求。松赞干布派出了声势浩大的请婚队伍，浩浩荡荡地开往长安。请婚队伍以聪明过人、精明善变的吐蕃大相禄东赞为领队，携带了黄金5000两和各种琉璃头盔等贵重宝物、珍玩数百件，以表示松赞干布的一番诚意。

公元641年1月，唐太宗命礼部尚书、江夏王李道宗主婚，并持节护送文成公主入藏。随同公主入藏的随身侍婢和各类能工巧匠带去了吐蕃人民急需的各类谷物种子以及佛经、典籍、农艺、医药、历法等多种书籍。

文成公主一行十分艰难地前进着，终于顺利到达了吐蕃的中心——逻些。此时，松赞干布早已做好了迎婚的准备。松赞干布遵照唐朝的礼仪，举行了十分隆重的迎婚盛会，以子婿之礼和李道宗等人相见。

对于文成公主的学识、风度，松赞干布钦佩不已；对于文成公主的生活习惯，松赞干布也十分尊重。为了表达自己对文成公主的宠爱，松赞干布专门为她建造了一座仿唐朝的建筑式样的宫殿。从文成公主的身上，松赞干布了解到了汉族的风土人情，深深地感受到了本民族的落后和愚昧，于是他提倡吐蕃贵族学习汉人的一些生活习惯。松赞干布十分仰

布达拉宫远眺图。

慕中原文化的博大精深，选派了很多吐蕃贵族子弟到长安修习诗书。他甚至还从唐朝境内聘请有学问的文士为他掌管表疏，使吐蕃受到了汉文化的深入影响。

文成公主信仰佛教，她曾在逻些修建了小昭寺，并协助尼婆罗（今尼泊尔）尺尊公主修建大昭寺。她从长安带去的释迦牟尼像至今仍保存在大昭寺，这对佛教在西藏地区的传播也有很大影响。在青海省玉树藏族自治州的一个寺院里，至今仍有文成公主的石刻像。据当地人传说，文成公主入藏途中曾在那里停留过一段时间，而且向当地的藏族同胞传授种植技术。唐朝诗人在《陇西行》一诗中写道："自从贵主和亲后，一半胡风似汉家。"赞颂了文成公主给吐蕃社会带来的深刻变化。

文成公主和亲后，唐朝与吐蕃之间经常互派使者，往来十分频繁。公元649年，唐太宗去世，唐高宗即位，松赞干布被授予驸马都尉之职，被封为西海郡王。松赞干布也致书唐朝，表示对唐高宗即位的拥护，并进献很多金银财宝。同时，松赞干布又向唐朝请求向吐蕃派遣养蚕、造酒、造纸等方面的能工巧匠，这使得吐蕃的经济得到了更大的发展。

公元680年，文成公主去世，吐蕃为她举行了十分隆重的葬礼，并将她和松赞干布合葬在藏王墓中。在藏史上，对后妃丧葬之事，是从来不记载的，但文成公主死后，在藏史书中却有很多专门而又比较详细的记载。

文成公主这位王族出身的柔弱女子，肩负着唐王朝交给她的和睦邦交的光荣使命，远嫁吐蕃，大大推动了藏族经济、文化的发展，促进了汉藏两族人民之间的交流。

发生地点	发生时间	推荐理由
长安	公元690年	武则天长达半个世纪的统治，形成了强有力的中央集权制度，上承"贞观"，下启"开元"，具有重要的地位。

中国历史上唯一的女皇帝

事件介绍

武则天小时候长得端庄可人，十四岁的时候就走进了高墙深院的皇宫，成为服侍唐太宗的"才人"。年幼无知的武则天聪明伶俐，很受唐太宗的宠爱。

唐太宗死后，唐高宗即位。按照当时宫廷的规矩，武则天被送进尼姑庵，青春貌美的武则天当然很不情愿。唐高宗做太子的时候，武则天曾入宫服侍过太子，很得太子欢心。王皇后与唐高宗成婚很长一段时间都没有怀孕生子，唐高宗心中当然不快，于是萧淑妃便得到了唐高宗的宠幸，王皇后心里很不高兴。有一天，唐高宗无意间经过寺院的佛堂时，看见武则天十分伤心地在那儿哭泣。看着流泪的美人，唐高宗很喜欢。王皇后探听到这一消息后，就把她引荐到后宫，想利用她来减少皇帝对萧淑妃的宠遇。

武则天虽是一介女流，但很有心计，为了博得王皇后的欢心，她卑躬屈膝地侍候皇后。王皇后见她这般忠诚，对自己服侍得这般细心、周到，自然高兴不已，所以总是在皇上面前说武则天的好话。不久武则天便被提升为昭仪，深受皇帝的宠爱。又过了一段时间，萧淑妃来拉拢武则天，武则天便渐渐与王皇后疏远了。

武则天画像。

后来武则天生了一个女儿，王皇后出于一片好心，前去看望，过了一会儿就走了。王皇后刚走，武则天一咬牙，就把婴儿闷死在被子下面。过了一会儿，皇帝也来探望。武则天像往常一样，假装很高兴，等到唐高宗揭开被子一看，婴儿早已断了气，武则天"哇"的一声号啕大哭，哭得死去活来。唐高宗连忙询问宫女："刚才有谁来过？"宫女们异口同声地回答："皇后刚才来过。"武则天趁机抓住这件事不放，肆意诋毁王皇后，王皇后真是有口难辩，跳到黄河也洗不清了。

唐高宗于是产生了废掉王皇后的念头，并更加宠爱武则天。但朝中大臣长孙无忌坚决反对，褚遂良更是以死相争，使得唐高宗犹豫不决。

过了几天，唐高宗召李勣入见。唐高宗问道："我想立武昭仪为后，褚遂良坚决反对。他是顾命大臣，难道废立皇后的事就此作罢吗？"李勣知道唐高宗和武则天不达到目的不肯罢休，就回答得很巧妙："此乃陛下的家事，何必问外人？"唐高宗心领神会，立即决定立武则天为皇后。许敬宗把唐高宗的决定散布于朝中，并且劝大臣们少管闲事。他说："乡巴佬种地多收了些麦子，还想换个媳妇，更何况天子想改立皇后。这事与诸位毫不相干，诸位不要妄加评议！"

于是，高宗皇帝终于下诏废掉了王皇后，并诏令立武昭仪为皇后。

公元660年，武则天进封"天后"称号。由于高宗多病，武则天趁机插手政治，开始参与国家大事。为了进一步掌握政权，她指使她的心腹许敬宗想方设法除掉褚遂良等人。不到一年，朝中元老被罢官的罢官，被杀的杀。

武则天把所有的异己分子全部扫除后，渐渐独揽了朝中大权。高宗皇帝本来就体弱多病，到了晚年，病情更加严重，体力不支，天下的大小事情都托付给武则天来处理，尽管他还端坐龙椅，却已经没有大权了。此时群臣的朝拜、四方的奏章，都要称呼"二圣"。皇帝上朝的时候，殿中垂下一道竹帘，皇帝与皇后双双坐在帘后，生、杀、赏、罚等重大事情都唯武则天皇后之命是从。

在一步一步夺取政权的过程中，武则天也表现出了很强的政治才能。公元674年，武则天向高宗提出十二条建议并颁布天下。这十二条建议基本上是一套比较完整的治国方略，涉及政治、经济、军事等各个方面，在一定程度上促进了经济的发展，有利于笼络民心，巩固了唐朝的统治。

公元683年，高宗皇帝去世，中宗即位，尊称武则天为皇太后。高宗在遗诏里指示，武则天可以对朝廷的军国大事进行参决，这样一来，中宗只不过是个傀儡。唐中宗不甘心受母后的摆布，于是自作主张，把皇后的父亲韦玄贞提升为豫州刺史，很快又要提拔为侍中。此事触怒了武则天，武则天立即废掉中宗，把他贬为庐陵王，另立幼子李旦为帝，即睿宗。睿宗也是形同虚设，武则天自己直接临朝听政，掌握了朝中大权，并重用武氏家族，命武承嗣为礼部尚书，很快又提拔为宰相。

武则天随意废立皇帝，甚至要改朝换代，这与传统的男尊女卑思想水火不容，并直接威胁着李氏家族的地位，导致了很多人的公开反对。公元684年9月，徐敬业在扬州散布檄文，以匡复庐陵王为口号，很快聚集十余万人，起兵声讨武则天。但这场反对武则天的行动，不到五十天就被镇压了。

8月，唐宗室诸王联合起来，共同起兵反对武则天。博州刺史琅琊王李冲募兵5000人，攻打武水（今山东聊城西南），力攻不下。豫州刺史越王李贞于豫州举兵响应李冲，武则天派兵10万前往镇压，李贞寡不敌众，兵败自杀。由于诸王尚未准备充分就仓促起兵，以致武则天轻而易举地取得了胜利。

◀ 武则天墓前的无字碑。

武则天平定诸王后,大开杀戒,迫使叛乱的诸王自杀,其党羽都受牵连而死。之后,又陆续有宗室多人以各种罪名被杀,武则天为改朝换代进一步减少了阻力,登上皇帝的宝座已是指日可待了。

公元690年9月,侍御史傅游艺联合九百余人上表,请求改唐为周。接着,又有百官及王室宗亲、远近百姓、四夷酋长、沙门、道士共六万余人上表,支持傅游艺的请求,睿宗也自请赐姓武氏。武则天认为时机已到,条件成熟,于是改唐为周,并给自己又加尊号称"圣神皇帝",把睿宗改称皇嗣,赐其姓武,又立武氏七庙于神都。武则天开创先例,成为女皇帝。

为了巩固自己的统治,武则天采取各种手段残酷地打击反对势力。自从镇压了徐敬业以后,武则天十分清楚唐宗室与一些大臣对她掌权进而称帝心中不服,总是怀疑时刻会有人暗算她,于是大开告密之门,为所有的告密者提供各种方便条件和优厚待遇。

但武则天在统治期间也做了很多有益的事情。她十分重视人才的选拔和任用,为了广揽人才,武则天发展和完善了隋朝以来的科举制度,开创了殿试和武举制度,为更多更好地发现人才创造了有利的条件。

武则天十分重视农业生产,她执政期间,农业和手工业都得到了较大的发展,人口也不断增加。武则天还进行了大范围的长期的屯田,对边区的开发和边防的巩固都起到了积极作用。

发生地点	发生时间	推荐理由
全国范围	公元8世纪	开元之治使社会经济、文化、艺术达到中国封建社会的最高峰，它的历史功绩彪炳史册。

国力鼎盛的开元之治

事件介绍

武则天死后，唐朝国号得以恢复，经过一系列的斗争，李隆基继位，即唐玄宗。至此，唐朝宫廷内部长达九年的政治动荡才算慢慢地安定下来。大唐王朝在唐玄宗的精心治理下，开始步入"开元盛世"，出现了中国封建社会里少有的升平景象，唐朝也达到了发展的鼎盛时期。

李隆基登基后，首先采取了一些果断措施来稳定政局。

在政府机构上，唐玄宗进行了一系列的改革。他把宰相的名额由睿宗时的十余人减少到二三人，从而提高了行政效率。在人才任用上，唐玄宗坚持任人唯贤的原则，对那些自恃对玄宗有功而要求权位的功臣，如刘幽求、钟绍京、王琚等，坚决予以贬斥；对那些有才干的大臣任用不疑，以致出现了一批很有政治才干的贤臣，如姚崇、宋璟、张说、韩休、张九龄等，他们在政治上都很有建树，以致后人常把姚崇、宋璟和贞观时期的房玄龄、杜如晦相提并论。

姚崇是武则天时期被破格提拔的官员，曾任武后、睿宗、玄宗三朝宰相兼兵部尚书，为稳定武周政权，开创"开元盛世"起到了重要作用。

姚崇历任武则天、唐睿宗、唐玄宗三朝宰相，有"救时宰相"之称。

　　姚崇由于担任了三朝宰相兼兵部尚书，所以对边境附近的屯兵、驻军、侦察人员都了如指掌。唐玄宗刚当上皇帝，很想励精图治，干一番事业，因此无事不向姚崇询问。姚崇也尽心尽力地辅佐唐玄宗，基本上按照他上任之前提出的十条建议，进行了一系列的改革，使官员们都各尽其能，出现了"天子责成于下，而权归于上"的局面。

　　姚崇死后，唐玄宗任用姚崇生前举荐的宋璟为相。宋璟博学多才，工于诗词文章，为官清正廉明，耿直而有气节，武则天在位时也十分器重他。和姚崇一样，他也尽心尽力地辅佐唐玄宗，是唐朝有名的贤相。他从不依附权贵佞臣，遇到不法之事，总是很勇敢地站出来指正，坚持自己的立场。他任人唯贤，致力于为朝廷搜罗品行优良、德才兼备的贤才，并根据他们的专长，以才定职，使得众官都能各尽所能。

　　宋璟特别注重考察现任官吏的政绩，遇到不合格的就加以贬谪。宋璟对那些因袭父母爵位和官职的官员考核得更为审慎严密，从不轻易提拔。岐山令（七品）王仁琛是袭官的

资深老吏，皇上认为他任职时间很长，劳苦功高，就想赐给他五品官。宋璟说："提拔任用故旧官吏是有规定的，根据资历提拔并不都很公道。仁琛因袭官获得了待遇优厚的职位，现在如果破格任用，恐怕会让同僚非议。我请求交给吏部仔细考核，如果确有功劳，没什么过错，就按规定任用。"玄宗也同意了，最终未提拔他。

宋璟选官不徇私情。当时他的从叔宋元超到吏部暗示那里的官员他是宰相宋璟的亲戚，希望得到任用。宋璟听说后，写了一个公文给吏部："元超是我的从叔，经常住在洛阳，不常见面，希望不要照顾我的情面给他高官，要秉公处理。如果确有才能，也应该依照有关规定，公平录用。"宋元超没有获得所期望的职位，非常生气。玄宗听说后对宋璟大加赞赏，赐给他许多财物。

宋璟死后，唐玄宗经常对其后的宰相说："以后挑选官吏要以宋公为榜样，这样国家才会吏治清明，万民富有。"

发生地点	发生时间	推荐理由
北部地区	公元755年	安史之乱是唐朝由盛而衰的转折点，中央的力量被削弱，最终形成藩镇割据的局面。

大唐兴衰的转折点——安史之乱

事件介绍

"在天愿作比翼鸟，在地愿为连理枝"，唐代著名诗人白居易用此句描写了唐玄宗与杨贵妃之间的爱情故事。唐玄宗宠爱杨贵妃，把杨贵妃的亲戚都封为大官，杨贵妃的族兄杨国忠更是权倾朝野。杨国忠仗着自己是皇亲国戚，到处搜刮百姓，营私舞弊。宰相李林甫也与杨国忠互相勾结，专权自恣，排斥异己，弄得天下民怨沸腾。

统治集团的腐败，最后终于导致了安禄山、史思明等发动的"安史之乱"，极大地动摇了大唐王朝的统治，而杨贵妃也成了这场政治斗争的牺牲品。

安禄山是营州（今河北境内）柳城的胡人，因为父亲早逝，从小就孤苦伶仃。随着年龄的增长，安禄山变得越来越世故，而且工于心计。他会讲六蕃语言，后来就做了掌管蕃部间商品交易的官员。

安禄山从小生活在边疆地区，长期过着游猎的生活，十分勇猛，同时他对幽州一带的地理形势了如指掌。凭借这些，他参军后逐渐博得了唐朝幽州节度使张守珪的欢心，被张守珪收为养子。

公元736年，奚、契丹不服唐朝的控制，安禄山奉张守珪之命率军讨伐契丹，结果大败而归。张守珪把他解送到长安,请朝廷处分,宰相张九龄把安禄山判了死刑。唐玄宗听说安禄山勇猛能干,于是下令赦免了安禄山。公元741年,安禄山升为平卢兵马使。

之后,安禄山观察时势,抓住机遇,很快就被提拔为营州都督、平卢军使、顺化州刺史。继而安禄山又凭着行贿和拍马屁的绝好功夫,很快又兼任了范阳节度使、河东节度使。这样一来,安禄山一人掌管三镇,掌握了河北、辽宁西部、山西一带的军事、民政及财政大权。同时,史思明也由他推荐当上了平卢兵马使。

此时朝廷中杨国忠接替李林甫当上了宰相,杨国忠看到安禄山越来越受到玄宗的宠信,担心自己的地位受到威胁,于是经常向玄宗说安禄山有谋反的野心和迹象,想借玄宗之手除掉安禄山。但唐玄宗觉得这是将相不和,并不去理睬。杨国忠一计不成又生一计,向玄宗奏请让陇右节度使哥舒翰兼任河西节度使,以便排斥和牵制安禄山。这样一来,安禄山和杨国忠的矛盾越来越尖锐。

▼ 元代钱选绘《杨贵妃上马图》。

▲ 天宝十四年（公元755年），安禄山举兵反叛，攻陷长安，唐玄宗李隆基幸蜀避之。这幅《明皇幸蜀图》描绘的即是当时唐玄宗幸蜀途中的情形。

但安禄山并没有把杨国忠看在眼里，他仗着皇上对他的信任，野心日益膨胀。他看到了唐王朝在一片歌舞升平之中潜伏的危机，以为夺取天下的时机就要到了，所以尽管他表面上在玄宗面前装出一副憨厚迟钝的可爱样子，但暗地里却在招兵买马，伺机反叛。

公元755年11月，安禄山认为时机已经成熟，于是串通部将史思明，以讨伐杨国忠为名，在范阳起兵，率领15万大军，号称20万，大举南下反唐，"安史之乱"正式爆发。安禄山叛军一路南下，横冲直撞，直逼洛阳。

安禄山叛乱的消息传到长安，唐玄宗立刻召集大臣们商议。满朝文武官员没有经过这样的大动乱，个个吓得目瞪口呆，而杨国忠却好像有些得意地说："我早就预料到安禄山会反。不过陛下尽管放心，安禄山不会成气候的，很快就会有人把安禄山的人头送来！"唐玄宗这才有些安心，于是派大将封常清到洛阳开府库招兵买马，准备迎战安禄山，同时仓促部署了对安禄山的防御工作。由于封常清在洛阳招募的都是一些市井无赖，根本没有经过严格的训练，所以在与安禄山军队的激战中，很快就被打败。叛军长驱直入，占领了洛阳，安禄山在洛阳称大燕皇帝。

洛阳失陷后，常山（今河北正定）太守颜杲卿与平原（今山东陵县）太守颜真卿起兵讨伐安禄山，并号召诸郡响应。河北人民不堪忍受叛军的残暴行为，纷纷自发组织队伍，多则两万，少则万人，抵抗安禄山叛军。唐朝大将郭子仪、李光弼率朔方军一万多人东征河北，并趁史思明率领的叛军疲惫懈怠之机，在嘉山（今河北正定东）大败叛军，斩杀四万多人，史思明狼狈奔逃。战争的胜利鼓舞了唐军的士气，河北民众也加入郭、李军中，河北十余郡又都回归了朝廷，切断了安禄山的后路。

正当安禄山进退两难之际，唐王朝的统治者自己却替叛军打开了潼关大门。驻防潼关的哥舒翰建议唐玄宗命郭子仪、李光弼引兵北取范阳，直捣安禄山的老巢，而潼关则由他据险坚守，以待叛军内部发生兵变。但杨国忠害怕哥舒翰立下大功，会威胁自己的地位，于是就怂恿唐玄宗说："如今潼关外的叛军已经不堪一击，哥舒翰守在潼关按兵不动，会丧失歼灭叛军的时机。请皇上下诏命哥舒翰出兵收回洛阳。"昏庸的唐玄宗听信杨国忠之言，于是下诏命令哥舒翰带兵出关。

潼关是京城长安的门户，十分险要。关外的叛军见后路已被切断，于是养精蓄锐，并派精兵埋伏在灵宝西面的山谷里，只等唐军出关。哥舒翰率领的20万大军一出关就中了叛军的埋伏，几乎被打得全军覆没，叛军趁势占领了潼关。

潼关一陷落，关内就无险可守了，朝廷上下乱作一团，杨国忠于是劝唐玄宗逃往蜀地。唐玄宗觉得也只有如此了，于是带着杨贵妃和一批皇子皇孙，在将军陈玄礼和禁卫军的护送下，悄悄地逃出了长安。

唐玄宗一行一路上走走停停，到了马嵬驿（今陕西兴平西）时，又累又饿，于是停下来歇息。此时，随行的将士们想到他们好好的

◀ 杨贵妃画像。

长安不待,却要奔波逃亡,吃尽苦头,越想越恼火,于是把满腔的怒火都发泄在了奸相杨国忠身上。他们拦住杨国忠的马,高喊着:"杨国忠要造反了!"还没等杨国忠反应过来,几个士兵赶上前去,把他的头砍了下来。

士兵们杀了杨国忠,情绪激昂,趁势把唐玄宗住的驿馆也包围起来,高喊着:"杨国忠谋反,贵妃也不能留下来了!"这下可把唐玄宗难住了,他怎么舍得杀他最宠爱的贵妃呢?他低头沉思了半晌,知道此时局面已经不可控制,于是狠下心来,命人把杨贵妃用带子勒死了。

经过这场兵变,唐玄宗就像惊弓之鸟一样,急急忙忙地逃到成都去了。太子李亨在灵武(今宁夏灵武西南)即位,这就是唐肃宗。唐肃宗任用郭子仪等大将,集合西北各路军队,准备平定叛乱。此时安史叛军一路烧杀抢掠,激起了沿途老百姓的强烈抗议。在广大人民群众的支持下,唐军对叛军进行了有力的打击,安史叛军不断遭到挫折,内部矛盾也开始激化。

公元757年,安禄山被他的儿子安庆绪杀死。唐军趁叛军内乱之机,收复长安、洛阳等地。公元759年,史思明率13万兵马进攻邺城(今河南安阳)。此时唐军粮食供应不足,士气低落,史思明军大败唐军,占领了邺城。后来,史思明杀了安庆绪,自称大燕皇帝。接着,叛军又攻陷洛阳。

不久,叛军内部又发生内乱,史朝义杀死了史思明。公元762年,唐军再次收回洛阳,史朝义在逃跑途中被迫自杀,其手下将领全部投降。至此,历时八年之久的安史之乱终告结束。

发生地点	发生时间	推荐理由
长安	公元9世纪	牛李党争使唐后期朝政混乱，严重挫伤了朝廷的元气，加速了唐朝的灭亡。

牛李党争

事件介绍

唐宪宗元和三年（公元808年），朝廷举行科举考试，以选拔直言敢谏的贤才。在参加考试的人中，有两个下级官员，一个叫牛僧孺，一个叫李宗闵，他们在考卷里直接批评当时朝廷政策的得失，丝毫不加隐讳。考官杨于陵、韦贯之认为这两个人符合选拔的条件，就把他们推荐给了唐宪宗。

当时的宰相李吉甫是个士族出身的官员，十分瞧不起科举出身的官员。当他听说杨于陵等人居然把两个出身低微的考生推荐给了皇上，十分生气。更何况牛僧孺和李宗闵居然敢明目张胆地批评朝政，而且揭了他堂堂宰相的短处，这还了得！于是，李吉甫连忙跑到唐宪宗面前，哭泣着说："牛僧孺、李宗闵二人没有任何真才实学，只是在那里胡乱地批评朝政，如果让他们在朝廷做了官，势必影响皇上您的威望啊！而且据我所知，这二人与杨于陵、韦贯之等有私人关系。"唐宪宗听信了李吉甫的话，把几个考官都降了职，牛僧孺和李宗闵也没有得到提拔。

李吉甫死后，他的儿子李德裕依靠父亲的权势做了翰林学士。此时，牛僧孺和李宗闵也在朝廷做了官。李德裕对二人批评他父亲一事一直记恨在心，总想找个机会报复他们。

唐穆宗长庆元年（公元821年），朝廷命礼部侍郎钱徽主持进士科考试，以选拔德才兼备的人才。考试之前，朝中两位大臣因为有亲戚应考，于是私下里贿赂钱徽等人，要他们通融一下，钱徽却没有给他们面子。正好李宗闵也有个亲戚应考，而且被选中了。于是这两个大臣就恶人先告状，向唐穆宗说钱徽等人徇私舞弊。唐穆宗也不做详细调查，只是问翰林学士李德裕有没有这回事。李德裕一直找不到机会，这下机会来了，于是添油加醋，把李宗闵也牵连进去了。唐穆宗听信了李德裕的话，就把钱徽等人降职查办，把李宗闵贬谪到外地去了。

李宗闵知道这是李德裕成心排挤他，对李德裕恨之入骨，牛僧孺也十分同情李宗闵。于是二人和一些科举出身的官员结成一派，称为"牛党"，在各方面都极力排斥李德裕。而李德裕更是得势不饶人，和士族出身的官员结成一派，称为"李党"。两派各自从派系的私利出发，明争暗斗。

不久，牛党成员李逢吉得势，升任为兵部尚书，于是大力排挤当朝宰相。

唐敬宗即位时年仅十五岁，童心未泯，十分贪玩，唐敬宗的无知也正好给宦官干涉朝政提供了绝好的机会，以李逢吉为首的牛党逐渐控制了朝政大权。

唐敬宗整日玩耍，不理朝政，李逢吉、牛僧孺专权弄政，明争暗斗，弄得朝政黑暗，各地的农民反抗事件时有发生。不久，小皇帝竟神不知鬼不觉地被人杀掉了。

唐敬宗死后，枢密使王守澄与宫内宦官内外勾结，迎唐敬宗的弟弟江王李昂入宫即位，这就是唐文宗。唐文宗也是年幼无知，朝廷大权落在了王守澄等一帮宦官手中。但随着年龄的增长，唐文宗越来越不愿意被宦官摆布，于是一直想找机会除掉他们。

宰相裴度是李党的首领，因年老多病，裴度多次请求辞职，唐文宗知道裴度比较忠诚，不想让他辞职，裴度于是向唐文宗举荐李德裕。唐文宗于是提拔李德裕为兵部侍郎，并想任他为宰相。而吏部侍郎李宗闵一直和李德裕不和，于是私下贿赂王守澄。当时王守澄手握大权，他接受了李宗闵的重金贿赂后，极力向唐文宗推荐李宗闵为宰相。唐文宗无奈，只好升李宗闵为宰相。李宗闵当了宰相，立即把牛僧孺升为兵部尚书，两人联合起来设法排挤李德裕，把李德裕调出京城，贬为西川（今四川成都）节度使。

后来在唐对吐蕃作战的过程中，有个吐蕃将领投降，李德裕趁机收复了重镇维州（今四川理县），立了大功。牛僧孺害怕李德裕会威胁自己的地位，于是对唐文宗说："收复一个维州，根本算不了什么，但把我大唐和吐蕃的友好关系破坏了，是很不值得的啊！"唐文宗一听，就命令李德裕把维州还给吐蕃。李德裕气得要命，但也毫无办法。后来吐蕃得

唐朝时期的三彩女立俑。

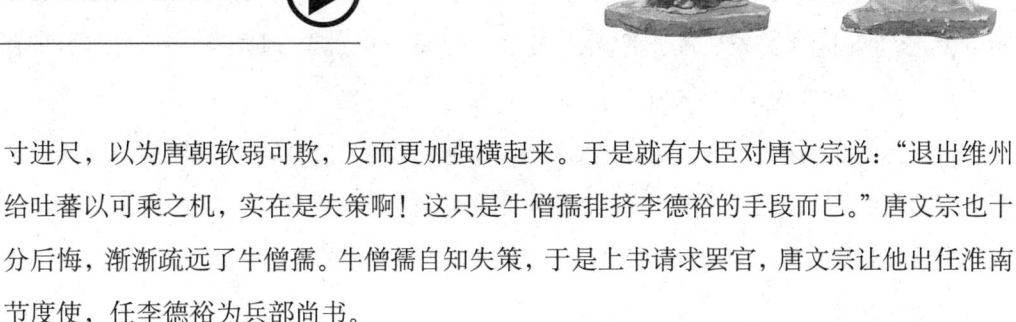

寸进尺，以为唐朝软弱可欺，反而更加强横起来。于是就有大臣对唐文宗说："退出维州给吐蕃以可乘之机，实在是失策啊！这只是牛僧孺排挤李德裕的手段而已。"唐文宗也十分后悔，渐渐疏远了牛僧孺。牛僧孺自知失策，于是上书请求罢官，唐文宗让他出任淮南节度使，任李德裕为兵部尚书。

李德裕当上了兵部尚书以后，和李宗闵的矛盾更加激化。

有一次，唐文宗生了一场病，一直治不好。王守澄手下有个叫郑注的官员，精通医道，王守澄就把他推荐给唐文宗。唐文宗服了他开的药，病很快就好了。唐文宗十分高兴，就召见郑注，发现郑注谈吐文雅，口齿伶俐，是个很有才干的人，于是就把他提拔为御史大夫。郑注有个朋友叫李训，在官场一直郁郁不得志，听到郑注受到朝廷重用，于是请求郑注推荐他。郑注也正好想找个帮手，好在朝廷能站住脚，于是就请王守澄把李训推荐给唐文宗。李训也很快就取得了唐文宗的信任，后来被提升为宰相。

唐文宗见李训、郑注二人精明干练，值得信任，便和他二人密谋除掉了王守澄。

除掉了王守澄这个宦官头子，唐文宗决定实施下一步计划，把所有宦官斩尽杀绝。于是唐文宗任郑注为凤翔节度使，让他挑选几百亲兵，趁全部宦官为王守澄送葬时，将他们一网打尽。李训为了抢功，趁郑注去凤翔搬兵之时，又怂恿唐文宗改变计划，提前杀尽宦官，然后再赶走郑注。唐文宗十分宠信李训，也就答应了。

公元835年的一天，唐文宗上朝的时候，禁卫军将军韩约启奏说，禁卫军大厅后院的一棵石榴树上，昨天夜里降了甘露。李训立即说："天降甘露这是好兆头啊！请皇上到后院观赏甘露吧！"文武百官一听，也立即跪拜，向唐文宗表示庆贺。唐文宗于是在韩约的陪同下，带领满朝文武官员一起去观赏甘露。

唐文宗让宰相李训先去后院观看，李训装模作样地在院子里兜了一圈，回来说："我去看了一下，好像不是真的甘露，请陛下派人复查。"唐文宗做出十分惊讶的表情，又命仇士良、鱼志弘等带领宦官前去复查。仇士良让韩约一同前去，当他们走到后院门口时，韩约神情紧张，脸色都白了。仇士良心生怀疑，问韩约说："韩将军，您怎么啦？"正说着，一阵风吹来，门边挂的布幕被掀起，仇士良发现布幕里埋伏了很多士兵，都手拿明晃晃的武器。仇士良顿时大吃一惊，知道形势不妙，立即拔腿就往回跑。李训一看仇士良逃走，立刻命令埋伏的卫士出来捉拿仇士良。谁知仇士良和宦官们已经把唐文宗推入软轿，抬起就走，李训赶上去拉住轿子不放，一个宦官抢前一步，朝李训当胸一拳，把他打倒在地。仇士良等簇拥着轿子逃入宫内了。

李训见计谋败露，立即化装成小吏，逃出京城。仇士良回宫后，立即指挥策军，逮捕了一千多名官员，把他们全都杀害了。李训东奔西逃，走投无路，在终南山被杀。郑注正从凤翔带兵进京，得到消息后，想引兵退回凤翔，也被监军的宦官杀死。这就是历史上所称的"甘露之变"。

"甘露之变"之后，朝政大权被宦官掌控，唐文宗几乎被软禁起来。后来，唐文宗又不得不逐渐起用一些被郑注、李训贬逐出朝的牛、李两党官员，两党之间的斗争也达到高潮。双方不问是非，只要牛党认为是对的，李党必然猛烈抨击；而只要李党认为是对的，牛党也必定强烈反对。两党为了各自的利益，和宦官内外勾结，把整个朝廷弄得乌烟瘴气。

公元840年1月，唐文宗带着无限的惆怅病死于太和殿。唐武宗即位后，以李德裕为首的李党控制了朝政，牛僧孺、李宗闵等牛党成员都被贬出京城。唐武宗统治时期是李党的鼎盛时期。

公元846年3月，唐武宗去世，唐宣宗即位。唐宣宗早就厌恶李德裕，即位之后立即把他贬到外地，而牛党的牛僧孺、李宗闵等众多原来被贬的官员都被调到朝廷担任要职。牛党一上台，又极力地打压李党，众多李党成员都被贬出京城。牛李党争最终以牛党获胜而结束。

发生地点	发生时间	推荐理由
全国范围	公元874年	黄巢起义沉重打击了唐王朝的腐朽统治,削弱了藩镇割据势力,加速了唐朝的灭亡。

唐末黄巢大起义

事件介绍

黄巢,曹州冤句人,出身于一个私盐贩家庭。曹州人民性格豪放,心胸宽广,自古就有练武术的传统。几次进京考试的失败,使黄巢认识到当时唐朝政治的腐败和黑暗,于是对社会产生了严重的不满情绪。为了表达这种心情,黄巢曾借菊咏志,写下一首《不第后赋菊》诗:"待到秋来九月八,我花开后百花杀。冲天香阵透长安,满城尽带黄金甲。"在这首诗中,黄巢以豪迈的气魄,抒发了自己要改天换日、推翻唐朝腐朽统治的远大志向。

公元873年,河南、河北、山东、淮北等地方发生了历史上罕见的大旱灾,贫苦农民颗粒无收,只好以野菜、树皮等充饥,甚至有的人连这些东西都吃不上,无数人被活活饿死。曹州一带灾情特别严重,饿死者不计其数。广大贫苦农民走投无路,面对地主的残酷剥削,只有拿起武器进行斗争。

公元874年,有个盐贩首领王仙芝,聚众3000人,在长垣(今河南长垣)首先举起农民起义的大旗。王仙芝的号召很快得到了各地贫苦农民的响应,起义军很快攻下曹州,声威大震。

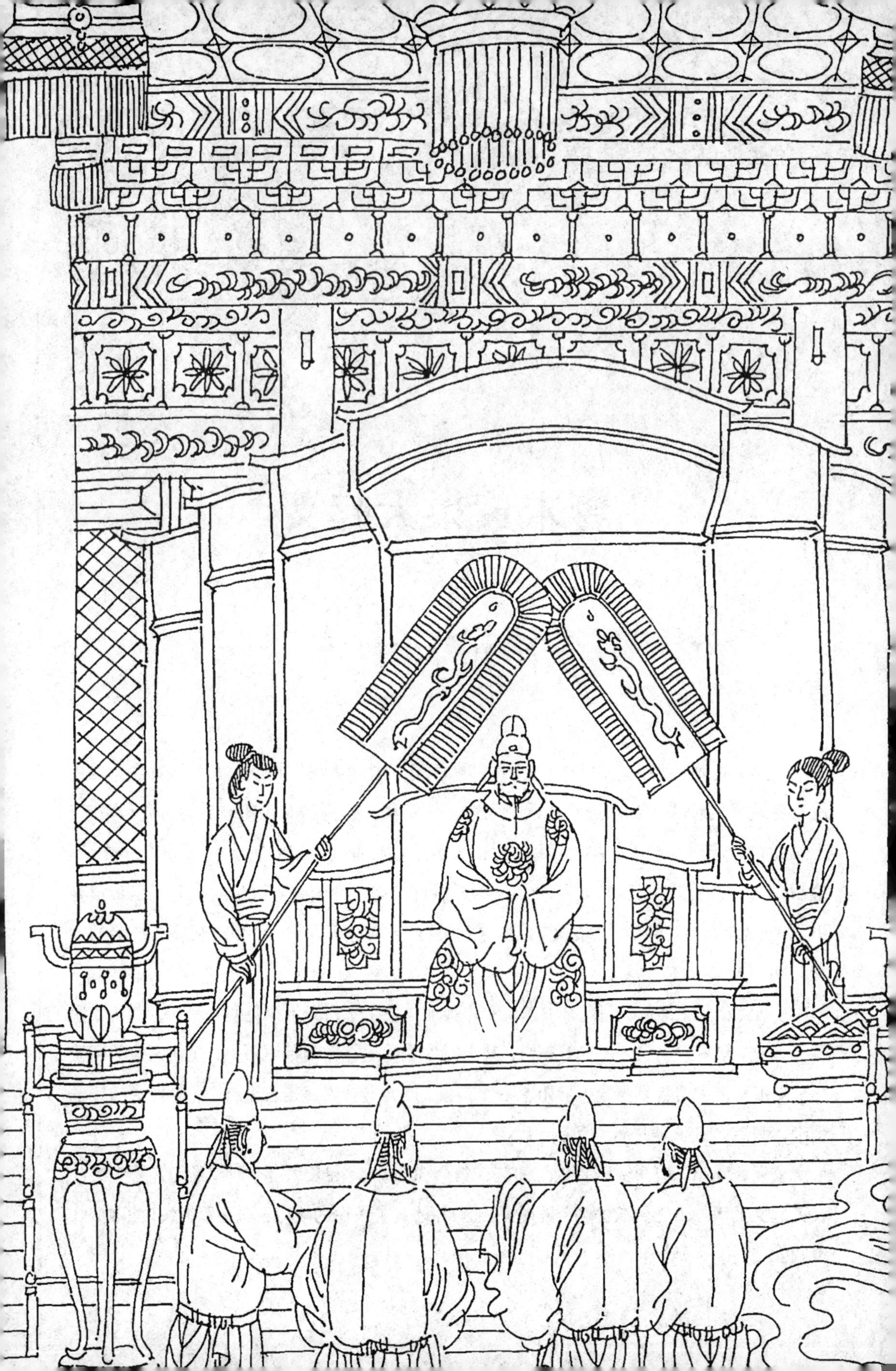

公元875年6月,黄巢也在曹州冤句率领数千贫苦农民发动起义,以响应王仙芝的农民起义。一场向唐王朝发动猛烈冲击的伟大的农民战争开始了。

王仙芝和黄巢领导农民起义军转战于山东、河南一带,接连攻下许多州县,势力大增。唐朝统治者十分恐慌,急忙命河南、山东、淮南各地的节度使调来大批军队,以平卢节度使宋威为统帅,向农民军发动进攻。各地节度使的军事力量远远超过农民起义军,王仙芝在沂州(今山东临沂)一带被宋威打败,形势对义军十分不利。为了摆脱唐军的围攻,王仙芝、黄巢等人决定化整为零,离开山东,转战河南。宋威为了邀功请赏,向朝廷报告说王仙芝已经死了,起义军已经被打败,并遣散各支军队,自己也带兵返回青州。

献马图。唐末壁画,画面绘有两名控夫和一匹良马,反映了西北少数民族向唐王朝贡献良马的情景,整个画面极具写实性。

正当唐朝统治者举朝欢庆之时,王仙芝已经乘虚进入河南,接连攻克阳翟(今河南禹州)、郏城(今河南郏县),进逼汝州。公元876年9月,起义军一举攻克汝州,兵锋直指唐朝东都洛阳,给唐军以沉重打击。唐朝统治者一听汝州被攻破,都乱了手脚,急忙调兵加强洛阳防务,并形成对农民军的包围之势,企图把农民军消灭在河南。王仙芝、黄巢于是挥师南下,跳出了唐军的包围圈,进入湖北、安徽境内。后来,起义军又接连攻克郢州(今湖北钟祥)、江州(今江西九江)、蕲州(今湖北蕲春)等地,彻底粉碎了唐军的包围和封锁,起义军的队伍也迅速发展壮大。

唐朝统治者见"围剿"失败,于是用高官厚禄来收买王仙芝等起义领袖,王仙芝禁不住诱惑,私下表示接受。黄巢听说后,愤怒地指责王仙芝。王仙芝见触犯众怒,于是放弃了唐朝的封赏，但从此与黄巢分兵作战。公元878年2月，在黄梅一战中，王仙芝的起义军几乎全军覆灭，王仙芝也被唐军杀死。

为了尽快消灭起义军，唐朝统治者把主要兵力都集结在洛阳一线。黄巢根据形势，采取了避实就虚的战术，决定暂时放弃攻取洛阳，向江南发展。公元878年3月，起义军数十万人乘虚南下，横渡长江，然后攻克了虔州(今江西赣州)、吉州（今江西吉安）、饶州（今江西波阳）、信州（今江西上饶）、池州（今安徽贵池）、越州（今浙江绍兴）、福州等地。此后起义军转入广东，于公元879年10月攻克广州。唐朝统治者无力派兵南下镇压起义军，只得由进攻转入防御，农民起义军掌握了南方战场的主动权。

黄巢决定抓住这一有利时机，挥师北伐，直捣唐朝统治者的老窝长安。起义军迅速攻克潭州、鄂州等地，并突破长江防线和淮河防线，直逼洛阳。

公元880年11月，起义军向洛阳发起猛烈进攻，唐军闻风丧胆，纷纷投降，唐将齐克让、张承范等只身逃亡。农民起义军只用了六天时间就攻下潼关，打开了长安的大门。

唐僖宗听说潼关被攻破，急忙带领随从仓皇逃奔四川成都。黄巢率领农民军"甲骑如流，辎重塞途"，浩浩荡荡地开进长安。起义军占领长安后，黄巢被拥立为皇帝，建立了农民政权，国号"大齐"，年号金统。

农民政权建立后，起义军陶醉于胜利之中，没有消灭关中附近的禁军，也没有乘机消灭唐军的残余势力。逃到四川的唐僖宗集结了各地节度使的力量，向农民军反扑，使得农民军很快陷入了唐军的包围之中。由于寡不敌众，加上起义军粮食不足，处境十分困难，黄巢被迫率军退出长安，转战河南、山东一带。公元884年6月，农民军只剩下十几个人，败退到狼虎谷。黄巢见大势已去，于是长叹一声，挥剑自杀。这场声势浩大的农民起义最终失败了。

唐朝三彩武士俑。

发生地点	发生时间	推荐理由
辽河流域以北	公元916年	辽的建立,使中国北方得到统一,促进了北方地区各民族的融合,为契丹民族的发展提供了条件。

阿保机建国

事件介绍

　　契丹族是我国北方一个很古老的少数民族,起源于鲜卑族的一个分支。北魏时期,契丹分布在辽河流域以北的潢河(今西拉木伦河)与土河(今老哈河)一带,过着原始的游牧渔猎的氏族部落生活。

　　北魏后期,契丹逐渐形成了八部,八部之间互不管辖,也互不联系,各自独立地和北魏保持着朝贡关系。隋朝时期,由于突厥势力扩张,对契丹各部征伐不止。为了有效地防止突厥的侵扰,契丹各部开始联合起来,形成了比较松散的部落联盟。此时的契丹仍然没有形成自己的国家,但各个部落都有自己的首领,称为夷离堇。部落联盟的首领是从各部落的夷离堇中选举产生的,称为可汗。可汗任期三年,到期改选。

　　唐朝初期,契丹形成了以大贺氏为首的部落联

契丹大字银币。

盟。大贺氏率领契丹归顺唐朝。唐朝末年，中原地区连年混战。为了躲避战乱，北方汉族人纷纷逃入契丹地区，契丹也开始逐步由氏族社会向阶级社会过渡。

　　阿保机出生的时候，契丹各部落的贵族正为了争夺部落联盟首领之位而互相残杀。阿保机长大后，"身长九尺，丰上锐下，目光射人，关弓三百斤"，而且胸怀大志，曾带领侍卫和亲军多次立下战功，显露出他过人的才干。

　　公元901年，三十岁的阿保机被推选为迭剌部的夷离堇，掌握了联盟的军事大权。阿保机四处征战，不断地进行掠夺，他在当上夷离堇的第二年，就掠夺了9.5万人，骆驼、马、牛、羊无数。随着阿保机势力的不断扩张，迭剌部的实力也大大增强，阿保机本人也在部落中树立了权威。

按照传统制度,契丹的可汗每三年改选一次。但阿保机决心学习中原的方式,在契丹建立帝制。于是,阿保机一登上可汗之位,就极力加强自己对各部落的权力控制。

阿保机任可汗满三年后,凭借他的实力和威望,继续坐在可汗的宝座上,这引起了其他贵族的强烈不满。为了争夺可汗的宝座,阿保机本家族的兄弟们首先起来反对他,一共发生了三次叛乱。阿保机识破了他们的阴谋,并用计打败了叛军。经过三次平叛,阿保机基本消灭了本家族的反对势力。

本部落的反对势力消除后,契丹其他七个部落的反对势力依然存在。他们以恢复旧的可汗选举制度为旗号,强迫阿保机让出可汗之位。阿保机于是假装答应退位,交出了旗鼓。他对众人说:"我在可汗之位九年,很多汉人拥护我,我想自己带领这些汉人,治理一座城池,可以吗?"众人见他愿意让出可汗之位,都很爽快地答应了。阿保机于是带领汉人耕种,发展盐铁业。不久,阿保机采纳了妻子的计策,派人告知各部落的首领说:"我这里有盐池,经常供给各部落。但大家只知道吃盐方便,却不知盐池也有主人,你们如果肯赏脸,不如来我这里犒劳我和部下吧。"众首领一听,觉得也有道理,于是都带着牛、马、羊和很多好酒前来犒劳阿保机。此时,阿保机早已布下伏兵,等他把各首领灌得烂醉后,立即命令卫士把他们全部杀死。这样,阿保机又重新登上了可汗之位。

公元916年,阿保机称天皇帝,正式建国,国号契丹。因为后来契丹改国号为辽,所以历史上称阿保机为辽太祖。这

辽朝文官像。公元916年,阿保机称天皇帝,国号契丹。

◀ 手持骨朵的辽人。

样一来,阿保机就建立起了和中原皇帝一样的世袭制。建国之后,阿保机又不断地开拓疆土,并任用一些汉族的知识分子,帮助他发展生产,治理国家,使契丹逐步成为北方的一个领土广阔、兵强民富的国家。

阿保机建国后的中原正处于混战之中,对阿保机开疆拓土的计划十分有利。刚刚建立后梁的朱温和割据一方的李克用正在进行激烈战斗,而北方漠北的游牧部落和契丹比起来势力极其微小,东边的高丽也已经衰落。阿保机于是决心建立一个南到黄河、北至漠北的北方大国。

阿保机一直想征服黄河以北地区,此时北方的军阀们也想利用强大的契丹,这为阿保机进兵中原创造了良机。为了占领幽州,阿保机和新州(今河北涿鹿)将领卢文进联合起来,一起攻打新州和幽州,并对幽州城围攻了两百多天。后由于晋军李嗣源的援兵赶到,阿保机被迫撤兵。后来,阿保机再次率军南下中原,攻陷涿州后进兵定州,和李存勖在沙河及望都(今河北望都)一带展开激战。由于正好赶上下大雪,契丹的兵马、粮草不足,阿保机损失惨重,被迫撤兵。

两次南下都损兵折将,无功而回,阿保机于是及时调整了战略方向:先征服北方的游牧部落,攻下东北的渤海国,消除了契丹两侧的威胁后,再向南用兵,夺取河东及河北地区。不久,阿保机亲自率军征服党项、阻卜等部落,并迫使回鹘向契丹称臣纳贡。阿保机解除了西边的威胁,势力向西延伸到今阿尔泰山一带。

为了向东发展,阿保机又东征素有"海东盛国"之称的渤海国,统一了渤海全境,并将渤海改为东丹国,也就是"东契丹国"的意思。为了有效地管理东丹国,阿保机让皇太

子耶律倍任东丹王，管理东丹事务。这样一来，契丹西边的威胁就解除了，势力向东扩大到渤海沿岸。

在不断的东征西伐中，阿保机又征服了黑龙江和乌苏里江流域，并在那里设置官府，从而结束了唐末以来东北地区的分裂局面，重新实现了统一。但在回师途中，阿保机病死，没有实现他统一北方的愿望。阿保机被后人追谥为辽太祖。

阿保机在四处征战的同时，大力任用一些汉族的知识分子，如韩延徽、卢文进、韩知古等，他们对于阿保机政权的巩固，特别是对于他建立契丹国称帝起到了重要的作用。

发生地点	发生时间	推荐理由
中国北方	公元936年	燕云十六州的割让，使中原地区失去了北方的重要屏障，因此中原王朝在同契丹的战争中也一直处于被动的地位。

石敬瑭贪权割燕云

事件介绍

大唐王朝在黄巢农民大起义的猛烈冲击下，已名存实亡。尽管农民起义最终失败了，但唐朝的统治也随之垮台。公元907年，朱温废掉唐哀帝，自立为皇帝，定都开封，建立了后梁政权。从此，中国历史进入五代十国的大割据时代，军阀混战，大小统治者为登上皇位不择手段，石敬瑭就是其中之一。

石敬瑭年轻时朴实稳重，不苟言笑。他熟读兵书，很推崇李牧和周亚夫。他效力于唐朝河东节度使李克用的义子李嗣源。石敬瑭曾帮助李克用、李存勖父子和后梁争夺地盘，冲锋陷阵，战功卓著。

公元923年，李存勖灭掉了后梁政权，建立了后唐，建都洛阳。公元926年，魏州发生兵变，石敬瑭乘机劝李嗣源起兵夺取开封，以成就大事。很快，石敬瑭占领洛阳，李存勖被乱兵所杀，李嗣源入洛阳称帝，即后唐明宗。

在这次兵变中，石敬瑭立下了汗马功劳，后唐明宗任他为保义军节度使兼六军诸卫副使，赐号"竭忠建策兴复功臣"。

随着势力的不断增长，石敬瑭开始拥兵自重，大有取后唐而代之之势。公元933年，后唐明宗李嗣源死,李从厚即位,为后唐闵帝。当时凤翔节度使李从珂和河东节度使石敬瑭都拥有重兵,后唐闵帝对他俩很不放心,于是下令二人职位对调,以削弱他们的势力。李从珂不服,在凤翔起兵反叛,并杀死后唐闵帝,自立为皇帝,即后唐末帝。

后唐末帝即位后,任石敬瑭为北京留守、太原节度使,同时对石敬瑭疑心很大。而同是节度使的李从珂能够夺得帝位,对石敬瑭是一个很大的刺激,他也开始积极筹划如何可以过一把皇帝瘾。于是,石敬瑭把他在洛阳储存的财物、粮食全部收归晋阳,把驻守在幽州、并州的禁军也全部控制在他的手中。石敬瑭和后唐末帝之间的矛盾不断激化。

公元936年4月,早有预谋的石敬瑭以身体虚弱为由,请求解除自己的兵权,以试探后唐末帝。而后唐末帝正求之不得,于是命令把石敬瑭调往天平(今山东东平)。群臣得知后,相顾失色,都预感到大乱即将来临。石敬瑭拒绝服从命令,与部下桑维翰、刘知远等在晋阳起兵叛乱,宣称后唐末帝只是后唐明宗的养子,是没有资格当皇帝的,要求后唐末帝让位于许王(后唐明宗四子)。后唐末帝立即下诏剥夺石敬瑭的所有官爵,并任命建雄节度使张敬达为太原四面招讨使,率兵三万围攻太原,讨伐石敬瑭。

6月,后唐的军队把石敬瑭围困在晋阳城中。7月,石敬瑭派使者向契丹求救,并命桑维翰上表契丹:向契丹称臣,称父,等大事告成以后,割让卢龙一道及雁门关以北诸州给契丹。

契丹主耶律德光得表大喜,立即答应秋季时来救援。9月,耶律德光亲自率领五万骑兵来援救石敬瑭。后唐对契丹毫无戒备,在雁门关等险要的关口都没有驻兵把守,契丹兵轻易越过险要关口,直抵晋阳城,大败后唐张敬达。石敬瑭会合契丹兵后,乘胜把唐兵五万多人、战马一万多匹包围在晋安寨中(晋阳城南),彻底阻断了张敬达和后唐朝廷的联络。

11月,耶律德光在柳林(今山西太原东南)册立石敬瑭为皇帝,改国号为晋,这就是历史上所称的

215

辽代白釉瓜棱壶。

后晋。石敬瑭身穿契丹服饰接受了册封,并和契丹订下盟约:向契丹称子,把幽(今北京)、蓟(今天津蓟县)、瀛(今河北河间)、莫(今河北任丘)、涿(今河北涿州)、檀(今北京密云)、顺(今北京顺义)、儒(今北京延庆)、新(今河北涿鹿)、妫(今河北怀来)、武(今河北宣化)、云(今山西大同)、应(今山西应县)、寰(今山西朔县东)、朔(今山西朔县)、蔚(今山西蔚县)等十六州割让给契丹,每年向契丹贡献布帛30万匹。

之后,石敬瑭率军继续向洛阳逼近。公元937年11月,后唐末帝在玄武楼自焚而死,后唐灭亡。石敬瑭攻占洛阳后,把汴梁(今河南开封)作为都城。

后晋新得天下,政权未稳,藩镇大多不服,以至兵火连天,府库空虚,民间贫穷。但契丹贪得无厌,一直向后晋索要财物、粮食。为巩固政权,解决财政危机,石敬瑭采纳了桑维翰的建议,安抚藩镇,训练士兵,鼓励农桑。同时石敬瑭对契丹卑辞厚礼,百依百顺,称契丹主为"父皇帝",自称"臣",是"儿皇帝"。

石敬瑭虽然主动安抚藩镇,但藩镇仍然不服,以称臣于契丹为耻。天雄节度使范廷光在魏州起兵反叛,石敬瑭派东都巡检张从宾讨伐,张从宾到了魏州也一同反叛。继而渭州也发生兵变,侍卫将军杨光远拥兵自重,干预朝政,擅杀范廷光,石敬瑭无奈,只得屈从。

石敬瑭把雁门关以北的地方都割让给契丹后,吐谷浑忍受不了契丹的暴虐统治,想重新归属中国,后晋成德节度使安重荣乘机不断利诱,于是,吐谷浑诸部落千余帐归附于后晋。契丹大怒,立即派使者指责后晋皇帝纳叛招亡。公元940年,后晋下令驱逐散处在并(今山西太原)、镇(今河北正定)、忻(今山西忻县)、代(今山西代县)四州山谷中的吐谷浑人,让他们回归故地。公元941年6月,安重荣以向契丹称臣纳贡为耻,杀掉了契丹的使臣,又抢掠幽州的南部边境,并上表指责石敬瑭卖国求荣,认贼作父,竭尽中国的财富去满足贪得无厌的北虏,要求进攻契丹,与契丹决一死战。这遭到桑维翰的极力反对。

8月,石敬瑭亲自到邺都,连下十道诏书劝谕安重荣,但毫无用处。10月,后晋河东节度使刘知远派遣亲信将领郭威劝说吐谷浑断绝了和安重荣的往来。吐谷浑首领白承福率

众投降后晋，刘知远把他们安置下来，并上表推荐白承福为大同军节度使。11月，山南东道节度使安从进联合安重荣举兵反叛。石敬瑭发兵杀了安重荣，并把安重荣的头颅装在木函中送到契丹。7月，石敬瑭死，他的侄子石重贵继承了皇位，史称后晋出帝。后晋出帝派遣使者到契丹告哀，称孙不称臣。契丹大发雷霆，责问为什么不禀告就自己先称帝了。8月，晋军攻克襄州（今湖北襄樊），安从进全族人自焚而死。

公元943年12月，契丹主派赵延寿率领幽、云数州兵五万多人侵扰后晋边境，并且许诺事成之后立赵延寿为帝。后晋也修筑边城，征调附近各道军队防备契丹的进攻。公元944年1月，契丹大举南犯，攻陷了贝州，分几路向南推进。2月，晋平卢节度使杨光远背叛晋朝，勾结契丹，在青州（今山东益都）举兵反叛。晋军在马家口大败契丹军，契丹军溺死、被杀死者有数千人，再也不敢东渡。杨光远失去了援救，被晋军杀掉。

3月，契丹主亲自率领10万大军攻打澶州（今河南濮阳南），从早晨一直打到傍晚，双方死伤不可胜数。契丹无奈，只好撤退，一路上烧杀抢掠，方圆千里被一掠而空。同年冬天，耶律德光再次大举南侵，河北诸州告急。公元945年2月，后晋出帝征调各路兵马，下诏亲征。晋军各路兵马会合后，在阳城（今河北完县）大败契丹军，后来又被契丹军包围。6月，后晋派遣使者向契丹奉表称臣，卑词求和。公元946年，契丹主指使赵延寿诈降后晋，暗送假情报诱骗晋朝。10月，后晋果然中计，大规模发兵征伐契丹。契丹乘机第三次南侵，切断了晋军的粮道和归路，晋军投降。契丹趁势挥师南下，直取大梁。后晋出帝投降，后晋至此灭亡。

217

发生地点	发生时间	推荐理由
今开封	公元960年	结束了五代纷争的割据局面，为社会安定、经济发展、文化交流创造了有利的条件。

赵匡胤兵不血刃得江山

事件介绍

宋太祖赵匡胤，涿郡（今河北涿县）人。后汉初年，赵匡胤已经成年，后来朝廷征用李守真为枢密使，他就前去投奔。由于他勇猛善战，屡立战功，因此不断获得升迁。

柴荣继承皇位后称周世宗，委任赵匡胤典掌禁军。当时，北汉发兵进犯后周，周世宗率军讨伐，双方在高平关（今属山东）展开大战。战斗刚刚开始，后周将领樊爱能等就临阵脱逃，形势非常危急。就在这时，赵匡胤率领将士横冲直撞地杀入北汉军中，北汉士兵招架不住，被冲得七零八落。赵匡胤乘胜进攻河东城，并趁势火烧城门，眼看就要攻入城中，不料赵匡胤右臂被乱箭射伤。周世宗怕赵匡胤出现意外，下令停止进攻，收军回营。周世宗对赵匡胤的勇猛十分赞赏，提升他为殿前都虞侯。

公元956年春，赵匡胤跟从周世宗讨伐南唐，立了大功，周世宗拜他为殿前都指挥使。不久，又拜他为定国军节度使。公元959年，周世宗北征，赵匡胤为水陆都部署。后周军队抵达莫州，赵匡胤率军先到瓦桥关，收降守将姚内斌，打败敌骑兵数千人，平定燕南。进军路上，周世宗阅览四方所报文书，发现一个书袋，里面有一个三尺多长的小木板，上面写着"点检做天子"。周世宗感到十分奇怪，于是下令撤军回师。回到京师后，周世宗

立即撤了殿前都点检张永德，而拜赵匡胤为殿前都点检。

公元959年，周世宗病逝，由七岁的幼子柴宗训（即周恭帝）即位，而实权却由符太后掌握。这时的赵匡胤，除任殿前都点检外，还兼任归德军节度使，负责防守京城开封，权势更大了。而当时后周的形势却是"主少国疑"，正是赵匡胤夺权取代后周的好机会。

公元960年正月初一，皇宫里正在欢庆新春，热闹非凡。赵匡胤以镇（今河北正定）、定（今河北定县）二州的名义，谎报军情，说是契丹勾结北汉大举南侵，请求朝廷派兵抵御。当时的宰相范质、王溥等不明真相，便立即派赵匡胤率兵出征。当晚，赵匡胤率军在京城东面的陈桥驿（今河南开封东北）驻扎下来，做好了兵变前的准备，装醉睡觉去了。

赵匡胤的弟弟赵匡义（后避太祖讳改为赵光义）和谋士赵普趁机煽动将士们说："如今主上幼弱，我们出力破敌，朝廷谁会知道？不如我们趁机先立点检为天子，然后再北征不迟。事成之后，大家论功行赏。"将士们一致表示同意。

次日清晨，赵匡义、赵普带领一大队将官和士兵，聚集在赵匡胤的营帐前。一声令下，

大宋开国皇帝宋太祖赵匡胤。

将士们立刻齐刷刷地跪下,高声喊道:"万岁!万岁!万万岁!"赵普连忙把早已准备好的黄袍(皇帝登基穿的)披在赵匡胤身上,并簇拥着赵匡胤上马,要求他回师开封,登基称帝。赵匡胤假意装作无可奈何的样子,揽着缰绳说:"是你们贪图富贵,拥立我当皇帝,如能服从我的命令则可,不然,我可不做你们拥戴的人主。"众将一齐下马回答:"愿听从指挥!"赵匡胤立即整顿兵马,回转京师。与此同时,赵匡胤派人回开封通报"素有归心"的殿前都指挥使石守信、殿前都虞侯王审琦,让他们做好内应。

正月初五,赵匡胤率兵从仁和门进入开封城。当时早朝还没结束,宰相范质听说赵匡胤发动兵变,十分慌张,使劲抓住王溥的手说:"仓促派赵匡胤出兵,实在是我们的罪过啊!"王溥更是害怕得说不出话来。大臣们也都束手无策,只有侍卫亲军副都指挥使韩通想率兵抵御,结果被大将王彦升诛杀在家中。

赵匡胤登上明德门城楼,命令将士们各回营房,自己仍回原来的公署。不一会儿,众将拥着宰相范质等前来。见面后,赵匡胤流着眼泪说:"我违心从事,实在愧对天地。可是已经到了这个地步,真不知该如何是好。"范质等还来不及答话,将领罗彦环就按剑厉声对范质等人大叫:"如今国中无主,我们应拥立点检做天子。"范质等朝臣相顾无言,迫于无奈,只有俯首称臣。王溥首先下跪叩拜,范质也只好叩拜。周恭帝年幼无知,符皇后一个妇人哪见过这种场面,哭哭啼啼的没完。朝中百官见后周大势已去,只得请周恭帝禅位于赵匡胤。

赵匡胤穿上皇帝的衣冠,北面拜受帝位,改封周恭帝为郑王,尊符皇后为周太后,然

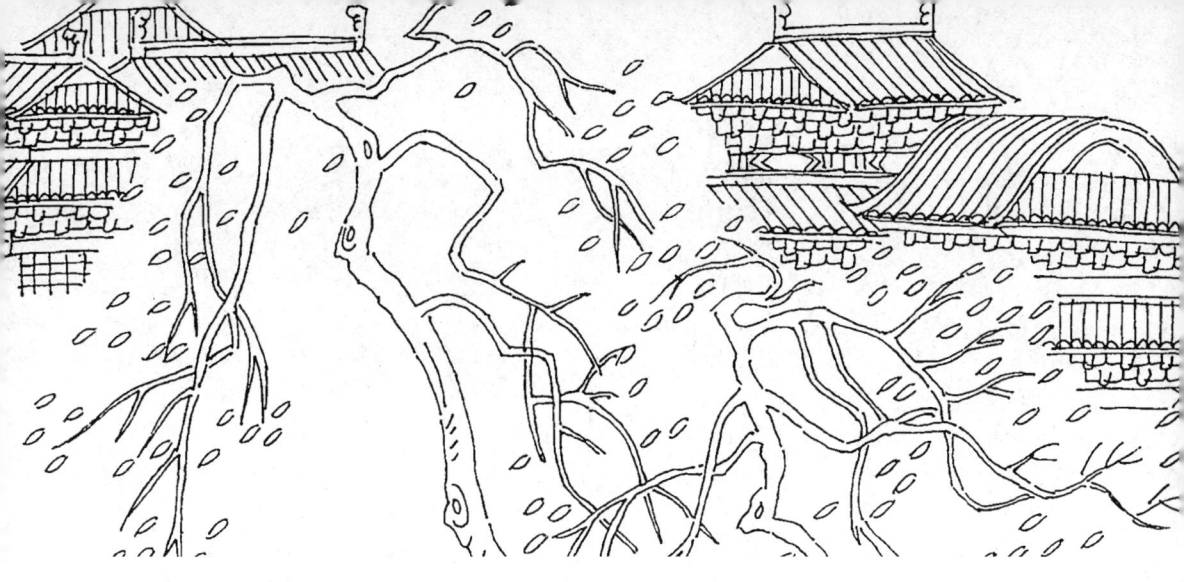

后请周恭帝和符皇后迁进西宫。后周恭帝即位后，曾命赵匡胤为宋州节度使，于是赵匡胤大赦天下，改年号为"建隆"，国号称"宋"。赵匡胤也就是宋太祖。

在赵匡胤发动陈桥兵变取代后周的过程中，由于他严肃军纪，一回开封就下令军队各归兵营，开封城内没有发生以往改朝换代时出现的那种刀光剑影的混乱局面，因而得到原后周大小官吏的支持。赵匡义和赵普是陈桥兵变的直接发动者，赵匡胤于是加封赵匡义为殿前都虞侯领睦州防御使，赵普为枢密直学士。石守信等将领为陈桥兵变立下了大功，赵匡胤于是加封石守信为侍卫马步军副都指挥使，高怀德为殿前副都点检，张令铎为马步军都虞侯，王审琦为殿前都指挥使，张光翰为马军都指挥使，赵彦徽为步军都指挥使。

为稳定局面，赵匡胤称帝后，派遣使者遍告郡国藩镇，论功行赏。后周一些带重兵在外执行巡边任务的将领，如掌握重兵的原殿前副都点检慕容延钊、领兵巡守北方边境的韩令坤等，大都表示拥护赵匡胤。赵匡胤于是下诏升慕容延钊为殿前都点检，升韩令坤为侍卫马步军都指挥使，与石守信一起统领禁军。但驻守潞州（今山西上党）的昭义军节度使李筠和驻守扬州的淮南节度使李重进先后起兵反抗，宋太祖赵匡胤于是亲率大军，在不到半年的时间里先后平定了李筠和李重进的叛乱。李筠和李重进是当时后周境内两个力量较强的藩镇，他们的失败，使得一些势力较小的地方藩镇更感到无力与中央抗衡，尽管他们对赵匡胤取代后周不满，但也只得表示屈服。这样，到公元960年末，北宋在原后周统治区内已基本上稳定了局势。

内部政局稳定后，宋太祖赵匡胤就开始着手进行他统一中国的计划。经过十几年的统一战争，南汉、南唐、北汉等政权相继被灭，至公元979年，安史之乱以来两百多年的分裂割据局面基本上结束了。

发生地点	发生时间	推荐理由
开封	公元961年	"杯酒释兵权"阻止了唐末藩镇割据局面在宋朝的形成,使中央的控制力空前加强。

隐患消弭于杯酒间

事件介绍

陈桥兵变后,赵匡胤取代后周,自己登上了皇位。为了控制天下局势,实现长治久安,赵匡胤经常和亲信大臣赵普讨论天下大事。一天,他又把赵普召进宫中商议大事,赵匡胤长叹一声,对赵普说:"自唐末以来,数十年间,帝王频繁更迭,各地割据势力连年争战,民不聊生,天下大乱,这是什么原因?我大宋如何能够天下太平,长治久安呢?"

赵普一听这话,十分高兴。他说:"陛下考虑这等大事,真是社稷百姓的福气。改朝换代频繁,争战接连不断,没有别的原因,只是由于藩镇权重,皇帝势弱,造成了君弱臣强的局面。要想解决这个问题,也没有什么奇策巧计,只需削弱他们的权力,控制他们的钱粮,收夺他们的精兵,这样天下自然就安定了……"

刚说到这里,赵匡胤就接口说道:"不必再讲下去了,朕已经明白该怎么做了。"

当时手握大权的是哪些人呢?首先就是石守信、王审琦等人。他们早年就和赵匡胤很有交情,陈桥兵变时又立有大功,现在手握重兵,对皇室是最大的威胁,一旦形势有变就有可能发动兵变,改朝换代。赵普曾不止一次地提醒赵匡胤削减他们的兵权,但赵匡胤不以为然。他对赵普说:"我相信石守信这些人,他们不会背叛我,你不必担心。"赵普答道:"我担心

宋朝大将石守信像。

的不是他们背叛您。我仔细观察过，这几个将领都缺乏统御部下的才能。我怕的是万一发生兵变，他们又不能力压众军，那时候局面就不好收拾了。"说到这里，赵匡胤立即想起陈桥兵变时，部下们把黄袍披在他身上，拥立他做皇帝的那一幕。"万一'黄袍加身'这事也发生在石守信这些人身上怎么办？"赵匡胤一想，不由惊出一身冷汗，觉得此事万万不可等闲视之。

赵匡胤又联想到大唐王朝的兴盛和衰亡。五代十国的统治者，从藩镇起家，拥军割据一方，大者称帝，小者称王。兵力强盛的藩镇，骄横得不可一世，甚至公然说什么"天子，应该兵马强壮者当之"！赵匡胤想到自己就是倚仗手中兵权，利用后周"主少国疑"之机，发动陈桥兵变才登上皇位的，他越想越觉得必须立即夺取石守信等人的兵权，刻不容缓，于是他下定了决心。同时，他知道大宋刚刚建立，政权还很不稳定，夺取这些人的兵权手段要巧妙，不能激起兵变。

公元961年7月的一天，赵匡胤把手握重兵的将领石守信等人召到宫中喝酒。喝到酒兴正浓之际，赵匡胤忽然让闲杂人等统统退下去，以亲切的口气对石守信等人说："没有你们的拥护，我是不会有今天的。然而，做天子也难啊！还真不如做节度使舒服，我现在整夜都睡不安稳啊！"石守信等人听后大感不解，于是问道："皇上有什么为难之事，为什么睡不安稳呢？臣等愿意为您分忧解难！"赵匡胤答道："这有什么不明白的，谁不想坐天子的宝座呢？我能不操这个心吗？"

赵匡胤此话一出，石守信等人惊慌不已，连忙放下酒杯，叩头请罪说："陛下何出此言啊！现在天命已定，哪个还敢再有异心？我等愿忠心耿耿地跟随皇上！"谁知赵匡胤一针见血地说："我知道你们不会有异心。但是，如果你们的部下贪图富贵，也把黄袍加在你们身上，那时你们想推辞能行吗？"这时石守信等人都听明白了，他们一边流泪，一边叩头，说："臣等愚笨，没有想到这一层。请陛下可怜我们，给我们指一条出路吧。"

赵匡胤于是从容地开导石守信等人说："人生一世不过白驹过隙，何不多积累金钱，好好享受呢？如果你们解除兵权，到地方上当个官，挑选上好的田地和府第，自己享了清福，

也给子孙们留下了基业。这样你们就可以欢歌笑语，痛痛快快地安度晚年了。朕还可以同你们结为儿女亲家，这样君臣之间互不猜疑，上下相安，岂不很好？"听了赵匡胤这一番话，石守信等人好像大彻大悟，马上叩头谢恩，他们说："陛下这样为我们操心，真是生死之情，骨肉之亲啊！"

第二天，石守信等手握重兵的大臣纷纷称病辞职，赵匡胤立即接受请求，解除了他们统领禁军的兵权，然后赐给他们大量金帛，让他们到地方上做节度使。赵匡胤通过这种办法，很轻松地把兵权牢牢控制在自己手中，巩固自己的皇位。这就是历史上有名的"杯酒释兵权"，它是宋太祖为加强中央集权、巩固统治所采取的一系列政治、军事改革措施的开始。

收回了禁军的兵权后，宋太祖在军事制度方面进行了一系列的改革，主要有四个方面。

（一）调兵权与领兵权分离。宋太祖废除了殿前都点检、侍卫亲军马步军都指挥使之职,设殿前司、侍卫马军司、侍卫步军司,各设都指挥使一人,即所谓的变二司为三衙。这样,禁军的领兵权一分为三,三衙互不统属,而且只有统领权,无调动权。同时,宋太祖另设枢密院,最高长官是枢密使,掌握军队的调动权,但没有领兵权,不能直接控制军队。领兵权与调兵权一分为二后,各自独立又互相制约,最后的指挥权归皇帝。

(二)采取"强干弱枝"的办法组建军队。宋太祖下令从各地藩镇的军队中选拔体格强壮、技艺高超的士兵调到禁军。这样中央禁军集中了全国精兵,地方再也没有军事力量可以同中央抗衡,有效地防止了地方割据局面的出现。

(三)采取"内外相制"的办法部署禁军。宋太祖把全部禁军分为两半,一半屯驻在开封城内,一半戍守开封城外。内外军队互相制约,都不能发生动乱,同时京城驻军又多于外地任何一个地方,这就可以保证皇帝牢牢地控制全国的军队。

(四)采取"更戍法"制约禁军将领的权力。除皇室的警卫外,无论是屯驻京城的禁军,还是驻扎在外地的禁军,都必须定期换防。这种方法名义上是锻炼士兵吃苦耐劳的精神,实际上是防止将士勾结,使禁军将领没有机会拥兵割据,独霸一方。

除了军事方面的改革外,宋太祖还采取了其他一些措施,削弱了节度使和地方州县的权力,这些措施主要有以下几个方面。

(一)削弱节度使的行政权。宋太祖把唐末五代时期节度使驻地以外兼领的州郡——支郡收回,直属京师,使节度使变成无实权的虚衔,用作宗室、外戚、功臣、故旧的荣誉职务。同时,宋太祖把地方行政分为州、县两级,州一级官吏由中央派文官掌管,称"权知军州事",简称"知州",直接向朝廷奏事,三年一换。后来为牵制知州,又设立通判官,与知州共掌州政,共同签署文书,使一州之权不至于被知州把持,偏离朝廷的统治轨道。

(二)限制州县地方政权的财富。宋太祖把全国划分为十五路,每路设转运使一人,监管各州、县的赋税。转运使把收缴的赋税只留下一小部分作为地方上必要的开支,其余全部上交中央。这样地方的财权就完全收归中央了。

(三)对地方的司法权加以控制。宋太祖改变了过去由藩镇委任长官和判官来管理刑狱的做法,设立司寇院,由中央委派经科举考试录取的进士当司寇参军,掌管各州刑狱,同时规定死刑必须送中央刑部复核。

宋太祖就是这样从军、政、财、刑四个方面大大削弱了节度使和地方州县的权力,有效地加强了中央集权。与此同时,宋太祖对中央机构也进行了一系列的改革。

发生地点	发生时间	推荐理由
澶州	公元1004年	澶渊之盟的订立，结束了辽宋之间的长期战争，使南北经济、文化交流处在一个相对和平的环境中。

化干戈为玉帛的澶渊之盟

事件介绍

公元976年，宋太祖赵匡胤突然死去，其弟赵光义即位，这就是宋太宗。公元979年5月，宋太宗消灭了北汉，欲乘胜收复石敬瑭割让的燕云十六州。但将帅们由于刚刚打了胜仗，急于领赏，不愿投入新的战争，于是向宋太宗建议缓攻，理由是将士们久战河东，粮饷匮乏，疲惫不堪。殿前都虞侯崔翰却主张立即转战河北，他认为这是收复燕云诸州的大好时机。宋太宗于是决定立即转战河北。

6月，宋太宗亲自率军向河北进发，同时下诏令京东、河北诸州送军储至北面行营。宋军初入契丹境内，几乎未遇抵抗，接连取得胜利。7月，契丹顺州、蓟州相继投降，幽州城更加孤立，但契丹军苦苦守城，等待援兵到来。宋太宗率大军在高梁河畔与契丹军展开决战，契丹军战败，正欲撤退，耶律休哥率领契丹援军赶到，与耶律斜轸从左右两翼与宋军展开大战。此时由于宋军久战，士卒疲惫，不敌契丹援军，被契丹杀死一万余人。宋太宗仓皇溃逃，耶律休哥紧追不舍，宋军丢失的物资不可胜数。到涿州后，宋太宗改乘驴车才勉强脱险。为防止契丹南下，宋太宗急忙命孟元喆屯定州，崔彦进屯关南，刘廷翰屯真定，做好防御工作，自己却溜回了京师。

高梁河之战，是宋为收复燕云失地发动的一次重要战役。由于宋军强驱疲惫之师，轻敌深入，从而造成一败涂地的局面，宋与契丹的斗争从此进入了直接对抗的时期。

公元982年，契丹主辽圣宗即位，年方二十，母亲萧太后当政，宠臣韩德让掌握了军政大权。宋太宗认为辽朝"主幼国疑"，正是可乘之机，于是计划再次举兵伐辽。有高梁河战役的教训，宋太宗做好了充分的准备。雍熙三年（公元986年）3月，宋军分东、西、中三路出击，浩浩荡荡地向契丹进发。

大军出发前，宋太宗做出指示：潘美、杨业急趋云州、朔州；曹彬等率领十万大军直取幽州，但要缓慢行进，不得大意冒进；契丹如果听说大军到来，必然会调动主力防守幽州，无暇顾及身后，潘美、杨业则速取云州、朔州，对幽州形成包围之势，然后三路大军一齐发动进攻。但是，曹彬等不顾宋太宗的指令，贪功冒进，很快攻克了涿州。契丹兵自知寡不敌众，不与曹彬正面作战，夜晚派出轻骑袭击宋军薄弱环节，白天以精锐之师虚张声势，还设伏兵断绝宋军粮道。曹彬占领涿州后，深受其苦，后来粮草用尽，不得不退出涿州，驻守雄州，等待粮饷。而此时西路、中路大军节节胜利，接连攻克云、应、寰、朔四州，曹彬觉得自己无所建树，于是率军重新攻打涿州。契丹耶律休哥率军抵御，但他仍然不与宋军正面作战，以消耗宋军体力。由于天气炎热，宋军将士十分困乏，军粮又快要断绝，曹彬再次放弃涿州，率兵撤退。耶律休哥趁势率兵追击，在岐沟关大败宋军，宋军死伤过半。宋太宗无奈，下令各路兵马班师回朝，潘美、杨业也率领军队撤回代州。

北伐失利后，宋朝统治集团内部一部分人产生了严重的恐辽情绪，宋对契丹开始采取守势，并一味妥协，甚至放弃了收复幽、蓟等失地的念头。王小波、李顺起义反宋后，宋太宗开始调整策略，采取"守内虚外"的政策，把主要力量用来镇压农民起义，放弃以武力收复燕云十六州的打算，只在宋辽边境派兵把守，与辽朝相对峙。

宋朝采取守势后，辽朝对宋却展开攻势。北伐失败的当年冬天，辽圣宗和萧太后趁宋军士气低落之机，率大军南下，歼灭宋军数万，然后长驱直入，攻陷了深州（今河北深县）、祁州（今河北安国）、易州，大肆烧杀抢掠。自此，辽军利用其骑兵的优势，经常南下侵扰宋的边境。

1004年9月，辽圣宗耶律隆绪和萧太后以收复失地为名，率领20万大军大举南下。契丹军采取避实就虚的战术，绕过宋军防守坚固的城池，经保、定二州南下，攻破宋军守备薄弱的德清军、通利军。接着，契丹军抵达黄河重镇澶州城北，直接威胁宋朝都城开封，宋朝野上下为之震惊。

面对契丹的威胁，宋主战派和主和派展开了激烈的争论。主和派以参知政事王钦若和签书枢密院事陈尧叟为代表，他们认为现在辽军士气正盛，应该避其锋芒。王钦若建议宋真宗迁都金陵，陈尧叟则建议迁都成都。主战派以宰相寇准为代表，他对宋真宗说："陛下神武英明，文臣武将和谐团结，如果陛下能够御驾亲征，必然能够鼓舞士气，辽军不战自退。况且我军能够坚守城池，以逸待劳，等敌人疲怠之时，乘势出击，可以稳操胜券。为什么要抛弃宗庙社稷而逃到江南、四川那样边远的地方去呢？如果迁都，势必造成军心大乱，敌军趁机大举深入，天下还能保得住吗？"宋真宗于是决定御驾亲征，并做好了抗击契丹的准备。

宋真宗率军来到澶州南城时，契丹军队气势正盛，大臣们请求真宗先观察敌我形势后再前进，但寇准却斩钉截铁地说："陛下如果不过黄河，人心就会更加惊恐，敌人的气焰就不能被压下去。况且各路将领正率军赶来增援，还有什么疑虑不敢前进的呢？"于是寇准指挥卫士推着皇帝乘坐的车子前进，渡过黄河，来到澶州北城的城门楼下。宋军将士看见皇帝的黄色伞盖，踊跃欢呼，声音传到几十里外。契丹军队面面相觑，十分惊愕，阵脚大乱。宋真宗于是把军事指挥权全部委托给寇准，寇准号令严明，下令士兵迎头痛击来犯之敌，把契丹军斩杀了一大半，残余的敌军慌忙退去。

之后，宋辽双方相持了十几天。契丹大将萧挞览视察地形时被宋军射杀，锐气大挫。萧太后害怕陷入腹背受敌的境地，于是派密使送信来要求订立和约，并要求宋朝归还周世宗收复的土地。宋真宗对使者表示：契丹要求归还土地是毫无道理的，如果一定要求这样，他当率军决战到底！如果想得到货财，还可以考虑。而寇准则主张不仅不给契丹货财，而且还要让契丹称臣，归还幽、蓟旧地。但此时契丹使者的态度更加坚定，主和派也趁机诽谤寇准，说他想靠战争来提高自己的声望。宋真宗有些厌战，想同意契丹议和的请求。寇准无奈，只好同意议和。

于是，宋真宗派曹利用作为使节，前往契丹军中商谈每年应向契丹缴纳的岁币数目，并告诉他说："迫不得已，一百万贯以下都可以同意。"寇准得知后，私下把曹利用召到自己的营帐中，对他说："虽然皇上有旨意，但是你答应契丹的数目不能超过30万，如果超过30万，我砍你的头。"曹利用到了契丹军中，萧太后坚持要关南地。曹利用严词拒绝，但暗示宋每年可以向契丹交纳一定的金帛。萧太后不同意，于是派遣监门卫大将军姚东之到宋议和，仍然要求归还关南地，但遭到宋真宗的拒绝。

契丹要求割地的愿望虽未达到，但几经反复后，还是签订了对其有利的和议书。和议书规定：宋与契丹为兄弟之国，宋真宗称契丹萧太后为叔母；宋每年交给契丹银10万两、绢20万匹；两国各守旧界，两地人户不得交侵，不得收容对方的逃亡"盗贼"；城池依旧修缮，不得新增城堡，不得改移河道等。因和议书签于澶州，澶州古称澶渊郡，所以史称"澶渊之盟"。

发生地点	发生时间	推荐理由
洛阳	公元11世纪	《资治通鉴》内容博大精深，文字优美质朴，为社会发展提供了全方位的借鉴，具有重大的史学价值。

旷世史书《资治通鉴》

事件介绍

司马光，字君实，陕州夏县（今属山西）人，是北宋时期最有名望的大臣之一。司马光七岁的时候就开始专心读书，对历史有着十分浓厚的兴趣。司马光二十岁时考取进士，从此步入仕途，可谓功名早成。

步入仕途后的司马光，最用心钻研的还是史学，他知道，如此卷帙浩繁的史书，穷尽一个人毕生的精力也是看不过来的，于是他萌发了编著一部编年体通史的想法，而且这部通史要既系统又简明，使人读了之后能了解几千年历史的兴衰得失。司马光的想法得到了他的好友、历史学家刘恕的赞同和支持。从此，司马光开始了他一生中最辉煌的事业——编著《资治通鉴》。

从1038年到1063年，这段时期可以看做是司马光修《资治通鉴》的起步阶段。这一时期，司马光进行了大量的修史活动。后来，司马光的母亲去世，他在家服丧五年，闭户读书，编著了《十哲论》、《四豪论》、《贾生论》、《机权论》、《才德论》、《廉颇论》、《龚君实论》、《河间献王赞》等书，并写了史评18首。这些著作中的很多内容都成了后来《资治通鉴》中"臣光曰"的内容。因此，这一时期，司马光事实上已经在写《资治通鉴》的有关内容了，这可以看做是《资治通鉴》编著的开始。

从1064年到1067年，这段时期可以看做是司马光全面编修《资治通鉴》的准备阶段。在此期间，司马光编著了《历年图》五卷和《通志》八卷。《历年图》是上起春秋战国，下至五代十国期间的大事年表；《通志》记述了从周烈王二十三年（公元前403年）到秦二世三年（公元前207年）共195年的历史，主要内容是齐、楚、燕、韩、赵、魏、秦七国的盛衰兴亡。《通志》八卷构成了后来《资治通鉴》的前八卷内容，《资治通鉴》的架构初步形成。

1066年，司马光将写好的《通志》进献给宋英宗。宋英宗看后，大加赞赏，要司马光按照这个体例继续写下去。为了使这部史书尽快完成，宋英宗下诏在崇文院为司马光设置编书机构，每年由朝廷资助一定的费用，专门用于《通志》的编写工作。崇文院是当时宋王朝的皇家图书馆，藏书富甲天下，史料应有尽有。司马光深受感动，请来了当时著名的史学家刘攽、刘恕、范祖禹等人，共同讨论了《通志》的宗旨、提纲，并做好了详细分工，由刘攽撰写两汉部分，刘恕撰写魏晋南北朝部分，范祖禹撰写隋唐五代部分，最后由司马光再进行总编辑，由司马光之子司马康担任文字的校对工作。

1067年，宋英宗病逝，宋神宗即位，提升司马光为翰林学士。神宗阅读了《通志》后，觉得《通志》比其他的史书更便于阅读，也更易于借鉴，于是召见司马光，对他大加赞赏。宋神宗认为《通志》"鉴于往事，有资于治道"，意思是说此书可以作为君王治理天下的一面历史的镜子，于是赐名《资治通鉴》，并亲自为《资治通鉴》作序，表示他对此书的重视。和宋英宗一样，宋神宗也为司马光提供了优越的著书条件，不仅允许他借阅国家所有的图书资料，而且还赏赐给他自己收藏的2400卷史书以供参考，修书过程中所需的笔、墨、绢、帛等一切物资都由朝廷供给。在宋神宗的大力支持下，司马光等人全面展开了《资治通鉴》全书的编撰工作。

1069年，宋神宗任命王安石主持变法，司马光与王安石在政见上产生了严重分歧。司马光知道政见不同很难合作，于是辞去朝中一切职务，离开京城，到了洛阳，表示"自是绝口不论事"，关起门来专心于《资治通鉴》的编著工作。

司马光，北宋时期著名的史学家、散文家，他的名作《资治通鉴》是我国最大的一部编年体史书。

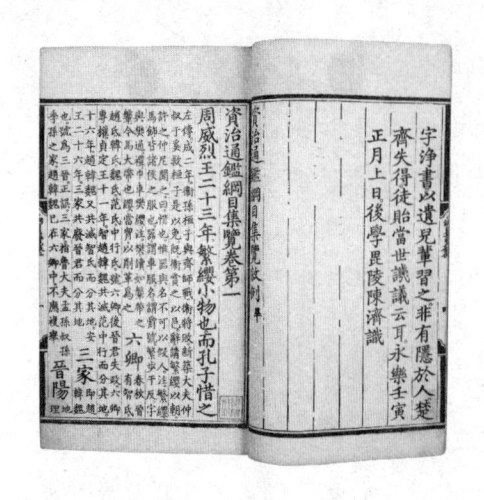

《资治通鉴》纲目集览,明初司礼监刻本。

在洛阳的15年里,为编著《资治通鉴》,司马光废寝忘食,不辞辛劳,几乎付出了他全部的精力和心血。司马光对史料的考证极其认真,他收集和整理了大量历史资料,除采用历代的正史之外,还参看各种历史著作三百多种,对每件史实他都追根寻源,反复推敲,不断修改。

《资治通鉴》的编著是司马光和他的三个助手刘恕、刘攽、范祖禹共同完成的。刘恕博闻强记,专于史学,是世人公认的史学通才,深为司马光所赏识。司马光到洛阳后,刘恕也请奏到洛阳修书,后来因为劳累过度而病重,在病中他还口授其子刘羲仲进行写作。刘攽学识渊博,精通汉史,著有《东汉刊误》等书。范祖禹精通唐史,深明唐代300年治乱兴衰,著有《唐鉴》,被人称为"唐鉴公"。司马光等四人不仅在史学方面有很深的造诣,在政治思想上也志同道合,所以配合得非常默契。

在《资治通鉴》的编写过程中,司马光等人对史料进行了精心的选材和严格的考证。为了给后来的封建统治者提供治国安邦的历史经验和教训,在选材上司马光强调"宁失于繁,毋失于略"的原则,内容着重于国家兴亡、政策得失、君臣道德、生民休戚等方面,除了参考历朝的正史之外,还参阅了稗官野史等史料三百多种。司马光特别强调了史料的真实性,他认为只有真实的才是有价值的,而只有有价值的才具备借鉴作用,所以他对每种史料都进行了严格的考证。为了方便后人参考,司马光把考证后的史料收入正文后,又将各种不同史料的说法和自己考证的理由逐条加以说明,另外著成《通鉴考异》三十卷,作为《资治通鉴》的副本。司马光这种"抉择幽隐,校计毫厘"的严谨态度,大大增强了《资治通鉴》的可靠性、真实性,也大大提高了它的史学价值。

在体例上司马光做出了较大的创新，开创了我国编年体史书多功能目录的新体例。古代编年体史书都是按年纪事，读者只是以年检索，所以没有目录。为了阅读、检索方便，司马光在修史的同时编写了《通鉴目录》共三十卷。由于用编年体记事容易受时间的限制而使得史事显得拖沓割裂，司马光就吸收了纪传体的优点，以时间为主线，在某个大的事件上以事件的发展为线索，大量采用追叙、插叙等写法，使得事件的前因后果交代得很清楚。这种写法便于"探明变化之由，寻求演变之迹"，使古老的编年体例焕发了新的生命力，对后世史书的编写产生了很大的影响。

司马光和他的助手刘恕等人在写作风格、历史观点上都有很大的不同，但《资治通鉴》成书后却浑然一体，毫无割裂雕琢的痕迹，这主要得益于司马光精心的改编和加工。在整个修史过程中，司马光起到了主导作用，全书定稿"其是非予夺之际，一出君实笔削"。有着深厚文学功底的司马光，使得《资治通鉴》这样一部巨著，叙事简洁晓畅，文字优美质朴。有很多经典的场面和人物描写，都已经成为文学史上的名篇，对很多大型战争如赤壁之战、淝水之战的叙述，更是引人入胜。在对历史的看法上，《资治通鉴》的"臣光曰"完全表达了司马光的见解。所以说《资治通鉴》是众人智慧的结晶，又是体现了司马光"一家之言"的成功之作。

1084年，《资治通鉴》这部史学著作终于完成，宋神宗看后大加赞赏，于是下令立即在杭州刊刻。《资治通鉴》全书共294卷，记载了上起周烈王二十三年（公元前403年），下至五代周世宗显德六年（公元959年），长达1362年的历史，是中国史学史上涵盖时间最长的编年史巨著。《资治通鉴》通过对大量政治事件的详细记叙，着重探讨了君主执政过程中的得失与国家兴衰的道理，为后来的封建统治者提供了"资治"的借鉴。

发生地点	发生时间	推荐理由
开封	公元1069年	王安石变法是中国11世纪最重要的社会变革，虽然以失败告终，但它在很大程度上改善了宋朝在经济、社会、军事等各方面积贫积弱的状况。

王安石变法

事件介绍

王安石所生活的宋朝社会，处于内忧外患之中。宋初一些强化中央集权的政策和措施，逐渐转化成为它的对立面，"冗官"、"冗兵"和"冗费"的现象日益严重。

巨大的财政支出漏洞，北宋政府只有依靠增加按地亩征取的农业税来填补。由于官僚豪绅及大地主阶层都享有免税免役的特权，中小地主的赋税压力总是通过加重地租而转嫁给农民，于是沉重的赋税负担也就落在了广大农民身上。同时，大官僚大地主阶级竞相兼并土地，以致广大农民倾家荡产、流离失所。所以，农民阶级和地主阶级之间的矛盾日益尖锐，最后终于爆发了王小波、李顺起义，农民的反抗斗争也日益高涨。

各地风起云涌的农民起义沉重打击了北宋的统治，统治集团危机四伏，于是一些有识之士积极呼吁改革弊政。1043年，"以天下为己任"的范仲淹，在韩琦、富弼、欧阳修等人的支持下，综合自己多年来的改革思想，提出了十项改革主张，得到了宋仁宗的认可，并以诏书形式颁行全国，历史上称为"庆历新政"。

由于一些改革措施触及了官僚大地主们的既得利益，引起了朝廷中很多大臣的强烈反对，范仲淹、富弼、欧阳修等人先后遭贬出朝。短暂的"庆历新政"以失败而告终，它没

有改变宋王朝内外交困的局面，但是士大夫们要求改革的呼声此起彼伏，一场更大规模的改革运动正在酝酿之中。

  1069年2月，宋神宗拜王安石为参知政事，设立了制置三司，命王安石与知枢密院事陈升之共同主持。于是，王安石打着"法先王"的旗帜，以"民不加赋而国用足"为指导思想，开始变法。由于变法总会触及大官僚的既得利益，一些朝中大臣对王安石变法表示反对。王安石于是起用吕惠卿、章淳、曾布等新人，相继制定了农田水利法、青苗法、均输法、保甲法、免役法、市易法、保马法、方田均税法等，总称为新法。1069年7月，宋神宗批准在淮、浙、江、湖等六路颁行均输法。均输法规定：发运使总管东南六路的赋税，根据六路的财赋情况和京城每年所需物资的品种、数额，依照"徙贵就贱，用近易远"的原则，斟酌六路每年应该上供的物资的品种、数额；发运使有权知道京城开封的库藏情况，对要供办的物品，可"从便变易蓄买"，以存贮备用。这项新法改变了以前供求关系严重脱节的状况，调节了物价，减少了巨贾囤积居奇的机会，既保证了京城朝廷的物资供应，又减少了政府的财政支出和人民的负担。

青苗法。宋仁宗统治期间，陕西转运使李参在当地青黄不接之时，让百姓自己估计当年的谷、麦产量，先向官府借钱，等秋熟后归还官府，这称作"青苗钱"。王安石借鉴这条经验，制定青苗法。1069年9月，宋神宗批准颁行青苗法，先在部分地区实施，随后推行全国。青苗法的主要内容是：各路以一定的钱谷做本，每年在夏熟之前和秋熟之前的青黄不接之际，两次贷钱或借谷给民户；夏熟、秋熟之后，加息十分之二，随每年的两税一块交齐；富户也必须借贷；借贷者每五户或十户结成一保，由地主为"甲头"，客户贷款，须与主户合保；贷钱数目由富到贫依次递减；如遇灾伤到五成以上的年景，可延期归还。青苗法旨在限制高利贷者的活动，减轻民户受富户高利贷盘剥之苦，同时也为朝廷开辟财源。

农田水利法。1069年11月，王安石颁布《农田利害条约》，鼓励农户开垦废田，兴修水利，建立堤防。对有成绩的官吏，按功绩大小给予升官奖励。对能提出有益于水利建设的人，不论其社会地位高低，均按功劳大小进行奖励。如果工程浩大，农户财力不足，可向官府借贷"青苗钱"，按借青苗钱的办法分两次或三次交清。农田水利法的实施，使许多水利工程得到修建，大批薄地变为良田。

变法不是在一帆风顺中进行的，随着上述三法的实施，王安石遭到了反对派的围攻。御史刘琦、知谏院范纯仁以均输法与商贾争利为由，主张废除此法。甚至连王安石的文坛老友司马光、苏轼等人都指责青苗法取息过重，并说会出现富人不愿借、穷人不愿还青苗钱的情况。由于众大臣的极力反对，宋神宗下令放弃青苗法中强迫富户借钱出息的做法。1070年2月，韩琦上书历陈青苗法之患，这使宋神宗都有所动摇

◀ "以天下为己任"的范仲淹像。

了，王安石被迫奏请罢职。宋神宗经过慎重考虑后，决定支持王安石继续变法，并提拔王安石为同中书门下平章事。王安石于是公开推崇商鞅，从正面阐述了"天变不足畏，人言不足恤，祖宗之法不足守"的"三不足"思想的正确性，在政治上和思想上占据了优势，把变法推向了高潮。

免役法。1071年10月，王安石颁布免役法并实施于全国。免役法规定：废除原来按户等轮流充当州、县差役的办法，各路、州、县出钱雇人应役，费用数额由各州、县预计，由民户按户等高下分摊；原来轮充差役的农村上三等户出的钱，称为"免役钱"；原来不服役的部分城户、享有特权的官户、寺观和农村的未成丁户、单丁户、女户也要按半数缴纳役钱，称"助役钱"；农村和城市的一些特困户不纳役钱。免役法使得原来轮充职役的农村居民回乡务农，原来享有免役特权的人也不得不缴纳役钱，在一定程度上增加了官府的收入。

市易法。1072年3月，王安石颁布市易法。市易法规定：官方设市易机构，出钱做本，收购市场上的滞销货物，等畅销之时，向商贾赊贷，取年息二分；商贾可以向市易机构贷款，也取年息二分。市易法最初在京师开封施行，后来又推行到其他较重要的商业城市。

方田均税法。1072年8月，王安石颁布方田均税法，规定：依据原来的租税额，按土地多寡、肥瘠平均负担；县官每年九月丈量一次土地，以东西南北各千步为一方，验地质定税额。方田均税法实行后，查出了很多大户隐瞒不纳税的土地，增加了政府的田赋收入。

以上颁布的法令都是着眼于"富国"，为了实现"强兵"的目标，王安石又颁布实施了如下各法。

将兵法。1073年和1074年，宋神宗两次下诏，要求设置将领，训练整编后的军队。王安石一方面大力精简军队，减少军费开支，一方面选拔有作战经验和指挥才能的将军到北方各路任职，专门负责本单位军队的训练。将兵法规定，凡是实行将兵法的地方，州县不得干预军政。将兵法的实行，使兵知其将，将练其兵，提高了军队的战斗力。

保甲法。1070年12月，王安石颁布《畿县保甲条例》，规定：乡村住户，不论主客户，每十家为一保，设保长一人；每五保为一大保，设大保长一人；十大保为一都保，设都、副保正各一人。凡家有两丁以上的出一人为保丁，保丁要练武，让住户中最有财力和才能的人担任保长、大保长和都保长。同保人要互相监察，如有人犯"盗窃、杀人、谋杀、放火"等案，知而不告者以连坐方式治罪。王安石推行保甲法的主要目的是为了防范和镇压农民的反抗以及节省军费。

保马法。1072年，宋神宗下诏令开封府界各县保甲养马，由官方配给马匹。保马法规

定保甲愿养马者，每户一匹，富户两匹，对养马户免除一定的税额。保马法改变了过去由牧监养马而费用庞大的状况，使政府节约了开支。

在推行"富国强兵"的各项措施时，王安石又着手改革科举制度与学校教育制度，改变了过去进士虽博学强记而从政时却"茫然不知其方"的现象，使太学成为培养优秀人才的摇篮。

王安石性格刚强好胜，遇事无论正确与否，都十分相信自己的见解，人称"拗相公"。1072年、1074年分别发生了山崩和大旱等罕见的自然灾害，保守派乘机以此为由围攻王安石及其新法，甚至一些变法派人物也见风使舵，站到了反对派一边，王安石被迫辞去宰相职务，出任江宁知府。1075年2月，宋神宗下诏恢复了王安石的相位，但王安石仍处于被围攻的状态之中，新法难以继续推行。1076年，王安石连续上书请求罢官归田，获准后出任江宁知府，王安石主持的变法接近尾声。

发生地点	发生时间	推荐理由
黑龙江阿城县南	公元1115年	金国的建立，促进了女真族的统一和发展，同时也使中原再次进入动荡时期。

阿骨打建女真国

事件介绍

女真族是我国北方古老的民族之一。早在春秋战国时期，女真族的祖先就生活在美丽的兴凯湖一带，那时他们被称作"肃慎"。肃慎人以渔猎为生，建立了规模较大的渔村，形成了父系群体，已经能够制造石斧、石凿、骨制渔具等劳动工具。西周的时候，肃慎人与中原来往频繁。西汉时，肃慎改称挹娄，一直同中原王朝保持着隶属关系。到南北朝时，挹娄改称勿吉，北齐时又改称靺鞨。公元926年，靺鞨改称女真。宋辽对峙时期，女真族活动于黑龙江流域和松花江流域。

辽太祖耶律阿保机征服了北方各民族，其中就包括女真族。为了削弱女真族的势力，耶律阿保机将女真族中的一千多户大族迁往辽阳以南。这部分被迁移的女真部落，逐渐被辽朝同化，被编入辽朝户籍，称作"熟女真"；那些没有被迁移而分散在松花江以北、宁江以东的女真族各部落，始终保持着本民族的风俗习惯、文化制度，被称为"生女真"。

早期的女真族分为几十个互不统属的部落，完颜部在女真诸部中的地位并不突出。大约在11世纪中叶的时候，女真族完颜部发展成为比较强大的部落。经过长期的分裂和兼并、巩固，各部落联盟内部的阶级分化情况日趋明显，一个奴隶制国家的雏形已经形成。

辽天祚帝即位后，对女真各部落进行残酷的剥削和压榨，而且这种现象日益严重。"生女真"地区的土产，如人参、貂皮、名马、北珠、俊鹰、蜜蜡、麻布等，都要定期定量地向辽朝进贡。同时，辽朝东北边境的官吏和奸商在朝廷的纵容下，经常到榷场中用低价强行购买，称为"打女真"。

辽朝贵族对女真族各部落的残酷剥削和压迫，激起了女真族的愤恨。1113年，完颜阿骨打继任了部落联盟首领，称为"都勃极烈"。为了安抚女真族各部，辽朝加封完颜阿骨打节度使称号。但阿骨打对辽朝早已十分痛恨，于是带领广大女真人民掀起了反辽斗争的狂澜，女真各部无不忿恨，都愿在阿骨打的领导下对辽进行武装斗争。

阿骨打还未发动起义，辽朝已经发觉了女真族的异常举动，于是着手调动军队，准备镇压女真族的"不轨行为"。1114年9月，阿骨打集合了女真各部的军队，一共2500人，在来流水畔祭告天地，誓师起兵，正式展开反对辽朝民族压迫的斗争。誓师之时，阿骨打痛心疾首地历数了辽朝压迫女真族的滔天罪行。为了鼓舞部下的士气，阿骨打还向诸将发誓："你们尽心尽力，有功者奴婢可以做平民，平民可以做官。原先有官职的，可以按功劳大小晋升。倘若违反誓言，身死梃下，家属也不能赦免。"誓师完毕，阿骨打率领大军向辽朝的边境重镇宁江州进发。

为了防止女真族发生武装叛乱，辽朝曾在其国境的东部，北起宁江州和出河店，经过黄龙府和咸州（今辽宁开原），南到东京辽阳府一带，布置了一道军事防线。阿骨打起兵后，首先向宁江州发起猛烈进攻。在跟随父兄向外征战的过程中，阿骨打已经成长为一个不负众望的军事统帅。女真各族人民在他的率领下，士气高涨，坚决反抗辽朝的统治。辽天祚帝统治时期，政治腐败，民不聊生，辽军士气低落，纪律松弛，尽管在数量上占优势，但在斗志旺盛的女真战士的冲击下，纷纷溃败而逃。

不久，阿骨打攻破宁江州，并乘胜攻打出河店。辽朝廷见宁江州一战失败，急忙派出各族兵士大举反击。11月，两军在出河店展开激战。阿骨打率领女真士兵英勇奋战，终于大败辽军，攻克出河店。阿骨打把辽军中的各族降兵都编入女真军，使己方兵力得到大大增强，然后乘胜攻占辽宾（今吉林农安）、咸州。

随着对辽作战的不断胜利，大量的外族奴隶加入女真部落。为了有效地管理这些奴隶，并加强军事力量，阿骨打把降附的外族兵士收编入女真的队伍，即"猛安谋克"组织。阿骨打规定：以300户为一谋克，十谋克为一猛安。猛安本来是女真部落的军事首长，谋克是氏族长，大量外族兵士的编入，使原来的部落联盟组织逐渐成为军事组织。这样一来，

女真的军事实力大大增强,在后来的作战中多次以少胜多,以弱胜强,以致不到一年时间,就占领了辽王朝在东北黑吉辽地区的许多重要城镇和据点。

1115年1月,阿骨打称帝,建立大金国,年号收国,定都会宁府(今黑龙江阿城南),阿骨打为金太祖。阿骨打建国后,一边建立起一套完整的国家制度,一边整顿军队,积极准备消灭辽国。

在内政上,阿骨打建立了"勃极烈"制度。他下令废除部落联盟时的"国相"制,设立勃极烈四人,组成皇帝以下的最高统治机构。其中吴乞买任谙班勃极烈,是首席大臣,原国相撒改为国论忽鲁勃极烈,辞不失为阿买勃极烈,完颜杲为国论昃勃极烈。女真族在部落联盟时代,部落首领们在山野环坐,指画灰土议事。勃极烈的设置,保留有古老议事制的一些痕迹,但它实际上已经是辅佐皇帝的统治机构,是全国最高的行政机构。

建国前后,金太祖曾陆续颁发了一些法律,主要包括以下几项。(一)贫民负债不能偿还,三年内不准催,三年以后再议。这项法令保护了平民的利益,减少了平民的反抗行动。(二)由平民沦为奴隶的人,可以用两个奴隶赎为平民。这项法令也是为了减少平民的反抗行动，以巩固奴隶制。(三) 在东京州县的渤海人和女真人中，废除辽朝的制度，改用女真的制度。

女真原来没有文字，人们交往都借用契丹字。金国建立后，金太祖阿骨打命欢都子完颜希尹创造女真字，完颜希尹依据由汉字改制的契丹字，拼写女真语言，制成女真字。女真字颁行后，成为金国官方通用的文字。女真字的创制，是汉族、契丹族和女真族民族融合、文化交流的结果。

在军事上，金太祖阿骨打在猛安谋克组织的基础上，进一步建立了由女真大小奴隶主统帅的军事组织。占领辽东地区后，金太祖在辽东设置南路，在咸州地区设咸州路，各路设都统或军帅，统领当地军兵，统治各族人民。金太祖是全国军队的最高统帅，一旦发生战争，皇帝直接任命国论忽鲁勃极烈，统帅军队作战。

金代的石虎。

金太祖阿骨打建立的一系列的国家制度，巩固了金国的政治统治，同时也加强了金国的军事力量。在建立和完善国家制度的同时，金太祖出兵展开了消灭辽国的战争。

1115年9月，阿骨打率军攻破了辽朝控制女真的咽喉之地黄龙府（今吉林农安）。辽天祚帝大为震惊，急忙率领十万大军东下亲征。女真军在阿骨打的率领之下，英勇奋战，在扶余附近大败辽天祚帝，使辽军的威势从此一扫而空。1116年，金军乘胜攻克了辽朝东京辽阳，辽向金求和，并封阿骨打为东怀国皇帝。阿骨打拒绝了辽天祚帝的请求，并连年对辽作战，不断占领辽朝的土地。

1120年，金国与北宋订立海上盟约，约定夹攻辽朝。不久，金国攻占了辽上京临潢府（今内蒙古巴林左旗南）。1121年，金太祖命完颜杲、完颜昱和完颜宗翰等率大军对辽发动大举进攻，于次年攻下辽中京大定府（今内蒙古宁城西）、西京大同府。辽天祚帝仓皇出逃，逃入夹山（今内蒙古萨拉齐西北）。1122年底，金太祖亲自率领大军攻下了辽朝燕京。辽五京尽失，败局已定。

1123年8月，金太祖阿骨打在从燕京北返的途中病死，他的弟弟吴乞买即位，改年号为天会，这就是金太宗。金太宗联合西夏，追击辽天祚帝。1125年，辽天祚帝在逃往党项的途中被金兵俘获，辽朝从此灭亡。

发生地点	发生时间	推荐理由
开封	公元1127年	靖康之变导致北宋的灭亡，从此中原形成金与南宋相对峙的局面。

覆灭北宋的靖康之变

事件介绍

女真族建立金朝后，大举南下进行势力扩张，并迅速攻占了辽国的军事重镇黄龙府。消息传到北宋后，宋廷认为辽国必然会被金国所灭，于是准备乘机出兵收复燕云十六州。1120年，宋廷派人渡海北上，与金国订立了"海上盟约"：宋金夹击辽国，金兵负责攻取长城以北的中京，宋军负责攻取长城以南的燕京；夹攻胜利之后，燕云之地归于北宋，北宋则把以前每年送与辽国的岁币，照数送与金国。

1122年，北宋两次出兵攻打燕京，但宋军作战不力，攻入燕京后又被赶出，而金军则由居庸关进军，攻占了燕京。这样一来，金军就表示不愿履行所谓的"海上盟约"了。后来经多次往返交涉，金军才同意把燕京和涿、易、檀、顺、景、蓟六州交割给北宋，而北宋则必须在原定岁币数目外加钱100万贯，并

◀ 宋徽宗赵佶。

同意金人把这一地区的金帛、子女、官绅等带走。这样，北宋只是以高昂的代价换来了几座空城。

从北宋对辽作战和宋与金交涉索要燕云诸州的过程中，金人已经看出了北宋的腐朽无能。1125年，锐气正盛的金军灭辽后，乘胜分两路南下，大举攻打北宋，宋赶紧派使臣入金求和。

此时西路金军已经占领朔、武、忻、代等州，并围攻太原，久攻不下，而东路金军进攻到燕山府城下，宋守将郭药师不战自降，并被金军任命为先锋，随金军南侵，接着很快占领庆源府、信德府等地，逼近黄河北岸的浚州。驻守在浚州的宋军将领整日只知道饮酒作乐，士兵也从不训练，甚至不少士兵不会骑马，当他们听到金兵来了，纷纷逃跑，浚州不攻自破。黄河南岸的宋朝守军一见到这种情况，也望风而逃，金军很顺利地渡过黄河，逼近开封。

宋徽宗得知金军逼近开封后，吓得手足无措，急忙召大臣商议退敌之策。众大臣建议徽宗先南下金陵避难，让太子来监国。李纲却力谏徽宗禅位给太子，以安内攘外，保卫开封。1125年12月，宋徽宗假装突然得病，跌倒在地上，昏迷不醒，众大臣急忙灌药，徽宗又装着苏醒过来，伸手索要纸笔写道："皇太子可即帝位。"皇太子赵桓做了一番推让，最终即位，这就是宋钦宗，他把年号改为靖康。宋徽宗退位后，急忙带领亲信内侍，仓皇出逃。

宋钦宗早朝时听说徽宗出逃，慌忙离开御座也要逃走，李纲哭泣着跪拜于地，以死挽留。钦宗无奈，于是下诏亲征，任李纲为亲征行营使，全面负责开封防务。

李纲受命后，立即组织军民备战，他在开封城的四面，同时配备正规军一万两千人。当晚，金兵抵达开封城下，分乘几十艘船顺汴河而下，进攻西水门。由于宋军防守严密，经过一夜的激烈战斗后，金兵只得退走。开封城转危为安。

在李纲组织军民奋勇抗击金兵之时，宋钦宗却在积极地进行投降求和活动。而金军由于援兵未到，加之损失

◀ 宋代名臣李纲。

惨重，于是假意要求和谈。李纲毛遂自荐，宋钦宗怕他态度强硬惹怒金军，于是另派知枢密院李悦去和谈，并允许他可以增加"岁币"300万两至500万两，犒劳军费300万两至500万两。李悦步入金营后，只见两旁兵士手中都执着雪亮的钢刀，早已吓得魂不附体，连忙北面下拜，全身瑟瑟发抖，讲不出话来。金兵将领看他吓成这样，于是乘机威胁说："开封破在旦夕，我军之所以按兵不动，只是想保存你赵氏宗社！如果议和，必须输金500万两，银5000万两，表缎百万匹，牛马万头；割中山、太原、河间三镇地；称金为伯父；以宰相、亲王为人质。"说完，把和约扔给李悦。李悦大气都不敢出，慌忙拿了和约返回开封，宋钦宗与宰相马上接受了这个屈辱的条件。

李纲巡城回来后表示坚决反对金军的和约条件，但此时请和誓书已经发出，康王赵构和宰相张邦昌也已被派往金营作为人质，李纲于是将太原、中山、河间三镇的割让诏书扣住不发，等援兵来到后再做打算。不久，援兵陆续赶到，有二十多万，而金军只有6万。宋钦宗不听李纲的建议，擅自派军夜袭金营，结果大败而归。宋钦宗却将失败的责任推到李纲身上，把李纲解职，并派使臣拿着割让三镇的诏书、地图等，到金营谢罪。

宋钦宗的投降活动，激起了开封军民的无比愤慨，太学生陈东等军民数万人集体请愿，要求让李纲复职，罢免首相等，并打伤首相李邦彦，打死作恶多端的宦官十人。迫于压力，宋钦宗让李纲复职。在李纲的率领下，开封军民同仇敌忾，再次击退了金兵的进攻。金军将领看宋朝已答应割地赔款，于是要求更换人质，然后下令退兵，并北渡黄河，北宋亡国的威胁暂时消除。尽管宋钦宗已经答应割地求和，但太原军民不肯出迎割

地诏书，仍然拼死固守。当人质赵构、张邦昌和割地专使来到城下，极力劝说他们投降时，太原军民就向他们射箭、投掷石块，沿边诸郡也是这样。西路金军无奈，只得撤回燕京。

金兵撤退，宋朝廷"上下相庆"，置边事于不顾，太上皇宋徽宗也回到开封，君臣上下腐败如故。由于李纲坚决反对割让三镇求和，受到了投降派的排挤，宋钦宗也不想让李纲留在朝廷，于是命他担任扬州知府。正当主张抗战的大臣先后遭到贬斥、宋军防御懈怠之时，金军却进行了一个夏天的休整。1126年8月，金太宗以宋朝不如约割让太原、河间、中山三镇为由，下诏分东、西两路军再次大举侵宋。

当西路金军围攻太原时，再次遭到了太原军民的英勇抗击。金军久攻不下，只得下令断绝太原城的内外交通，企图等宋军粮草用完之时，再乘势攻击。但太原守军坚守如初，粮食吃完了，就以弓弩的筋、树皮和草根充饥，就这样，太原军民坚持了八个多月。1126年9月，太原城内活着的大多数军民已饿得走不动路、拿不动武器了，金兵一拥而入，攻陷了太原，并乘胜南下，直逼黄河北岸的河阳（今河南孟县）。东路金军越过中山府，围攻河北重镇真定（今河北正定），真定的宋军拼死一战，但因寡不敌众，真定失守。

真定失守的消息传到开封，北宋统治集团一片混乱，投降派伏地流涕，请求割让三镇以解除祸害。宋钦宗急忙派出康王赵构和王云为"割地请和使"，前去求和。

金军一面与宋议和以麻痹北宋君臣，一面迅速举兵南侵，并逐步提高议和条件，诱使北宋步步屈服。当金军渡过黄河后，北宋君臣茫然不知所为，金军于是派使臣来到开封，提出以黄河为界而治，河东、河北等地归金国，宋钦宗竟满口答应。尽管北宋答应割地求和，金军却加紧向开封挺进。11月底，两路金军相继抵达开封城下，并进行了大举围攻。

宋钦宗见求和不成，急得像热锅上的蚂蚁，于是听信郭京之言，以所谓"六甲神兵"来攻打金兵。郭京声言带"神兵"出战，开城后却带兵逃跑，金军乘机进入开封城。虽然开封被攻破，但开封军民不愿做亡国奴，抗敌情绪很高，要求参战的人达30万之多，并做好了与金军展开巷战的准备。金军见状，不敢贸然占领全城，于是故伎重施，再次派出使臣，放出"议和"的口风，向宋王朝索取1000万匹绢、100万锭金、1000万锭银等。形势已危在旦夕，但宋钦宗仍不能醒悟，派宰相何㮚去金营求和，而金军却无理地要求必须宋钦宗亲自到金营商议割地赔款之事，钦宗无奈，只得亲自前往金营议和。

12月，宋钦宗向金军奉上降表，答应金军提出的一切要求，并派官员随金军前往两河地区交割土地，遭到两河人民顽强抵抗。宋钦宗秉承金人的意旨，下令各路"勤王兵"停止向开封进发，对自发组织起来准备抵抗的民众进行镇压。之后，北宋政府对民众进行百般搜刮。当时正是严冬季节，大雪纷飞，被掳掠一空的开封百姓饥寒交迫，冻死、饿死的不计其数。尽管这样，金军所索要的除绢外，金、银仍然"十分未及所须之一"。1127年，金军以此为由，先后把宋徽宗、宋钦宗拘留在金营，并表示等金、银等交纳足数后，方可放还。北宋政府于是更加拼命地搜刮百姓，并下令严禁军民以防护为名打造兵器，还将打造兵器的人斩首示众，弄得民不聊生。

发生地点	发生时间	推荐理由
中国	南宋	宋明理学既承袭了道家的基本思维结构形式，又运用了佛学的思辨色彩和佛性学说，自成一家，对中国社会产生了深刻的影响。

为封建专制服务的宋明理学

事件介绍

在理学的发展过程中，周敦颐、邵康节是性理学的开创者，对道学、心学、气学都有影响。在道学的发展过程中，程颐、程灏兄弟是道学的奠基者，朱熹则集道学之大成。王阳明是心学一派的创立者，集心学之大成。气学的开创者是北宋的张载，经王廷相、吴廷翰、方以智等人的发展，至明清之际的王夫之而集大成。下文将重点介绍道学和心学的代表人物朱熹和王阳明。

朱熹，字元晦，后改仲晦，婺源人，生于宋高宗建炎四年（1130年），卒于宋宁宗庆元六年（1200年），出身于"婺源著姓"。他的著作很多，最重要的有《晦庵先生文集》、《朱子语类》、《四书章句集注》、《周易本义》、《易学启蒙》、《诗集传》等。

朱熹的"理"有四种意义。

（一）"理"是精神性的。这个"无人身的理性"赋予人身即为人心中的"性"，而"性"与"理"是同一的东西。朱熹说："性只是理，以其在人所禀，故谓之性。""性即理也，天以阴阳五行化生万物，气以成形而理亦赋焉，犹命令也。于是人物之生因各得其所赋之理，以为健顺五常之德，所谓性也。"因此，万物即为"理"的体现，它无所不在："天下无性

南宋著名理学家朱熹，世称朱子，是孔子、孟子以来最杰出的弘扬儒家学说的大师。

外之物，有此物即有此性，无此物则无此性……性即太极之全体。"

（二）"理"是最高的毫无具体内涵的抽象，也可以说是"数量的逻辑范畴"。朱熹说："事事物物皆有个极，是道理之极至……总天地万物之理，便是太极。""极是道理之极至，总天地万物之理，便是太极。太极只是一个实理，一以贯之。"

（三）"理"是先于物质存在的实体，是产生万物的神秘的根源。朱熹曾反复地说"太极"是"造化之枢纽，品汇之根柢"，例如"原'极'之所以得名，盖取枢纽之义，圣人谓之'太极'者，所以指夫天地万物之根也"。

朱熹也经常谈"气"，"阴阳虽是两个字，然却是一气之消息，一进一退，一消一长。进处便是阳，退处便是阴；长处便是阳，消处便是阴。只是这一气之消长，做出古今天地间无限事来。""天只是一气流行，万物自生自长，自形自色，岂是逐一装点得如此？"这里的"气"可解释为物质，但朱熹的"理"与"气"不是并列的，"理"是第一性的，而"气"是派生的。"理"与"气"的关系，是"形而上"与"形而下"的关系，换言之，即本体与现象的关系。本体固然离不开现象，"天下未有无理之气，亦未有无气之理"，但现象终是虚幻的，本体终是根本的实体。

（四）"理"是在万物之上的主权者，主宰着万物，而且有能力自由自在地为世界构造各式各样的法规。"理"是宇宙如此存在以及如此变化的神秘的最初原因。朱熹曾解释"太极"为"所以动而阳、静而阴之本体也"，并说："太极，理也；阴阳，气也。气之所以能动静者，理为之宰也。""理"是"气"的决定者，"理为气之主"，也就是说绝对精神为物质之主。

在朱熹看来，理是天命的代名词，作为理，当然是善的性，而生之性有善有恶，为什么会有恶的性呢？这是由于人禀的气是浊气，是后天造成的。人生的来源是善的，之所以有恶的行为，是因为有人欲，人之所以有恶的行为，是因为欲望的诱惑，二程甚至把人们生活的最起码的物质要求也看成是人欲，提出了"去人欲，明天理"的主张。后来，朱熹把它发展为"存天理，灭人欲"，成为统治中国数百年的一个中心话题。

王守仁，字伯安，别号阳明子，浙江余姚人。王阳明生于明宪宗成化八年（1472年），卒于明世宗嘉靖七年（1529年）。

王阳明的一生活动，用他自己的话说，一方面是"破山中贼"，另一方面是"破心中贼"。前者的意思很明白，即指镇压农民战争以维护封建专制主义的皇权；后者正是破"人欲"（凡人的追求）。

二程虚构了一个普照万物的"天理"，又设定了"心即理"的命题，陆象山对此有进一步的发挥，提出"宇宙便是吾心，吾心即是宇宙"的主观唯心主义的命题。王阳明对程颢和陆象山备加赞扬，认为他们才是得了孔孟的真传。他又自述，他是以发挥陆象山思想为其职志的："象山辩义利之分，立大本，求放心，以示后学篇实为己之道，其功宁可得而尽诬之……故仆尝欲冒天下之讥，以为象山一暴其说，虽以此得罪，无恨。"

王阳明世界观的出发点和基本前提，即他提出的"心外无物"、"心外无理"，一切都是从"心"派生出来的。这是陆象山的"宇宙便是吾心，吾心即是宇宙"、"道无有外于吾心者"的发展，也正是禅宗"心是道，心是理，则是心外无理，理外无心"的再版。

王阳明进一步又提出了"意之所在便是物"的命题，"身之主宰便是心，心之所发便是意，意之本体便是知，意之所在便是物。如意在于事亲，即事亲便是一物；意在于事君，既事君便是一物；意在于仁民、爱物，即仁民、爱物便是一物；意在于视、听、言、动，即视、听、言、动便是一物。所以某说无心外之理，无心外之物。"

王阳明认为"这心之本体，原只是个天理，原无非礼"，肯定了自满自足的"天理"是合于"礼"的。这样，封建道德便被说成是"天理"的本然之性，是先验的、神圣的。他这样说："仁、义、礼、智也是表德。性，一而已，自其形体也谓之天，主宰也谓之帝，流行也谓之命，赋于人也谓之性，主于身也谓之心。心之发也，遇父便谓之孝，遇君便谓之忠；自此以往，名至于无穷，只一性而已。犹人一而已，对父谓之子，对子谓之父；自此以往，至于无穷，只一人而已。人只要在性上用功，看得一性字分明，即万理灿然。"

在王阳明的哲学词汇中，天地间的诸种事物，如"五常"、仪式、文章、言行等等统统都是"天理"（或称之为"心"）之流露而已，因此，他所谓的"物"并非客观存在，而只是先验道德律的体现。

王阳明的哲学，主要是"知行合一"和"致良知"两个学说。"知行合一"主要是针对当时士大夫和文人学士知行不一的恶劣风气提出的。他把"笃志力行"、"表显一致"作为判断一个人优劣的主要标准。王阳明提出"致良知"主要是把人们的思想纳入封建伦理纲常的范围之内，即"为善去恶"。

王阳明认为，"心即理"，"良知即是天理"，良知即能辨别是非善恶的"是非之心"。因此，为人做事，要达到为善去恶的目的，就应该独立思考，以自己内心的"良知"作为判断标准，不必拘泥于孔孟的经典、程朱的格言。王阳明提出的"致良知"学说，把封建伦理道德说成是人生而具有的良知。他的"知行合一"和"知行并进"说，旨在反对宋儒的"知先行后"以及各种割裂知行关系的说法。他的学说，具有很大的反传统意味。

▼ 清代禹之鼎所绘的《竹溪读易图》。

发生地点	发生时间	推荐理由
开封	公元 1069 年	岳飞抗金给金朝以沉重的打击，使金军无力再大举南侵，而他英勇不屈的爱国精神也成了民族精神的象征。

岳飞抗金

事件介绍

　　岳飞是中国历史上著名的民族英雄。他出生在相州汤阴（今河南汤阴）一户普通的农民家中。岳飞小时候就很讲气节，为人厚道，少言寡语。岳飞十一岁的时候，跟随刀枪手陈广学习武艺，成为全县无敌的枪手。长大后，岳飞变得身强力壮，十九岁的时候跟随周侗师傅学习骑马射箭，尽得师傅所长，练就了能挽弓 300 斤、左右开弓箭无虚发的本领。

　　岳飞二十岁时投军抗辽，不久因父丧退伍还乡守孝。金兵大举入侵中原后，岳飞再次投军，开始了他抗击金军、保家卫国的戎马生涯。岳飞临走的时候，母亲姚氏在他背上刺了"精忠报国"四个大字，这成为岳飞终生遵奉的信条。岳飞投军后，很快因作战勇敢得到提拔。这时宋都开封被金军围困，岳飞跟随副元帅宗泽前去救援，多次打败金军，受到宗泽的赏识，称赞他"智勇才艺，古良将不能过也"。金军再次大举南侵中原，东京留守杜充率军弃开封南逃，岳飞无奈，只好随之南下。

　　金兀术攻占开封后，乘势挥师继续南下，直逼建康。金军顺利渡过长江天险后，很快就攻下临安、越州、明州等地，宋高宗被迫流亡海上。岳飞率领孤军坚持在敌后作战，并

连续取得广德、常州等战役的胜利。

　　为了收复建康，岳飞在城南的牛头山设下埋伏。金兀术率军来到后，岳飞横刀跃马冲入敌军，击毙敌军无数。金军大乱，纷纷溃败而逃。岳飞乘胜进驻建康，金军被迫北撤。从此，岳飞的威名传遍大江南北。不久，岳飞升任通州（今江苏南通）、泰州（今江苏泰州）镇抚使，拥有人马万余，建立起一支纪律严明、作战骁勇的抗金劲旅——岳家军。岳家军纪律严明，"冻死不拆屋，饿死不掳掠"。人们都说："撼山易，撼岳家军难！"

　　1130年，金朝扶植汉奸刘豫割据河南、淮北，建立伪齐政权，用来牵制南宋，以减少宋对金的直接威胁。金朝还放回降臣、原宋御史中丞秦桧，让他劝诱高宗向金称臣，从而南北分治。在建立傀儡政权的同时，金兀术又率领金军主力征服川、陕等地，以断南宋兵粮之援。

　　1133年秋天，岳飞入朝见高宗。高宗亲书"精忠岳飞"四字，制成大旗赠给他，提升他为神武后军都统制，猛将李山、吴全、吴锡、李横、牛皋等都隶属于岳飞。1134年春，身为荆南鄂岳州制置使的岳飞再次向高宗上书，请求"直捣中原，恢复故疆"。4月，岳飞率所部约三万五千人由江州出发，兴师北伐。岳飞一再严令全军，在进军途中一定要遵守纪律，不准骚扰百姓，不得践踏庄稼，务必做到秋毫无犯。将士们都认真地执行了这一命令。

5月，岳家军兵临郢州（今湖北钟祥）城下。敌人凭借高大、坚固的城墙，负隅顽抗。岳家军将士则"累肩而升"，奋不顾身地攀登上城头，英勇杀敌，斩杀敌人七千余人，敌尸堆积如山，最后终于攻占了郢州城。

克复郢州后，岳家军兵分两路，一路由张宪、徐庆率领东取随州（今湖北随县），另一路由岳飞亲自率领直趋襄阳府（今湖北襄樊）。襄阳是伪齐准备大举南下的大本营，由主将李成亲自驻守。他以前曾多次被岳飞击败过，当他听到郢州失守的消息，面临着高歌猛进的岳家军即将发动的攻城战役时，他丧失了应战的勇气，弃城而逃。岳家军兵不血刃地占领了襄阳重镇。张宪、徐庆率军攻打随州城，活捉了伪齐知州王嵩，克复了随州城。

在岳家军咄咄逼人的攻势下，伪齐政权胆战心惊，急忙向金朝求援。金朝于是派将领刘合孛堇纠集起一支数万人的金、齐联军，驻屯在邓州西北，扎营寨三十多处，企图与岳家军决一胜负。

7月，岳家军在邓州城外30里的地方与数万敌军相遇，展开激战。岳家军对邓州城发动猛烈进攻，岳云冲锋陷阵，战士们奋不顾身，冒着如雨点般的矢石，"蚁附而上"，一举攻破了邓州城，生擒了守将高仲。

同时，岳家军攻占唐州城。不久，岳家军又攻克了信阳。

至此，岳飞仅用三个月就顺利收复了襄阳六郡，保住了长江中游，打通了通往川陕之路，扭转了南宋的被动局面，增强了军民抗敌的勇气和信心。三十二岁的岳飞被破例提升为清远节度使，又进封武昌郡开国侯，享受与刘光世、韩世忠、张俊同等的宋朝的最高殊荣。

1137年，金朝下令取消在战场上节节败退的伪齐政权，以归还河南、陕西为条件，诱使南宋议和并称臣纳贡。1139年元旦，秦桧代高宗向金使臣跪拜称臣，接受金朝皇帝的诏书，达成合议。岳飞坚决反对，上表称"和好不可恃"，并四次上奏辞去因和议而封赏给他的官衔，遭到秦桧的忌恨。

抗金名将岳飞是宋、辽、金、西夏时期最为杰出的军事统帅,与韩世忠、张俊、刘光世并称为南宋中兴四将。

果然不出岳飞所料,金军于1140年5月撕毁和约,分兵四路,大举伐宋。高宗大惊失色,不得不下令各军分别抵抗。岳飞第三次出击,令所部一支进攻河南,一支重返河北,自己率主力从正面向汴京推进。四十多天里,先后收复陈州(今河南淮阳)等重镇,从三面形成对汴京的包围态势。

7月初,岳飞以少数轻骑驻守郾城,每天派小股人马向金军挑战。金兀术由小路进军,至城北20里处与岳家军相遇。

岳家军在郾城附近连战连捷,在颖昌(今河南许昌)再杀退金兀术的十万步兵和三万骑兵。金军全线崩溃,副帅毙命,金兀术败逃。岳飞率领岳家军追抵朱仙镇,距汴京仅45里,与义军配合,将金兀术围困在汴京,派猛将率500精骑与十万金军对阵。岳飞决心乘胜渡河收复河北,他激励部将说:"直捣黄龙府,与诸君痛饮耳!"

然而就在这时,高宗的一道金牌(即一尺长的朱漆金字木牌)发来,下令岳飞将各路大军一律撤回原驻地。岳飞锐意北伐,上奏道:"豪杰向风,士卒用命,时不再来,机难轻失。此乃陛下中兴之机,金贼必亡之日。"但高宗害怕岳飞功高震主,听信了奸臣秦桧的谗言,借口"孤军不可久留",一天内催发了12道金牌。君命不可违,岳飞涕泪交流,痛心疾首,大放悲声:"十年之功,废于一旦!"被迫撤军。

宋高宗赵构与宰相秦桧向金王朝投降的丑行,遭到朝野中正直之士的反对。此时,金兀术无耻地提出"必杀飞,始可和"的条件。于是,赵构与秦桧开始加紧打击和迫害岳飞。1141年4月,赵构和秦桧以"为柘皋之捷论功行赏"为借口,召张俊、韩世忠、岳飞等来京师杭州,然后宣布张俊、韩世忠改任枢密使,岳飞改任枢密副使,留朝任职,同时撤销了岳飞、张俊、韩世忠分别统管的京湖、淮西、淮东三个宣抚司,这就在实际上收夺了岳飞等三员大将的兵权。

接着，秦桧又唆使其党羽编造罪状来进一步陷害岳飞，污蔑他"爵高禄厚，志满意得"、"沮丧士气，动摇民心"等等。对于这些污蔑不实之词，宋高宗竟予以肯定。秦桧更是与高宗一唱一合，推波助澜，将诬告铸成事实。在金军以战诱和的态势面前，高宗和秦桧的求和心情更加迫切。8月，宋高宗解除了岳飞枢密副使的职务。秦桧决心置岳飞于死地，用利诱、威胁等手段收买了岳家军中的几个败类，指使其从内部发难。

不久，秦桧采用严刑逼供的方式，逼迫张宪招认说他受岳云书信的唆使而谋反。接着，岳云、岳飞相继被捕入狱。在狱中，岳飞力辩其冤，言之有理，论之有据。他还解开衣服，露出刺在背上、已经深嵌在肌肤里的"精忠报国"四个大字。但秦桧派人审讯的时候，声色俱厉、强词夺理地一口咬定岳飞犯了谋反大罪。岳飞看出这些人都是秦桧的死党，悲愤地说："吾方知既落秦桧国贼之手，使吾为国忠心，一旦都休。"说完，任凭狱卒拷打，再也不说什么。最终于12月被杀害于大理寺。

发生地点	发生时间	推荐理由
斡难河源	公元 1206 年	成吉思汗统一蒙古，建立了蒙古历史上第一个奴隶制国家，促进了蒙古文明的进步及北方民族的融合。

驰骋大漠的成吉思汗

事件介绍

　　成吉思汗的祖先源于唐朝时期居住在大兴安岭以北、额尔古纳河上游的蒙古族，当时称作"蒙兀室韦"。金朝统治时期，蒙古草原的游牧部落除了孛儿只斤部外，还有克烈、塔塔儿、乃蛮、蔑儿乞、汪古等大约一百多个较大的部落。为了掠夺财产和奴婢，各部落的贵族奴隶主们长期互相厮杀，战乱不断。铁木真九岁时，父亲被敌对部落害死，为了躲避仇人的追杀，铁木真和母亲、兄妹们躲进深山，靠捉野鼠、挖野菜过日子，生活十分艰苦。

　　经过艰苦环境的磨练，铁木真逐渐变得刚毅多谋，而且善于骑射，练就了一身好武功。为了替父亲报仇，铁木真积极争取其他部落的支持，逐渐壮大起来，在蒙古各部中脱颖而出。

　　1189 年，铁木真被部分蒙古贵族推举为汗。铁木真成立了侍卫军"怯薛"组织，并着手整顿军队，势力逐渐壮大。

　　铁木真的崛起，引起了蒙古各部贵族的嫉恨。铁木真有一个好朋友叫札木合，他也是一个部落的首领。他们两个常常白天在树荫下举行宴会，晚上还睡在一起，讨论问题，就像亲兄弟一样亲密。铁木真的势力越来越强大后，札木合部下的很多人都投奔了铁木真，两人之间开始产生了矛盾。

成吉思汗带领着一支强大的军队，所向无敌，创造了战争的神话。

有一次，札木合的弟弟抢掠铁木真的马群，被铁木真的部下杀了，双方发生了冲突。札木合集结了铁木真的宿敌泰赤乌、塔塔儿、蔑儿乞等13个部落，共三万人马，联合起来向铁木真发动进攻。铁木真也不肯示弱，把手下的三万人马分成13支队伍，抵抗札木合的进攻。双方在斡难河边的草原上展开了一场大战，这就是著名的十三翼之战。

经过一场激烈的战斗，铁木真抵挡不住札木合联军的猛烈冲杀，败退而逃。札木合为了发泄他对铁木真的嫉恨，把抓来的俘虏全部杀害。札木合残酷的血腥屠杀激起了很多部下的不满，他们纷纷脱离札木合投奔铁木真。十三翼之战，铁木真虽然打了败仗，势力却更加壮大了，札木合也不得不投奔了王汗。

铁木真治军严明，待人宽厚，又英勇善战，受到了下属的拥护，势力日益强大。王汗本来和铁木真是联盟，但对铁木真的强大十分嫉恨，害怕自己在蒙古草原上的霸主地位受到威胁，于是准备进攻铁木真。

1203年，王汗以许婚为名，邀请铁木真吃"不兀勒札儿"（蒙古语，许亲酒），想趁机杀死铁木真。由于阴谋败露，王汗立即对铁木真发动了突然袭击，使铁木真措手不及。仓促之中，铁木真在合兰真沙陀以三千兵马迎战力量数倍于他的王汗兵马。经过一整天激烈的苦战，铁木真终因寡不敌众，被王汗击败。但铁木真并不气馁，趁夜将军队移往斡难河上游地区，准备策划反攻王汗。

为了迷惑王汗，铁木真先派了两个人到王汗那里，假装是哈撒儿部派来的求和使者。两个使者见到王汗后，对王汗说："我们的兄长、儿子都失踪了，妻子也被大王俘获了，我们现在还能到哪里去呢？如果大王不计较我们以往的过错，我们愿意投靠大王。"王汗相

信了这两个使者的话,并答应了哈撒儿部的结盟请求,交给两个使者一个皮袋,里面盛满了血,准备双方结盟时用。

两个使者回来后,铁木真就以他们为向导,带领军队趁夜赶往折折运都山,出其不意,对王汗发起突然袭击。王汗的军队见铁木真军突然来到,吓得仓皇失措,纷纷溃败而逃。铁木真乘势率军猛烈冲杀,王汗带领部下落荒而逃。在逃跑的路上,王汗和他的儿子都被杀死。

王汗被杀后,强大的克烈部被征服,铁木真扫除了统一蒙古的主要障碍。但王汗部落的覆灭,引起了西蒙古的乃蛮部的震惊和惶恐,乃蛮部的太阳汗决定联合各部,寻机攻打铁木真。铁木真也在不断地巩固强化自己的权力,进一步健全军事组织,建立起一支纪律严明、作战勇敢的军队。

1204年,铁木真在帖麦该川召开大会,商量如何讨伐乃蛮部。但群臣大多认为,现在正值春天,战马枯瘦,最好等到秋季再做打算。铁木真的弟弟斡赤斤说:"攻打乃蛮是迟早的事情。应该办的事，就要早点办，不要以马瘦为由来推脱。"别里古台也说："乃蛮部看不起我们，声称要消灭我们。他们自以为势力强大，口出狂言，但只要我们团结一致，同生共死，先发制人，趁其不备进行袭击，就一定能取得胜利。"铁木真听了十分高兴，对群臣说："只要你们有这样的信心，何愁不胜！我们一定会打败乃蛮！"

铁木真起兵后，把军队驻扎在建忒该山，派虎必来、哲别二人为前锋，出兵攻打乃蛮部。这时，乃蛮部的太阳汗已经从按台赶来，把军队驻扎在沆海山，并与蔑儿乞部酋长脱脱、克烈部酋长阿怜太石、猥剌部酋长忽都花别吉以及朵鲁班、塔塔儿、哈答斤、散只兀等诸部会合，兵力十分强大。

铁木真军中的一匹老马受惊后，跑到了乃蛮军营中。太阳汗见了，对部众说："蒙古军马居然如此瘦弱！如果我们诱敌深入，必定可以取胜。"他的部将火速入赤对他说："先王作战时都是勇往直前，毫无后顾之忧。用兵贵在神速，现在你却如此拖延时间，难道是害怕了吗？如果害怕，为何不让后妃来统帅军队作战呢？"

太阳汗听了大怒，他哪里受得了这样的激将之言，于是立即跃马而出，向蒙古军发起

蒙古骑兵是一支训练有素、纪律严明、战术灵活,令人生畏的旋风部队。图为蒙古骑兵画像。

挑战。铁木真命哈撒儿率领中军与太阳汗交战。尽管太阳汗兵强马壮,但铁木真也毫不示弱,一直奋勇作战。此时,札木合也率军前来参战,他一直把铁木真的军马看做是虎口羔羊,可以一口吞下,但现在看到铁木真的士兵个个斗志昂扬,觉得今非昔比了,于是偷偷地率领部下先行离去了。

经过一整天的激烈战斗,铁木真终于打败了太阳汗并将他擒杀。乃蛮部士兵一见首领被杀,顿时乱了阵脚,纷纷溃散而逃。其他各部落的联军也都一败涂地,抱头鼠窜。铁木真乘势率军猛烈冲杀,敌人死伤者不计其数。第二天,残余敌军全部投降,乃蛮王子屈出律逃奔西辽。朵鲁班、塔塔儿、哈答斤、散只兀等四个部落见大势已去,于是也前来归顺铁木真。

不久,铁木真又出兵征讨蔑儿乞部,其首领脱脱逃往太阳汗的兄长卜欲鲁罕处,部属带儿兀孙向铁木真献女投降,不久又背叛铁木真而去。铁木真到泰寒寨,派遣孛罗欢、沈白两人率领右军前往讨伐。至此,铁木真基本上统一了蒙古草原。

1206年春,铁木真召集全蒙古的贵族首领们在斡难河源举行忽里台大会。蒙古各部首领一致推举铁木真为蒙古大汗,尊称他为"成吉思汗"(蒙古语,坚强有力的意思)。成吉思汗正式建立了蒙古汗国,蒙古也由一个部落的名称成为蒙古草原各族的总称,形成了统一的蒙古民族共同体。

成吉思汗建立蒙古国后,对内建立了一套完整的国家制度,对外则展开了大规模的军事扩张行动。

经过几十年的努力,成吉思汗和他的子孙们建立了一个横跨欧亚大陆的蒙古帝国。盛极一时的蒙古帝国创造了世界历史上的奇迹,第一次将东方和西方联成一体,促进了世界范围的经济、文化交流。成吉思汗和他的子孙们的业绩至今仍令后人惊叹。

发生地点	发生时间	推荐理由
北京	公元 1279 年	忽必烈统一中国建立了前所未有的疆域辽阔的多民族国家，是中国版图形成过程中的重要事件。

忽必烈统一中国

事件介绍

忽必烈是一代天骄成吉思汗的孙子，和他祖父成吉思汗一样，忽必烈在战场上也叱咤风云。1251年，蒙哥继承汗位，任命二弟忽必烈管理漠南的中原地带。忽必烈于是在金莲川（今内蒙古正蓝旗闪电河）建立藩府，重用他身边的汉族士人，通过他们的互相引荐，招纳了更多的中原士人作为他的幕僚。这些汉人运用儒家思想和中原历朝历代行之有效的治国方针，帮助忽必烈治理中原。

1252年1月，谋士姚枢建议改变蒙古人"春去秋来，夺城后剽杀掳掠"的作战方式，采取"以守为主，亦战亦耕，广积粮储，充实边备"的灭宋方针。忽必烈采纳了这一建议，将河南治理得井井有条，大大促进了农业生产。1253年，蒙哥把关中地区也封给了忽必烈。

忽必烈任用汉人治理中原，改变了过去那种农民逃亡、农田荒芜的混乱状况，同时也得到了汉族地主、儒生的广泛支持，巩固了他的统治地位。1256年春，忽必烈命刘秉忠在桓州东北、滦河北岸的龙冈（今内蒙古多伦西北）营建宫室，三年后建成，称开平府（今内蒙古锡林郭勒盟正蓝旗东50里），作为藩王府的所在地。开平府里聚集了忽必烈的一批重要谋士，成为他治理汉地的政治中心。汉地社会经济的恢复，也为后来建立元朝奠定了基础。

在治理中原的同时，忽必烈又奉命征伐大理。1252年冬，忽必烈与兀良合台分兵进攻大理，大理国主段兴智与权臣高祥、高和兄弟弃城逃跑。进入大理后，忽必烈本来想屠城以示惩罚，但汉将刘秉忠、姚枢等急忙劝止。忽必烈于是命姚枢裂帛为旗，写上"止杀"的命令，传示于城内大街小巷，以安民心，大理居民因此得以保全。

1254年春，忽必烈率军北返，留下兀良合台率军戍守大理，并任命刘时中为宣抚使，对云南地区进行治理。蒙古军又经过两年的激战，相继征服了赤秃哥（今贵州西部）、罗罗斯（今四川凉山彝族自治州地区）和白蛮波丽国（今元江一带）。从此，大理五城、八府、四郡之地都归附于蒙古。忽必烈用武力统一了大理各部后，又按中原的封建制度设置郡县，并在大理进行屯田，不断推广中原地区先进的生产技术，使云南地区的经济、文化不断进步，对我国多民族国家的形成和发展起到了积极的作用。

忽必烈灭了大理，形成了对南宋的包围夹击之势。1257年，蒙哥决定发动大规模的灭宋战争。他亲自率领蒙军主力攻打四川，同时命忽必烈率军攻打鄂州（今武昌），塔察儿等人攻打两淮，兀良合台自云南出兵，经广西北上。蒙哥以四川作为战略主攻方向，意欲发挥蒙古骑兵长于陆地野战而短于水战的特点，以主力夺取四川，然后顺江东下，与诸路军会师，直捣宋都临安。

1259年，蒙哥在四川合州钓鱼城之战中战死，蒙古军损失惨重，被迫撤退。由于蒙哥对汗位继承之事未做任何安排，因此一场激烈的汗位争夺在所难免。忽必烈一时难以攻克

▼ 元世祖出猎图。

鄂州，当他听说蒙哥战死、阿里不哥谋夺汗位时，立即接受了谋臣郝经的建议，与宋丞相贾似道议和，轻车简从，返回燕京。

此时留守和林的幼弟阿里不哥已派脱里赤在燕京召集各地军队来包抄忽必烈。忽必烈到达燕京后，马上遣散脱里赤已经集结的军队，同时急召自己在鄂州的军队北返。阿里不哥通知他去漠北参加忽里台会下葬蒙哥，他不加理睬，并命廉希宪到开平观察事态的发展变化。廉希宪到开平后，极力劝说有实力的塔察儿拥戴忽必烈为汗。

1260年3月，忽必烈到达开平，得到东道诸王塔察儿、移相哥、莫哥、忽剌忽儿、爪都和西道诸王合丹、阿只吉等人的支持。之后，众王召开忽里台大会，忽必烈一举登上了大汗宝座。4月，忽必烈定当年为"中统"元年。中统建元表示大蒙古国继承了中原封建王朝的制度和忽必烈统一全国的决心，也是忽必烈仿效中原王朝改造蒙古国的开始。

同时，阿里不哥也在和林召集忽里台大会，自立为大汗，据守漠北地区。支持他的除阿兰答儿、塔里赤外，主要是西路诸王，如阿鲁忽、阿速台、蒙哥之子玉龙答失等。阿里不哥还派霍鲁海、刘太平等到陕西、甘肃任职，准备与六盘山的大将浑都海联合，从关中进攻忽必烈。一场争夺汗位的战斗开始了。

忽必烈首先针锋相对地派廉希宪、商挺进驻京兆，任陕西、四川等路的宣抚使。廉希宪先发制人，以谋反罪杀了阿里不哥派去的霍鲁海与刘太平，稳定了关陇局势。之后，忽必烈率师征讨阿里不哥，两军在甘州展开大战，最后阿里不哥的部下浑都海、阿兰答儿被击毙，忽必烈完全控制了关陇川蜀地区。不久，忽必烈又亲征和林。阿里不哥失去了陕、川，又得不到中原物资的支援，只得逃到谦州（今叶尼塞河上游南）。忽必烈命宗王移相哥驻守和林，以防御阿里不哥，自己班师回到开平。

1261年秋，阿里不哥率军突然袭击驻守漠北的移相哥军，占领和林，并乘胜南下，忽必烈急忙调军迎战。忽必烈切断了中原汉地对漠北的物资供应，使阿里不哥陷入窘境。阿里不哥的一些部下如旭烈兀、别儿哥和玉龙答失等都开始支持忽必烈。不久，忽必烈趁阿里不哥西征之机，收复了和林。1264年，阿里不哥走投无路，只得率领身边的诸王和大臣，到开平向忽必烈投降。忽必烈取得了这场汗位斗争的胜利，巩固了他的统治。

阿里不哥投降后，忽必烈开始集中精力筹划攻打南宋。他改变了先前全线出击、主攻四川的战略方针，以襄阳为主攻方向。1267年8月，蒙古军将领阿术进攻襄阳，俘获人口五万，马牛五千。1270年3月，阿术、刘整造战船5000艘，练水军7万人，再加上环绕襄阳修筑的城墙，从水陆两路封锁了襄阳，彻底断绝了宋军的粮道。襄阳陷入孤立无援的境地，成为一座孤城。

在攻打南宋的同时，忽必烈也在积极地仿效中原王朝改造蒙古国。1266年，忽必烈命刘秉忠在原燕京城东北营建都城宫室，使燕京成为规模宏伟的新城。1267年，忽必烈迁都燕京。1271年，忽必烈废弃"蒙古"国号，按照《易经》中"大哉乾元"之意，改国号为"大元"，建立了元朝。1272年，忽必烈根据刘秉忠的建议，改中都为大都。

1273年1月，元军对襄阳发动总攻。阿术派兵先毁坏了襄阳、樊城间的浮桥，然后用回回巨炮猛轰樊城，樊城宋朝守军全部战死。元军攻占樊城之后，乘胜进攻襄阳。阿术派人在城下宣示元世祖忽必烈的谕旨，声明只要吕文焕投降，不仅不加惩罚，反而加官晋爵。于是，困守孤城五年之久的吕文焕开城投降，并表示愿意充当元军南下的先导。元军攻占襄阳，打开了南下的大门。

1274年1月，忽必烈下令征集10万壮丁从军，在汴梁赶造800艘战船，以备南征。6月，丞相伯颜率领20万大军大举讨伐南宋，在郢州遭到宋将张世杰的顽强抵抗，只好绕道而行。不久，元军攻克沙洋（今湖北沙洋）、鄂州、黄州、蕲州、江州、建康、岳州（今湖南岳阳）等地。南宋已呈土崩瓦解之势。

1276年3月，伯颜率领元军占领临安，俘虏了南宋太后、皇帝、后妃等，但南宋残余势力仍在进行顽强抵抗。1276年5月，陈宜中、张世杰、陆秀夫等在福州拥立益王赵昰为帝，任命文天祥为枢密使，都督诸路军马。1279年2月，元军击败张世杰，南宋残余势力被彻底肃清，南宋灭亡，忽必烈统一了全国。

发生地点	发生时间	推荐理由
从颍州至全国	公元1351年	红巾军起义波及大半个中国，沉重打击了元朝的腐朽统治，加速了元朝的灭亡。

红巾军起义

事件介绍

以蒙古贵族为主的统治阶级，对各族人特别是汉族人进行了十分残酷的掠夺和奴役。元顺帝即位后，荒淫残暴，挥霍无度，到处搜罗民间美女，天天供佛炼丹，以致政府财政入不敷出，于是又滥发货币，造成物价飞涨，民怨沸腾。元朝末年，黄河连年失修，多次决口，造成大片良田被淹，盐场被毁，民不聊生，甚至出现了"饿死已满路，生者与鬼邻"的悲惨局面。

1351年4月开河（即开凿黄河新河道）后，北方白莲教首领韩山童及其教友刘福通等决定利用这一时机，发动武装起义反元。4月下旬，韩山童、刘福通等在颍州颍上（今安徽颍上）聚集民众三千多人，宰杀白马、黑牛，誓告天地，准备起兵，表示推翻元朝、恢复大宋的决心。由于起义军成员都头裹红巾作为标志，所以被称为"红巾军"。又因为起义军成员多数崇信白莲教，烧香拜佛，故又称"香军"。

不料事情泄露，颍州地方官急忙派兵镇压，韩山童被逮捕杀害，他的妻子杨氏、儿子韩林儿逃到武安（今江苏徐州）。刘福通突围后把起义群众组织起来，一举攻克颍州（今安徽阜阳），元朝政府急忙命枢密院同知赫厮、秃赤率领素以骁勇著称的阿速军6000人和各路汉军，会同河南行省军前去讨伐颍上的红巾军。双方对阵时，赫厮一看红巾军阵容强大，锐不可当，急忙扬鞭大呼："阿卜！阿卜！"（蒙古语，"跑"的意思）阿速军不战自败，纷纷溃逃，红巾军乘势追击。由于阿速军不服水土、不习水战，病死者过半，溃不成军。红巾军很快占领亳州（今安徽亳县），不久又攻破项城（今河南项城南）、朱皋（今河南固始北）、确山（今河南确山）、汝宁府、息州（今河南息县）、光州（今河南潢川）等地。

红巾军所到之处，开仓散粮，劫富济贫，深得广大贫苦农民的拥护，各地农民纷纷加入红巾军。数月之间，红巾军队伍迅速扩大到几十万人，河南、江淮地区迅速形成了"红军遍地"的蓬勃局面，农民战争的熊熊烈火点燃了。

腐朽的元王朝，面对风起云涌的农民起义垂死挣扎，竭尽全力调动各地的蒙汉诸军，对农民起义军进行反扑。1351年9月，元顺帝赏赐御史大夫也先帖木儿和卫王宽彻哥元钞1000锭，命他们统率精兵30万，出征河南。起义军最早的领袖之一韩咬儿被捕，押送到京师后被处死。1352年1月，刘福通部将韩兀奴罕率军摆脱了元军的围剿，向黄河以北挺进。2月，韩兀奴罕攻克滑、浚二州，并乘胜占领开州（今河南濮阳），一时出现了"红衣遍野，呼声动地"的壮观场面。但不久，起义军遭到了也先帖木儿军的疯狂围攻，韩兀奴罕被擒。3月，也先帖木儿军在汝宁沙河驻扎，"日夜沉溺酒色，醉卧不醒"。刘福通趁其不备，夜间突袭元军大营，一时元军大乱，纷纷溃逃。刘福通率军猛追，元军丢弃器械、粮草、车辆，仅数万人逃奔开封，在朱仙镇驻扎下来。元顺帝召回也先帖木儿，命中书平章政事蛮子代领也先帖木儿的兵马，继续镇压农民起义军。

刘福通领导的北方红巾军成功地粉碎了元军的围剿，为全国各地不满元朝统治的劳苦大众树立了榜样，鼓舞着他们纷纷拿起武器投入推翻元朝统治的战争。各地的农民起义军有效地牵制了元军的主力，沉重地打击了元朝腐朽的统治。

南方白莲教僧人彭莹玉，蕲州罗田布贩出身的徐寿辉，黄州铁匠出身的邹普胜、渔民出身的倪文俊等人，在湖南、湖北、江西等地广泛传播"弥勒下生"的传说,组织起了一支信奉白莲教的农民起义队伍。1351年8月,刘福通攻下颍州,向河南一带进军时,徐寿辉、彭莹玉等也在蕲州起兵,攻占州城。9月,攻下蕲水县和黄州。10月,起义军拥立徐寿辉为皇帝,邹普胜为太师,建立政权,国号"天完",年号"治平",以蕲水为都城。徐寿辉建国称帝,以实际行动表明起义者推翻元朝重建新朝的决心,在农民起义军中产生了巨大的影响。徐寿辉等领导的天完起义军,也以红巾为标志,称为南方红巾军,与刘福通等领导的红巾军都是农民起义军中重要的力量。

其他的农民起义还有濠州郭子兴起义、邓州王权起义、襄阳孟海马起义等,其中郭子兴领导的起义军后来日益壮大起来。农民出身的朱元璋,幼年父母双亡,不得不到皇觉寺当和尚。郭子兴起兵后,二十五岁的朱元璋投奔了郭子兴,参加了红巾军的队伍,后来成为这支起义队伍的领袖。

1355年2月,刘福通从砀山清河将原起义军领袖韩山童之子韩林儿迎到亳州,拥立他称帝,号"小明王",国号"大宋",改年号为"龙凤",建都亳州。

元朝统治者视龙凤政权为"心腹大患"。1355年6月,答失八都鲁被提升为河南行省平章,获得"便宜行事"的特权。答失八都鲁加封后,率大军气势汹汹地向红巾军扑来。刘福通率起义军顽强抵抗,在许州长葛(今河南长葛东北)大败元军,俘获了答失八都鲁的儿子孛罗帖木儿。刘福通派出的部将赵明达接连攻取了嵩(今河南嵩县)、汝(今河南临汝)以及洛阳,并北渡孟津至怀庆路(今河南沁阳),河北为之震动。元朝统治者大为恐慌,一面命地方官员加强曹州、兴元(今陕西汉中)、沂州、莒州(今山东莒县)等地的防务,一面命答失八都鲁迅速调兵攻打龙凤政权的首都亳州。11月,刘福通在太康(今河南太康)被元军击败,红巾军将领张敏、孙韩等九人被俘,丞相罗文素等牺牲。元军乘胜包围亳州,小明王退走安丰。1356年3月,元朝统治者又派脱欢来亳州督战,援助答失八都鲁。刘福通率领红巾军在亳州与元军展开大战,结果元军大败而逃,亳州转危为安。

1357年2月,义军著名将领毛贵率领东路军由海道入山东,接连攻下胶州(今山东胶县)、莱州(今山东掖县)、益都路(今山东益都)、滨州(今山东滨县北)、莒州等地。7月,元镇守黄河的义兵万户田丰响应毛贵起义,攻陷济宁路(今山东钜野)。次年正月,又攻克南北漕运的枢纽——东平路,使南北漕运中断。2月,毛贵又攻克济南。至此,山东大部分地区为毛贵、田丰所占领。毛贵在济南大力发展农业生产,储备粮食。不久,毛贵

亲率红巾军挥师北伐，进入河北，攻克蓟州，到达柳林（今北京通县境内），进逼元大都。一时京师震惊，元廷内部甚至有人主张迁都关陕。可惜毛贵因孤军深入，在柳林被赶来的元军打败，不得不又退回济南。1359年4月，淮安赵君用来山东投奔毛贵，竟将毛贵杀害。7月，转战至辽阳的毛贵部将续继祖回到益都，又将赵君用杀死。从此义军内部自相残杀，东路北伐军一蹶不振。1361年夏，察罕帖木儿进攻山东，田丰、王士诚等投降，济南失陷。11月，益都被攻破，田丰、王士诚被杀，山东的红巾军也被镇压下去。

北伐的同时，刘福通在1359年5月攻占了汴梁，定为都城。韩林儿也从安丰迁来，北方红巾军达到了鼎盛时期。但是，随着三路北伐军的相继失利，以察罕帖木儿和孛罗帖木儿为首的元军分兵两路，进一步加紧了对汴梁的围攻。8月，元军攻陷汴梁，刘福通保护韩林儿冲出重围，逃奔安丰。

此时，各路起义军为了争夺地盘，也展开了激烈的斗争，形成相互厮杀的混战局面。1363年2月，驻守在濠州的张士诚趁安丰空虚之机，派遣将领吕珍进攻安丰，孤立无援的刘福通不得不向朱元璋求救。朱元璋率军救出韩林儿和刘福通后，将二人沉入水中溺死，龙凤政权灭亡。

发生地点	发生时间	推荐理由
南京	公元1368年	明朝的建立结束了元末水深火热的动乱形势，使人民生活、社会状况趋于稳定。

乞丐皇帝建立明朝

事件介绍

朱元璋出身于濠州一个贫苦农民家庭，幼年父母双亡，生活没了着落，不得不到附近的皇觉寺当小和尚。红巾军起义爆发后，朱元璋离开了皇觉寺，到濠州来投奔郭子兴。

朱元璋参加起义后，马上表现出他不凡的才能。他勇猛善战，长于计谋，而且屡立战功。郭子兴觉得他是一个有前途的人才，于是把养女马氏嫁给了他。

郭子兴死后，朱元璋回到老家，招兵买马，训练了一支战斗力很强的军队，一时声势大振。

刘福通占据安丰和颍州之后，拥立韩林儿为皇帝，韩林儿任命郭子兴之子郭天叙为都元帅，部将张天佑、朱元璋为右、左副元帅。郭天叙没有什么作战经验，再加之红巾军中大部分将士都是朱元璋的亲信，朱元璋名义上是副帅，实权却全部掌握在他手里。没多久，郭天叙、张天佑在攻打集庆（今江苏南京）的时候被叛徒杀死，朱元璋就当了名副其实的大元帅，郭子兴的旧部全归他指挥。

朱元璋独掌兵权以后，率领大军四处征伐，笼络人心，以集庆路为应天府，向四周发展。攻下集庆后一年多的时间里，朱元璋派诸将先后攻克镇江、广德、长兴、常州、宁国、江阴、常熟、徽州、池州、扬州等应天周围的据点。每攻占一座城池，朱元璋都开仓赈济

明太祖朱元璋像。朱元璋是明王朝的开国皇帝，其统治时期被称为"洪武之治"。

贫民，深得广大贫苦农民的拥护，朱元璋的队伍也日益发展壮大。

自投军以来仅几年时间，朱元璋就从一个小步卒发展成为称雄一方的霸主。随着朱元璋的势力日益强大，他的野心也逐渐膨胀起来，他决心学习汉高祖刘邦，削平群雄，统一中国，改朝换代，做一位中国的大皇帝。

由于刘福通派出三路大军分兵北伐，元军主力被吸引到北方战场，徐寿辉领导的天完农民军和朱元璋领导的农民军乘机在江淮地区不断扩张发展。为了争夺地盘，农民军各部之间展开了激烈的斗争，形成互相厮杀的混战局面。1360年5月，陈友谅杀死徐寿辉，自称皇帝，建立汉国，占据江西，向湖广推进，随即又向朱元璋统治的以集庆为中心的广大地区发动进攻。陈友谅的势力发展迅速，成为朱元璋统一中国的首要障碍。

陈友谅很快攻陷太平，并准备和张士诚合兵攻打应天。朱元璋的部下开始动摇，有的建议逃往钟山，有的甚至建议投降，只有刘伯温瞪着双眼不说话。朱元璋于是将他召入内室，刘伯温愤然说道："主张投降或逃走的，应该斩首。"朱元璋连忙问："先生有何退敌良策？"刘伯温回答："陈贼气骄，待其深入，伏兵拦击，将其打败，这很容易啊。天道轮回，后来起事的会取胜，取威制敌，以成王业，就在此举了。"朱元璋深受鼓舞，采取了他的建议，引诱陈友谅军东进，然后设伏兵夹击，陈友谅大败，朱元璋乘机夺回太平。

不久，陈友谅军又一次攻陷安庆，朱元璋打算亲自率军征讨，刘伯温也表示极力赞成。

明代皇室武备出警图。

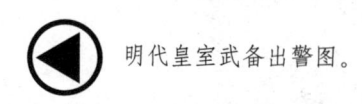

朱元璋率军从早晨一直打到暮色降临,安庆仍未攻下,刘伯温请求直趋江州,直捣陈友谅的巢穴,朱元璋于是率全军西进。陈友谅始料不及,只得带领妻子儿女逃往武昌。江西诸郡也都被朱元璋拿下,朱元璋率军进驻南昌。

1363年4月,陈友谅决心同朱元璋决一雌雄,于是建造大船,乘朱元璋北救安丰之时,率领60万大军,载着家属和文武百官倾国而来,大举进攻南昌,直抵城下。朱元璋得知南昌危急,于是亲自领兵20万急救南昌,同时命徐达等自庐州发兵援救。陈友谅围攻南昌八十多天,听说朱元璋亲自前来解围,于是在鄱阳湖把大船连接成阵,迎战朱元璋。朱元璋率诸将由松门进入鄱阳湖,分成20队,用小舟与陈友谅展开激战。两军激战三日,相持不下,朱元璋采纳郭兴之策,火攻陈军巨船。时值东北风大起,朱元璋派军在湖口乘风纵火,直扑陈军大船。风急火烈,陈军数百艘大船火焰冲天,湖水都被映成了红色。一时喊杀声震天,陈军烧死溺死者大半,陈友谅突围逃出湖口后也中箭而亡。

朱元璋消灭了汉国陈友谅后,扩大了地盘,势力更加强大。1364年,朱元璋在应天称吴王,以李善长、徐达为右、左丞相。张士诚助元灭宋后,在平江自称吴王,与朱元璋形成两吴并立的局面。1367年,张士诚被俘,他所建立的吴政权灭亡。朱元璋于是兵分两路,一路由胡廷瑞率师攻取福建,一路由徐达为征虏大将军、常遇春为副将军,统率25万大军,渡过淮河,直取中原。

出兵之前,朱元璋制定了严格的纪律:"所经之处,及城下之日,勿妄杀人,勿夺民财,勿毁民居,勿废农具,勿掠人子女。"并命宋濂发布了告天下檄文说:"当此之时,天运循环,中原气盛,亿兆之中,当降生圣人,驱逐胡虏,恢复中华,立纲陈纪,救济斯民。"

"驱逐胡虏",就是推翻元朝蒙古贵族的统治,"恢复中华",就是恢复汉族政权,"立纲陈纪",就是重建封建纲纪,恢复封建统治秩序。为了最大限度地孤立元朝蒙古贵族,朱元璋申明,蒙古人、色目人中,"原为臣民者,与中夏之人抚养无异",借以争取蒙古人和色目人,减少北伐灭元的阻力,以便加快北伐的胜利步伐。

徐达、常遇春大军很快攻克沂州、益都路、东平、济南、莱阳、东昌、乐安等地,占据了山东全境。此时,南征大军也顺利攻取福州。朱元璋的南征、北伐两路大军都按计划取得了节节胜利,推翻元王朝指日可待了。中书右丞相李善长率领百官,奏请朱元璋建国称帝。1368年1月,朱元璋在应天府奉天殿登上皇帝宝座,定国号为"大明",年号为"洪武",开始了明朝270年的历史。朱元璋经过十几年的苦心经营与南征北伐,终于实现了当皇帝的愿望。

明王朝的建立,在全国产生了巨大的政治影响,极大地鼓舞了北伐将士的士气。3月,徐达率军继续北上,很快攻克永城、归德、许州、陈桥等地。4月,徐达率大军自虎牢关进至河南塔儿湾,与元军展开一场激战,历史上称为"塔儿湾大捷"。元军五万多人,在洛水之北列阵迎战。常遇春单枪匹马,冲锋陷阵,一箭射死元军前锋,徐达指挥大军乘势猛冲,杀死元军无数。元军败走,河南完全被明军控制,北伐中原取得胜利。

1368年6月,为了制定进一步攻克元大都的战略路线,朱元璋从应天赶到汴梁,召集徐达等大将商议北伐元大都之计。大将军徐达建议停止西进,乘胜迅速北上,攻取元大都。朱元璋欣然同意,制定了具体的进军策略和路线,并要求有意为元顺帝留出一条生路,把他逐出塞外,以减少抵抗,等攻占元大都后,立即宣告元朝覆亡,然后再扫清各地残敌。

7月，朱元璋离开汴梁，临行前他再次嘱咐徐达等北上攻打元大都时，必须严明军纪，不可侵扰当地百姓。

徐达、常遇春挥师北上后，接连攻下卫辉、彰德、磁州、广平、邯郸、赵州、临清等地。然后徐达率数十万大军，沿运河继续北上，急速前进。元丞相也速等在海口（今天津）设防，一见明军浩浩荡荡地开来，立即望风而逃。徐达率军抵达通州。通州是元大都的东部门户、交通要道，要攻克元大都，必须首先攻下通州。而通州由元朝的嫡系精兵坚守，徐达于是命郭英率3000精骑猛攻通州城，然后佯装不敌，节节败退。元军果然中计，出兵追击，死咬不放。突然伏兵四起，徐达率大军将元军拦腰截断，并将其全部歼灭。通州大捷后，明军消灭了元大都的主力部队，占据了通州这个战略要地。元顺帝一听通州陷落，十分震惊和恐惧，急忙趁夜携太子和众妃子，从建德门（今北京德胜门）仓皇北逃。

8月，徐达率数十万大军攻克元大都。元大都的陷落，宣告了元朝的灭亡。朱元璋改大都为北平，意在平定北方，仍以应天为京都。1371年，明军灭夏，控制了四川。1381年，明军进入云南，元梁王兵败自杀。1387年，朱元璋东取辽东，元丞相纳哈出降。至此，朱元璋终于完成了他统一全国的大业。

发生地点	发生时间	推荐理由
南京	公元1398年	靖难之役是明初分封制导致的"强枝弱干"的结果，此后明成祖得到了天下。

叔侄相残的靖难之役

事件介绍

明朝建立后，太祖朱元璋看到同自己一起打天下的功臣勋爵一个个精明强悍，文能安邦，武能定国，于是时时刻刻担心这些人会对他的朱氏王朝形成危害。为了让子孙万代能够安坐天下，传之久远，朱元璋一方面极为残酷地杀戮或暗害功臣，以根除威胁朱氏政权的不利因素；一方面把二十几个儿子封为亲王，领兵镇守全国要害之地，以"屏藩帝室，慎守边防"。

但是让朱元璋感到不满的是他的两个皇位继承人都不理想。1392年，文弱的皇太子朱标病死，朱元璋召大臣们商议选定继承人，大臣们都认为应该立朱标的儿子朱允炆为皇太孙，作为皇位的继承人。但朱元璋知道朱允炆虽然天资聪敏，但却生性怯懦，"仁柔少断"甚过其父，而朱元璋的第四子朱棣却因屡立军功受到朱元璋的宠爱，朱元璋甚至一度萌发更换皇储的念头。后来经大臣们数次劝谏，太祖还是以尊重传统礼法和维护政局稳定为重，选定皇太孙朱允炆为皇位继承人。对此，燕王朱棣极为不满，萌发了谋夺皇位的欲望。

1398年5月，朱元璋去世，朱允炆正式即位，这就是建文帝。建文帝即位后，首先考

虑的就是如何消除各藩王的武力威胁。他起用原在东宫的近臣齐泰为兵部尚书,黄子澄为太常寺卿,让他们共同参与朝廷军国大事,谋划削藩之策。齐泰主张以迅雷不及掩耳之势,首先解除势力最强、危险最大的燕王朱棣的兵权。黄子澄则认为:燕王久据北平要地,更拥有重兵,如轻易废黜,风险太大,不如先从周王开刀,因为周王早在洪武时期就多行不法,削之有名,而且周王是燕王的同母兄弟,削他就等于去掉了燕王的一只臂膀,一举两得。建文帝于是决定先从内地诸王削起。

1398年6月,建文帝命曹国公李景隆率领大军突至河南,逮捕周王及其世子和妃嫔,并押解送京,废为庶人,迁至云南。次年,又以"伪造大明宝钞"和"擅自杀人罪"逮捕湘王,迫使他自焚而死。接着,又以调回朝中议事为名,把齐王调到京城后废为庶人,加以软禁。由于这些藩王多是骄奢淫逸之辈,毫无指挥才能,而且他们自己确实都有一些违法行为,所以朝廷是削之有名,计划进行得十分顺利。

然而,当建文帝要进一步去削夺燕王朱棣的权力时,却引火烧身。1399年1月,建文帝假借边防之需的名义,将燕王朱棣所统领的精锐部队全部调出,并派工部侍郎张昺任北平布政使,谢贵、张信为都指挥使,负责燕地的军政事务。建文帝嘱咐他们监视燕王的行动,一旦燕王有个风吹草动,立刻将其除掉。而朱棣蓄谋已久,早就积极准备夺取皇位了，在建文帝下令削藩之时，他也正在加紧练兵，准备起事。

7月，燕王正式誓师，引用《祖训》中"朝无正臣，内有奸逆，必举兵诛讨，以清君侧之恶"的条文，以"诛齐泰、黄子澄"为名，起兵靖难，从此，一场以争夺皇位为核心的武装斗争开始了。燕王下令取消建文年号，亲率大军抵达通州，指挥使房胜望风而降。之后，燕王采纳张玉的建议，攻克蓟州、遵化，解除了后患，然后继续向南推进。后来，燕王觉得"居庸险隘，北平之咽喉，我得此，可无北顾忧"，于是挥师攻占居庸，转攻怀来，开平、龙门、上谷、云中守将望风归降。接着，燕王又攻克永平、滦河，挥师南下。

由于北平是燕王的多年基地，附近州县一呼百应，士气很旺；朱棣不仅兵精粮足，而且对建文帝的动静虚实了如指掌；加之指挥得当，所以战争始终打得积极主动，推进速度很快。建文帝则相反，虽然兵众粮足，但由于他生性怯懦迂腐，处事优柔寡断，一直处于比较被动的境地。于是建文帝答应罢免齐泰、黄子澄的职务，请求燕王罢兵。燕王志在皇帝的宝座，哪里会答应？于是下令继续挥军南下。但在后来三年的战争中，燕王只是获得了永平、大宁、保定三地，有些城池占领了很快又失去了。燕王也遭受了巨大损失，死伤情况严重。

为了尽快结束这场战争，燕王决心破釜沉舟，决一死战，挥师直奔金陵。1402年4月，燕王攻克济南，乘胜直捣扬州。建文帝派遣使者以"割地南北"的条件向燕王请求议和，燕王知道这只是缓兵之计，拒绝接受。议和失败后，建文帝寄希望于长江天险，进行顽抗。由于朝中宦官十分痛恨建文帝，便充当了燕王的内应，燕王更加坚定了夺取金陵的信心。6月3日，燕王誓师渡江，旌旗飘扬，鼓声震天，声势浩荡。燕王登岸后，一马当先，率领数百精骑向敌营横冲直撞，守军纷纷溃败而逃。随后燕王移师长江咽喉镇江，守将不战而降。

此时举朝震惊，建文帝急忙派李景隆和诸王反复向燕王求和，遭到燕王的拒绝。朝中大臣主张立即撤逃，方孝孺却极力主张坚守京城，等待援兵，并表示即使事情不成也应为社稷而死。6月13日，朱棣率大军浩浩荡荡地开进了金川门，数以千计的士兵身披铁甲、手执长矛，簇拥在他的前后。一时间，南京城里战马嘶鸣，人声嘈杂，矛戈相击，刀光剑影。经过激烈的战斗，朝廷文武大臣纷纷投降，朱棣终于占领了南京城。之后，朱棣命令士兵把皇宫团团包围。突然，皇宫

明成祖朱棣像。朱棣为明太祖朱元璋第四子，受封为燕王，后发动靖难之役，夺位登基。

里火光熊熊，黑烟弥漫。朱棣紧催坐骑，飞速冲进皇宫，并派人把守皇宫各门，不放任何人出入。在烈火中，建文帝不知去向，尽管后来经过认真细致的搜查，但始终没有找到。

朱棣入宫后，登上了梦寐以求的皇帝宝座，这就是明成祖。明成祖想要方孝孺起草诏书，以安定天下。谁知方孝孺被召到朝堂之后，大哭起来，悲恸欲绝的哭声响彻了殿堂，他把笔扔在地上，拒绝起草诏书。明成祖大怒，下令处死方孝孺。方孝孺慷慨赴死，受刑之前做绝命词："天降乱离兮孰知其由，奸臣得计兮谋国用忧。忠臣发愤兮血泪交流，以此殉君兮抑又何求，呜呼哀哉兮庶不我尤。"意思是："上天降下祸乱啊，谁知它的根由，奸臣得逞啊，实现了阴谋。忠臣发愤啊，血泪交流，以身殉国啊，又有何求。呜呼哀哉啊，这不是我的罪尤！"方孝孺的大义凛然使得在场官员都感动得流下了眼泪。但明成祖朱棣却开始大开杀戒，他把胆敢拒绝起草"即位诏书"的方孝孺祸灭十族，甚至连他门生的门生、姻亲的姻亲都不放过，总计杀死了873人。此外，被贬谪戍边的还不知有多少。

明成祖怒杀方孝孺后，怒犹未消，又开始对建文帝的其他臣属下手。他让臣下列了一个名单，并下了一道命令："凡建文帝的臣下，一律捉拿归案。"在这个名单中，头两个就是齐泰、黄子澄。燕兵攻陷南京城的时候，齐泰、黄子澄都不在京城，明成祖下令把他们捉回京城。齐泰全家老少除他的一个六岁的儿子外，无一幸免；黄子澄也仅幸存了一个儿子，族中其他人不论老少一律斩首，所有姻亲都充军边疆。对于反对他的人，朱棣都处以极刑。

发生地点

我国南海以西的海洋地区

发生时间

公元 1405 年至 1433 年

推荐理由

郑和下西洋促进了中外经济、文化交流，刺激了国内的商品生产，促进了工商业进步，并且大大提高了中国在国际上的威望。

创造人类航海史奇迹的郑和

事件介绍

郑和，原姓马，小名三保，回族人，出生于云南昆阳州（今云南晋宁）一个信奉伊斯兰教（当时称回教）的回族家庭。明太祖朱元璋统一云南时，十一岁的马三保被俘，后来被阉，入宫做了太监。朱棣被封为燕王后，马三保跟随燕王到北平，当上了燕王朱棣的近侍。在"靖难之役"中，马三保为人机警，智勇双全，"出入战阵，多建奇功"，深受燕王的赏识。1403 年，明成祖在南京论功行赏，马三保被庄重地赐予姓名——郑和。次年，明成祖又升郑和为内宫监总管太监。郑和虽然世代信奉伊斯兰教，但在道衍大师（即姚广孝）的引荐下皈依了佛教，成为一名佛教徒，法名福善，因此人们又称他为"三宝太监"。

明成祖统治期间，正值明朝国势蓬勃上升的重要时期，经济实力十分强大，政治局势相当稳定。随着宋、元以来海外贸易的兴盛，对外移民不断增加，自命为"天下共主"的明成祖朱棣雄心勃勃，一直想"耀兵异域，示中国富强"。当时，远洋航行已经具备了雄厚坚实的物质基础和足够的科技实力：造船业空前发达，罗盘针广泛用于航海，航海技术有了长足进步。于是明成祖决定派使臣率船队出海远航，访问亚洲、非洲诸国，以向海外各国炫耀中国的强盛。

但出海远航这样重大的事情，如果没有一个精明强干的总指挥是很难办到的。郑和身为内宫监总管太监，外出采办是其分内之事；郑和兼有回教徒、佛教徒两种身份，便于同"西洋"诸国官民正常交往；郑和的父亲、祖父都曾到过天方（今麦加，在沙特阿拉伯西北部）"朝圣"，郑和跟随他们见识了"西洋"各国和各地区的风土人情；在"靖难之役"中郑和积累了丰富的军事知识和作战经验。综合以上因素，明成祖觉得郑和是最理想的人选，于是任命郑和为出洋总指挥，而以其挚友王景弘为副使。从此，郑和开始了他近三十年的轰动世界的七次大规模"下西洋"（泛指我国南海以西的海洋地区，包括今天印度洋、文莱以西的地区）活动。

1405年7月，郑和率领将士、水手、技术人员、翻译、医生等两万七千八百余人，分乘62艘大船，从苏州刘家河（今江苏太仓县浏河）出发，经海道到福建，再从福建五虎门扬帆出海，经占城（今越南中南部）、爪哇、旧港（今印度尼西亚苏门答腊岛的巨港）、苏门答腊（今印度尼西亚苏门答腊岛）、锡兰（今斯里兰卡），最后到达古里（今印度科本科德）。郑和乘坐的大船长44丈，宽18丈，船中装载大量金币，规模之大，前所未有。每到一国，郑和就宣读明朝天子明成祖的诏书：大明皇帝是奉天承命的上邦大国之君，是奉"天命天君"的旨意来管理天下的，四方藩夷都要遵照我大明皇帝的旨意去做，各国之间不可以众欺寡、以强凌弱,而要共享天下太平之福。通过这种办法,郑和向各国宣扬了明朝的德政以及同各国通商友好的强烈愿望,并赐给各国君王礼物,因此一路上受到了各国官员、人民的欢迎。这次航行只是一个试验,郑和船队所航行的范围也没有超出印度洋沿岸地区。

1407年10月,郑和第一次出使归来,许多海外番国的使者也随着郑和的船队来到明朝朝见天子,商谈建立邦交和贸易关系。郑和还将在旧港俘获的酋长献给朝廷。明成祖十分高兴,给郑和许多奖赏。

1407年11月,郑和等利用东北季候风又进行了第二次出海航行,对远航事业做了进一步的探索,但路线、范围与第一次大体相同,又到达古里。1409年7月,郑和返回。

1409年9月,为了护送各国的使者安全回国,郑和第三次出海航行。这次他只带了48艘宝船,以东印度洋为中心,从爪哇、苏门答腊往锡兰,又北上印度东海岸,抵达孟加拉湾,然后折回马六甲海峡,在马六甲修筑城塞后返回。为了以后进行更大规模的远航,他们在其航行的中心地区——满剌加建立起一座小城,修建了大型仓库作为中转站。郑和的这次航行仍没有越过印度西海岸。

1413年10月,郑和开始了第四次下西洋。这次航程较远,所到的国家和地区亦较多,已远远超过印度。到达的新国家和地区有:溜山(今马尔代夫)、榜葛剌(今孟加拉国),最后由古里直航忽鲁谟斯(今伊朗波斯湾口阿巴斯港南的岛屿)。

当郑和一行来到苏门答腊时,苏门答腊刚刚经历一场大的变故,郑和也遇到了麻烦。原来,苏门答腊的西面有个那孤儿国。1408年,那孤儿国和苏门答腊发生战争,苏门答腊国王中箭身亡。由于王子年龄尚小,不能替父王报仇,王后于是晓谕全国:谁能领兵打败那孤儿国,替先王报仇,我就嫁给谁,并请他当国王。一个很有本领的渔夫率兵奋勇作战,打败了那孤儿国的军队,并杀了他们的国王。王后也实现了她的承诺,嫁给了渔夫,并让他当上了苏门答腊的国王。老国王的儿子长大以后很不甘心,于是暗地里培养了一伙心腹勇士,寻机杀死了渔夫,自己登上了王位。郑和到达苏门答腊后,向新国王赠送了许多礼品。而渔夫也有个儿子叫苏干剌,一心想替父亲报仇,于是发兵攻打苏门答腊,企图争夺王

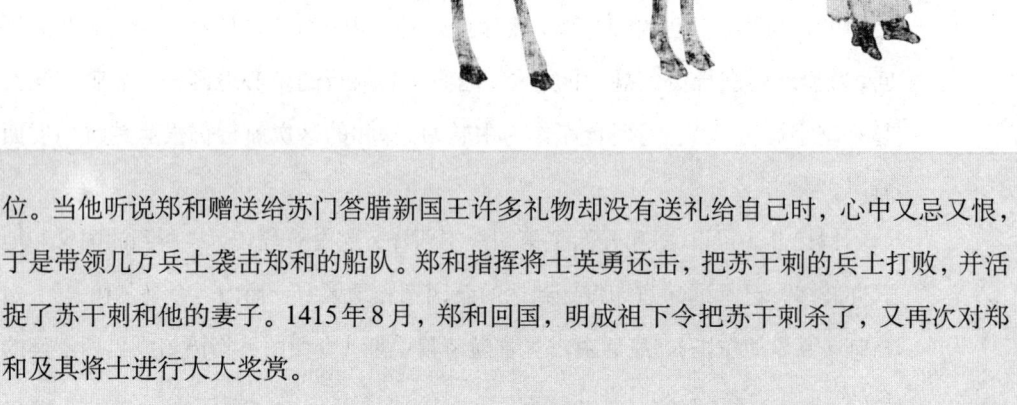

郑和下西洋时，麻林国赠送给明王朝一种珍奇的动物——长颈鹿。

位。当他听说郑和赠送给苏门答腊新国王许多礼物却没有送礼给自己时，心中又忌又恨，于是带领几万兵士袭击郑和的船队。郑和指挥将士英勇还击，把苏干刺的兵士打败，并活捉了苏干刺和他的妻子。1415年8月，郑和回国，明成祖下令把苏干刺杀了，又再次对郑和及其将士进行大大奖赏。

　　1417年5月，郑和又进行了第五次远航。这次到达的国家和地区最多，航程也最远，直达非洲赤道以南、东海岸的木骨都束（今索马里摩加迪沙）、麻林（今肯尼亚境内）、阿拉伯半岛的祖法儿（今阿拉伯半岛南端阿曼的佐法尔一带）、阿丹（今属也门）、剌撒（今也门境内）。当郑和的船队到达麻林时，国王亲自设宴款待。郑和向国王和王妃赠送了丝织品、陶器和茶叶。国王也送给明朝皇帝一只珍贵的动物，叫作"麒麟"，也就是非洲长颈鹿。1419年8月，郑和回国的时候，竟有17个国家的使节随同来华访问，其中有各国的王子、王叔、王弟、大臣等重要人物。郑和还带回了忽鲁谟斯的狮子、金钱豹、大西马；阿丹国的麒麟、长角马哈兽；木骨都束的花福禄和狮子；卜刺哇的千里骆驼和鸵鸟等珍奇动物。通过谈判，各国都分别与明朝建立了正式邦交。

为护送诸国使节回国，郑和奉命又于1421年3月进行了第六次远航。此次路途虽远，但往来非常迅速，于次年就返回。

郑和最后一次远航，是在明成祖及其子仁宗相继去世后的宣宗时期。这次航行到达了17个国家和地区，1433年7月，郑和归来时有十多个国家和地区的使臣随同来华，与明朝建立起联系。

郑和的七下西洋活动，前后近三十年，访问范围南至爪哇岛，北达波斯湾和红海东岸的麦加，东至台湾，西达非洲东海岸、赤道以南。郑和的足迹遍布了亚洲、非洲近四十个国家和地区，包括占城、真腊、满剌加、彭亨、苏门答腊、旧港、爪哇、阿鲁、南勃里、锡兰、溜山、榜葛剌、南巫里、忽鲁谟斯、祖法儿、阿丹、比剌、木骨都束、麻林和天方等。郑和下西洋，规模之大，人数之众，时间之久，足迹之广，在中国和世界航海史上都是空前的盛事，是中国人民对世界航海事业的伟大贡献。郑和下西洋比哥伦布发现新大陆早87年，比麦哲伦到达菲律宾早116年，且规模也不是他们所能比拟的，郑和下西洋是人类历史上的伟大创举之一。

发生地点	发生时间	推荐理由
应天	公元 1408 年	《永乐大典》是一部伟大的百科全书，它在促使字典和类书过渡成为具有完整性的百科全书的发展过程中，具有很重要的意义。

千古流芳的《永乐大典》

事件介绍

明成祖于永乐元年（1403年）七月，下令解缙等147人采集资料，按照韵目，编成一书。次年11月编成，赐名为《文献大成》。但明成祖认为内容不完备，于是又派姚广孝、刘季篪与解缙共同监修，重新采集资料，先后参加工作者达2169人，开馆于文渊阁，至永乐五年十一月书成，共计22877卷，目录60卷，全书一共11095本，改名为《永乐大典》。

《永乐大典》编纂机构的工作计划和进行程序的记录已无从查考，现有的纂修凡例，只详细地说明了"用字以系事"的方法和方式。这不过是纂修工作中的一方面。现在能推测的全部纂修工作的大致情形是：第一步，由纂修人员从经、史、子、集中选择好的本子，把注解汇编在各篇之后或该句之下，并从原文内摘出事名的段落，准备移交给编写人。这一步工作是最基本的，所以按照书籍类别分成若干小组，每小组由一个副总裁来领导，如林环是《书经》的副总裁，王彦文是《诗经》的副总裁，高得旸是《三礼》的副总裁，蒋用文、赵友同是"医经方"的副总裁。大概第一步工作进行得差不多的时候，便开始第二步的编写工作。编写就是把纂修整理好的整部整篇的书和一条一条的事目编到名字之下，

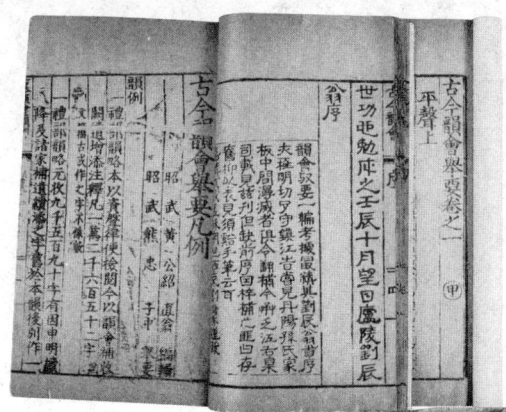

采用了新的分类方式，较之以前的类书有很大进步。图中上为明刻本《古今韵会举要》，下为明刻本许氏《说文解字》五音韵谱。

所谓"随字收裁"，也就是"用字以系事"。由于这两步工作既有分工，又有联系，所以中间有催纂五人。到第一步工作完全过渡到第二步工作的时候，便开始了第三步工作——清抄。每人每天抄三页，誊写人员有1381人，有半年的工夫，就能清抄一份。所以第三步工作大概是1408年春天开始的。

公元100年，东汉的许慎第一次创造了按部首排列的字典《说文解字》，经过了500年，在公元601年，隋代的陆法言确定了韵书的韵目，编成按韵排列的字典——《切韵》。在使用上，检韵比部首方便，所以自7世纪以后，虽说检韵与部首并行，但检韵字典却比按部首编排的字典更通行，而且逐渐取得了优势。到了10世纪，宋代的李焘竟把按部首排列的《说文解字》改编成为检韵的《说文解字五音韵谱》。

所谓类书，顾名思义就是按类编排的，它的好处是把材料按类集中，缺点是类的范畴即所包括的材料没有什么客观标准，而且材料越丰富，越造成使用上的困难。因此为一般读书人所通用的典故以及人名、地名、事物名等，便逐渐附入最通行的检韵字典之

明代政府官员所佩带的乌纱帽。

内。所以从7世纪以后,屡次增修检韵字典系统,主要是在每字之下逐渐增入有关人名、地名、事物名的解释。这样的做法使字典的内容逐渐向着百科全书的方向发展下去。一百多年以后,到8世纪中叶,就由颜真卿完成了一部"分韵隶事"的带有初步百科全书性质的《韵海镜源》。宋代有袁毂的《韵类选题》100卷,《直斋书录解题》说它也是"以韵类事"。南宋的四川书坊把它改编为《书林韵事》100卷。但直到13世纪末,也始终没有脱离对字典的依附,过渡成为独立的百科全书。

14世纪初年,有阴应梦、阴时夫、阴中夫父子三人,他们是生长于农村的宿儒。他们吸取了颜真卿以来的新发展,针对一般读书人的需要,扩大了每字下的"隶事",编成《韵府群玉》一书,使它的内容和检查方法基本上成为初级的百科全书。这时候已经是元末农民大起义的前夕。此书刊行以后,得到了读书人的欢迎。宋濂在洪武八年(1375年)给改编本《韵府群玉》题词,二阴兄弟"因宋儒王百禄所增《书林事类韵会》、钱讽《史韵》等书,荟萃而附益之,诚有便于检阅",就是头号的学者,对于"便于检阅"的这一方面也是不能不给予好的评价的。《韵府群玉》搜罗的资料虽说丰富,可是其中最要紧的地方往往漏掉,这是由于仅仅限于父子三人的力量,没有广泛占有资料所造成的缺憾。此书还有一个缺憾就是只把散事聚在一起,而没有给一条一条的散事做标题。这两个缺憾在《永乐大典》中都得到纠正了。

《文献大成》的新成就,是在每一个重要事项下面都有一个"隶事"的概括的总论,每一个事目都有一个标题。这就完全具备了百科全书所应有的条件。《永乐大典》更在这两种新增的因素之外,把经、史、子、集中的重要典籍,整部整编的以书名或者篇名为标题载入字目之下,又把集部中的诗词和散文,按照事目分编,也载入字目之下,这就使得《永乐大典》的内容更为丰富。

发生地点	发生时间	推荐理由
河北怀来县	公元1449年	土木之变使明朝面临严重的内忧外患，成为明王朝由盛转衰的转折点。

土木之变

事件介绍

"千锤万凿出深山，烈火焚烧若等闲。粉身碎骨浑不怕，要留清白在人间。"这是明代著名诗人、民族英雄于谦所做的《石灰吟》一诗。诗人托物言志，通过赞美石灰，表达了他要以天下为己任，为社稷苍生而不惜"粉身碎骨"的坚强意志和豪迈胸怀。

明英宗统治时期，北方蒙古贵族的势力迅速发展起来。后来，漠北蒙古三个部落中的瓦剌部日益强大，不断地进行扩张，连续征服了中亚、西域和女真等地区，基本上完成了对明朝的包围之势，并时刻准备向明朝发动进攻。

1449年2月，也先派使臣前来贡马，并将2000名使者诈称为3000名，希望能得到明王朝更多的赏赐，他甚至不知廉耻地把贡马说成是向明朝公主下的聘礼。面对也先这种无礼举动，明朝大臣纷纷痛斥他的奸诈，于是削减了赏金和马价，并警告也先不要得寸进尺，和亲之事朝廷根本不知晓，也不会答应的，不要做非分之想。也先觉得自己受到了羞辱，于是率领四路大军，大举侵明。

不久也先攻克大同，形势危急。此时明王朝的大权掌握在宦官王振手中，大同距离王振的家乡蔚州不远，王振十分担心他在蔚州的大量田产会被瓦剌军侵占，于是竭力主张明

明英宗朱祁镇为明朝第六位皇帝,因宠信太监王振,开启了明代宦官专权之端。

英宗亲征。于谦认为朝廷没有充分准备,不能仓促亲征,其他大臣也极力反对。明英宗十分宠信王振,自己没有主见,既然王振主张亲征,于是他就冒冒失失地决定亲征。

1449年8月,明英宗正式下诏,命他的弟弟郕王朱祁钰在朝中坐镇,自己亲率太师英国公张辅、太师成国公朱勇、户部尚书王佐、兵部尚书邝野等文臣武将数百人,大军50万,浩浩荡荡地踏上了征途。当明英宗来到宣化府时,突然风雨大作,粮饷供应不上,前方各路军队又惨遭失败,邝野等群臣多次请求明英宗暂停前进,都遭到王振的拒绝。当大军来到阳和后,只见明军尸横遍野,王振才开始恐惧起来,于是立即下令撤退。

大军返回途中,本应走紫荆关才方便安全,但王振却异想天开地决定绕过紫荆关,而走自己的家乡蔚州,借以向"父老乡亲"炫耀自己。但当大部队已经走出了四十余里后,王振突然又后悔起来,害怕大军会践踏了自家的庄稼,于是又掉转头回去。当明军来到土木堡(今河北怀来县官厅水库北岸)时,距离怀来县城只有二十多里。众人都主张立即赶到怀来城内,但王振却因为自己还有一千多车辎重没有赶到,就坚持等他们到齐后再走。

土木堡地处荒滩,掘地两丈多深都见不到水,以致人马饥渴,束手无策。兵部尚书邝野深感危险,极力请求加速前进。王振严厉训斥道:"简直是迂腐的儒生,懂什么兵事!如果再敢妄言,一定处斩!"邝野争辩说:"我为的是社稷生灵,为何要以死来吓我?"王振大怒,派人硬把邝野架出行殿。众大臣无奈,只得在土木堡驻扎下来。

几天后,王振的一千多车辎重赶到,于是下令继续前行。此时瓦剌军的骑兵已经赶到,明军几十万兵马不能动弹。正当人困马乏、无计可施之时,也先派遣使者前来议和。王振也急忙派使者前往瓦剌军营议和。也先下令瓦剌军撤退后,王振立即下令急速前进。此时明军队伍十分混乱,刚向南走了三四里,瓦剌军突然四面围攻,明军争相奔逃,溃不成军。

瓦剌军乘势横冲直撞，明军死伤无数，50万大军几乎全军覆没，张辅等数百名将士都战死，明英宗被俘。这就是历史上所称的"土木之变"。

当时京师的精锐兵力都随英宗亲征，现在被也先在土木堡打败了，剩下留在京师的都是些老弱士卒，并且总计不到十万人。京师的官员、百姓都十分惊慌，毫无坚守的决心。于谦于是向郕王建议，将南京、北京及河南的备操军、山东以及南京沿海防备倭寇的军队和北京各府的运粮部队迅速调来北京。郕王欣然同意后，于谦立即从各地调兵遣将，决定誓死保卫北京，并起用和提拔了一批刚直善战的将领充任各重镇的长官。

瓦剌军肆意杀掠，并勾结关内的蒙古人乘机作乱，还以送还明英宗为名，企图诱使明朝廷开门议和。此时国中无主，瓦剌军又日益逼近京师，朝中大臣都十分担忧，开始有了动摇之心。于谦认为"社稷为重君为轻"，于是传令各地，明英宗所到之处，守将不可轻易出来。此时，英宗太子年幼，于是众大臣奏请皇太后立郕王为帝，郕王再三推辞。于谦理直气壮地说："我们都是为国家前途着想，并不是为个人打算。"郕王这才接受，当年9月即位，称景泰帝。

10月，景泰帝令于谦提督各营军马。这时，也先挟持英宗，攻破紫荆关，长驱直入，逼近京师。石亨建议撤回部队，坚壁清野，与也先的军队进行长时间对峙。于谦认为不行，他说："我们怎能向敌方示弱，使他们更加轻视我朝呢？"于是他迅速派遣各位将领率兵22万，列阵于京师九门之外：都督陶瑾守安定门，广宁伯刘安守东直门，武进伯朱瑛守朝阳门，都督刘聚守西直门，镇远侯顾兴祖守阜成门，都指挥李端守正阳门，都督刘得新守崇文门，都指挥汤节守宣武门，而于谦自己与石亨率副总兵范广、武兴陈兵于德胜门外，直接阻挡也先。

于谦将兵部事宜交给侍郎吴宁，关闭了所有的城门，亲自督战。他下令：作战时，将领不顾军队先行后退者，斩其将领，士兵不顾将领先行后退者，后面的人可斩前面后退之人。将士们知道总归是一死，大家都全力效命。

也先率兵入侵时，以为京师很快就可以攻下来，等他看到京师的官兵防守森严，气焰稍稍有所减退。刚刚投降他的宦官给他出主意，要他请明朝大臣来迎回英宗，代价是索取金帛。也先又邀请于谦、王直、胡濙等前来谈判，景泰帝不答应，也先就更加灰心了，于是下令进攻德胜门。于谦下令石亨在空房里设下埋伏，派骑兵引诱敌军进攻。也先率万余骑兵前来，副总兵范广用火器进攻，同伏兵一起杀敌，也先的弟弟孛罗和平章卯那孩都中炮而死。也先又转而攻打西直门，防守西直门的将领都督孙镗率兵奋力抵抗，石亨又分兵支援，打退了敌兵。

也先看到议和不行，作战又不能取胜，害怕明朝的勤王兵马到来，截断他的退路，于是挟持着英宗由良乡向西撤退。于谦调遣兵马一直追击到长城一线才回来。

1450年，也先又连续两次进攻关内，并仍想借送还明英宗之机来打入关内，但都因明军的严密防范而未能得逞。同年8月，在于谦的多方周旋下，也先不得已将明英宗送还，并要求恢复进贡和互市，关内广大地区再次赢得了和平安定。明英宗回到北京后，以太上皇的身份住在南宫，不再过问政事。

于谦保卫北京立了大功，受到了北京军民的爱戴。但他性格刚强，做事不避嫌疑，以致惹来很多大臣的抱怨和嫉恨。徐珵原来主张迁都，被于谦怒斥，一直对于谦怀恨在心。石亨原来因违反了朝廷的有关制度而被削职，于谦请景泰帝宽大处理，起用他总领十营兵马。但石亨因害怕于谦而往往不能随意行事，因此也不喜欢于谦。

1457年1月，石亨、徐珵和王振余党曹吉祥等趁景泰帝有病之时策划了一场宫廷政变，迎明英宗复位。明英宗复位后，石亨、徐珵等立即逮捕了于谦和大学士王文并将他们下狱，他们诬陷于谦等策划更换东宫太子，定于谦等人的罪名为谋反，处以极刑。明英宗开始还犹豫地说："于谦实在有功。"徐珵进言说："不杀于谦，今天皇上复位就师出无名啊！"英宗于是下决心杀害了于谦。北京的百姓听到于谦蒙冤被害，不论男女老少，个个伤心痛哭。

发生地点	发生时间	推荐理由
东南沿海	公元 1561 年至 1563 年	抗倭斗争的胜利，使沿海居民的生活、生产回到正常、安定的轨道上，保卫了国家的领土完整，在中国反抗外来侵略者的历史上具有重要意义。

可歌可泣的卫国斗士戚继光

事件介绍

戚继光，字元敬，号南塘，祖籍定远（今安徽定远），出生在山东登州（今山东蓬莱）的一个名将家庭里。在他四十多年的南征北战过程中，立下了赫赫战功，成为"威名震寰宇"的著名抗倭民族英雄和明代杰出的军事家。

元末明初，日本正处于历史上分裂混战的"战国时代"。在残酷的内战中，很多残兵败将、武士等流亡到一些海岛上，这些人往往勾结非法商船和海寇，侵扰中国沿海地区。郑和下西洋后，明朝由于宦官专权，国势日益衰落，于是实行了海禁政策。日本西部的一些封建诸侯与明朝通商不成，于是大力资助一些武士、商人，让他们驾驶着海盗船到我国沿海一带进行武力抢掠。历史上称他们为"倭寇"。

从明朝中叶起，私人海外贸易逐渐发达起来。一些豪门世族为了摆脱朝廷政策的限制，牟取暴利，于是假冒倭寇，或者勾结、诱导倭寇在沿海一带抢掠百姓，造成了严重的祸害。这样一来，倭寇的成分越来越复杂，既有日本海盗，又有中国海盗，而且中日海盗往往内外勾结起来危害百姓。

1548年，戚继光奉命戍守蓟门（今北京东北），初步显露出他卓越的军事才能和英雄胆略。

1555年7月，戚继光被调到浙江，不久被提拔为参将，镇守宁波、绍兴、台州三府。1556年9月，倭寇八百余人大举进犯龙山所，威胁省城杭州。戚继光领兵迎敌，虽然明军力量十倍于倭寇，却被倭寇冲杀得七零八落，纷纷溃退。就在这危急时刻，戚继光跳到一块高石上，对着倭寇连射三箭，射死了三个倭酋。倭寇大乱，明军也缓过神来，乘势杀退了敌人。戚继光虽然在龙山所获得小胜，但后来的战斗形势仍然对明军很不利，倭寇依然十分猖獗。由于抗倭不力，朝廷让戚继光戴罪立功，务必打败倭寇。

　　抗倭斗争的挫折使戚继光深深地认识到，要取得抗倭胜利，必须要有经过严格训练的、有铁的纪律的军队。经朝廷批准，戚继光训练出了一支精悍而勇敢的"戚家军"，在后来和倭寇的作战中威名远扬，使倭寇闻风丧胆，成为沿海地区抗倭的主力。

　　戚家军是一支采用营、官、哨、队四级编制方法编成的新型军队。队是基本的作战单位，队员按年龄、体格分别配备不同的兵器。作战时，全队队员各用其所长，配合作战，攻守兼备，进退灵活。戚继光看到南方多沼泽，不利于追逐奔驰，就根据这种地形创造了有名的"鸳鸯阵"，以12人为一队，组成了一个步伐敏捷、能分能合、坚强而又灵活的战斗集体。戚继光同时又对战舰、火器、兵械的改造煞费苦心，每一件兵器他都要求精益求精，甚至亲自选购和策划。

　　戚家军有了严格而正确的训练方法，还需要有铁的纪律。戚继光执法铁面无私，甚至对自己的儿子都从不徇私。有一次，戚继光派儿子带着一个副将外出作战，谁知儿子和手下的副将由于麻痹轻敌，大败而归。戚继光得到战败的消息后，立刻命令各路将士在校场集合，将儿子和那员副将绑到面前。戚继光怒不可遏，当众宣布两人的罪状后，喝令将两人按照军法处死。众将领一听戚继光要处死自己的儿子，都纷纷跪下请求宽恕他们，戚继光断然拒绝。在场的全体兵士也都跪下求情，戚继光丝毫不为所动，仍然命令将两人处死。戚继光的夫人在家听到丈夫要处死儿子的消息，立刻派人飞骑赶来，请求代儿子一死。等使者赶到校场，儿子已经被戚继光处死了。众将士见戚继光军纪如此严明，都大为震动，私下里说道："戚将军对儿子都这样毫不姑息，如果我们不出全力，结果也就可想而知了。"

1561年夏，倭寇两万余人分兵进犯台州桃渚、新河、沂头等地，大肆掳掠。当倭寇大肆抢掠新河城外各地时，新河城内的守军人心惶惶，军心涣散。这时，戚继光夫人挺身而出，发动妇女守城，迫使倭寇不敢贸然逼近。不久，在宁海抗击倭寇的戚继光派援军赶到，与倭寇展开了一场激战，倭寇大败，从铁岭方向仓皇逃走。戚家军乘胜追击，将倭寇打得落花流水，新河城转危为安。

戚继光在宁海大败倭寇之后，听说进犯桃渚的倭寇焚舟南流，进攻精进寺。戚继光立即意识到敌人会趁虚侵犯台州府城，于是挥师南下，火速前进，提前赶到府城。倭寇抵达府城后，与戚家军在府城外的花街展开激战。戚家军前锋以火器进攻，杀死敌人的前锋头目，敌人大败而退。戚继光立即下令分兵两路猛追，将一股敌人沉于江水中，另一股敌人在新桥歼灭。府城一战，戚家军共杀敌三百多人，夺回被掳民众五千多人。

此时，进犯沂头的倭寇登陆后，行进至台州府城东北的大田镇，妄图抢占府城。戚继光率领一千多人埋伏在大田岭，准备痛击倭寇。谁知倭寇提前得知，于是立即退出大田镇，准备逃到仙居，劫掠处州（今浙江丽水）。从大田镇到仙居必须经过上峰岭，戚家军于是提

倭寇使用的日本刀。

前赶到上峰岭，设好埋伏，严阵以待。当倭寇来到上峰岭南侧时，远望岭上满山丛松，于是毫无戒备。等倭寇进入埋伏圈后，戚继光一声令下，戚家军立即居高临下，勇猛冲杀，直打得倭寇落花流水。戚继光又下令穷追猛打，倭寇被全部歼灭。

戚家军以少胜多，在一个多月的时间里在新河、花街、上峰岭、藤岭、长沙等地接连取得了战斗的胜利，消灭倭寇数千人，使侵犯台州的倭寇遭到毁灭性的打击。次年，倭寇又大举侵扰宁波、温州等地，戚继光率领戚家军全歼倭寇。从此，倭寇再也不敢进犯台州地区了，浙江的倭寇之患也基本被消除了。

不久，倭寇又纷纷南下侵犯福建，戚继光被派往福建抗倭。倭寇集结了数千人，盘踞在横屿（今福建宁德县城东北海中的一个小岛），明军一直对他们无可奈何。戚继光到达福建后，决心除掉这一据点。他率领戚家军登上小岛后，摆成鸳鸯阵，并亲自击鼓，戚家军奋勇当先，与倭寇展开激战。紧接着，后续部队也很快登岸，对倭寇形成夹击之势。倭寇阵脚大乱，戚家军很快占领了横屿，并将其焚毁。戚继光取得了入闽抗倭的第一次胜利。横屿之战后，戚家军迅速向福清挺进，相继铲除了福清境内的几个倭寇据点，并先后在牛田、林墩、兴化等地取得战斗的胜利，歼灭倭寇数千人。之后，戚家军班师返回浙江。

戚继光一回到浙江，倭寇又大肆劫掠福建沿海地区，并攻陷兴化府城，在城中烧杀抢掠，无恶不作，之后又攻陷平海卫（今莆田县平海），并以平海卫为据点，四处侵扰。明朝调新任福建总兵俞大猷和戚继光一道抗击倭寇。戚继光抵达福建后，详细察看了倭寇据点的地形，做好了彻底歼灭倭寇的作战方案。然后戚继光率领戚家军与俞大猷、刘显率领的明军配合，以火器打乱了倭寇前锋骑兵的阵势，然后乘势发动猛攻。倭寇三面受敌，狼狈逃窜。三路大军乘胜追击，将倭寇彻底歼灭，收复了兴化城。

平海卫之战后，戚继光又率领戚家军消灭了政和、寿宁一带的倭寇，基本平定了福建沿海的倭寇之乱。1565年，戚继光又与俞大猷配合，彻底歼灭了广东的倭寇。至此，明朝东南沿海的抗倭战争取得了最后胜利。

民族英雄戚继光像。

发生地点	发生时间	推荐理由
北京	公元 1572 年至 1582 年	张居正改革使明朝的经济、财政、军事等方面的状况得到改善，缓和了日趋严重的阶级矛盾，巩固了明王朝的统治。

张居正改革

事件介绍

张居正，字叔大，别号太岳，湖北江陵人，世称"张太岳"或"江陵先生"。他从小聪明过人，文章写得极好。1547年，年仅二十二岁的张居正考中进士，被选为翰林院庶吉士，每天研究、学习治理国家的典章制度。内阁大学士徐阶等人都对他十分器重，短短一年多，张居正平步青云，从五品学士官一直升到了礼部尚书。

明穆宗死后，年仅九岁的明神宗即位，已成为内阁首辅的张居正也就顺理成章地掌握了朝政大权。

此时的大明王朝正面临着严重的社会危机，张居正可谓是"受命于危难之中"。自明朝中叶以来，贵族大地主们疯狂地兼并土地，社会矛盾不断激化，接二连三地爆发了农民起义。明王朝陷入了危机四伏的境地。

社会危机的日益严重，使得明王朝统治集团内部的矛盾也日益激化，斗争日趋尖锐，并逐步分化成两派，一派是以皇戚贵族为核心的保守势力，一派是由比较有政治远见的官僚形成的改革势力。张居正就是当时改革派的代表人物。

张居正的改革主要是从政治、经济和军事等方面进行的，以扭转嘉靖后期以来政治腐败、民穷财竭、边防危急的局面。"以尊主权,课吏职,信赏罚,一号令为主",是张居正改革的基本方针,以达到"强公室,杜私门"的改革目标,把权力集中于国家,把经济控制于政府,加强封建的中央集权的统治,希望把摇摇欲坠的明朝统治政权稳定下来。

在政治上,张居正整顿吏治,采取了一系列加强中央集权的措施。为了提高官吏的素质和行政工作的办事效率,张居正创制了"考成法",严格考察各级官吏贯彻朝廷诏旨的情况。

"考成法"的具体办法是:令各个衙门分置三本簿籍,一本登记一切收文、发文和章程计划等,把本机关的来往公文和办理的公事一律登记备查,留为底册。再造两本同样的簿籍,一本送六科,一本送内阁,由他们监督执行。六科是张居正改革时所特有的政治机构,六科对六部有纠劾之权,实际上是六部的监察机关。用六科来牵制六部,再由内阁控制六科,张居正在推行"考成法"的过程中,进一步扩大了内阁的实权。

张居正在推行"考成法"的过程中,规定各级官员征赋不足者,巡抚、州县地方官等,都要受到降职的处分。这样一来,嘉靖以来国库亏空的局面就扭转过来了,到万历十年,粮仓堆满了粮食,出现了富庶的局面。

张居正为皇帝编著的《帝鉴图说》。

在经济上,张居正下令清丈了全国的土地面积,改革赋役制度,积极推行"一条鞭法"。一条鞭法的基本内容如下。(一)赋役合并,以丁田分担役银。将原来征收的两税、徭役及土贡方物等合并为一项,徭役一律征银,取消力役,由官府雇人应役,役银按人丁、田地分摊。(二)田赋一概征银。除从苏、松、杭、嘉、湖等地征收粮食供皇室、官吏食用外,其他地区的田赋一律折合成白银。(三)计算赋役数额,以州县为单位。(四)赋役银由地方官直接征收,不再经过里长、粮长等。

"一条鞭法"刚开始在江西、浙江、直隶等地试行,逐渐推广到福建、两广等地,后来张居正通过国家法令,把一条鞭法作为赋役制度进行大力推广。一条鞭法的实行统一了赋役,简化了征收项目和手续,在一定程度上抑制了大贵族、大地主逃避赋役和官吏贪污舞弊的现象,有利于减轻贫苦农民的负担,缓和了社会矛盾。这项改革是唐代改行两税法以来赋役制度最重大的变动,它也为清代的"摊丁入亩"的改革创造了条件。

一条鞭法是在普遍清丈全国土地面积的基础上推行的。从1578年开始,张居正就下令对全国的田地进行丈量。经过三年的彻底清查,最后统计的全国田地总数为701.3970万顷,比1502年统计的田地总数多出了278.5924万顷。这样一来,相当一部分被大贵族、大地主等隐瞒的土地被清查出来,为一条鞭法的普遍推行创造了条件。同时,土地的清查对于缓和当时的社会矛盾、增加国家财政收入都起到了巨大作用。

在军事上,张居正加强了对北方蒙古族的防御和对东北女真的镇抚。对于北方蒙古,张居正采取了"软硬兼施"的方法。"软"是指大力改善与蒙古族的关系,促进并实现了"隆庆议和",主张开展边界贸易,反对武装冲突。互通贸易促进了社会生产和边防的稳定,使得军队有机会修复屯田,减轻了国家的负担。"硬"是指积极加强防务,居安思危。1573年,张居正向明神宗建议,调抗倭名将戚继光坐镇蓟州,修筑北方的长城,加强北方的防务。戚继光被任命为蓟镇总兵后,亲自督修蓟镇所辖的西起居庸关、东至山海关

◀ 斗倒奸臣严嵩的徐阶。

的一千二百多里的长城，形成一道城墙高耸、墩台林立、烽火相望的坚固防线。

张居正还选派李成梁镇守辽东，一方面防御蒙古，一方面镇抚建州女真，以防他们入关南侵。他还与鞑靼俺达汗之间进行茶马市贸易，采取和平政策，使明朝和鞑靼之间没有发生过大的战争。

张居正在军事方面的改革，使得明朝北方和东北的边防更加稳固，在张居正执政期间以及其后的数十年里，北方人民一直安居乐业，促进了社会生产的发展。

在水利方面，张居正的改革也卓有成效。1576年，黄河在苏北决口，河口淤塞，黄河之水侵入淮河，高堰等地的湖堤遭到破坏，淮河、扬州、高邮等地也都受到侵害，以致汪洋一片。张居正推荐治河专家潘季训督修黄河，很快使"河水泛滥"的情况得到了改观。

潘季训采用"筑堤束水，以水攻沙"的办法，在黄河与淮河之间筑起了长达800里的两个大堤，将黄河、淮河分割开来，只在海口处合流入海，使被水淹没的田地又露了出来，数十年的废弃之地，又都转为耕桑之田，漕运也可以直达北京。由于黄河、淮河得到治理，灾害减少，漕运畅通，对明朝后期的经济发展起到了重要的促进作用。

改革必然会触及一些大贵族、大官僚的既得利益，必然会遭到他们的强烈反对。和商鞅、王安石等人的命运一样，张居正也不会有"好下场"。1582年6月，张居正病死，极力反对改革的保守派重新控制了朝政，他们对张居正进行疯狂的批判和攻击，污蔑张居正的改革"务为烦碎"，清丈土地更是"增税害民"，实行"一条鞭法"乱了"祖制"。张居正死后不久，这些大贵族、大官僚们就下令废除张居正所推行的一些新法，撤销了张居正死时追加的所有官爵和封号，进而查抄家产。张居正的儿子被逼自杀，其他家属也惨遭迫害。从此，在这些封建顽固派的统治之下，广大贫苦农民再次处于水深火热之中。

发生地点	发生时间	推荐理由
湖北蕲春	公元1596年	《本草纲目》是一部论述药物学的专著，总结了16世纪以前中国人民的用药经验，是一部非常重要的文献资料。

药物学的里程碑：《本草纲目》

事件介绍

　　《本草纲目》的作者李时珍，是明代杰出的药物学家，也是世界上最伟大的科学家之一。他字东璧，号濒湖，正德十三年（1518年）诞生于现在的湖北蕲春县蕲州镇东门外。他的祖父和父亲都是医生，特别是他的父亲李言闻，不但是位有名的医生，而且还是一位药物学者。李时珍自幼便受到了家庭环境的影响和熏陶，喜欢自然界千姿百态的生物，偏爱博物学和医药学方面的书籍，很早就对医药发生了浓厚的兴趣。但是迫于父亲的意志，李时珍只好和大多数人家的子弟一样，走上了读八股文考取功名的道路。十四岁那年，李时珍考取了秀才，但是在此后的三次乡试中都名落孙山。这个时候，李时珍更加坚定了放弃科举道路、从医学药的决心，他向父亲立志："身如逆流船，心比铁石坚。望父全儿志，至死不怕难。"而且表示要效仿古人，用子承父业的方法来报答养育之恩。

　　李时珍在长期的行医过程中，越来越深切地体会到，前人所著的药书中，不仅内容残缺不全，而且还存在或大或小的谬误。一方面会导致医生的知识结构不够健全，对药理的掌握达不到精湛的水平，不能治好病人；另一方面还可能误导医生，给病人带来终生痛苦

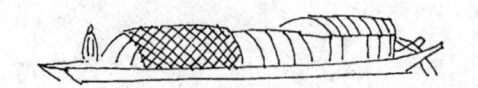

甚至生命危险。于是李时珍决心对古代的药书认真地进行一番整理，纠正其中的谬误和封建邪说，补充新的经验和知识，编写成一部新的药书。

大约在1556年，楚王把李时珍推荐到北京的太医院担任"太医院判"。由于在太医院的职位低微，屡遭排斥，又加上封建统治者一心梦想长生不老，只想炼丹求仙，对发展医药事业没有多大兴趣，李时珍满腔的抱负无处施展，便毅然托病辞职，回到南方继续行医。

李时珍对于科学研究有着难得的献身精神，为了研究大豆的解毒作用，他曾用自己做实验。为了取得直接的资料，他冒险吞服过曼陀罗，亲身体验这种药的麻醉效果，直到精神恍惚、失去痛觉。李时珍也非常重视汲取群众的智慧，民间就是一座取之不尽用之不竭

李时珍的医学水平高超,一生著作颇丰,除《本草纲目》外,还有《奇经八脉考》、《五脏图论》等十余种著作。

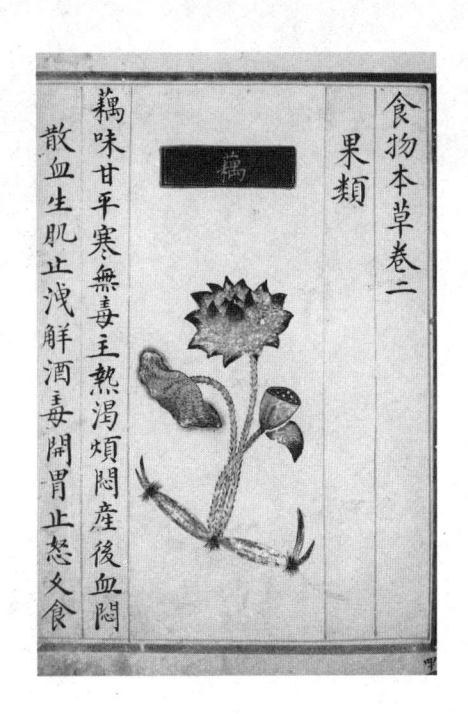

的医学宝库。李时珍从赶车的老人那里知道了旋复花可以用来增加力气、防治筋骨疼痛;从渔夫那里获得了有关水生动物的信息;从药农那里学会了药书上没有记载或者错误记载的知识。

李时珍采用这种博览群书加实践考察的方法,为写作《本草纲目》搜集了广泛而丰富的材料,获取了大量来自民间和靠自身实践得到的经验。他以《证类本草》为蓝本,撰写出了《本草纲目》的初稿。李时珍对学问有着严谨和执着的态度,他撰写这本书花费了27年,后来又花了十二年左右的时间断断续续地对它进行修改和补充,直到1590年,《本草纲目》才正式定稿。1593年,李时珍已经病入膏肓,但他还念念不忘《本草纲目》,嘱咐儿子要尽力传播这部书,使之造福百姓。

李时珍逝世后的第三年,《本草纲目》正式刊行。

《本草纲目》问世后,其影响范围是空前的。它的版本很多,前后不下数十种,有明万历十八年(1590年)金陵胡承龙首次刊刻的"金陵本",有1603年由夏良心等刊行的"江西本",明清两代对《本草纲目》进行重新刻刊的版本更是不胜枚举。截止1949年,国内现存的刻印本大约有七十多个版次。

发生地点	发生时间	推荐理由
北京	公元16世纪末至17世纪初	东林党争是明朝危亡之际士大夫阶层的一次挽救朝政的行动，虽然以失败告终，但他们知其不可为而为之的精神永远激励着后人。

东林党争

事件介绍

明神宗万历皇帝年轻的时候，偶尔经过母亲的寝宫，发现一个宫女王氏长得漂亮可人，于是私下临幸，谁知宫女竟怀了龙胎。万历皇帝的母亲当年曾经也是宫女，因此她并没有为难这个宫女，反而让万历皇帝封她为妃。几个月后，王氏生下了皇子朱常洛。但万历皇帝对王氏的临幸只是一时兴起，事情过后并不想负什么责任，所以对王氏母子并没有什么感情。当时后宫里的郑贵妃深得万历皇帝的宠爱，郑贵妃也是邀宠的好手，把万历皇帝迷得神魂颠倒，对她言听计从。后来郑贵妃也生下了一个皇子，叫朱常洵。朱常洵从小人见人爱，万历皇帝也十分喜欢他。由于皇后多年不育，按照传统的礼制，"有嫡立嫡，无嫡立长"，长子朱常洛应当立为太子，作为明神宗的继承人。但是郑贵妃一直怂恿万历皇帝立她的儿子朱常洵为太子，万历皇帝于是想出了种种办法，想立朱常洵为太子，但却遭到了顾宪成等大臣的极力反对。究竟立谁为太子，一时成为朝廷争论的焦点。当时太子又叫国本，因此皇帝与大臣间的这次斗争又称为"争国本"。

1594年，吏部文选司郎中顾宪成，因为极力反对立朱常洵为太子，触怒了明神宗，竟被削去官籍。顾宪成回到家乡无锡后，没有放弃为国为民的远大抱负。他在东林书院一边讲学，一边宣扬自己的政治主张，从此展开了他一生中最辉煌的事业。由于他德高望重，在士大夫中声望极高，慕名来请教他的人很多。1604年，顾宪成得到常州知府和无锡知县的资助，重新修复了这所宋朝书院。同年10月，顾宪成会同顾允成、高攀龙、安希范、刘元珍、钱一本、薛敷教、叶茂才（时称"东林八君子"）等，发起东林大会，制定《东林会约》，规定每年举行大会一两次，每月举行小会一次。从此，东林书院声名远扬，顾宪成也被人尊称为"东林先生"。由于东林书院不仅讲学，而且"讽议朝政，裁量人物"，所以吸引了众多有识之士，包括那些像顾宪成一样因批评朝政而被贬的官吏。朝中一部分正直官员也同东林讲学者"遥相应和"，使得东林书院逐渐由一个学术团体演变成一个政治派别，他们的反对派称之为"东林党"。

当顾宪成、高攀龙等在东林书院讲学议政，逐渐形成一个政治集团"东林党"时，另一批贪权的官僚，依附皇室、勋戚，结交宦官，结党营私，不断打击、排斥清廉正直的官员，形成了反对东林党的几个"党"。按籍贯划分，这几个"党"分别是：浙江人的浙

党，江苏昆山人的昆党，湖北人的楚党，安徽宣城人的宣党，山东人的齐党。其中浙党势力最大，其首领沈一贯、方从哲先后出任内阁首辅，齐党、楚党、宣党、昆党等的重要人物也身居朝廷要职，"当关虎豹"。这些反对党不以国事为重，却热衷于排挤、攻击东林党，甚至不遗余力地残酷打压东林党人。而东林党人则一再抓住他们的弊端，加以揭露和参劾，于是出现了明末历史上持续了半个世纪的"东林党争"。

东林党争所涉及的问题很多，范围也很广，"争国本"是东林党争的开始。1601年，明神宗终于放弃了立朱常洵为太子的念头，而册立朱常洛为太子，封朱常洵为福王，藩国为洛阳。但不久，宫廷内又发生了"梃击案"、"红丸案"和"移宫案"三案，东林党和反对党又展开了一场激烈的斗争。

1615年5月，宫外一男子张差手持木棒闯入大内东华门，一路上见人就打，一直打到皇太子居住的慈庆宫，直到殿檐下才被制服。对张差梃击太子宫之事，朝内争论不休。以东林党为代表的官员，认为这是郑贵妃和福王陷害太子的阴谋。而支持福王的臣僚们则认为这是张差因疯癫所为。两方争论不下，互不相让。后来经刑部审查，查明张差是白莲教成员，其首领为马三道、李守才，他们与郑贵妃宫内的太监庞保、刘成勾结，派张差打入宫内，梃击太子宫。这就是"梃击案"。

1620年，体弱多病的太子朱常洛即位，这就是明光宗泰昌皇帝。颇具心计的郑贵妃为了保全自己，竭力取悦泰昌帝，从宫中挑选了八名能歌善舞的美姬进献给他。好色的泰昌帝获此八姬后，不几日就"圣容顿减"。一个月后，泰昌帝大病不起。掌管御药房的崔文升给泰昌帝看病，开了一些去热通利的药，泰昌帝服后腹泻不止，病情加重。由于崔文升原来是郑贵妃宫中的内医，东林党人认为崔文升是受郑贵妃指使，欲置皇上于死地。眼看泰昌帝的病情一天比一天严重，众大臣因为害怕皇上再遭陷害，都拿不出什么好办法。这时，鸿胪寺丞李可灼自称有仙丹妙药可以治好皇上，泰昌帝害怕自己病死，于是决定冒险服用。李可灼的"仙丹"是红色的，称为"红丸"。泰昌帝服用一丸后，病情好转很多，于是又索要数丸服用，谁知次日凌晨就一命呜呼了。这就是"红丸案"。"红丸案"的发生，在朝中掀起了轩然大波，新即位的天启皇帝朱由校迫于东林党的压力，罢免了内阁首辅方从哲，将崔文升和李可灼发配充军。

"东林书院"旧址。

　　天启皇帝朱由校从小受到李选侍的"侮慢凌虐"，他的生母也被李选侍凌辱致死，临终前留下遗言："我与西李有仇，负恨难伸。"泰昌帝即位后，朱由校与李选侍一起迁往乾清宫。一个月后，泰昌帝驾崩，按理李选侍应该立即迁出乾清宫。但李选侍却不愿迁出，并与太监魏忠贤控制了乾清宫，密谋挟持朱由校，以皇太后的身份把持朝政。此举遭到东林党人的强烈反对，他们保护朱由校离开乾清宫，到文华殿接受了群臣的礼拜，并要求李选侍尽快搬出乾清宫。李选侍挟持朱由校不成，于是要求先封自己为皇太后，然后再让朱由校即位。眼看朱由校举行登基大典的日期就要到了，李选侍仍然没有移宫之意，双方矛盾日益激化。于是内阁诸大臣站在乾清宫门外，朱由校的东宫伴读太监王安在乾清宫内驱赶，李选侍万般无奈，仓促离开乾清宫，移居仁寿宫内的哕鸾宫。朱由校即位后不久，哕鸾宫失火，经奋力抢救，才将李选侍母女救出。于是反对移宫的大臣就趁机散布谣言，指

"东林先生"顾宪成像。

责朱由校违背孝悌之道。朱由校在东林党人的支持下据理力争,批驳了这些谣言。这就是"移宫案"。

在政治上东林党主张"政事归于六部,公论付之言官",以改变宦官专权乱政的局面。但贪财成癖的明神宗,从1596年起就派宦官到各地采矿和征税,大肆搜刮民财。东林党人的上书击中了宦官专权的要害之处,但不被万历皇帝采纳,奏折也只能束之高阁。

明神宗死后,朝廷宣布撤掉一切矿监、税使,反对矿监、税使的东林党官员又得到了重用。

但东林党人掌管朝政的状况只维持了很短的时间,而以魏忠贤为首的阉党势力控制了朝廷,形成了魏忠贤一人专政的独裁局面。1624年6月,东林党人、左副都御史杨涟上书弹劾魏忠贤,列举他24大罪状,把反对阉党的斗争推向高潮。但很快,魏忠贤对东林党人进行了打击报复,把很多弹劾他的官员毒打致死,把杨涟和左光斗都削职为民,东林党人基本上失去了参与朝政的权力。为了一网打尽东林党人,魏忠贤以朝廷的名义把东林党309人的姓名榜示全国,并下令:凡榜上有名者,生者削职为民,死者追夺官爵。同时,魏忠贤编著《三朝要典》颁布全国,对宫廷三案颠倒是非,污蔑东林党人借三案发泄私愤。1626年2月,阉党再次对东林党人进行野蛮屠杀。魏忠贤还污蔑已经被罢官的东林党领袖高攀龙、周顺昌、缪昌期、李应升、周宗建、黄尊素、周起元等七人(史称"七君子")贪赃枉法,逮捕了"七君子",并将他们迫害致死。阉党残酷地屠杀东林党人,但东林党人在屠刀下并没有屈服,东林党争一直持续到明朝灭亡,长达半个世纪之久。

发生地点	发生时间	推荐理由
中国	公元 1609 年至 1640 年	徐霞客把旅游升华为一项伟大的事业，《徐霞客游记》也成了中国历史上不可多得的地理学巨著。

访遍千山万水的徐霞客

事件介绍

徐霞客出身于一个没落的士绅家庭，自幼受到良好的家庭教育。但是，他对四书五经、八股文和科举制度不感兴趣，却特别喜爱看历史、地理和游历探险方面的书籍。书中的一切深深打动了徐霞客幼小的心灵，他暗暗地下定决心，将来要干一番自己所喜爱的事业。然而事不由人，徐霞客毕竟出身于官僚家庭，走仕途之路仍然是当时的"正道"，他无力摆脱世俗的羁绊。

但是，入仕的大门并没有向徐霞客打开。应试失败后，他下定决心挣脱科举的枷锁，潜心学习和研究前人有关地理学的著作。他勤于思考，发现前人的著作中有许多地方由于历代沿袭，时过境迁而文字依旧，存在许多错误和疑问。于是，他决定外出旅游，去探索大自然的奥秘，以自己的亲身实践来完成这一艰巨的科学考察任务。

胸怀大志的徐霞客从 22 岁时就开始了云游四方、考察地理的生涯。那时交通十分不发达，徐霞客背负简单的行李，凭着两条腿，翻山越岭，长途跋涉，足迹踏遍了相当于现在中国的江苏、浙江、河北、山东、河南、陕西、山西、安徽、江西、福建、广东、湖南、湖北、广西、贵州、云南、北京、天津和上海等 19 个省、市、自治区。

徐霞客的游历条件十分艰苦。白天，他在烈日、寒风中考察河流、山川，向当地

明代著名画家仇英所绘的《松溪高士图》。

徐霞客作为一位伟大的地理学家、旅行家和探险家，被人们视为"游圣"。图为徐霞客画像。

的居民了解那里地貌的变迁和风土人情；晚上，他不顾一天的劳累，露宿在残垣破庙或荒野之中，燃起篝火，或点上油灯，记下他一天的收获和见解。

徐霞客在游历考察过程中，曾三次遭到强盗的抢劫，四次断炊，每次他都凭着自己的胆识和智慧绝处逢生。有时行至穷乡僻壤，没有粮食了，他就用身上的衣物去换取食物，甚至采摘野果充饥。

任何艰难险阻都没有能阻挡徐霞客前进的脚步，他艰苦卓绝的地理考察活动，终于结出了举世瞩目的科学果实。

徐霞客横穿云南，对金沙江、澜沧江、丽江等水域进行了实地调查勘测，写成《溯江纪源考》和《盘江考》，详细论证了长江和盘江的源头，肯定了金沙江为长江上源。与此同时，他还论述了左江、右江、大盈江、澜沧江等多个水系的发源地。他对河流的发育、沉积和侵蚀状态所做的详细观察和描述，与现代地貌研究成果大体一致。

徐霞客是世界上对石灰岩地貌（又称喀斯特地貌）进行大规模考察并作了详细记录和深入研究的第一人。我国的石灰岩地貌在湖南、广西、云南、贵州发育最为完整，堪称世界上分布最广、形态最奇特的地域之一，徐霞客在这一带详细考察了三年。

在他的游历日记中，徐霞客记录了石灰岩地貌绮丽的风光和不同的类型及其成因，他认识到石林、象鼻山、石笋、石钟乳等现象的形成，无不与流水作用、气温、湿度有关。他还将不同的地貌形态按其土壤覆盖和植被发育的情况进行了分类。由于他准确精细的观察，这一分类竟能与现代地质学分类基本吻合，这是多么令人惊叹啊！

在不同地形、温度、风向风速条件下，徐霞客对植物的种属与发育情况进行了仔细的观察，并提出了地面高度与地球纬度是对植物和气候、生态产生影响的重要条件。这些在今天看来已属常识的问题，在科学十分不发达的数百年前却具有开创意义。

发生地点	发生时间	推荐理由
全国范围	公元1630年	李自成农民起义推翻了明朝的统治，使社会矛盾有所缓和，这次起义提出的"均田"口号，标志着农民起义发展到了新阶段。

李自成起义

事件介绍

李自成，米脂（今属陕西）人，世代居住在怀远堡李继迁村寨，家境十分贫寒。

1628年，陕西一带出现大饥荒，延绥（今陕西榆林）缺少兵饷，固原（今属宁夏）士兵抢劫了州库。白水农民在王二的带领下，杀死知县，揭开了明末农民起义的序幕。起义的浪潮迅速波及陕北、陕中、甘肃、山西等地，势如星火燎原。府谷（今属陕西）农民王嘉胤、安寨（今属陕西）地区的贩马人高迎祥、延安农民张献忠等都先后起兵。高迎祥是李自成的舅舅，他和饥民王大梁一起聚集贫苦农民起义。李自成也率领本村走投无路的群众投奔了高迎祥的起义队伍。

1631年，明朝廷派洪承畴总督三边军务，镇压农民起义军。王嘉胤被叛徒所害，王自用被推举为首领后不久战死，高迎祥的队伍于是成为力量最强的一支农民军。众人推举高迎祥为闯王，李自成为闯将。他们率领几十万农民军南渡黄河，进入河南境内。这时，李自成结识了李过、李牟、俞彬、白广恩、李双喜、顾君恩、高杰等人，从此单独组成了一支队伍。

1635年1月，起义军召开了"荥阳大会"。会上，大家接受了李自成的建议，将13家

72营起义军组织起来,协同作战,从东、西、南、北四个方向各自出击,打击官军。不久,起义军队伍发展到数十万人。一支起义军进抵安徽凤阳后,焚毁了明王朝的皇陵,极大地鼓舞了起义军的士气。

崇祯帝听说皇陵被烧后,身穿孝服痛哭不已,一面派人向祖庙告罪,一面调湖广巡抚卢象升总理直隶、河南、山东、四川、湖南、广西等处的军务,带领总兵祖宽、祖大乐和副将李重镇所统领的关辽兵和当地驻军,要求他们尽快镇压农民起义军。同时,崇祯帝命洪承畴在陕西呼应,剿灭西北的起义军。不久,在官军的残酷镇压下,起义军首领高迎祥被俘,在北京被杀害。李自成在起义军中的威望很高,被大家推举为闯王。

1640年,全国灾荒严重,饥民们纷纷加入农民起义军,李自成率领的农民起义军迅速发展。不久,李自成率兵进入河南境内,起义军队伍发展到数万人,甚至一些地主知识分子,如牛金星、宋献策等,也投入到起义军队伍中。李自成拜宋献策为军师,并让李岩大力宣传"迎闯王,不纳粮"的口号,使起义军队伍更加壮大。

1641年1月,李自成率军攻打洛阳,很快就占领了洛阳全城。福王朱常洵被捉后,李自成亲自登上大殿审问朱常洵,并命左右痛打40大板,然后枭首示众。洛阳城的攻陷,宣告了明朝官军围剿起义军计划的破产,大大鼓舞了起义军的士气。

为了更大程度地鼓舞农民起义军的战斗热情,李自成提出了"均田免粮"的革命纲领,把土地分给农民,并取消封建赋税制度,把农民从封建压迫下彻底解放出来。同时,李自成还加强农民军的纪律约束,他规定:战士不准收藏白金;缴获的物品必须归公;行军时不准住民房,必须自己带帐篷宿营;不准践踏农民的田地,违者严厉处罚;严禁滥杀无辜;严禁奸淫妇女等。

"杀一人如杀我父,淫一妇如淫我母",李自成不仅要求起义军队伍纪律严明,而且自己也以身作则。李自成平日生活简朴,粗茶淡饭,与战士们同甘苦,共患难。他本人作风民主,始终保持上下级平等,经常和部下讨论决定一些重大决策。李自成为起义军队伍树立了良好的榜样,使得这支农民起义军受到了广大贫困农民的支持和拥护。他们一见李自成率军前来,就都争先恐后地出来欢迎,高呼"闯王来了!闯王来了不纳粮"。

李自成连连攻克开封、襄阳等地,起义军乘胜前进,又攻占陕北各地以及固原、宁夏、兰州、西宁等地,西北地区的官军据点全部被起义军占领。1644年1月,李自成在西安建国,国号大顺,改元永昌。建国后不久,大军浩浩荡荡地向北京挺进,开始了推翻明王朝的最后决战。

起义军日益逼近京城，明朝廷一片恐慌。崇祯帝急忙下令放弃宁远，命蓟辽总督王永吉、宁远总兵吴三桂等统兵保卫京师，并调蓟镇总兵唐通、山东总兵刘泽清率兵勤王。吴三桂因路途遥远，一时难以赶到京城；刘泽清接诏后，谎称坠马负伤，无法前行；只有唐通率八千兵马赶到京城，驻扎在齐化门（即朝阳门）外，但不久又撤兵而去，盘踞于居庸关上。群臣见大势已去，也都纷纷逃离京师。

1644年3月，大顺军进抵居庸关，唐通投降。眼看北京即将被攻陷，朝堂之上大臣们个个相顾无语。崇祯帝故作镇定，一会儿斟茶，一会儿磨墨，做出一副心不在焉的样子。大顺军抵达京城后发起猛攻。崇祯帝仰天长号，绕着大殿奔走，捌胸顿足，大呼："内外诸臣误我，误我啊！"

李自成一边派大将刘宗敏围攻北京，一面派杜勋等入城劝降。杜勋来到城墙外，由守城太监把他用绳索吊到城里。杜勋见到崇祯帝后，转达了李自成要求他"逊位"的意见，崇祯帝于是让亲信与杜勋谈判。没几天，大顺军爬城而入，占领了外城。崇祯在殿前来回徘徊，无计可施。这时，内官张殷上前说道："皇上不须忧愁，奴才有策在此。"崇祯一听，急忙问道："什么计策？快快道来！"张殷回答说："逆贼如果进入城内，只要投降就没事了。"崇祯一听大怒，一剑就把张殷砍死于地。

此时，城外喊杀声震天。崇祯帝手足无措，于是领太监王承恩爬到煤山（今景山）顶远望，见到城外黑压压的大顺军，知道已经无处可逃，于是决定自尽。临死前，崇祯帝先逼迫皇后周氏自缢，然后对长女乐安公主道："为什么你生在我家啊！"说罢挥剑砍去。乐安公主举手遮挡，被砍断右臂，昏倒在地。接着，崇祯帝又杀了幼女昭仁公主，然后把太子、永王、定王招来，让他们换上平民衣装，隐姓埋名，并嘱咐他们说："万一得全，报父母仇。"一切

安排妥当后，崇祯帝在煤山自杀。

　　大顺军占领北京城后，李自成由刘宗敏、牛金星、宋献策等文武官员陪同，进入北京城。经过承天门（天安门）时，李自成立马持弓，一箭向承天门射去，正好射中其中的"天"字。李自成进宫后，明太子朱慈烺"跪迎于门左，遂仆地"。接着大顺军搜获定王朱慈炯、永王朱慈焕。李自成找不到崇祯帝，于是下令向南追赶，并出牌悬赏。

　　两日后，士兵在煤山发现崇祯帝所骑的马，找到了他的尸体。崇祯帝袖中藏书写道："因失江山，无面目见祖宗，不敢终于正寝。"至此，存在了两百七十多年的大明王朝，被李自成的农民起义军推翻。

　　起义军占领北京后，李自成等许多将领被胜利冲昏了头脑，产生了骄傲自满、麻痹轻敌的思想，一些将领也开始蜕化，失去了原来的斗志，混在革命队伍中的地主阶级分子牛金星等乘机抢夺农民起义的胜利果实。1644年5月，原明朝山海关守将吴三桂引清兵入关，攻占了北京。

　　李自成退出北京后，继续在河南、山西、陕西一带战斗。1645年4月，李自成在湖北通山县九宫山察看地形时遭到地主武装的袭击，壮烈牺牲，年仅三十九岁。这场轰轰烈烈的农民起义最终失败了。

发生地点	发生时间	推荐理由
江浙一带	明末清初	"三言二拍"真正代表了明代对宋元旧篇的整理和拟作新篇的水平，反映了我国古代白话短篇小说的最高成就。

"三言二拍"引发的文学革命

事件介绍

"三言"是明代冯梦龙编辑、加工的三部短篇小说集：《喻世明言》、《警世通言》、《醒世恒言》。每部40篇，共120篇。因为书名中都有一个"言"字，就统称"三言"。"二拍"是明代凌濛初在"三言"的直接影响下写成的两部短篇小说集：《初刻拍案惊奇》、《二刻拍案惊奇》。每部40篇，共80篇。"二拍"也是取两部书书名中的"拍"字而得名。

冯梦龙（1574—1646），字犹龙，又字耳犹，别号墨憨子、龙子犹，长洲（今江苏吴县）人。他从小就有才气，曾游戏烟花巷里，是个放荡不羁的人物。他和兄冯梦桂、弟冯梦熊被称为"吴下三冯"，但科举不得志，五十七岁才补了一名贡生。冯梦龙是爱国志士，在崇祯年间任寿宁县知县时，曾上疏陈述国家衰败原因；清兵入关时，他进行抗清宣传，最后忧愤而死。在我国文学史上，冯梦龙是在通俗文学的各个方面都做出了重大贡献的作家，被称为"全能通俗文学家"。

凌濛初（1580—1644），字玄房，别号即空观主人，浙江乌程（今浙江吴兴）人。十八岁补廪膳生，和冯梦龙一样科场不得意，不得已转向著述，五十五岁方任上海县丞，后

明本《警世通言》插图。▶

因功擢徐州判官。除"二拍"外，还有戏曲《虬髯翁》、《红拂》以及其他类型的著作多种。

"三言"内容广泛，从各个角度，不同程度地反映了当时市民阶层的生活面貌和思想感情。作者编辑"三言"的目的，在于劝谕、警诫、唤醒世人，有明确的社会功用目的。"三言"的出现，代表着古代白话短篇小说整理和创作高潮的到来。冯梦龙的"三言"堪称中国中世纪封建社会的百科全书。"二拍"也广泛地反映了当时的社会现实，一些优秀篇章还写出了当时社会生活中的一些新变化，揭露和批判了封建统治阶级的罪恶及封建婚姻制度等。"二拍"的出现，开创了文人拟作话本专集的先例，在古代小说史上有着重要影响。

"三言"的书名带有浓厚的道教训诫色彩。这一方面可以理解为通俗小说的惯例，即通过道德训诫来提高小说在人们心目中的地位，另一方面，则需要注意到这里所表现的道德观，往往具有新的时代特点，而与旧道德传统相悖。在"三言"中，写恋爱与婚姻的题材占据了很大比重，成就也最高。这类小说常把"情"和"欲"放在"理"或"礼"之上，要求"礼顺人情"。这意味着道德规则只有建立在满足人们的正常情感需要的基础上，才有其合理性。

像一切古代文学遗产一样，"三言""二拍"既寓有民主、进步的精华，也含有封建、落后的糟粕。一些篇章中，充斥着色情描写、因果报应和封建说教。但从文学发展的历史角度看，"三言二拍"仍堪称中国古代白话小说的巅峰之作，其产生的深远影响不容忽视。

发生地点	发生时间	推荐理由
山海关	公元1643年	清兵入关，为清朝进一步统一全国拉开序幕，开始了清朝两百余年的统治。

闯入山海关的清兵

事件介绍

李自成率领的农民起义军在西安建国后，又率军逼近北京，崇祯帝急忙调驻守山海关的吴三桂保卫京城。不久，吴三桂还在途中跋涉之时，李自成已经率军攻破北京，崇祯帝在煤山自杀，明王朝灭亡。吴三桂听说李自成已经攻陷京师后，急忙调转马头返回山海关。

李自成进驻北京后，深知驻兵山海关的吴三桂对于局势的发展至关重要，于是立即让吴三桂的父亲吴襄给儿子写信劝降，同时表示封吴三桂为侯，赏给他白银四万两、黄金一千两。农民军刚刚攻占了京城，士气正盛，关外的清军也正对关内虎视眈眈，吴三桂夹在农民军与清军之间，也正为自己的去向反复权衡、举棋不定。此时吴三桂见到父亲的招降书，又想到自己的美人陈圆圆还在京城，于是决定投降农民军。

李自成的大将刘宗敏进京后，大肆强占宫女，他听说了陈圆圆的美色，就把这位绝世美人据为己有。

当吴三桂正率领兵马准备进京投降李自成时，突然听说他的至爱陈圆圆被刘宗敏据为己有，不禁大怒，急忙调转马头，再次返回山海关。"冲冠一怒为红颜"，吴三桂决心要把

◀ 清人绘《多尔衮像》。

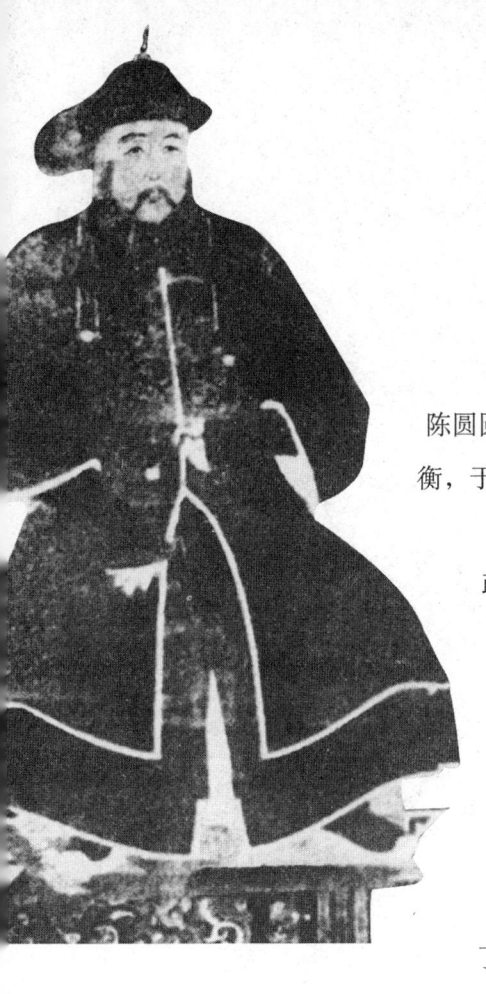

陈圆圆抢回来,但他深知自己的兵力远不足以和农民军相抗衡,于是决定引关外的清军入关,和清王朝联合起来。

清王朝是明朝后期在辽东崛起的女真势力所建立的政权。1588年,努尔哈赤统一了女真各部,不久创立了八旗制度,并于1616年建立了后金政权,与大明王朝分庭抗礼,努尔哈赤也被众人推举为大英明汗。1618年4月,努尔哈赤轻松占领抚顺后,又击败了赶来的明朝援军,然后主动撤退,准备全力对付明朝。

1636年,皇太极在沈阳称帝,国号为大清,建立了清朝。之后,清军攻陷了锦州,使明朝廷苦心经营十多年的锦宁防线全部崩溃。至此,在清军入主中原的道路上只剩下山海关和前哨孤城宁远了。

山海关地势险要,有"一夫当关,万夫莫开"之称,是从东北进入华北的咽喉要道。明军凭借山海关防备清军,致使清军一直无法进入关内。1643年,皇太极死于沈阳,他年方六岁的儿子福临即位,也就是后来的顺治皇帝。顺治年幼,由他的叔父多尔衮辅政。

李自成逼近北京之时,多尔衮决定静观其变,希望农民军与明军在相互厮杀中力量不断削弱,然后清军取道蒙古入关,准备攻打北京。

这时,多尔衮突然收到吴三桂的"借兵"信,信中写道:"乞念亡国孤臣忠义之言,速选精兵,直入中协、西协,三桂自率所部,合兵以抵都门,灭流寇于宫廷,示大义于中国,则我朝之报北朝者,岂唯财帛?将裂地以酬,不敢食言。"多尔衮看后不禁大喜过望,兴奋地对将士们说:"此番可定中原了!"他立即回复吴三桂,表示同意出兵,同时又乘其处于危难之中,要求吴三桂归降清朝。

李自成得知吴三桂重返山海关后，立即亲自率领20万大军直逼山海关。眼看形势危急，吴三桂不得不同意归降大清，并再次紧急向多尔衮求救。

　　李自成一边派明朝降将唐通率兵绕道九门口出长城，在山海关以东阻断吴军退路，一边再次派人向吴三桂劝降，但遭到吴三桂的拒绝。李自成于是下令向吴军发动猛烈进攻，两军在石河西岸展开大战，吴三桂寡不敌众，大败而逃。农民军突破石河防线后，立即向关城四周的西罗城、东罗城、北翼城发起猛攻。

　　多尔衮率领清军来到山海关城外二里处的威远堡时，李自成正与吴三桂展开激战。由于怀疑吴三桂与大顺军合谋设计，多尔衮一直观望不前。此时，据守山海关北翼的一部分吴军向农民军投降，吴三桂的军队已经呈崩溃之势。为了表示自己的一片"诚心"，吴三桂亲自率领200名亲军，在炮火的掩护下突围出关，到清营后剃发向多尔衮称臣，正式投降了清朝。

多尔衮见吴三桂确实诚心降清，于是命他返回山海关。吴三桂返回后，命令全体官兵剃发，并将白布系在肩上作为标志，然后在关门上竖立白旗，迎接清军入城。清军将领阿济格率清军左翼从北水门入城，多尔衮率清军右翼从南水门入城。由于当时狂风大作，沙尘漫天，清军的入城行动相当隐蔽，李自成对这一切浑然不知。

李自成见山海关久攻不克，想诱使吴三桂出城作战，于是将大军沿石河西岸排开"一"字长蛇阵。作战经验丰富的多尔衮根据敌阵情况，命令吴三桂率军集中攻击农民军右翼的阵尾，暂时不暴露清军的实力，以便在关键时刻发动突然袭击。吴三桂率军在海滨龙王庙一带同大顺军展开激战，从早晨一直战到傍晚。李自成农民军的战鼓声声震百里，三面围击吴军。吴三桂也率军奋勇还击，数次冲开重围，但都被农民军再次围住。

傍晚，多尔衮认为时机成熟，命令阿济格率领两万骑兵，从吴三桂的右翼突入，战局立即大变。农民军将士根本没有料到城内还潜伏着精锐清军，顿时阵脚大乱。清军乘势横冲直撞，向农民军猛烈冲杀。此时，李自成正在战地附近的高岗上观察指挥，突然看见清兵从阵后杀出，于是准备调兵前来增援。但他身边的人告诉他说，突然杀出的敌人不是吴三桂的军队，肯定是清军。李自成根本没有料到还有清军，大惊之下，竟然不顾沙场将士，策马而逃。农民军见主帅仓皇逃跑，更是一团混乱，全线溃退。在清军和吴军的猛烈冲杀下，农民军几乎全军覆灭，一时"积尸相枕，弥满大野"，大将刘宗敏也中箭负伤。李自成率领残兵败将先退到永平一带，尔后逃回北京。

清军在山海关之战中的胜利为清朝入主中原奠定了基础。山海关之战结束后，多尔衮封吴三桂为平西王，然后立即向北京进军。在西进京师的途中，多尔衮发布榜文，宣传"义师为尔复君父仇，非杀尔百姓"，以争取明朝旧臣的支持。多尔衮还加强清军的纪律，要各将士保证"勿杀无辜，勿掠财物，勿焚庐舍"。清军的这种做法，消除了许多汉族官僚地主的疑惧，因此清军在向北京进发的途中几乎没有遇到抵抗。

多尔衮率领清军到达北京后，京城的官民大开城门迎接清军，一些人家还在门前摆花焚香表示欢迎。这样，清军兵不血刃，轻而易举地占领了北京。

清军进驻北京后，一边马不停蹄地围剿大顺农民军，一边对明朝的旧势力进行安抚拉拢。多尔衮在进京的第二天就宣布：明朝原来的各衙门官员，都照旧录用；由于战乱逃走的官员，归降后仍然以原官职录用；凡剃发归顺者，地方官各升一级等。为了安抚人心，多尔衮又下令军民为崇祯帝服丧三日，发丧安葬。在清军的安抚之下，直隶、山东、山西等地的大批官员都归降了清朝，使得清朝在北京及其周围地区的统治初步得到巩固。

不久，聚集在江南的明朝官僚拥立福王朱由崧在南京称帝，改元弘光，建立了南明政权。多尔衮一方面积极打击南明的反清势力，一方面积极主张把都城迁移到北京。1644年9月，多尔衮派人到盛京迎接顺治。顺治抵达北京后，在北京举行了隆重的定鼎登基大礼，表示要君临天下，统治中原。顺治颁布即位诏书后，加封多尔衮为"叔父摄政王"，济尔哈朗为"信义辅政叔王"，晋升阿济格、多铎等为亲王。

顺治迁都北京，完成登基大礼之后，立即任英亲王阿济格为靖远大将军，率师西征李自成的大顺农民军；任豫亲王多铎为定国大将军，率军讨伐南明政权。不久，清军彻底消灭了农民起义军和各地的反清势力，巩固了清王朝在中原的统治。之后，康熙又平定了以吴三桂为首的三藩之乱，统一了全国。

清人绘《陈圆圆像》。

发生地点	发生时间	推荐理由
台湾	公元1661年	郑成功收复台湾打击了外国侵略者，捍卫了祖国领土的完整和中华民族的利益。

郑成功收复台湾

事件介绍

郑成功出生于荷兰殖民者侵占台湾的那一年，少年时代的他亲眼看到荷兰侵略者对沿海人民进行疯狂的掠夺，对侵略者十分憎恨。郑成功的父亲郑芝龙是明朝末年的著名将领，清兵入关后，郑芝龙投降了清朝，但郑成功组织了福建、广东的群众，退守金门、厦门一带，在东南沿海坚持进行了长期的抗清斗争。

北伐的屡屡失败，使郑成功认识到收复中原并不是件容易的事情，为了建立稳定的抗清根据地，郑成功决定驱逐荷兰殖民者，收复台湾这片神圣的领土。1659年，正当郑成功召集诸将讨论如何收复台湾之时，一个名叫何廷斌的人，从台湾逃到厦门求见郑成功，向他控诉了荷兰殖民者的种种暴行，并希望郑成功能够把台湾同胞从水深火热之中解救出来。何廷斌还把荷兰殖民者的所有情况都透露给了郑成功，并把台湾水道及各地要塞绘成地图，表示自己愿意做向导。

随着各地的抗清斗争相继失败，郑成功更加感觉到收复台湾的紧迫性，并做好了收复台湾的充分准备。他不断地收集荷兰侵略军各方面的军事情报，然后筹备粮饷，扩充军队，使兵力迅速发展到十余万人，并加紧修造战船，训练军队，增强了军队的

战斗力。1661年3月，郑成功觉得收复台湾的准备工作已经就绪，于是从厦门移师金门，命他的儿子郑经和部分将领率领一部分军队留守厦门、金门等地，以防清军趁虚袭击，然后亲自率领大军2.5万人，分乘几百艘战船，浩浩荡荡地从金门出发，向台湾开去。

荷兰侵略军听说郑成功要攻打台湾，急忙做好了迎战的准备，不断地增加兵力和战舰，并在台南海岸修筑城堡，企图阻止郑成功登陆。荷兰侵略军还在台湾城和赤嵌楼两个城堡储备大量物资，集结重兵防守，并禁止任何中国人进入台湾城和赤嵌楼要塞，禁止任何与大陆的来往。荷兰侵略军头目揆一亲自率军在台湾城及附近小岛驻守，赤嵌楼由侵略军将领描难实叮率军镇守，鹿耳门港已经用沉船堵塞航道，没有派兵防守。一切准备就绪后，揆一天真地认为，只要依靠台湾城炮台的火力，居高临下，就可以封锁海面，郑军就休想登陆了。

郑成功，以赶走荷兰殖民主义者、收复祖国领土台湾的业绩而载入史册。图为郑成功像。

台湾地形东高西低，人口大部分集中在西部，以"澎湖为门户，鹿角为咽喉"。根据台湾地形和荷兰侵略军具体的布防情况，郑成功做出了具体的作战方案：先攻占澎湖，然后以澎湖为进攻基地，避开侵略军的锋芒，趁涨潮之机走鹿耳门航道，抢占地势险要的鹿耳门港，大军登陆后迅速切断台湾城、赤嵌楼两地荷兰军的联系，并对之分别进行围歼，然后收复台湾全岛。

郑成功的船队冒着风浪越过台湾海峡，迅速占领了澎湖，并在那里进行休整。这时，有些将士听说西洋人的大炮十分厉害，向郑成功表示有些害怕。郑成功站在船头，眺望着远方，鼓励将士们说："洋鬼子的红毛火炮没什么可怕的，只要我们齐心协力，就一定能够打败他们。"休整好后，郑成功留下三千兵力驻守澎湖，然后率领舰队，冒着暴风雨横渡海峡，并于4月1日拂晓抵达鹿耳门港外。

鹿耳门航道十分狭窄，而且沙石淤积，荷兰侵略者事先又用破船堵塞，船舰根本无法通过。4月1日中午，鹿耳门港潮水突然暴涨了一丈多高，郑成功立即利用这一有利时机，率领大小战舰顺利通过数十里长的鹿耳门航道，直取台湾北港。荷兰侵略军根本没有料到郑成功会从鹿耳门航道进入，郑军的出现使他们惊慌失措，根本来不及调整大炮，只好仓促出动夹板船到海面上阻击。此时，郑军水师已经越过荷兰军防线，在鹿耳门港成功登陆。台湾人民听说郑军前来，都争先恐后地出来迎接，协助他们作战。

郑成功使用过的大刀。

荷兰侵略军见郑军登陆，立即调集赤嵌楼、台湾城附近的战舰，企图趁郑军立足未稳之际，凭借坚船利炮反击郑军，双方在海面上展开了激烈的战斗。虽然郑军战舰的装备不如荷兰侵略军，但郑军士兵个个英勇顽强，在台湾人民的支持下士气高涨。侵略军在被击沉一艘主力舰后，仓皇逃走。在陆地上，郑军也与前来反击的荷兰侵略军展开了激烈战斗，侵略军大部分被歼灭，只有少数人逃回台湾城。

荷兰侵略军见海、陆两方面的反击都遭到失败，于是退守赤嵌楼和台湾城，企图凭借威力十足的火器和坚固的城堡负隅顽抗。郑成功一面派兵切断侵略军的水陆交通，一面乘胜进攻赤嵌楼。赤嵌楼的水源被切断后，侵略军士气低落，抵挡不住郑军的猛烈攻击，描难实叮被迫率部投降。郑成功扫清了各地的残敌后，亲自率领大军围攻台湾城。台湾城城高墙厚，防守坚固，加之荷兰军炮火密集，居高临下，郑军一时无法接近。郑成功一面积极准备攻城，一面写信规劝揆一投降。但揆一负隅顽抗，不顾一切地集中大炮猛烈轰击，迫使郑军后撤。为了减少损失，郑成功决定停止强攻，并做好了长期围困台湾城的准备。

面对郑军的围攻，揆一着急了，一方面偷偷派人到巴达维亚（今爪哇）求援，一面派使者到郑军大营求和，并表示愿意以十万两白银来换取台湾。郑成功威严地呵斥使者说："台湾历来是我国的领土，我们现在要收回，这是理所当然的事。回去告诉你们首领，赶紧滚出台湾吧！"不久，巴达维亚当局派遣的援军到达台湾海面。郑成功得知后，一面加紧围攻台湾城，一面迅速攻击援军舰队，有效地阻止了援军的进攻。援军舰队在海上大败后，再也不敢靠近台湾，台湾城里的守军也不敢发起进攻。此时，台湾城内粮饷匮乏，侵略军士气低落，很多人甚至被饿死。郑军在台湾人民的协助下，切断了台湾城的水源，并不断加筑工事，架设大炮，准备对台湾城发起总攻。

12月，郑军攻占了台湾城外的重要据点乌特利支堡，然后居高临下，向台湾城猛烈轰击。揆一见大势已去，不得不率部投降。1662年2月，荷兰殖民者被迫在投降书上签了字，并率领残兵败将狼狈地从台湾撤走。至此，被荷兰殖民者侵占了38年的台湾终于又重新回到了祖国的怀抱。台湾人民奔走相告，欢呼雀跃，宝岛顿时成了一片欢乐的海洋。

　　郑成功收复台湾后，将侵略者修筑的赤嵌楼改名为承天府，建立了和大陆一样的郡县制度。台湾方圆一千多里，土地肥沃，郑成功采取各种措施招徕大陆移民，开垦荒地，发展农业生产。郑成功还推行"屯田法"，推广大陆先进的农业生产技术，并让士兵一面练兵，一面从事农业生产。这样仅仅几年，台湾人民就安居乐业，宝岛台湾出现了"野无旷土，军有余粮"的局面。

▼ 清人绘《台湾风俗图》。

发生地点	发生时间	推荐理由
中南部地区	公元 1681 年	三藩之乱的平定，避免了国家分裂，真正实现了统一，有利于经济和文化的发展。

平定三藩，一统天下

事件介绍

三藩是指镇守云南的平西王吴三桂、镇守福建的靖南王耿精忠和镇守广东的平南王尚之信。顺治末年，吴三桂在云南开藩，尚可喜在广东开藩，耿仲明的儿子耿继茂在福建开藩，他们拥兵自重，割据一方，把持地方政务，对下鱼肉百姓，对上与中央政府抗衡，严重威胁着刚刚建立的清王朝。

三藩之中，以吴三桂势力最为强大，他也最飞扬跋扈。他割据云南之后，大肆圈占民田，还控制了贵州等地的政治事务，所有文武官员，包括总督、巡抚都受他的节制。吴三桂选派的官吏称作"西选"，完全控制了云南、贵州的政权，甚至遍及全国各地，一时出现了"西选之官几满天下"的情况。

耿、尚二人也没把大清王朝看在眼里，他们通过各种手段对当地农民进行残酷的剥削，并且飞扬跋扈，无恶不作。三藩互相勾结起来，对抗政权还不稳固的大清王朝。

由于三藩各自拥有雄厚的兵力，朝廷每年都要拿出几乎一半的财赋用于三藩巨额的军费开支，以致清王朝的财政面临严重困难。三藩割据势力的日益膨胀，严重威胁着清王朝的统治，双方的矛盾日益尖锐起来。年轻的康熙拔除了鳌拜这个大钉子后，充分认识到三

▲ 清宫廷画家绘《塞宴四事图》。

藩的危害性，于是暗下决心，一定要寻找机会除掉三藩。

1673年初，尚可喜上书康熙，请求告老还乡，由他的儿子尚之信接管藩中事务。康熙觉得这正是削弱三藩的良机，于是允许尚可喜告老还乡，但不允许他的儿子尚之信承袭爵位。康熙的这一举动引起了吴三桂和耿精忠的不安，为了试探康熙的意向，他们也分别上书请求撤藩。清朝一些大臣知道吴三桂等人早有谋反之心，于是不同意撤藩，但康熙却愤慨地说："吴三桂等蓄谋已久，现在如果不乘机先发制人，及早除掉他们，日后必为大患。"于是他毅然下令同时撤除三藩，并派官员前去云南、广东、福建等地处理撤藩事宜。

吴三桂和耿精忠见康熙果然下令撤藩，于是分别秘密准备起兵反叛。11月，吴三桂杀死云南巡抚朱国治，自称"天下都招讨兵马大元帅"，并发布檄文，指责清廷"窃我先朝神器，变我中国冠裳"，打起"反清复明"的旗号，声称要"共举大明之文物，悉还中夏之乾坤"。叛军一部分由马宝率领，由贵州攻入湖南，一部分由王屏率领，进攻四川，窥视陕西。吴三桂还致信耿精忠和尚可喜以及各地的旧部势力，约他们共同起兵。不久，广西提督王雄等在广西发动叛乱，四川巡抚罗森在四川发动叛乱。1674年3月，耿精忠在福建也起兵反叛，使得叛乱范围进一步扩大。

吴三桂等人起兵反叛的消息传到北京后，清朝廷举朝震动，大学士索额图提出取消撤藩令，杀掉主张撤藩的人，以息事宁人。但康熙力排众议，决定集中主要力量打击吴三桂，

而对其他叛乱分子采取招抚拉拢的策略。他下令剥夺吴三桂的王爵，杀死他的儿子吴应熊，而暂时停止撤销耿、尚二藩。同时，康熙下令派兵分别镇守荆州、常德、岳州、汉中、南昌等要地，做好了平定叛乱的战前准备。

吴三桂早有叛乱准备，多年来养精蓄锐，兵精粮足，所以战争开始后，吴军推进得非常顺利，迅速占领了贵州全省，并挺进湖南，分兵攻打常德、长沙、岳州、衡州等地。不到半年时间，叛军几乎还没有和清军正式对阵，就已经占据了云南、贵州、湖南、四川、福建五省全部和广东、广西、陕西等省的一部分，形势对清王朝十分不利。

康熙镇定自若，运筹帷幄，决心以湖南为主战场，坚决打击湖南吴三桂的叛军，并有效地阻止了耿、吴叛军的会合。对于西北叛军，康熙采取了安抚的策略，以极大的耐心争取陕西提督王辅臣，表示"往事一概不究"，最后终于使王辅臣重新归顺了大清，保住了陕西，使吴三桂打通西北通道的阴谋未能得逞，清军也得以腾出兵力增援南方。

虽然叛军一路势如破竹，但也面临着不可克服的矛盾。由于明末以来，连年战乱不断，广大农民深受其苦，十分渴望统一，而叛军内部争权夺利，人心不齐，各叛军之间互不统属，无法形成整体以协同作战，所以清军有机会将他们各个击破。

耿精忠叛乱之初，曾请求台湾的郑经派军登陆支援，但郑经不屑于和这些叛军为伍，

靖南王耿精忠之印。

他率军登陆后，却从背后袭击耿精忠，接连攻克几座城池，使得耿精忠腹背受敌，难以支撑。康熙乘机利用耿精忠和郑经的矛盾，千方百计地招抚耿精忠，使他最终归顺朝廷，进而收复了福建。耿精忠叛乱被平定后，康熙任莽依图为镇南大将军，率军进入广东。尚之信招架不住，被迫率广东官民剃发降清。为了先稳定局面，康熙仍封耿精忠为靖南王，命尚之信承袭他父亲平南王的爵位。

耿精忠、尚之信相继被平定后，吴三桂失去了外援，军事上完全陷于孤立，战争的优势也逐渐转到清军方面来了。此时的吴三桂已成强弩之末，但他仍然垂死挣扎。1678年3月，为了鼓舞叛军士气，吴三桂在衡州（今衡阳）称帝，国号"大周"，建元昭武，改衡州为定天府。由于那天突然天降大雨，狂风大作，吴三桂的登基仪式十分草率，君臣上下也都十分狼狈。8月，吴三桂病死，吴军阵营大乱。吴三桂的部将迎立他的孙子吴世璠即位，改元洪化。但此时各地的吴军守将人心不稳，斗志涣散，清军平定吴军已经指日可待了。

为了尽快消灭吴军，康熙命令清军乘势发起总攻，几路大军一齐开进湖南，迅速攻克了岳州、常德、长沙、衡州等地，收复了湖南全省，进而收复了广西、四川全省。吴世璠与大将郭壮图龟缩在昆明，企图固守顽抗。1680年，康熙任彰泰为定远平寇大将军，率领大军进攻云南、贵州。1681年1月，清军收复贵州，彰泰乘胜率师进入叛军的老巢云南。2月，赖塔率师由广西进入云南。9月，赵良栋率师由四川进入云南。三路大军会合后，加紧围攻昆明。

为了最大程度地孤立昆明城内的叛军，清军把俘虏的苗族士兵放归原籍，并发给他们银粮。这些士兵十分感动，于是纷纷帮助清军攻打昆明。10月，固守孤城十个月的吴军粮食用尽，发生内乱，吴世璠服毒自杀，他的部将开城投降。至此，清军收复了云南，三藩之乱全部被平定。

三藩之乱历时八年之久，波及数十个省，是对清王朝统治的最大威胁。年轻的康熙皇帝玄烨果敢坚决，没有被叛军的嚣张气焰所吓倒，而是临危不惧，镇定自若，表现出了一代帝王的风范。三藩之乱的平定，也初步表现出了他杰出的政治才能和军事才能。

发生地点	发生时间	推荐理由
黑龙江	公元1689年	康熙抗击沙俄侵略的斗争取得胜利，收复了被侵占的领土，使中国东北的版图得以奠定。

康熙帝抗击沙俄

事件介绍

从17世纪中叶开始，沙俄殖民主义者就开始窥视中国北方的领土。1643年，沙俄派出一支荷枪实弹的远征军，侵扰我国黑龙江边境。这伙野蛮的侵略者到处烧杀抢掠，无恶不作，遭到了当地人民的英勇抗击，被赶出境外。1651年，沙俄侵略者再次侵犯黑龙江边境，并武力攻占了雅克萨城。由于中国东北各族人民的英勇抗击，这伙沙俄侵略者被迫撤离黑龙江流域。1665年，沙俄侵略者重新攻占了雅克萨，并在尼布楚和雅克萨修建堡垒，勒索贡物，设置殖民农庄，残酷奴役和剥削当地中国人民。

康熙亲政后不久，正全力平定三藩之乱而无力顾及北方事务，沙俄侵略者乘机派出大量军队入侵黑龙江各地，并调集大批枪炮、物资到尼布楚、雅克萨等地，加强侵略力量。虽然清政府多次抗议和交涉，但沙俄侵略者不仅对此置若罔闻，反而变本加厉，公然在中国领土上设立据点，强征贡赋，开采银矿，烧杀抢掠。康熙忍无可忍，在平定三藩之乱后，立即集中军事力量，准备武力驱逐沙俄侵略者。

1683年10月，康熙命萨布素为第一任黑龙江将军，率军扫清俄军在黑龙江中下游设置的侵略据点。

神威无敌大将军炮。此炮曾参加雅克萨之战。

为了减少战争给当地人民带来的痛苦，康熙帝一面命令加紧军事布防，一面谋求政治途径来解决双方的冲突，并通过各种途径表示：只要沙俄撤回驻扎在雅克萨的兵力，停止一切侵略活动，大清王朝愿与之和睦相处，互通贸易。但是沙俄政府对此置若罔闻，甚至以为清朝政府软弱可欺，反而继续扩大侵略范围，不断增调援军，贮存粮草，加固城防，并任命作战经验丰富的托尔布津为阿尔巴津督军，来到雅克萨指挥作战。

1685年4月，康熙命都统彭春、郎谈和黑龙江将军萨布素等分别率领满、蒙古、汉等各族官兵三千多人，从黑龙江城（今瑷珲）和卜魁城（今齐齐哈尔）分水陆两路，一齐向雅克萨进军。彭春率军抵达雅克萨城下后，立即向俄军发出咨文，要求他们立即撤出雅克萨，中俄双方以雅库（今俄罗斯雅库次克）为界，但遭到俄军的拒绝。清军别无选择，于是迅速包围了雅克萨城。

此时，一队增援雅克萨的俄军自黑龙江顺流而下，清军将领林兴珠发现后，立即率军拦住俄军，双方展开了一场激战，俄军被击毙四十余人，大败而逃。之后，清军架起"神威无敌大将军"炮，向雅克萨城发起猛烈攻击，水陆并进，四面围攻。经过一天一夜的激战，俄军伤亡惨重，雅克萨城内四处起火。俄国雅克萨督军托尔布津走投无路，只得出城投降，并发誓再也不回到雅克萨城。清军收复了被俄军侵占达20年的雅克萨城，救出了城中一百六十多名被俄军扣押为人质的中国人，并留下一部分俄军作为人质，允许托尔布津回到尼布楚，然后撤出了雅克萨城。

托尔布津率领残兵败将回到尼布楚后，十分恼火。此时，俄军将领拜顿率领六百多名士兵抵达尼布楚，托尔布津又听说清军全部撤退，于是违背了刚刚说过的"誓言"，率军重新占领了雅克萨，并加筑工事，企图赖在雅克萨城不走了。

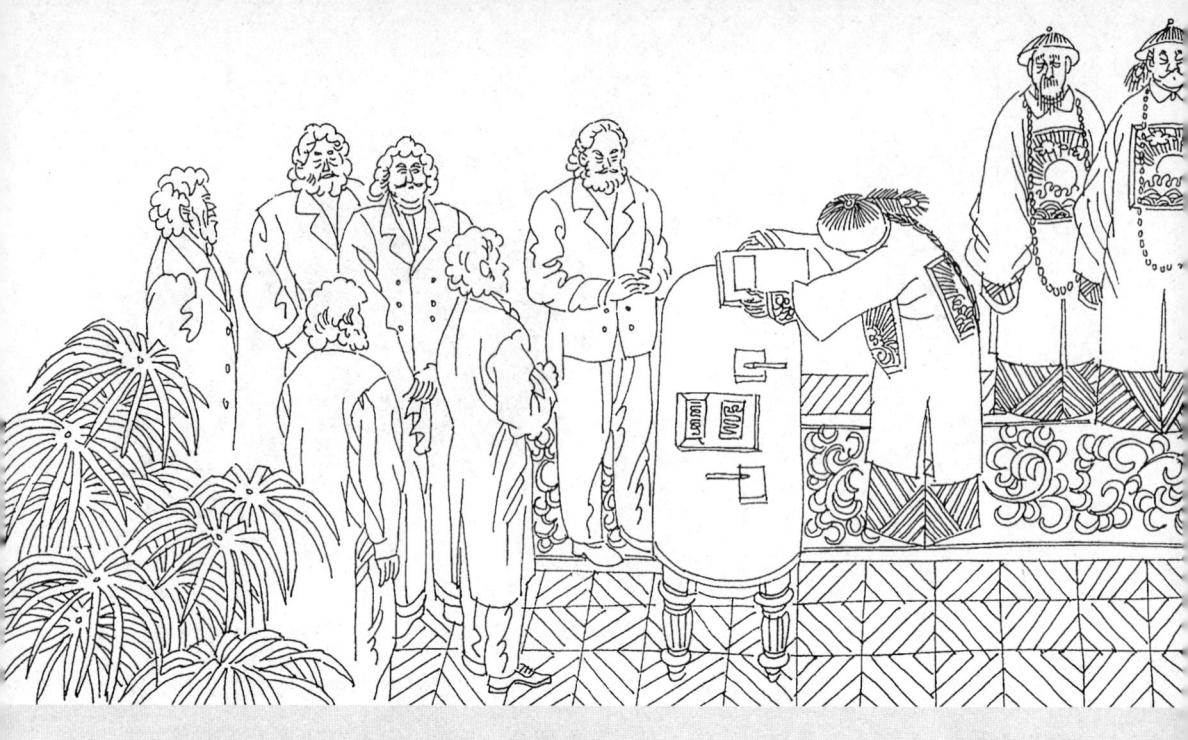

1686年5月，康熙命萨布素、郎谈、班达尔沙等率领清军两千多人，再次进兵雅克萨。在当地各族人民的协助下，萨布素率领清军将士屡次击败出城挑战的俄军。6月，萨布素下令清军向雅克萨城发起猛烈进攻，郎谈也率军从北面用大炮向城内轰击，班达尔沙率军从南面猛攻。经过几天的激战，俄军遭受重创，被击毙一百多人，托尔布津也中炮毙命，由拜顿继任他的职位，继续负隅顽抗。

　　尽管雅克萨城已经唾手可得，但为了求得边界上持久的和平，彻底解决中俄两国的东北边界问题，康熙仍建议两国休兵谈判，共同议定边界。此时的俄国政权很不稳固，所以无力派军前来雅克萨救援，于是决定接受清政府的建议，与清朝进行边界谈判。

　　1686年11月，俄国信使文纽科夫和法沃罗夫等从莫斯科来到北京，向康熙呈递了沙皇写给他的书信，要求清军解除对雅克萨的包围，并表示即将派出使臣戈洛文来华议定中俄边界问题。康熙以礼接待了俄国信使，同意了俄国沙皇的请求，命令萨布素等停止对雅克萨的围攻。至此，历时两年之久的第二次雅克萨之战正式结束。

　　戈洛文前来与清政府谈判之前，沙皇政府对他明确指出：力争以黑龙江为界，占领整个黑龙江北岸；如果对方不同意，则谋求以比斯特拉河（即牛满河）或结雅河（即精奇里江）为界，占领黑龙江中游北岸；如果对方再不同意，则争取以雅克萨为界，并要求在比斯特拉河和结雅河保留两国共有的渔猎场；如果对方不接受上述划界方案，则争取缔结临时停战协定，然后做好准备，发动战争以求武力解决。当戈洛文抵达贝加尔湖东岸一带时，

康熙是清朝入关后的第二位皇帝，也是中国历史上比较有作为的成功帝王之一。图为康熙朝服像。

俄国在克里米亚战败，沙皇政府不得不又指示戈洛文，在与清朝谈判时可以相应做出一些让步，力求与清朝达成协议。

1688年5月，康熙任侍卫内大臣索额图为全权大臣，负责与俄国使臣谈判。康熙也指出了谈判的一些原则问题：俄罗斯占据的尼布楚是中国茂明安部游牧的地方，雅克萨是中国达斡尔族居住的地方，因此尼布楚、雅克萨都是中国的领土，不可放弃；如果俄国同意这些，就和他们划定疆界，准许他们通使贸易，否则立即停止谈判。索额图等一行到达蒙古后，正值噶尔丹大举入侵，道路受阻，不得不暂时返回北京。

1689年4月，康熙命索额图等再次启程，前往尼布楚谈判。此时，清政府正急于全力镇压噶尔丹叛乱，十分希望与俄国保持和平，于是也准备做出一些让步。康熙帝指示索额图：为争取达成协议，必要时可将尼布楚让给俄国，以额尔古纳河为界。这样一来，中俄两国的谈判底线逐渐接近，为尼布楚会谈达成协议奠定了基础。

6月，清朝谈判使团到达尼布楚，随行人员包括水手、仆役、官兵等近三千人。7月，戈洛文使团也到达尼布楚。双方经过一段时间准备后，在尼布楚城外的一个帐篷之中开始了正式会谈。谈判一开始，双方就展开了针锋相对的激烈辩论。戈洛文一口咬定黑龙江流域"自古以来"就是俄国领土，但拿不出任何确凿的证据。索额图用大量的事实对戈洛文的无稽之谈进行了有力的驳斥，并指责俄国屡次侵犯我国边境，制造流血事件。在无可争辩的事实面前，戈洛文等理屈词穷，于是在随后进行的划界谈判中，提出中俄两国以黑龙江为边界，妄图在谈判桌

北征抗击沙俄督运图。

上取得他们用武力没有得到的黑龙江以北的大片领土。索额图等人对此断然拒绝，并提出以勒拿河与贝加尔湖为界，遭到俄方的拒绝。双方辩论了一天，没有取得任何谈判成果。

在第二天的谈判中，双方都做出了一些让步。戈洛文提出以比斯特拉河或结雅河为界，但仍然遭到索额图的拒绝。经过激烈的讨价还价，中俄双方都又做出了一些让步，并最终达成了一致，正式签订了《尼布楚条约》。条约内容如下：

（一）中、俄两国以流入黑龙江的格尔必齐河、额尔古纳河和外兴安岭直到海边为界，山南归中国，山北归俄罗斯；

（二）额尔古纳河以南属中国，以北属俄罗斯，其南岸眉勒尔客河口所有俄罗斯的房舍都要迁往北岸；

（三）将俄罗斯军队在雅克萨所修建的城堡全部拆毁，居住在雅克萨的所有俄罗斯人都必须迁走；

（四）猎户不得越界，有越界者立即擒拿，送到各地官府惩处，在中国的俄罗斯人和在俄罗斯的中国人都不必遣返；

（五）中、俄两国和好，允许相互之间的旅行往来和贸易往来；

（六）不得容留对方的逃亡者，一经发现即行送还。

发生地点	发生时间	推荐理由
新疆、蒙古	公元17世纪后期	清朝平定了准噶尔贵族的叛乱，消灭了地区分裂势力，粉碎了沙俄的侵略阴谋，维护了国家的完整及统一。

安疆靖域的准噶尔之战

事件介绍

准噶尔部是中国厄鲁特蒙古族的一支。厄鲁特蒙古又称漠西蒙古，在明代被称为瓦剌。约在16世纪末，厄鲁特蒙古分成准噶尔部（游牧于今伊犁河流域）、和硕特部（游牧于今新疆乌鲁木齐地区）、杜尔伯特部（游牧于今额尔齐斯河流域）和土尔扈特（游牧于今新疆塔城地区）四大部，并形成了部落联盟。

厄鲁特蒙古四部之中，准噶尔部的势力最为强大，野心也最大。准噶尔部对其他各部进行了肆意掠夺和残酷的奴役，控制了天山南北，在西起巴尔喀什湖，北越阿尔泰山，东到吐鲁番，西南至吹河、塔拉斯河的中国西部边疆的广大地区，建立了准噶尔贵族的封建统治。

准噶尔贵族兼并厄鲁特蒙古各部后，与清政府仍然保持着地方与中央的隶属关系。但在准噶尔贵族内部，有一部分人主张从清朝分裂出来。17世纪中叶，准噶尔内部发生争夺统治权力的斗争。1671年，僧格的异母兄弟噶尔丹杀害了他的儿子，夺取了准噶尔的统治权。噶尔丹极富于扩张野心，大肆向外扩张，占领了天山南北的广大地区，把广大维吾尔族人民置于其残酷的统治之下。之后，噶尔丹又大举进犯西部的哈萨克、布鲁特。

▲ 乌兰布通古战场。

噶尔丹对大清王朝造成的巨大威胁，迫使康熙以战争手段来解决。1690年6月，康熙率大军兵分两路，左路军从古北口（今河北滦平南）出发，右路军从喜峰口（今河北宽城西南）出发，迂回北进，同时令盛京（今辽宁沈阳）将军、吉林将军各率所辖兵力，从西辽河、洮儿河出发，与科尔沁蒙古兵会合，协同清军主力作战。

清军右路向北进入乌珠穆沁境内后，与噶尔丹大军遭遇，两军展开激战，清军战败，被迫向南撤退。噶尔丹乘势南进，渡过沙拉木伦河，进抵乌兰布通。此时，清左路军也进至乌兰布通南部。康熙急忙下令右路军停止南撤，与左路军会合，在乌兰布通合击噶尔丹，并派一路大军进驻归化城（今内蒙古呼和浩特），伺机从侧面袭击噶尔丹。

乌兰布通位于克什克腾旗（今内蒙古翁牛特旗西南）的西部，北面靠山，南有高凉河（沙拉木伦河上游的支流），地势险要。噶尔丹背山面水布阵，将一万多头骆驼的蹄子绑住，让它们卧在地上，背上木箱，并蒙上湿毡，摆成一条如同城栅的防线，称之为"驼城"。噶尔丹命令士兵在"驼城"之内，躲在箱垛后面，对清军放枪射箭。清军前锋部队以火器袭击噶尔丹的"驼城"，步兵、骑兵紧随其后，隔河布阵。

两军展开激战后，清军集中火铳火炮，猛烈轰击"驼城"，从中午一直打到日落，将

"驼城"轰成两段,然后挥军渡河,步兵从正面发起猛烈冲击,骑兵从左翼迂回进攻。噶尔丹的"驼城"被攻破后,仓皇撤退。第二天,噶尔丹一边派使者向清军求和,一边率领部下连夜渡过沙拉木伦河,狼狈逃窜,一直逃到科布多(今蒙古国吉尔噶朗图)。

噶尔丹在乌兰布通战败后,又以科布多为基地,企图重整旗鼓,东山再起。

1694年,大清朝廷下诏命令噶尔丹前来会盟,噶尔丹抗命不从,反而派兵再次侵入喀尔喀。康熙于是决定引诱噶尔丹南下,一举将其歼灭。1695年5月,在沙俄的怂恿和支持下,噶尔丹果然率领骑兵三万,从科布多沿克鲁伦河东下,到达巴颜乌兰一带。噶尔丹还扬言借得俄罗斯鸟枪兵六万,准备大举进攻,再次点燃叛乱的战火。

为了彻底平定噶尔丹叛乱,康熙决定再次亲征。1696年2月,康熙调集九万大军,分东、中、西三路大举讨伐噶尔丹。东路大军近一万人,由黑龙江将军萨布素率领,越过兴安岭向西挺进,渡过克鲁伦河,从侧面牵制噶尔丹;西路大军近五万人,以抚远大将军费扬古为主将,兵分两路,分别从归化、宁夏(今宁夏银川)出发,越过沙漠,在翁金河(今蒙古国德勒格尔盖西)会师后继续北上,以切断噶尔丹向西逃往科布多的道路,康熙亲自率领中路大军三万多人从独石口(今河北沽源南)北上,直指克鲁伦河上游,与其他两路大军约期夹攻,打算在克鲁伦河一带歼灭噶尔丹。

3月,康熙率领中路大军出塞,经科图(今内蒙古苏尼特左旗北)过沙漠后继续北进。噶尔丹听说康熙亲自率领精锐部队前来,而且西路清军已经渡过土剌河,为了免遭夹击,噶尔丹急忙率军连夜向西逃走。5月,西路清军抵达土剌河上游的昭莫多(今蒙古国乌兰巴托东南),在距离噶尔丹军15公里外的地方扎营。

此时清军长途跋涉,饥疲不堪,费扬古决定采取以逸待劳、设伏截击的战术。他命一部分兵马在东边依山列阵,一部分兵马在西边沿土剌河布防,将骑兵的主力埋伏在树林之中,振武将军孙思克率领步兵守住山顶。一切部署完毕后,费扬古以400名骑兵向噶尔丹挑战,诱使他率军进入埋伏区。

噶尔丹果然率兵进攻,并企图占领清军控制的山头。孙思克率兵据险防守,双方激战一天,不分胜负。此时,费扬古指挥沿河埋伏的骑兵一部分从背后袭击

康熙帝为平定准噶尔封赏事给卓克托谕旨。

噶尔丹，一部分袭击大军的家属、辎重，据守山头的孙思克部也奋勇出击。噶尔丹军见势，顿时大乱，纷纷夺路北逃。清军趁夜狂追不止，俘获了数千人，噶尔丹的妻子阿奴也被炮弹击毙，噶尔丹只率数十骑向西逃窜。

昭莫多一战基本上歼灭了噶尔丹的叛军，清军取得平叛战争的决定性胜利。

噶尔丹战败后，"精锐丧亡，牲畜皆尽"，以致无家可归，流窜于塔米尔河流域，成为一股走投无路、日暮途穷的流匪。但噶尔丹仍然十分顽固，率领一千多残兵败将，拒不接受清政府的招抚，企图做最后的垂死挣扎。为了彻底消灭噶尔丹的反叛势力，康熙决定再次亲征，捣其巢穴，以期"万年之计"。

1697年2月，康熙第三次下诏亲征，并亲赴宁夏，命费扬古、马恩哈分别统率两路大军共六千多人，进剿噶尔丹残部。此时的噶尔丹已经众叛亲离，成了孤家寡人，内部也分崩离析，士兵只剩下五六百人了。在清军的征剿下，噶尔丹走投无路，服毒自杀。至此，噶尔丹的民族分裂叛乱被平定,.喀尔喀地区重新统一于清朝。

噶尔丹死后，策妄阿拉布坦成为准噶尔部的统治者。随着统治地位的巩固和地盘的不断扩大，策妄阿拉布坦分裂割据的野心也膨胀起来。在沙皇俄国的支持下，策妄阿拉布坦屡次袭击清军据守的科布多、巴里坤（今新疆巴里坤）、哈密等军事重镇。策妄阿拉布坦的儿子噶尔丹策零即位后，继续进行叛乱活动。从雍正六年起，清朝多次出兵平定噶尔丹策零叛军，并最终迫使噶尔丹策零投降归附于大清。乾隆年间，清朝廷又多次派军平定了准噶尔部的分裂叛乱。

发生地点	发生时间	推荐理由
北京	公元1792年	《红楼梦》的问世，是中国文学史上的惊天之举，是文学画卷中最为悠远的华彩乐章。

石破天惊的《红楼梦》

事件介绍

《红楼梦》的作者曹雪芹（约1724或约1715—约1764），字梦阮，号雪芹，又号芹圃、芹溪居士，祖籍辽阳。

曹雪芹生活在清朝康熙、雍正、乾隆先后执政的时期，即18世纪中叶，祖先原本是汉人，后来入旗籍，为正白旗。清朝建立后，曹家起初只是宫廷内务府（相当于现在的后勤部）包衣（奴仆），祖辈曹振彦在清兵入关时多次立下军功，又跟随摄政王多尔衮出征大同，并担任了山西平阳府吉州知州和大同府知府。后来得到顺治皇帝的宠信及提拔，担任了两浙都转运盐使司盐法道。曹振彦的儿子曹玺（也就是曹雪芹的曾祖父）因为平定叛乱有功，被提拔为内廷二等侍卫，不久又升为内务府工部郎中，曹玺的夫人孙氏及儿子曹寅（曹雪芹的祖父）则在宫中分别做康熙的保姆及伴读。所以在最高统治层的成员中，曹家与皇帝的关系甚为亲密，尤其是康熙登基以后，对曹家更是亲厚有加。康熙二年（1663年），康熙派曹玺督理江宁织造，从曹寅起，又三代世袭江宁织造，前后长达60年，在当时是个很显赫的家族。康熙南巡六次，就有四次住在曹氏任职期间的织造府内。康熙第五次南巡时，封给曹寅通政使司通政使的官衔，官阶升至正三品，此外还给予曹寅的妻室以

红楼十二钗册之林黛玉画像。

淑人的称谓及其他丰厚的待遇。

然而天有不测风云,雍正执政以后,开始千方百计地排除异己。曹家的许多有身份有名望的近亲好友都相继在这次整治行动中被革职、抄家、流放,甚至险些被斩,曹家也未能幸免。在雍正五年(1727年)年末,雍正皇帝以"行为不端"、"款项亏空甚多"及"有违朕恩"等等罪名,革去了曹家的世职,抄没了曹家的财产,曹家无论老少全被遣回了北京,家道从此败落。那年,曹雪芹已经长成了一个渐通人事的少年。

曹家被抄之后,一切的荣华富贵转眼间就灰飞烟灭、一去不复返了。一家人在北京崇文门外清贫度日。政治上的变故、家族的没落,给曹雪芹带来了极大的打击,留下了难以抚平的创痛。成年以后的曹雪芹,很长一段时间都过着一种放浪形骸的生活,他终日借吟诗作画、饮酒听曲来排遣心中的积怨。他性格豪放狂傲,精于诗画,且能言善辩。朋友们对这位奇人的一身傲骨、满腹文才有过许多很高的评价和赞誉。裕瑞在自己的《枣窗闲笔》中是这样描述曹雪芹的:"身胖,头广而色黑,善谈吐,风雅游戏,触景生春,闻其奇谈,娓娓然令人终日不倦。"

曹雪芹晚年流落到北京西郊,生活更加凄凉困顿,靠朋友接济和卖画维持生计。他对

悲欢离合的人生有了越来越深刻的领悟,渐渐地萌生出一个将自己的感受和认知用笔墨记录下来的念头,于是在生活的基础上创作了《红楼梦》这部伟大的著作。曹雪芹前后花费了十年以上的时间撰写《红楼梦》,随着人生阅历的不断拓展和艺术修养的日臻完善,他又先后对书稿"披阅十载,增删五次"。但因为失去爱子的悲痛,加之贫苦病患,只留下《红楼梦》前80回的稿子便长辞人世,后40回,一般认为是高鹗所续。曹雪芹死后的葬礼简单而凄凉,这位伟大的文学家,将自己的"一把辛酸泪"都洒在了《红楼梦》的"满纸荒唐言"里。

发生地点	发生时间	推荐理由
广东	公元1840年	鸦片战争是中国沦为半殖民地半封建社会的开始，中国的主权和领土完整遭到破坏，标志着中国历史的巨大转折。

鸦片战争惊醒"天朝大国"迷梦

事件介绍

16世纪初，随着新大陆的发现和新航路的开辟，资本主义日益发展起来。随着资本主义生产的迅猛发展，以英国为首的西方列强开始了一系列疯狂的对外扩张和侵略活动，地大物博、贫穷落后的中国成了西方冒险家们的侵略目标。

面对着这种严峻的世界形势，腐朽的清王朝依然陶醉在"天朝大国"，"无所不有，无求于人"的美梦之中，继续执行着闭关锁国政策。

18世纪末期，英国开始对中国大量输出鸦片。随着吸食者的日益增多，白银大量外流，清王朝的国库更加空虚，货币流通秩序也遭到扰乱，清朝的经济面临崩溃的边缘。鸦片的泛滥极大地摧残了吸食者的身心健康，农民的劳动力完全丧失，士兵们军心涣散，吏治更加腐败。面对滚滚而来的鸦片，中华民族面临灭亡的危险。

"鸦烟流毒，为中国三千年未有之祸"，以林则徐为代表的爱国之士多次上奏道光帝，痛斥鸦片给中国人民带来的巨大危害。他义正辞严地警告道光帝，如果再不禁烟，"中原几无可以御敌之兵，且无可充饷之银"。1838年底，优柔寡断的道光帝终于下令各省认真查禁鸦片，并任命林则徐为禁烟钦差大臣，逐渐掀起了全国性的禁烟热潮。

1839年3月，林则徐到达广州，会同两广总督邓廷桢商讨禁烟大计，并着手调查鸦片走私情况。他们严正下令让外商交出全部鸦片，并保证今后来华永不再夹带鸦片，"如有带来，一经查出，货尽没官，人即正法"。林则徐还宣布"若鸦片一日未绝，本大臣一日不回，誓与此事相始终，断无中止之理"，以表明他誓死禁烟的决心。

1839年6月3日，振奋人心的虎门销烟活动开始了。成千上万的老百姓从四面八方涌来观看这一盛况，林则徐、关天培、邓廷桢等广东文武百官到场坐镇指挥。在隆隆礼炮和群众的欢呼声中，虎门外滩浓烟滚滚，销溶后的鸦片冲入大海。到6月25日，一直毒害中国人民的鸦片终于被消灭干净。虎门销烟是中国人民禁烟斗争的伟大胜利，给英国侵略者以沉重打击。它大大增长了中国人民的志气，向全世界表明了中国人民维护民族尊严，反抗外国侵略的坚强意志。

虎门销烟的消息传到伦敦，英国发出狂妄的战争叫嚣，一场由英国资产阶级挑起的侵略战争爆发了。1840年6月，4000名英军分乘四十余艘战船，气势汹汹地到达中国海面，封锁珠江口，进犯广州。林则徐早已预料到禁烟可能会招致外国侵略者的武装干涉，在禁烟的同时就大力加强海防，并从外国购置了新式大炮和战舰，做好了抵抗外国侵略者的准备。他同两广总督邓廷桢、广东水师提督关天培一道整顿广东水师，增募兵勇，加紧训练，并下令在虎门一带添置炮台炮位。根据敌我双方的情况，林则徐为中国水师制定了"以守为战，以逸待劳"的战略战术。林则徐还十分重视民心民意，发动群众起来抵抗侵略。

在林则徐的严密布置下，英军在广东海防无法捞到半点便宜。6月底，英军转攻厦门，遭到邓廷桢率领的清军的顽强抵抗，于是北犯浙江沿海。7月初，侵略军轻而易举地拿下定海，并洗劫一空，大摇大摆地继续北上。8月，侵略军窜至天津大沽口，直逼清政府统治的心脏——北京。一直以为"天下老子第一"的道光皇帝这下着急了，急忙向大臣们询问对策。那些痛恨林则徐的大臣们趁机诬蔑林则徐引狼入室，说英国人有坚船利炮，我们无论如何是打不过的，还是趁早求和好，道光帝于是让直隶总督琦善到天津与英军交涉。侵略军向琦善提出了割地赔款等无理要求，并威胁说如不答应将继续开战。琦善吓得连忙向侵略者赔礼道歉，并保证只要英舰撤回广州，一切问题都好说。道光帝得知英舰南下的消息后，大夸琦善退敌有功，派琦善为钦差大臣，免去了林则徐的职位。后来，林则徐被流放到新疆。在途中，他怀着满腔悲愤，为家人写下了"苟利国家生死以，岂因祸福避趋之"的诗句，表现了他崇高的爱国情操。

1841年1月7日，英军突然进攻虎门的大角、沙角炮台。守将陈连升父子率军拼死抵抗。由于琦善见死不救，陈连升父子等守台官兵全部遇难，两炮台失陷，英军进逼虎门。琦善急忙派人求和，义律蛮横地提出早已准备好的《穿鼻条约》，要求割让香港、赔偿军费和开放广州贸易等。因割地事关重大，琦善不敢自作主张，但答应会请示道光帝。侵略军不等琦善回复，于1月26日强占香港。

琦善的卖国行径引起了广大人民的愤慨，也激起清廷上下的不满。道光皇帝认为有损天朝尊严，决定派他的皇侄奕山率兵前往广东对英作战。2月26日拂晓，英军趁清朝援兵未到，突然袭击虎门炮台，守台将士在关天培的率领下奋起抵抗。由于寡不敌众，关天培等400名将士壮烈殉国，炮台失陷，英军闯入珠江，扼住了广州的咽喉。4月中旬，奕山的大队人马晃晃悠悠地到达广州。愚蠢无能的奕山置大敌当前于不顾，竟然提出了"防民甚于防寇"的反动口号。在道光的催促下，5月21日，奕山仓促地拼凑起一支突击队，用火攻的方式夜袭英船。谁知不但没烧到英船，反而烧掉了珠江上的许多渔船。英军突然炮轰广州城，吓得奕山心惊肉跳，赶紧在广州城上竖起了白旗，随后与英军订立了屈辱的《广州停战协定》，答应率军退到广州城60公里以外，缴纳赎城费600万元，赔偿损失30万元。

由于奕山的妥协，英国侵略者四处烧杀抢掠，无恶不作，使当地人民深受其害。目睹

沦陷后的大沽口北炮台内原清军阵地。

英军的侵略暴行和清朝统治者的腐败和卖国行径,广州人民自发地起来抗击侵略者,保卫国土。5月29日,盘踞在广州北郊四方炮台的英军,闯入三元里骚扰抢劫。当地民众奋起抗击,打死英军数名。英军伤亡惨重。第二天清晨,两万多民众高举三星旗,把四方炮台围得水泄不通。在广州知府的调停下,英军才得以解围。三元里人民的抗英斗争,极大地打击了侵略者的嚣张气焰,显示了中国人民不畏强暴、勇于战斗的精神。

1841年4月,英国政府为谋取在华的更大权益,决定扩大侵略战争。8月,英军攻陷厦门。9月26日,英军再次进攻定海。定海三总兵葛云飞、郑国鸿、王锡明率领守城官兵奋起抵抗,与侵略军激战六天六夜,终因敌我悬殊,三总兵及6000名将士壮烈殉国,定海失陷。接着,英军攻陷镇海、宁波。

为了挽救败局,道光帝决定第二次发兵,于10月18日派另一个皇侄奕经到浙江指挥作战。奕经和奕山一样,是个扶不起的"阿斗",在从京城至浙江的途中,一路游山玩水、花天酒地,直到1842年2月才到达绍兴。3月,奕经仓促地拟订了一个分三路夜袭定海、镇江、宁波三城的"反攻"计划,结果大败而归,从此不敢再战。英军乘机扩大战果,沿长江西上。8月初,英舰到达南京下关江面。此时道光帝已无斗志,急忙派人到南京与英国谈判。在英国炮舰的威逼下,清政府与英国签订了中国近代史上第一个丧权辱国的不平等条约——《南京条约》。至此,历时两年多的中英鸦片战争以清政府的失败而告终。

发生地点	发生时间	推荐理由
南京	公元1842年	《南京条约》的签订，使中国的社会性质发生根本性的变化，帝国主义与中华民族的矛盾成为近代中国社会的主要矛盾。

不平等的《南京条约》

事件介绍

2002年8月29日上午8时29分，南京市社会各界人士在静海寺——《南京条约》的议定地，撞响了警世钟160响，寓意《南京条约》签订160周年，以警醒人们"勿忘国耻、振兴中华"。参加撞钟仪式的人员有政府部门代表、民主党派代表、国有大中型企业代表、三资企业代表、解放军代表、中小学生代表、民族英雄林则徐和邓廷桢的后裔等。

撞钟仪式见证了中华民族这一屈辱的历史时刻，由静海寺《南京条约》史料陈列馆举办的"勿忘'八·二九'爱国主义文化周"拉开了序幕。在爱国主义文化周期间，展出了《鸦片战争》、《太平天国》、《列强侵华与国民反抗》、《洋务运动与戊戌变法》、《孙中山与辛亥革命》等不同专题，以展示中国近代历史的风云变幻以及中国人民反抗侵略、追求光明的斗争历程，唤起社会各界人士的爱国之情，激发报国之志。

回溯历史，我们把思绪锁定在一百多年前，腐朽无能的清政府在英国侵略者大炮的威逼下，被迫签订丧权辱国的《南京条约》的那个屈辱时刻。

林则徐虎门销烟以后，英国侵略者乘机发动侵华战争。由于清政府的软弱无能，英军连续攻陷厦门、定海、镇海、宁波。1842年8月，英舰到达南京下关江面，道光帝急忙派耆英、伊里布等到南京与英国全权代表璞鼎查谈判。

8月20日，清廷议和代表耆英、伊里布、牛鉴等登上英舰"皋华丽"号。璞鼎查为了使耆英服服帖帖地接受英国的条件，先安排他们参观英国军舰。只见在"皋华丽"号军舰的桅杆上，高挂着英国国旗，一队队英国水兵，扛着洋枪，挎着洋刀。亲眼看到过去闻所未闻的洋枪和大炮，耆英等人不寒而栗，立即上奏道光帝，声称英方船坚炮利，"非兵力所能制伏"。

8月29日，耆英和伊里布再次登上英国军舰，完全按照英国侵略者提出的条件，签订了中国近代史上第一个丧权辱国的不平等条约——《南京条约》。主要内容如下：割让香港岛给英国；清政府向英国赔款2100万元；开放广州、福州、厦门、宁波、上海等五处为通商口岸，准许英国派驻领事，准许英商及其家属自由居住；英国商人进出口物资的税率，由中英共同议定，准许英商与华商自由贸易。《南京条约》签订后，应英国的要求，中

1862年的香港阅兵场。

1862年的香港皇后大道。

英双方在广州和香港继续商谈，又签订了《虎门条约》，作为对《南京条约》的补充。

通过《南京条约》及其补充条约，英国侵略者从中国获得了许多特权。

英国殖民者很早就想在中国沿海占领一处岛屿，以作为侵略中国的重要基地。鸦片战争时，英国单方面宣布《穿鼻条约》后不久，就公然强占香港。《南京条约》规定，清政府割让香港岛给英国。从此，香港建立起英国的殖民统治，直到1997年7月1日才回到祖国的怀抱。

通过《南京条约》，英国向清政府勒索巨款2100万元，其中600万元赔偿被毁鸦片，1200万元赔偿英国军费，300万元偿还商人债务，分四年付清，如果不能按期交足，则酌定每年100元加利息5元。这笔巨款，约相当于那时清政府全年财政收入的三分之一。

五口通商以后，英国有权在五口派驻领事，商人可以自由通商，完全不受清政府的贸易限制。从此，中国东南沿海各省门户大开，资本主义商品汹涌而来。英国人在五口可以自由租地建屋，永久居住。中国自己不能调整税率，《五口通商章程》更是摧毁了清朝关税壁垒所起的保护作用,海关成为英国侵略者用以倾销洋货和掠夺中国原料的工具,中国丧失了关税自主权。

通过《南京条约》,英国还获得了领事裁判权和片面最惠国待遇。凡是英国人与中国人发生法律纠纷,或在中国领土上犯罪,中国官员无权依据中国法律进行判处,而由英国领事议定如何定罪。这种领事裁判权,严重破坏了中国司法主权,出现了外国人在中国犯罪却不受中国法律管束的怪现象。《虎门条约》还规定,中国将来如"有新恩施及各国,亦应准英人一体均沾"。就是说,以后不管中国给予其他国家任何特权,英国都应该同样享受。这种片面最惠国待遇,使得后来各国侵略者在和中国签订的不平等条约中,结成了共同侵华的伙伴关系。

《南京条约》为资本主义国家侵略中国打开了大门,各国侵略者接踵而至。从此,古老的中国被西方列强拉入了世界资本主义的漩涡。

在鸦片战争期间,美国和英国狼狈为奸,美国打着中立的旗号,派军舰到中国领海,为英国侵略军壮胆助威。《南京条约》签订的消息一传到美国,美国就迅速派遣大鸦片贩子家庭出身的顾盛为专使,率舰队于1844年2月到达澳门,以武力相威胁。被鸦片战争吓破胆的清政府,立即派耆英为钦差大臣,和美国侵略者于7月3日在澳门附近的望厦村签订了《中美望厦条约》。在这个条约中,美国不仅获得了英国在《南京条约》中捞取的一切特权,而且扩大了领事裁判权的范围,进一步剥夺了中国的关税自主权。他们甚至规定美国兵船可以任意闯入中国沿海各港口进行巡查以及允许美国在五口开设医院、建立教堂等。《望厦条约》的这些条款,是对《南京条约》的扩展,更加破坏了中国的主权独立。

《望厦条约》订立后,法国也不甘示弱,立即派舰队抵达澳门,胁迫清政府于1844年10月签订了中法《黄埔条约》。除取得中英、中美各条约规定的全部特权外,《黄埔条约》又特别规定了天主教的传教特权,中国政府不能触犯、毁坏教堂。不久,法国又强迫清政府取消一百多年来的天主教禁令。这为外国侵略者利用传教权进行公开的侵华活动埋下了基石。

其他一些西方资本主义国家,如葡萄牙、比利时、荷兰、西班牙等国的侵略者也都纷至沓来。腐败无能的清政府本着"一视同仁"的原则,一律与之签订不平等条约。1849年,葡萄牙公然强占澳门,开始了长达一个半世纪的殖民统治,直到1999年12月20日,澳门才回到祖国的怀抱。

发生地点	发生时间	推荐理由
南京	公元 1851 年至 1864 年	太平天国运动全面冲击了两千余年的封建制度，阻止了中国殖民化的进程，对中国以后的革命运动产生了深刻的影响。

太平天国运动

事件介绍

1851年1月11日，广西桂平县金田村，天气晴朗，万里无云。旭日东升之时，金田村鼓乐喧天，旌旗飘扬。排列整齐的农民起义军头裹红巾，腰扎红带，手持兵器，威武雄壮。这时，一面火红缎子大旗升起，上绣"太平天国"四个大字。只见洪秀全头裹红巾，身披黄袍，腰悬斩妖剑，快步登上早已搭好的讲台，霎时间，人群中爆发出雷鸣般的欢呼声。"奉天父旨意，从今日起，将我金田起义军改名为'太平军'，建号'太平天国'。从此，我'太平天国'誓与满清贼彻底决裂，并斗争到底！"洪秀全声音洪亮，振奋人心。太平军齐呼"天国万岁"，此起彼伏，经久不绝。金田村沸腾了。

一直信奉"学而优则仕"的洪秀全曾多次参加科举不第。少年时期的理想一直激荡在心胸，洪秀全目睹清廷腐败无能，导致民不聊生，于是丢掉科举功名的幻想，开始对现实产生严重不满。在一本宣传基督教教义的《劝世良言》的影响下，他和同学冯云山、族弟洪仁玕毅然弃掉私塾中的孔丘牌位，一起创立拜上帝会，离开家乡，到外地进行宣传活动。

后来洪秀全回到家乡，一边教书一边写作，先后写了《原道救世歌》、《原道醒世训》、《原道觉世训》等文章。《原道救世歌》宣传"天父上帝人人共"，提出了政治平等的要求

太平天国天王玉玺。天王洪秀全是太平天国的最高统帅，天王玉玺是太平天国的最高权力象征。

和主张。《原道醒世训》提出"天下多男人，尽是兄弟之辈，天下多女子，尽是姐妹之群"的朴素平等思想，号召人们为实现"天下一家，共享太平"的人间天国而奋斗。《原世觉世训》把社会划分为"皇上帝"和"阎罗妖"，号召农民尊奉"皇上帝"，击灭"阎罗妖"，实际上是反对满清皇帝和地主阶级。这些文章为拜上帝会制定了教义，使拜上帝会成为有明确纲领和严密组织的革命团体。

在洪秀全著书之时，冯云山深入广西桂平县紫荆山地区做苦工、当塾师，串村走寨，宣传拜上帝会的教义，积极吸收贫苦农民参加拜上帝会。后来洪秀全进入广西紫荆山地区和冯云山会合，深入汉族、壮族、瑶族等各民族，广泛发展会员。受命于天的舆论形成后，拜上帝会日益壮大，并形成了以洪秀全、冯云山、杨秀清、萧朝贵、韦昌辉、石达开等为领导核心的具有严密组织的革命团体，起义的时机日益成熟，拜上帝会开始加紧打制各式武器。

金田起义后，洪秀全称"天王"。1851年9月，太平军顺利占领永安城。洪秀全在永安发布诏令，加强了太平军的纪律和内部团结，大大提高了军队的战斗力。12月，洪秀全在永安下诏封杨秀清为东王、萧朝贵为西王、冯云山为南王、韦昌辉为北王、石达开为翼王，西王以下各王均受东王节制。永安分封建立了太平天国初期的官制。

太平天国引起了清政府的极大恐慌。1852年2月，清政府不断增兵，包围了永安城。4月，太平军分队出城，突袭清军，取得了突围的胜利。

随着革命队伍的迅速壮大,太平军势如破竹,连续攻克汉阳、汉口、武昌。各地反清势力闻风而起,太平军迅速增加到百万人以上。1853年春,太平军分水陆两路顺江东下。3月19日,太平军占领南京,洪秀全把南京改名为天京,作为太平天国的都城。

定都天京后,太平天国颁布了《天朝田亩制度》,宣布废除封建土地所有制,均分天下田地给天下农民耕种,以建立"有田同耕,有饭同食,有衣同穿,有钱同使,无处不均匀,无人不饱暖"的人人平等的理想社会。这是千百年来贫苦农民梦寐以求的幸福生活。太平天国把土地分为九等,好坏平均搭配,然后以户为单位,不分男女,按人口比例平均分配。太平天国还实行了男女平等的政策,禁止买卖妇女,并规定妇女和男子一样,可以分配土地和生活资料,可以参与军政事务。对外太平天国否认不平等条约,禁止贩卖鸦片,反对外来侵略。

为了尽快推翻清王朝的统治,太平天国决定进行北伐和西征。1853年5月,由林凤祥、李开芳率领两万太平军精锐人马,自扬州出发,开始北伐。北伐军穿州过府,从安徽打到河南,并横渡黄河,挺进山西,挥师直隶,直逼天津。咸丰帝大为震惊,各王公大臣议论纷纷，却仓皇无策。

时值深秋，严冬将至，北伐军不仅粮草不足，而且数万人的寒衣尚无着落，饥饿与寒冷成为摆在北伐军面前的两大难题。1854年2月，饥寒交迫的北伐军不得不开始南撤，后又被清军包围，只得坐守待援。天京得到北伐受挫的消息，立即派遣援军北上接应。但是援军在北上途中遭到重大挫折，几乎全军覆没。由于外无援兵，内缺粮草、弹药，加上清军不断增兵围剿，北伐最终失败。

太平天国在北伐的同时，又分兵西征。1853年5月，赖汉英、石祥帧指挥西征军攻克汉口、汉阳，包围武昌。

为了镇压太平天国运动，清政府利用一些汉族地主在南北许多重要省份举办团练，治理兵甲。曾国藩的湘军是其中战斗力较强的一支，后来成为镇压太平天国的主力。

太平军统帅部决定集中兵力打击西线湘军，派石达开率大军自安庆赶来湖口，双方在湖口展开了空前激烈的大战。1855年1月，石达开采取诱敌深入的办法将湘军水师截成两半，并率水师夜袭曾国藩的座船。一时间火弹纷飞，杀声连天，湘军大乱。太平军乘势围攻，湘军水师死伤无数，溃不成军。曾国藩愧恨交加，沮丧绝望，欲投水自尽，被部下劝阻。太平军湖口大捷，扭转了西征战场上的被动局面，粉碎了曾国藩夺取九江、直捣金陵的企图，成为太平天国西征的一个转折点。之后，西征军展开了全面大反攻，并调兵击破了清军在天京、扬州附近扎下的江南、江北两个大营。太平天国的军事胜利达到了最高潮。

就在这时，太平天国领导集团内部却爆发了激烈的争权夺利的斗争。定都天京后，东王杨秀清实际掌握着太平天国的军政大权。随着太平军在西征战场和天京外围取得重大胜利，杨秀清的权势欲望也膨胀到了顶点。1856年8月，杨秀清逼迫天王洪秀全封他为"万岁"。洪秀全无奈，只得答应，同时感到自己的君权受到威胁甚至性命难保，于是密令在前线督战的韦昌辉回京斩杀杨秀清。而韦昌辉也正蓄势待发，伺机夺取太平天国的最高权位，这次正好是一个千载难逢的良机。9月1日深夜，韦昌辉率部进入天京，迅速占据城内各要害地区。次日凌晨，乘杨秀清不备，韦昌辉率兵冲入杨府。杨秀清和他的家属及随从官兵惨遭杀害，老弱妇孺无一幸免。

翼王石达开赶回天京后，责备韦昌辉滥杀，韦昌辉趁机要杀掉石达开。石达开慌忙连夜逃往安庆，韦昌辉于是将石达开留在天京的老少家人全部杀害，并张贴告示，诬蔑石达开谋反。石达开从武昌调回四万精锐之师声讨韦昌辉，并要求洪秀全下诏杀死韦昌辉。洪秀全也担心韦昌辉会危及他的天王地位，就下诏处死了韦昌辉。

经过天京事变后，洪秀全对石达开也心存戒备，在任用他的同时，又封自己的两个哥哥为王，以牵制石达开，石达开对此深感不满。1857年5月，石达开率20万太平军将士从天京出走，经安庆开往江西。太平天国走上了分裂的道路。石达开继续打着太平天国的旗帜，流动作战于广西、湖南等地，重创清军，但太平军也损失惨重。1863年6月，石达开的部队在大渡河被清军围困，最后全军覆没。

天京事变后，太平天国元气大伤，清军乘机发动猖狂反攻。洪秀全提拔了李秀成、陈玉成、洪仁玕等一批年轻的将领，形成新的领导核心，同时补充了一些兵力，逐渐使太平天国转危为安。1858年9月，陈玉成、李秀成两部分太平军彻底摧毁了清军重建的江北大营，并解除了安庆之围。为振兴太平天国，1859年颁布了洪仁玕提出的改革内政和建设国家的新方案——《资政新篇》。1860年5月，太平军以秋风扫落叶之势解除了江南大营对天京的围困。之后，李秀成指挥各路人马齐下苏杭，整个浙江地区与苏南几乎连成一片，成为太平天国的根据地。

这时，清军趁太平军无暇西顾之机，以重兵围击西线，企图夺取天京上游重镇安庆。安庆是天京的西大门，战略地位举足轻重，太平军急忙回师以解安庆之围。1861年9月，安庆失守，陈玉成被害，西线局势已无可挽回。

1860年10月，第二次鸦片战争结束，腐败无能的清政府和帝国主义国家签订了《北京条约》，出卖了中国的大量权益，并开始和中外反动势力勾结起来，联合绞杀太平天国。1862年初，太平军进军上海，遭到英、法、美等国的洋枪队的攻打，损失惨重。李秀成率领英勇的太平军不屈不挠，摧毁清军营盘三十余座，击毙法国海军上将卜罗德。1862年5月，曾国藩率湘军主力顺江东下，进犯天京。天王洪秀全急忙命令远在上海作战的李秀成火速回师，救援天京，关系太平天国存亡的天京保卫战开始了。

由于清军的疯狂进攻，天京陷在铁桶一样的重围中。太平军艰苦卓绝的突围行动都惨遭失败，并折损了大批精锐部队，开始转入防御阶段。由于内无粮草，外无救兵，李秀成建议放弃天京，转入江西、湖北，另辟根据地。洪秀全断然拒绝了李秀成的建议，几个月之后病死，天京城内人心惶惶，形势相当危急。1864年7月19日，清军炸塌城垣，一举攻入城内，天京沦陷。李秀成带千余名士兵突围，也被清军拦截，被俘后被曾国藩杀害。

天京的陷落，标志着太平天国运动的失败。

发生地点	发生时间	推荐理由
全国范围	公元 1861 年至 1894 年	洋务运动是中国社会从封建王朝向近代转型的一个关键，在政治、经济、文化、军事等各方面产生了千古未有的变化，对社会的进步产生了巨大的推动作用。

"师夷长技以制夷"的洋务运动

事件介绍

曾国藩是晚清历史上大名鼎鼎的风云人物，显赫于道光、咸丰、同治三个朝代。在镇压太平天国的战争中，曾国藩深深地认识到洋枪洋炮的厉害，于是极力主张用西方的坚船利炮来实现强国之梦，是早期洋务派的代表人物之一。后来，曾国藩又向清廷极力推荐他的学生李鸿章。

李鸿章的淮军是继曾国藩的湘军之后，在镇压太平天国运动的过程中出现的又一支战斗力较强的地主武装。和他的老师曾国藩一样，李鸿章也在镇压太平天国的过程中认识到洋枪洋炮的厉害，于是也积极主张学习和采用西方先进技术，改革旧的军事制度，兴办洋务。李鸿章大声疾呼变法，学习外国先进技术，却遭到了一批"顽固派"官僚的极力反对。这些顽固派官僚仍然沉睡在"天朝大国"的美梦之中，主张"言国之道尚礼仪不尚权谋，根本之图在人心不在技艺"，把西方的坚船利炮视为奇技淫巧，不足挂齿。

好在清王朝的统治者们并不都是一样的顽固，李鸿章的主张得到了朝廷中掌握实权的恭亲王奕䜣的支持。奕䜣把李鸿章的书函呈送给了慈禧，同时自己也呈上一份奏疏说："治国的根本在于自强，根据当前的形势，以练兵最为重要，而练兵又必须先制造武器。很多大臣都说，西方各国完全仗着船坚炮利而横行海外。但船为什么坚，炮为什么利，却没有多少人去思考。应对西洋器械实心实意地进行钻研。"

慈禧看了奕䜣的奏疏后，也认识到了自太平天国和两次鸦片战争之后，清王朝正面临着生存危机，于是下谕同意了奕䜣关于练兵、制器以图"自强"的主张。顽固派的头头慈禧太后都同意了洋务派的提议，奕䜣、曾国藩、左宗棠、李鸿章等洋务派的代表们就放心大胆地在全国掀起了"办洋务"的热潮，这就是历史上轰轰烈烈的洋务运动。

持续三十余年的洋务运动，大体上分为两个阶段：从19世纪60年代的起步阶段，以"自强"为口号，创办了一些军事企业，开始使陆军近代化，并开创了近代教育制度；从19世纪70年代到19世纪90年代中期，以"求富"为口号，兴办了一些近代民用工业，在军队建设方面，建立了新式海军。

恭亲王奕䜣认为要自强，就必须首先练兵，他主张训练出一支新式陆军，并试图将八旗兵改造为新式军队。李鸿章不惜重金，大量购置洋枪洋炮来装备淮军，并聘请洋人为教练来操练队伍。到1865年，淮军已成为一支拥有五万之众、颇具规模的新式武装力量，战

▽ 1870年金陵机器制造局里的场景。

斗力居清朝各军之冠。镇压捻军之后，淮军和湘军被明确为正规军，驻防全国各地。

进入十九世纪七八十年代后，洋务派把军队建设的重心放在了建设新式海军上。1874年，丁汝昌提议建立新式海军，分北洋、东洋、南洋三支，每支各设大型兵舰六艘、炮艇十艘。李鸿章对此表示赞同。于是，清政府命李鸿章、沈葆桢等分别督办北洋、南洋海军，并拨出专款用于筹建水师。这样，不到十年，三支海军就初步建成。

洋务运动一开始的目标是巩固国防，创办"自强新政"以"求强"，具体表现在开办近代军事工业、创建新式军队、购买国外新式武器。清政府还下令都司以下军官一律开始学习西洋武操，各省防军开始更换新式武器。1861年12月，曾国藩在安庆设立军械所，专门制造洋枪洋炮。这是洋务派兴办的第一个近代军事工厂，从此拉开了中国近代军事工业建设的序幕。

镇压太平天国之后，开办近代军事工业的行动更是如火如荼地展开了。1864年李鸿章在苏州设立西洋炮局，1865年江南制造总局成立，1866年左宗棠在福建设立福建船政局，1867年三口通商大臣崇厚在天津开办天津机器制造局，1887年沈葆桢在成都设立四川机器局等等。短短的几年时间里，在李鸿章等洋务派代表的主持下，中国的近代军事工业体系基本建成，火枪、大炮、弹药、蒸汽战舰都已能够在国内建造，其决心之大、动作之快令中外为之震惊。这是近代中国历史上的一次大飞跃，从此中国有了自己的资本主义工业。

在兴建和经营近代军事工业的过程中，洋务派认识到军事工业需要巨额的资金投入，需要一个完整的工业体系来解决原料、燃料、运输等问题，所以必须相应地发展煤炭业、冶金业和交通运输业等作为依托。李鸿章认为西方各国是凭工商业致富，由富而强，"求富"是"求强"的先决条件。于是洋务派又以官办、官商合办、官督商办等形式，掀起了兴办近代民用工业的热潮。

1872年，李鸿章在上海开办轮船招商局，开始了"求富"之路。在此后的十余年间，洋务派主持创办了煤矿、铁厂、缫丝厂、电厂、自来水厂、织布厂、电报局、铁路局等新式民用企业二十多个，其中比较有名的有上海轮船招商局、开平矿务局、天津电报总局、唐山胥各庄铁路局、上海机器织布局、漠河矿务局等。这些民用工业的创办打破了西方资本主义列强在中国的垄断地位，为清王朝回收了大量的白银，并为中国近代民族工业的发展打下了坚实的基础。

在兴办军事工业和民用工业的同时，洋务派还十分重视新式教育，兴办了一些新式学校，其中最著名的是京师同文馆和福州船政学堂。京师同文馆创建于1862年，是洋务派创建最早的新式学堂。最初，京师同文馆主要开设外语课程，后来逐渐增加天文、算学等课程。京师同文馆培养出了一批优秀人才。它是现在北京大学外语系的前身。福州船政学堂，原名求是堂艺局，附属于福州船政局，1866年由左宗棠主持创办。福州船政学堂培养出了一批海军将领，对近代海军的建设贡献很大。新式学堂的教学内容以"格致之学"为主，为清政府培养出一批掌握实用技术的人才。

洋务派还兴办留学教育，向美国派出留学生。19世纪70年代，清政府先后选派了一百多名幼童赴美国留学，他们学习用功，成绩优异，品行端正，后来考入大学，分别学习机械、造船、采矿等实用技术。回国之后，这些留学生大多数成为各界栋梁，如近代著名工程技术专家詹天佑，中华民国第一任国务总理唐绍仪。后来，福州船政学堂也派学员到英、法两国学习舰艇驾驶和制造技术，其中有近代著名的思想家严复，北洋水师将领刘步蟾、林永升等。留学教育对封建传统教育来讲是一个突破，也为近代中国培养了一批卓越人才。

洋务运动是在清王朝由康乾盛世转为没落衰败、内忧外患接踵而至的动荡时期开展的，是中国社会从封建王朝向近代逐步转型的一个大变动，正所谓"千古未有之变局"。以曾国藩、李鸿章、张之洞等为代表的洋务派，能够比较清醒地认识到"穷则变、变则通"的道理，提出"中学为体，西学为用"的口号，用"自强"来"求富"，把魏源、林则徐等"师夷长技以制夷"的思想付诸洋务运动的实践中，在政治、军事、文化、经济等各个方面产生了令人瞩目的影响。

李鸿章旧照。

发生地点	发生时间	推荐理由
黄海、平壤、辽东半岛	公元 1894 年	甲午战争使中国完全堕入了半殖民地的深渊，标志着洋务运动的失败，并掀起了帝国主义列强瓜分中国的狂潮。

中日甲午战争

事件介绍

"明治维新"后，日本逐步走上了富强的道路。但是，这个刚摆脱了封建主义束缚的集权国家一开始就走上了对外扩张的野蛮道路。作为侵略中国的第一步，日本把矛头对准了中国当时的保护国——朝鲜，企图通过吞并朝鲜以获得进一步侵略中国的跳板，并进而寻找借口挑起事端侵入中国。

1894年，借"东学党"在朝鲜发动大规模起义、朝鲜国王向清政府借兵之机，日本政府立即派出了近两万人先后到达了朝鲜，数量远远超过了清政府所派兵的数量。中日战争一触即发。

为了避免和日本直接冲突，李鸿章雇用了英国的"高升号"等三艘商船，从海路运载2000名清兵增援牙山。7月25日，当运兵的商船及护航的军舰行驶到丰岛海面时，突然遭到了日舰的袭击，中日甲午战争的序幕拉开。

丰岛海战爆发三天后，日本陆军又向清廷驻牙山的军队发动了进攻。统帅叶志超胆小如鼠，马上逃到了平壤，留守的聂士成部寡不敌众，牙山失守。8月1日，清政府对日本正式宣战，朝鲜境内的决战时刻到来了。

在平壤郊外，日军架起了大炮猛轰平壤孤城。左宝贵力主先行迎击，作为主帅的叶志超竟蛮横地拒绝了他。左宝贵一怒之下，自回军中率军迎敌。9月15日，日军向平壤发动了全面攻势。左宝贵在元武门上亲自指挥，不幸中弹身亡。左宝贵牺牲后，马玉昆率部继续抵抗，但毕竟寡不敌众，伤亡惨重。而叶志超却在平壤城上挂起了白旗，战火烧到了辽东半岛，烧到中国土地上来。

在进攻平壤的同时，日本政府也命令海军积极配合陆军，寻找北洋舰队的主力进行决战，打算在黄海聚歼清朝舰队，取得制海权。于是，日本联合舰队在司令官伊东佑亨的率领下，在黄海海面上杀气腾腾地四处侦查，准备寻找北洋舰队决一死战。9月17日清晨，两支舰队相遇，展开了激烈的黄海大战。

黄海大战中，致远舰管带邓世昌和经远舰管带林永升表现出了他们的英勇气概。致远舰先是与日舰浪速号对轰。两舰正在酣战，突然日本巨舰吉野号前来助战，炮轰致远舰，致使致远舰受伤。邓世昌非常气愤，亲自指挥炮台向吉野号还击。不料炮弹很快就用完了，

邓世昌为清末海军杰出的爱国将领，在黄海海战中为国捐躯。

邓世昌命大副陈金揆驾驶致远舰全速向吉野号撞击，不幸又撞上了鱼雷，除七人获救外，其余的官兵全部遇难。

经远舰先与日舰赤城号对射。后来，日舰多艘前来围攻，经远舰不幸中弹起火。管带林永升镇定自若，指挥全舰"发炮以攻敌，激水以救火，依然井井有条"。但林永升不幸被炮弹射中，壮烈殉国，经远舰也随之沉没。

与致远号和经远号的英勇抗敌正好相反，济远号管带方伯谦则贪生怕死，临阵脱逃，甚至慌不择路撞沉了扬威号。扬威号管带林履中气得跳海而死。方伯谦在海战结束后的第12天终于得到了军前正法的下场。

黄海大战进行了近五个小时，日舰损失已极为惨重，实在"无力再战"，就集合军队败退了。黄海大战到此结束。

但是，日军的铁蹄没有被阻住。1894年10月24日，在山县有朋的率领下，一路日军跨过了鸭绿江，向辽东半岛内地侵入。同时出动的第二路军，由日舰护送，在辽东半岛金州北面的花园港登陆。虎山、凤凰城、金州城相继被攻陷，金州总兵徐邦道退回旅顺。占领金州后，日军在11月7日不费一枪一弹就占领了大连湾，并接收了清军的全部军用物资。当日本海军按照计划准备从海上进攻大连湾时,发现炮台上的人已是"自己人"了。

十天后,日军又向号称"北洋精华"的旅顺港发动了进攻。统帅龚照玙胆小如鼠,贪生怕死,化装逃跑,大小官员也争相逃命。虽然徐邦道等人率领少数军队拼死抵抗,但终究挽救不了败局。11月22日,日军占领旅顺后,进行了惨绝人寰的大屠杀。

1895年1月20日,日军开始在荣成湾登陆。日军到达荣成县后,只见城门大开,守军和官吏已弃城而逃。占领荣成县城后,日军的下一个目标就对准了威海卫。

黄海之战后,北洋舰队的实力虽然有所削弱,但主力还在,只要稍加修理,兵舰就能恢复战斗力。1月22日,清廷电令李鸿章迅速调度兵力迎击敌人救急。丁汝昌也认为与其坐待围攻,不如迎头痛击。但是,李鸿章始终把北洋水师看作他自己的势力和资本,仍坚持"避战保船"的方针,严令北洋舰队"不许出战,不得轻离威海一步","如违令出战,虽胜亦罪"。

威海卫港南北两岸都设有陆路炮台和海岸炮台,分别称作南帮炮台、北帮炮台。2月2日,南北两炮台相继失陷。日本海军在威海卫港口、陆军在南北两岸向被围困的北洋舰队进行了猛烈的炮击。在南北两炮台陷落前夕,伊东佑亨曾给丁汝昌送去了劝降书,劝丁汝昌学习"乐毅去燕降赵"、"李陵投降单于","察大事而裁决,勿失好机"。丁汝昌断然拒绝,率领全体将士进行了坚决的抵抗和反击。

形势越来越危急,一些贪生怕死的将士们的投降活动也越来越多。对此,丁汝昌旗帜鲜明地表示与北洋舰队共存亡。2月8日晚,丁汝昌和定远舰管带刘步蟾命令在定远舰中央装上炸药,将舰自行爆破沉没,免落敌手。刘步蟾也悲愤难忍,服毒自杀,做到了"舰亡与亡,志节凛然,无愧舍生取义"。2月10日,丁汝昌命令各舰管带沉船,丁汝昌自己也服鸦片自杀。丁汝昌自杀后,投降派就盗用丁汝昌的名义将威海卫港拱手献给了日军。李鸿章苦心经营了几十年的北洋海军烟消云散。

威海卫失守和北洋舰队覆灭后,清政府吓破了胆,更加紧了投降活动。而日本国内的海陆军备也已接近空虚,没有实力再战了。美国这时也认为逼迫清政府

▲ 中日甲午战争后的中日谈判图。

向日本投降、自己从中渔利的机会到来了，于是出面进行所谓的"调停"。1895年3月14日，清政府派李鸿章为全权代表到日本议和。

在谈判过程中，日方态度越来越蛮横，完全是一副强盗的面孔。面对倭寇的威逼，清政府万般无奈，只好电告李鸿章和日方定约。

4月17日，《中日讲和条约》在日本马关签订。主要内容为：

一、"中国认明朝鲜国确为完全无缺之独立自主国"；

二、清政府割辽东半岛、台湾全岛及附属各岛屿给日本；

三、"中国约将库平银二万万两交与日本，赔偿军费"，分八次在七年内交清；

四、"日本臣民得在中国通商口岸城邑，任便从事各项工艺制造，又得将各项机器任便装运进口，只交所定进口税"；

五、开放沙市、重庆、苏州、杭州为商埠，日本船只可以驶入以上各口。

甲午之战就这样以清政府的惨败和屈辱而告终，然而，清政府的懦弱无能却永远地钉在了历史的耻辱柱上！我们永远也不会忘记这段屈辱史！

发生地点	发生时间	推荐理由
北京	公元 1898 年	戊戌变法是一次自上而下的改良运动，使先进知识分子走上了资产阶级革命的道路，是中国人民自强精神的一座纪念碑。

昙花一现的戊戌变法

事件介绍

中国近代的维新思想，是伴随着外国资本主义侵略的日益加紧和清朝封建专制危机的不断加深而发生发展起来的。以康有为、梁启超为代表的资产阶级维新派，以西学为核心，糅合中国的经世致用之学，形成了所谓的"新学"。

中法战争以后，在日益深重的民族危机的刺激下，康有为曾利用入京应试的机会，写了《上清帝第一书》，劝光绪皇帝及早变法图强，以救危亡。可惜这封上书没能送到光绪手中，康有为却被斥为狂生，取消了录取资格。从那时起直至1895年，康有为一边在广州"万木草堂"以讲学形式进行宣传和组织活动，培养了以梁启超为首的一批维新骨干；一边潜心著作，为变法运动进行理论准备。康有为用几年时间先后写成《新学伪经考》和《孔子改制考》，为维新变法奠定了理论基础。

1896年3月，康有为、梁启超等正在北京参加会试。4月，《马关条约》签订的消息传来，震动了北京。全城群情激愤，人人切齿痛恨。梁启超积极奔走，发动举人去都察院请愿。康有为花两天一夜的时间，起草了第二封上皇帝书，并联合各省举人在上面签字。这就是有名的"公车上书"。

公车上书失败后,维新派为扩大影响,推动变法,以实现自己的政治主张,一面继续向皇帝上书,希望争取自上而下的改革;一面加紧进行宣传发动和组织工作,主要是成立学会、出版报纸和兴办学堂。在他们的倡导下,北京、上海、天津、湖南、广州等地都掀起了变法维新的浪潮。

在北京,康有为首先创办了维新派的第一份报纸——《中外纪闻》,介绍西学知识,提倡变法自强。8月底,强学会成立,很快就发展为不可轻视的政治力量。同年11月,上海成立分会并出版《强学报》。不久,《中外纪闻》和《强学报》被封禁,但维新风气已开,维新派以上海、天津、湖南、广东为中心向全国继续发展。

1896年,维新派创办了风行全国的《时务报》,主笔就是当时年仅二十四岁的梁启超。在《时务报》的影响和推动下,上海及附近的报刊杂志如雨后春笋一般相继出版。不久,在严复的主持下,天津创办《国闻报》,和上海的《时务报》南北呼应。湖南维新运动的重要骨干谭嗣同和梁启超、唐才常一起在湖南创办了南学会、时务学堂和《湘报》,培养维新人士,宣传维新思想。

在宣传新思想的同时,维新派也在积极地开展维新的政治活动。1898年4月12日,康有为在北京成立著名的"保国会",提出"保国、保种、保教"三大政治目标,影响极为

以上三图分别为康有为、谭嗣同、翁同龢。

深远。维新派的这些活动给中国带来了清新的生机和活力,激发了人们的爱国热情和探求救国道路的积极性。

清政府中的顽固派对此局势十分恼火,他们叫嚷:"宁可亡国,不可变法。"康有为和保国会在遭到他们的责难、咒骂和镇压的同时却深深打动了光绪皇帝。

1897年冬,康有为得到德国强占胶州湾的消息,急忙从广州赶到北京,再次上书。以后康有为又几次上书,在他的《应诏统筹全局折》中系统地提出了变法的纲领,要求皇帝走明治维新的道路。他还向皇帝介绍各国有关变法的《俄彼得变政记》、《日本变政考》、《波兰分灭记》。光绪大受鼓舞,决心变法。1898年6月11日,光绪明确宣布了变法改革的宗旨。自此,开始了维新运动中的高潮时期——新政阶段。

光绪皇帝召见康有为后,听他详细地介绍了变法主张和步骤,并任命他为总理衙门章京,特许他专折奏事。自此,康有为的一条条建议都变成一道道诏书往下颁发。为了加强变法的力量,光绪还任命维新人士谭嗣同、杨锐、林旭、刘光第等担任军机处章京,批阅大小官员递上的奏折,帮皇帝起草文件,当时他们号称"军机四卿"。

接下来三个多月的时间里,光绪皇帝一连下了几十道实行新政的命令,在封建政治、经济和文化教育等方面进行改革。这些改革的主要内容是:政治方面,鼓励人民创办报纸,给予人民一定的言论、出版自由,精减多余的机构和官员;经济方面,在中央设立矿务总局、农工商局,各省设商务局,还成立农会、商会等民间团体,保护和奖励农工商业的发展；在文教方面，废除八股文，改革考试制度，在北京设立大学堂，各地设立中小学堂，设立译书局，奖励科学著作和发明；军事方面，裁减旧式军队，训练新式海、陆军，设立军火工厂，加强国防力量。这些措施反映了维新派救国图强、发展资本主义的要求，使古老沉闷的中国社会出现了生气勃勃的新气象。

然而，顽固派决不会对损害他们利益的改革听之任之。变法运动从一开始就遭到了力量强大的阻挠和破坏，斗争一直十分激烈。除湖南巡抚陈宝箴等少数维新派人士能坚持执行新政外，其他各省大员有的阳奉阴违，有的拒不执行。

几乎就在变法的同时，慈禧太后做好了发动政变的准备。她派亲信荣禄为直隶总督兼北洋大臣，控制了京津地区的军政大权。

9月13日，光绪预感到太后即将发动政变，于是发出密诏，要求康有为、谭嗣同等赶快设法相救。三天后，他看到大势已去，又匆匆下了第二道密诏，命康有为等迅速离京，将来再图共建大业。康有为等人见了密诏，只能抱头痛哭。他们曾幻想向英国和日本求救，但毫无结果，于是决定孤注一掷，把希望寄托在袁世凯身上。袁世凯是个十分阴险的两面派，在变法维新成为时尚之时，他曾表示拥护维新变法，并加入了强学会，迷惑了维新派。

9月18日深夜，谭嗣同密访袁世凯。他拿出光绪皇帝的密诏给袁世凯，并对他说："现在能救皇上的只有你了！如果你不愿意，就请到颐和园告发我，杀了我，可以升官发财。"袁世凯慷慨激昂地说："你把我袁世凯当什么人了！为效忠皇上，我愿肝脑涂地。杀一个荣禄还不像杀条狗吗？"然而，袁世凯第二天就向荣禄告密，出卖了维新派。

9月21日黎明，慈禧带领大批人马怒气冲冲地从颐和园回宫，把光绪押往瀛台软禁，并传旨说皇上生病不能视事，由太后临朝训政。这次宫廷政变，历史上称之为"戊戌政变"。从6月11日开始，新政一共进行了103天就被顽固派势力扼杀了。因此，人们把新政称为"百日维新"。

在囚禁光绪的同时，慈禧太后下令逮捕杀害维新人士，企图把他们赶尽杀绝。一夜之间，北京城一片恐慌。太后首先下旨惩办的是康有为，康有为已于前一天离开北京到天津。在英国领事馆的帮助下，康有为幸免于难。梁启超随后由日本使馆送离北京，从天津乘日本船逃到日本。

维新派人士被捕的被捕，逃亡的逃亡，光绪也成为慈禧太后的囚徒，悒悒而终。至于百日维新期间的新政措施，在慈禧太后训政后也几乎全部被取消了。

发生地点	发生时间	推荐理由
北京、天津、山东等地	公元1900年	义和团运动是反对帝国主义侵略的农民战争，同时促进了人民的觉醒，推动了革命的发展，加速了腐朽的清王朝的崩溃。

义和团运动

事件介绍

义和团原名为义和拳，是清代民间习武结社的一种方式，是在与白莲教相结合的基础上，经过长时期的互相渗透而逐步发展起来的。在帝国主义列强掀起的瓜分中国狂潮的紧要关头，义和团便与另外一些秘密组织，如大刀会、梅花拳等相结合，迅速发展，具有鲜明的反帝政治色彩。

义和团活动的主要区域在山东、直隶以及豫东和苏皖北部一带。甲午战争后，帝国主义列强疯狂地瓜分中国，人民群众的反帝斗争日益高涨，义和团也进一步发展起来。

1898年，冠县义和团在阎书勤、赵三多的领导下，树起"扶清灭洋"的旗帜，焚毁教堂，揭开义和团反帝爱国运动的新篇章。紧接着，日照县义和团发动群众，开展对德国传教士的斗争，其他各地的反洋教斗争也此起彼伏，连绵不断。1899年9月，山东爆发了朱红灯、心诚和尚等领导的平原起义，吹响了义和团大规模反抗斗争的号角。

义和团运动在山东蓬勃发展的态势，引起了帝国主义列强极度的恐惧和仇视，他们多次威逼清政府镇压义和团。清政府迫于帝国主义列强的压力，任袁世凯为山东巡抚，前往镇压义和团运动。袁世凯一直是个投靠帝国主义列强的卖国贼，力主剿灭义和团，他带领新军到

八国联军侵入中国所乘的火车进北京。

山东,宣布凡参加义和团者"格杀勿论",在山东推行了血腥的屠杀政策。

在袁世凯的围剿下,一时间,处处腥风血雨,到1900年春,除少数团众在极其困难的环境中坚持战斗在直隶边境及各县交界的少数地区外,大部分义和团都由公开斗争暂时转入秘密活动或暂时解散。从此,山东各地的义和团反帝斗争暂时转入低潮。

不久,义和团兵分东西两路,开始从直隶南部向京津进发。西路队伍粉碎了清军沿途的拦阻和进攻,顺利进入北京,京郊各地的义和团也陆续入城。广大手工业者和城市贫民纷纷参加义和团,到处设坛,赶制兵器,焚毁教堂,惩罚赃官,反帝的怒火在北京熊熊燃烧起来了。

义和团席卷京、津的消息传出后,四方响应,多年来埋藏在中国人民心头的愤怒,犹如火山喷发,迅速形成燎原之势。山东义和团再一次掀起反帝斗争的新浪潮;在遭受沙俄残酷蹂躏的东北三省,义和团的斗争形成了很大声势;山西省的义和团也十分活跃,猛烈打击了帝国主义势力;蒙古族人民的反抗斗争遍及了整个草原;在山东、直隶等地义和团斗争浪潮的影响下,河南省的人民群众也迅速地掀起了反帝斗争的风暴。

义和团的迅猛发展,引起了帝国主义列强的极大恐惧和震动。帝国主义侵略者要挟清政府交出大沽炮台,并声言要增兵进京保护使馆。西太后考虑到在京城附近动刀动枪过于危险,于是立即下令停止军事镇压,并派刚毅、赵舒翘等人到涿州一带去宣布朝廷的"德意",以示安抚。清廷提出招抚后,聚集在京郊各地的义和团趁势涌入北京城内,义和团运动的口号——"扶清灭洋",也鲜明地写在了义和团的旗帜上。

面对义和团惊天动地的巨大声势,帝国主义侵略者感到心惊胆战,他们威胁清政府加

● 八国联军的军官们。

紧镇压义和团,并声言如果在两个月之内不能镇压义和团,各国就要联合起来出兵讨伐,企图借机瓜分中国。1900年5月底,各国驻华公使举行会议,决定联合出兵镇压义和团,并以"保护使馆"为名,逼迫清政府同意调兵进京。西太后迫于各国的压力,竟然同意洋兵进京。

1900年6月初,俄、英、美、日、德、法、意、奥等八国军舰开始向大沽口集结,并派出海军陆战队四百五十余人,陆续从天津进抵北京,八个帝国主义国家狼狈为奸,开始了一场侵略中国的战争。随后他们继续增兵,6月10日,八国联军共两千多人,在英国海军上将西摩尔的率领下,乘火车由天津向北京进犯。

此时,聚集在北京、天津的义和团早已做好了抗击侵略者的准备。他们在京津铁路沿线一边破坏铁路,一边奋起拦截来犯之敌,使得侵略军花了四天才走了一半的路程。当侵略军到达廊坊车站时,被三百多名义和团战士包围,损失惨重。不久,义和团两千多人在清军爱国士兵的配合下,再次向廊坊车站发动了猛烈攻击。经过两个小时的浴血奋战,杀死侵略军五十多人。西摩尔带着残兵败将仓皇逃走,接着又被围于杨村车站,后来在天津租界的帮助下侥幸逃脱。义和团用大刀长矛击退了侵略军的洋枪洋炮,沉重地打击了八国联军的嚣张气焰。

义和团在廊坊痛击西摩尔之时,集结于大沽口的八国联军向大沽炮台发起猛烈进攻。6月16日,俄军中将基利杰勃兰特向炮台守将罗荣光发出最后通牒,限他于次日凌晨二时交出炮台。罗荣光严词拒绝,并传令各炮台将士备战迎敌。17日凌晨,联军发动猛攻,大沽炮台爱国官兵奋起反击,经过六小时激战,打死打伤侵略者两百多人,重创敌舰六艘。但终因弹药匮竭,又无援兵,大沽炮台失守,罗荣光力战殉国。天津失去屏障,侵略军纷纷登陆。义和团主力也随之转入保卫天津的战斗。

大沽炮台失陷的消息传来,清政府内部出现两种对立主张,是战是和争执不下,作为清王朝最高统治者的慈禧太后担心列强使用武力强迫她交出权力,贸然于6月21日决定对外宣战,同时颁布了上谕,宣布义和团为"义民",鼓励他们"执干戈以卫社稷"。

然而,宣战之后,清政府并没有组织武装力量进行抵抗,几天以后,清政府即卑屈地向侵略军乞情,通过外交途径向各国解释,表示"宣战"乃出于万不得已,是权宜之计,并保证对"乱民"进行相机惩办。

八国联军的侵华战争,激起了义和团的英勇反抗。他们在少数清军官兵的配合下,英勇无畏地战斗在反侵略战争的最前线,以鲜血和生命谱写了可歌可泣的战斗篇章。京津保卫战,是义和团反抗八国联军侵略的高潮。

八国联军攻陷大沽炮台后,大举向天津进犯。6月17日下午,四百多名侵略者从塘沽到达城郊陈家沟时,受到义和团和爱国清军的阻击,纷纷败退。陈家沟之战的胜利和人民的热烈支持,极大地鼓舞了义和团杀敌制胜的士气。6月18日,曹福田率义和团与沙俄侵略军在老龙头火车站展开了激烈的争夺战。在战斗中,由女青年组成的"红灯照",同男子一样冲杀在反帝斗争的前列。这场战斗中,痛歼沙俄侵略军五百多人,一时人心大振。

不久,义和团在曹福田、张德成的指挥下,对帝国主义侵华据点之一的天津紫竹林租界不断发起猛攻。侵略军招架不住,布下了地雷阵,妄图阻止义和团的攻势。这时,张德成命人牵来几十头牛,在牛尾上扎上沾了油的棉絮,点燃后将牛赶入雷区,扫除了地雷,冲入租界。他们趁势冲入外国领事馆,打得侵略军失

北京城陷落后，八国联军到处捕杀义和团民，此图为八国联军在菜市口屠杀义和团的情形。

魂落魄，胆战心惊。义和团的壮举，深得天津人民的拥戴，群众自发送粮送菜，各户用红纸写下"义和神团，大得全胜"贴在门上，以示庆贺。

帝国主义列强不甘心他们的失败，继续调兵遣将，到6月30日，从大沽登陆的八国联军已达一万八千多人。清政府吓破了胆，急调两广总督李鸿章任直隶总督，准备投降并进行谈判。7月9日，八国联军以优势兵力向城西南进攻，义和团在纪家庄与强敌展开激烈战斗，一时间血流成河。就在这紧要关头，清朝军政大员裕禄、宋庆等竟然率部弃城而逃。14日凌晨，侵略军轰塌城墙，进入城内，义和团同侵略军展开了激烈的巷战，但终因寡不敌众，天津沦陷。

八国联军攻陷天津后，继续向北京进发。以慈禧太后为首的顽固派一方面挑动义和团去攻打东交民巷的各国驻华使馆，一方面暗中派人前往使馆接洽和谈，企图借助帝国主义列强的洋枪洋炮来镇压义和团运动。8月13日，八国联军直抵北京城下，京城的义和团奋勇杀敌，但在敌人大炮的猛烈轰击下，古都北京又一次沦陷于外国侵略军的铁蹄之下。

八国联军占领北京后，对北京进行了疯狂的掠夺和破坏。不久，腐朽的清王朝为了继续它的统治，与帝国主义列强签订了中国近代史上最大的不平等条约——《辛丑条约》。清政府和帝国主义侵略者再一次携手合作，对义和团进行了疯狂的镇压和残杀，轰轰烈烈的义和团运动，被绞杀在中外反动势力的屠刀下。

发生地点	发生时间	推荐理由
北京	公元 1901 年	《辛丑条约》的签订使中国完全沦为半殖民地半封建社会，清政府完全投降了帝国主义列强，民族危机进一步加深。

丧权辱国的《辛丑条约》

事件介绍

中日甲午战争以后，帝国主义列强争先恐后地在中国划分势力范围，掀起了瓜分中国的狂潮。义和团运动的兴起引起帝国主义列强的惶恐，他们一方面对清政府施压，要求尽快镇压义和团，一方面乘机联合起来，出兵入侵中国。1900年5月28日，英、法、德、日、俄、美、意、奥等八个帝国主义国家一致决定，以"保护使馆"为名，派兵进入北京。6月10日，八国联军两千多人在英国海军司令西摩尔的率领下，从天津向北京大举进犯。同时，各国军舰云集大沽口外，准备进攻大沽炮台，尽管义和团士兵和部分爱国清兵奋起抵抗八国联军，并多次打退他们的进攻，但最终敌人的炮火轰开了中国的大门。不久，大沽口炮台失陷。紧接着，天津失陷。

八国联军攻占天津后，各国继续增兵向天津集结，准备大举进攻北京。8月14日，北京东便门被俄国侵略军攻破。紧接着，齐化门（今朝阳门）被日本侵略军攻破。8月15日，八国联军进攻皇城东华门。慈禧太后急忙带着光绪皇帝、皇后和一批王公大臣仓皇从西华门逃到德胜门，转经西直门逃出北京城。

八国联军进入北京城后，公开抢劫三天。他们杀人放火，奸淫掳掠，无恶不作，对中国

八国联军在天安门前。

人民犯下了滔天罪行。9月7日,慈禧太后又颁布"剿匪"上谕,正式宣布"痛剿"义和团。

12月24日,英国、俄国、德国、法国、美国、日本、意大利、西班牙、荷兰、比利时、奥地利等11个国家向清政府联合提出《议和大纲》12条。逃亡在西安的慈禧太后,见《议和大纲》没有把自己当做"祸首"惩办,顿时喜出望外,马上表示"所有十二条大纲,应即照允",并做出重要指示:"量中华之物力,结与国之欢心。"

经过近一年的争吵,帝国主义列强之间终于达到了平衡,基本上都满足了各自的利益要求。1901年9月7日,奕劻和李鸿章代表清政府,与英国、法国、日本、俄国、德国、美国、意大利、奥地利、西班牙、比利时、荷兰等11国的代表,在最后议定的协定书上签字。1901年是夏历辛丑年,所以最后议定书又称为《辛丑条约》。

《辛丑条约》共有12款19个附件,是中国近代史上最大的不平等条约。主要内容如下。

一、清政府向各国赔款白银四亿五千万两,以关税、盐税和常关税作为担保,分39年还清。

《辛丑条约》所规定的赔款使中国的经济陷于崩溃。这次赔款本利共达九亿八千多万两,还有各省地方赔款两千多万两,总数超过了10亿两,对中国人的巨额勒索,简直是"旷古罕闻"。

八国联军在天津大沽口登陆的情景。

按照条约,中国将海关的绝大部分税收都用以偿还借款本息。当时海关税收每年约两千多万两,为清朝政府的一项主要财政收入,控制海关就基本上能够左右中国财政,并保证对中国资本输出的安全。更为重要的是,控制海关可以垄断中国的进出口贸易,保证帝国主义以低税率输入商品和输出原料,从根本上取消了中国实行关税保护制度的可能性。

二、各国在北京东交民巷单独设立使馆区,可在使馆区内驻兵,中国人不准在此区域内居住。

列强在北京强行划定的"使馆区",是一个"国中之国"。在所划地界内,帝国主义各国强拆民宅,大面积霸占公私地亩,修筑高墙,墙外开辟空地,作为操场,并竖立了"保卫界内,禁止穿行"的木牌。使馆区还设立炮位,分别建设了俄、美、法、德、英、日、意等七国兵营。以武力为后盾的公使团成了清朝的"太上政府",严重侵犯和破坏了中国的领土主权,是对中华民族的莫大侮辱。

三、将大沽炮台和从大沽到北京的沿线炮台"一律削平",在天津周围10公里内,不准驻扎中国军队;准许各国派兵驻扎在京榆铁路沿线的山海关、秦皇岛、昌黎、滦州、唐山、芦台、塘沽、军粮城、天津、杨村、廊坊、黄村等12个战略要地;禁止军火和制造军火的原料运入中国,为期两年,还可延长禁运期。

削平大沽炮台,在京榆铁路沿线驻扎外国军队,解除了京津战略要地的警备,使北京的大门洞开,让帝国主义强盗自由进出,中国无权过问。在两年内不准中国输入军火或生产军火的材料,这是要把本来就极为落后的中国军事装备和军火生产能力,削弱到更低的水平,使之有国无防,任凭列强宰割欺凌。

四、清政府惩办"首祸诸臣将",在义和团活动过的地区停止五年文武考试;永远禁止中国人民成立或加入任何反帝组织,"违者皆斩";清政府地方官吏所辖境内"如复滋伤害诸国人民之事,或再有违约之行,必须立时弹压惩办",否则"即行革职,永不叙用"。

在义和团活动过的地区停止五年文武考试,目的是警告那些日后有可能成为官吏的各类知识分子:一切仇恨和反对帝国主义的行动,都将受到惩罚。严禁成立或加入反帝组织以及对一切镇压人民反帝斗争不力的各级地方官员严惩不贷,是把中国人民当做不容反抗的奴隶,各级官吏则是受列强支配的清政府的鹰犬。

五、总理衙门改为外务部,"班列六部之前",办理对外事宜,"变通诸国钦差大臣觐见礼节"。

帝国主义列强认为总理衙门办事不力,为了便于中外反动势力勾结,强令清政府将

▽ 慈禧太后与后宫妃嫔的合影照。

它改为外务部，使之成为能在公使团指挥下迅速贯彻各国旨意的卖国机构。至于改革使臣的觐见礼节，则是为了消除中外反动派之间的隔阂，便于列强对清朝最高统治集团施加压力和影响。

六、为德国公使克林德、日本公使馆书记生杉山彬建立牌坊，对杉山彬"用优荣之典"，并派亲王、重臣赴德、日"谢罪"。

派亲王、重臣赴德、日两国赔礼认罪等做法，等于承认帝国主义侵华活动有理、合法，助长了帝国主义者、外国传教士、不法教民的反动气焰，使他们有恃无恐，更加骄纵横行，同时也严重损害了中国国家和民族的尊严，打击了反帝爱国群众运动。

对于这样一个空前屈辱的条约，以慈禧太后为首的清政府却全盘接受了。她在《罪己诏》中竟厚颜无耻地宣称："今兹议约，不侵我主权，不割我土地，念列邦之见谅，疾愚暴之无知，事后追思，惭愤交集。"这是帝国主义的忠实奴才的真实表白，从此清政府成了"洋人的朝廷"。

条约签订后，各国于9月17日从北京撤军。1902年1月7日，慈禧太后回到紫禁城，然后大修颐和园，日费万金。从此，帝国主义与清政府完全勾结在一起，狼狈为奸，共同奴役中国人民。

▼ 八国联军在东交民巷街头。

发生地点	发生时间	推荐理由
日本东京	公元1905年	同盟会的成立，使中国的革命运动有了完整、系统的组织方案以及统一的领导核心，中国资产阶级革命派登上了历史的舞台。

中国同盟会的成立

事件介绍

20世纪初的中国，正是风急云骤的时刻，内忧外患煎熬着中国人民，促使人们奋起抗争。《马关条约》和《辛丑条约》的相继签订，使清政府完全成了"洋人的朝廷"，国家岌岌可危，人民生计日益困苦，中国完全沦为半殖民地半封建社会。

内忧外患使人民大众迅速觉醒和起来抗争，民族资产阶级中下层人士和日益壮大的知识分子越来越多地踊跃参加到政治运动中去，形成了一场以资产阶级和小资产阶级为主体的爱国运动。

1893年，深受资产阶级民主思想影响的孙中山，已经对清朝政府的腐败无能及其媚外卖国政策感到十分不满，产生了改良中国社会的愿望。他毅然弃医从政，走上了改革中国政治的漫漫里程。

由孙中山倡议，1894年11月24日，孙中山和何宽、李昌、刘祥等二十多个人，在一个华侨家中召开了兴中会的成立会议。大家一致同意孙中山手拟的《兴中会章程》，在会议结束时，各人用左手靠着一本打开的《圣经》，右手高举向上，朗诵"驱除鞑虏，恢复中华，创立合众政府"的誓词。这样，第一个中国资产阶级革命团体就建立起来了，它以

孙中山，原名孙文，字载之，号逸仙，著名革命家、政治家、理论家、思想家，被尊为"中华民国国父"。图为孙中山旧照。

推翻清朝专制，建立资产阶级共和国为目标，标志着中国资产阶级民主革命派开始登上政治舞台。

兴中会成立后，其他革命团体也雨后春笋般地建立起来。1904年4月，黄兴与宋教仁、陈天华等人在长沙成立了华兴会，提出了"驱除鞑虏，复兴中华"的口号。1905年，刘静庵、曹亚伯等在武昌成立日知会。1904年11月，蔡元培等人在上海成立光复会，以"光复汉族，还我山河，以身许国，功成身退"为宗旨，在江浙知识分子和会党中进行活动。此外，各地还有各种小团体。这些革命团体以秘密的或公开的形式活动，推动了各地民主革命运动的迅速发展，成为积聚民主革命力量的摇篮，为同盟会的建立提供了组织条件。

随着革命团体的大量涌现、大批爱国志士出国留洋，先进思想也广为传播，逐渐深入人心。从1901年起，进步知识分子在日本和国内出版了大批书报杂志，宣传反清思想和西方民主政治思想，驳斥康有为等人的保皇论。其中比较有名的报刊，在东京有《国民报》、《游学译编》、《浙江潮》；在国内有《苏报》、《中国白话报》、《女子世界》等。

从1903年起，资产阶级革命知识分子在政治上开始活跃起来，形成了一个宣传民主革命思想的高潮。章炳麟在《驳康有为论革命书》中，以犀利的文笔，批判康有为的"中国只可立宪，不可革命"的谬论，指出"革命非天雄六黄之猛剂，而实补泻兼备之良药"。

年仅十八岁的邹容，以饱满的热情、通俗易懂的文句，写下了两万余字的《革命军》，热情讴歌革命，痛斥专制，号召人们用革命手段扫除数千年种种专制的政体，为开创

"中华共和国"而斗争，宣扬天赋人权、自由平等等思想。《革命军》出版后，一版再版，发行量占清末书刊第一位，影响深远。看过此书的人，莫不"拔剑起舞，发冲眉竖"。

陈天华用白话文和群众喜闻乐见的说唱形式写成了《警世钟》、《猛回头》、《狮子吼》等小册子，宣传反帝和反清思想，号召人们起来"改条约，复税权，完全独立；雪仇耻，驱外族，复我冠裳"，在全国各地特别是两湖学界和新军中产生了广泛的影响。这样，在同保皇派的论战中，先进思想广为传播，逐渐深入人心，为统一的新的革命团体的建立提供了思想条件。

此时，面对这种蓬勃发展的革命形势，孙中山感到建立一个统一政党的时机已经成熟。1905年，他在东京结识了近代中国另一位杰出的资产阶级政治活动家黄兴。当孙中山把他关于建立一个全国规模的统一革命组织的想法告诉黄兴时，黄兴深表赞同。紧接着，他们于7月30日联络其他革命团体的负责人，开会讨论建立统一组织的问题。全国18个省共有代表七十多人参加了会议。在会上，孙中山提议，将统一组织定名为"中国同盟会"。8月11日，东京的留学生召开了欢迎孙中山的大会，壮大了声势。

8月20日，中国同盟会在东京召开成立大会。孙中山先生成了众望所归的领袖，是团结各方面力量的中心人物。同时，中国同盟会还把孙中山两年前提出的"驱除鞑虏，恢复中华，建立民国，平均地权"作为同盟会的纲领。

10月，同盟会的机关刊物《民报》创刊，孙中山在发刊词中，将同盟会的十六字纲领进一步阐发为"民族"、"民权"、"民生"三大主义，中国的革命运动终于有了一个统一的领导核心。

同盟会成立后，孙中山和他的盟友们立即发动力量，继续批判康有为等人的保皇谬论，发展各地同盟会组织，发动了一次次武装起义。1906年春，长江流域发生严重的水灾，米价昂贵，民不聊生。同盟会利用这个机会，派刘道一、蔡绍南回国，在湖南浏阳、醴陵和江西萍乡发展会员，联络会党，筹划起义。

12月4日，起义军揭竿而起，立刻得到广大贫苦农民和安源煤矿工人的热烈响应，几天之内，聚集群众数万人。起义军以头缠白布、手持白旗为标志，一度占据四五个县，震动了长江上下游各省，声势之大，为历次义师所未有。清政府惊恐万分，急调湖南、湖北、江西、江苏等省军队五万余人围剿。起义军终因

缺乏统一领导，兵力悬殊太大，而被清军残酷镇压，刘道一、蔡绍南等被捕牺牲。噩耗传到东京，孙中山和黄兴悲痛不已。

1907年3月，孙中山离开日本前往越南，在河内设立了革命机关，继续策划两广起义。不久，孙中山又连续组织了潮州、黄冈、惠州、钦廉起义，但都因没有充分发动群众，只依靠会党冒险行事，结果一次一次都失败了。

1909年10月，同盟会在香港建立南方支部，孙中山再次着手筹备发动广州新军起义。1910年2月，同盟会会员倪映典率广州新军三千余人起义，结果仍以惨重的损失而告终。

在这革命的紧要关头，孙中山力排众议，他在马来半岛的槟榔屿召集同盟会骨干开会，鼓励大家继续战斗。他说："今日吾辈虽穷，而革命之风潮已盛，华侨之思想已开，从今而后，只虑吾人之无计划，无勇气耳。"这番语重心长的话语，鼓舞了信心，激励了斗志，统一了思想。

同盟会在孙中山的领导下，不断向着大清王朝赖以生存的基石展开冲击，同盟会策动的武装起义虽然几起几落，但革命的鲜血没有白流。内患迭起，人心思变，清政府日益陷入灭顶之灾。革命党人终于在1911年10月10日发动的武昌起义中，将反动腐朽的大清王朝扫进了历史的坟墓。

发生地点	发生时间	推荐理由
武昌	公元1911年	辛亥革命结束了统治中国两千多年的封建专制制度，在亚洲乃至世界激起巨大的回响。

给封建专制制度致命一击的辛亥革命

事件介绍

在革命党人接连不断地发动武装起义的同时，全国各地群众自发的反帝反封建斗争也愈来愈高涨，清政府为了得到帝国主义列强的支持，以维护自己的统治，甚至不惜代价地把铁路修筑权出卖给帝国主义列强。随着铁路修筑权的不断丧失，帝国主义列强势力进一步深入到中国内地，引起了中国人民的深恶痛绝和强烈不安。

1911年5月，清政府冒天下之大不韪，宣布实行所谓"铁路国有"政策，各省原已准交商办的铁路干线，一律"收归国有"，但实质上是以"国有"为名，把各省自办铁路的权力强行收回，然后将路权出卖给帝国主义列强。5月20日，清政府皇族内阁的邮传部大臣盛宣怀同英、美、德、法四国银行团签订600万英镑的《湖北湖南两省境内粤汉铁路、湖北境内川汉铁路借款合同》，把粤汉铁路和川汉铁路的修筑权，出卖给了帝国主义列强。

川汉、粤汉两条干线是湖北、湖南、广东三省人民在1905年收回路权的运动中从美国侵略者手中赎回的。清政府这种无耻的卖国行径，不仅侵害了广大人民特别是民族资产阶级的利益，而且威胁着中华民族的生存。于是，湖南、湖北、广东、四川等省掀起了一场波澜壮阔的保路运动。

6月10日,广东粤汉铁路股东召开万人大会,一致抗议清政府的卖国政策,提出"万众一心,保持商办之局",并致电湖南、湖北、四川各省,表示一致反对清政府的"铁路国有"政策。

在很短的时间内,湖南、湖北、广东的保路运动风潮连成一片,四川的保路斗争是保路运动中最为激烈的。

各地保路运动的迅猛发展使清政府十分恐慌。反动媚外的清政府对保路运动采取了严厉的高压政策,责令各省官吏对参加保路运动的人"严行惩办"。清政府的高压政策,更加剧了人民对它的仇恨,保路运动逐渐演变为武装斗争。

9月7日,新任四川总督赵尔丰逮捕了咨议局议长蒲殿俊、副议长罗纶以及保路同志会和川路股东会的负责人,企图使保路同志会因群龙无首而自动解散。消息一传出,成都立刻沸腾起来,数万名群众潮水般地涌向总督衙门,要求放人。面对手无寸铁的人民群众,赵尔丰竟然命令卫队开枪扫射。一时间枪声大作,请愿群众死伤无数。这就是骇人听闻的"成都血案"。

反动政府的血腥镇压并没有把四川人民吓倒,反而促使他们迅速觉醒,掀起了一场声势浩大的武装起义。当晚,龙鸣剑等人把800块写有"赵尔丰先捕蒲、罗,后剿四川,各地同志速起自保自救"等字样的木板投入江中,顺流而下。这些被人称为"水电报"的木板把消息传遍川南、川东各地,各地群众纷纷揭竿而起,汇集了约二十万人,把成都团团围住。赵尔丰和清军吓得紧闭城门,龟缩城内。

清政府被四川的革命形势吓得惊慌失措,急忙调川汉、粤汉铁路暂办大臣端方率领湖北新军进入四川镇压,并命令曾担任四川总督的岑春煊前往四川,会同赵尔丰办理剿抚事宜,还从湖南、广东、陕西、甘肃、贵州、云南等省调兵前往四川增援。

湖北新军被调入四川后,造成了武汉守备空虚,给湖北革命党人发动武

◀ 黎元洪,武昌起义后被推为湖北军政府大都督,后任南京临时政府副总统。

昌起义提供了一个绝好的机会。入川镇压保路运动的新军还没到达,武昌的城头已响起了枪声。

武汉的民族矛盾和阶级矛盾十分尖锐,所以革命力量迅速发展。湖北革命党人在武汉进行了长期的革命宣传和组织工作,并深入新军,宣传革命,发展组织。到武汉起义前夕,湖北新军中有近三分之一的士兵参加了革命组织。广州黄花岗起义失败后,同盟会领导人决定把革命的中心转移到长江流域。在同盟会总部的推动下,湖北地区的革命组织实现了大联合。

9月24日,湖北革命党人召开文学社、共进社联席会议,成立了起义的领导机构——临时总司令部,推举文学社领导人蒋翊武任总司令,共进会领导人孙武任参谋长,并制订了起义的详细军事计划,定于中秋节(10月6日)发动起义。后来由于准备不足,决定将起义日期推迟10天。

10月9日,孙武等人在汉口俄租界革命总机关赶制炸弹时,不慎因爆炸受伤。俄国巡捕闻声而至,逮捕了几名没来得及逃走的革命党人,搜走了革命党人的旗帜、印信、文告等物,并转交给了清政府。革命党人的机关暴露后,湖广总督瑞澂立即下令紧闭四城城门,在全城搜捕革命党人。当晚,起义领袖彭楚藩、刘复基、杨宏胜等人被杀害,武昌陷入反革命的白色恐怖之中。

在这紧急关头,新军中的革命党人自动秘密联络,准备发动武装起义。10月10日晚,湖北新军工程第八营士兵在革命党人熊秉坤的率领下,打响了武昌起义的第一枪。紧接着步兵、炮兵和军事学校中的革命党人和爱国者纷纷响应。武昌城内一时枪声大作,火光冲天。熊秉坤率领十多名革命士兵直奔楚望台军械库,守库的本营左队士兵鸣枪配合,顺利地占领了楚望台。各处闻声响应的起义士兵也一齐拥向楚望台,并决定向督署发动进攻。

午夜时分,革命军发起了第二次进攻,瑞澂听见炮声吓得失魂丧胆,从督署后墙打开一个洞逃跑了。第二天凌晨两点,革命军再次发动进攻,终于在黎明前攻下督署,并攻占了武昌全城。革命军的大旗飘扬在黄鹤楼上空的晨曦中——武昌起义胜利了!

10月11日晚和12日晨,汉阳和汉口又被攻克,武汉三镇胜利光复,革命军的旗帜在武汉三镇迎风招展。这是以孙中山为首的资产阶级革命派领导起义以来的第一次伟大胜利,消息传出,全国乃至全世界都为之震动。

武昌起义胜利后,湖北军政府于10月11日在武昌宣告成立。此时孙中山还在美国,黄兴也在香港,革命党人决定推选社会上有"名望"的人担当领导,以组织政府。于是,吴兆麟等人提议,拥戴新军第二十一混成协统(相当于旅长)黎元洪担任湖北军政府都督,原湖北咨议局议长、立宪派首领汤化龙当总参议。黎元洪上任后,对军政府

1911年的汉口革命军旧照。

进行改组,使得一批旧官僚、立宪党人进入了湖北军政府,而革命党人却被剥夺了权力。

湖北军政府成立后,立即宣布废除清朝"宣统"年号,改国号为"中华民国";公布了《中华民国鄂州约法》,规定主权属于人民,使得资产阶级共和国的理想在中国第一次用法律形式固定下来。湖北军政府还发布各种文告,号召各省起义,促进了革命的继续发展。同时,湖北军政府宣布所有清政府与各国缔结的条约继续有效,赔款、外债照旧按期偿付,对各国在华的既得利益"一律保护",表示革命"并无丝毫排外性质",充分体现了资产阶级的软弱性和妥协性。

武昌起义胜利后,帝国主义迫于革命形势的迅猛发展,不得不宣布"严守中立",同时又派军舰集结在武汉附近的江面上,做好武装干涉的准备。而清政府则处于极度恐慌之中,立即派袁世凯为钦差大臣,并给他统率水陆各军的大权,让他出兵镇压革命军。不久,汉口、汉阳等相继陷落,革命军与清军形成了隔江对峙的局面。

虽然武汉地区的军事行动遭到挫折,但武昌起义所造成的全国革命形势已经无法扭转。武昌起义后短短的一个多月里,全国24个省中就有14个省先后宣告独立,并成立了军政府。革命风暴席卷神州大地,最后终于推翻了清王朝的腐朽统治,结束了统治中国两千多年的封建专制制度,使民主共和思想深入人心。

发生地点	发生时间	推荐理由
南京	公元1912年	中华民国的成立是资产阶级革命的胜利果实,从此民主自由的观念深入人心,历史进步的洪流不可遏止地向前汹涌推进。

中华民国的成立

事件介绍

武昌起义爆发后,全国各地纷纷响应。在一个多月的时间里,先后有湖北、湖南、陕西、江西、山西、云南、贵州、浙江、江苏、安徽、广西、福建、广东、四川等14个省和上海、重庆两市宣布独立,占当时全国24个省的半数以上,清王朝呈现土崩瓦解之势。随着革命形势的发展,建立统一的中央政权就成为革命的首要任务。

1911年11月9日,黎元洪以湖北军政府都督的名义,向独立各省发出通电,要求速派代表到武昌开会,商议组建中央政府事宜。

11月30日,各省代表在汉口英租界举行会议,讨论建立全国统一的中央政权。会议除制定了《临时政府组织大纲》外,还确定临时政府为总统制共和政府。

12月14日,武汉、上海两地的代表聚集在南京召开大会,决定根据《临时政府组织大纲》选举总统,以南京为临时政府所在地。此时,老谋深算的袁世凯看到清王朝大势已去,于是派出议和代表唐绍仪抵达汉口,表示赞成共和,企图抢夺革命的胜利果实。

孙中山抵达上海后,受到黄兴等人的热烈欢迎。12月28日,黄兴、宋教仁等人先后到南京召开选举总统的准备会议,并向各省代表表示要选孙中山为临时大总统。29日

◀ 身着大元帅服的孙中山。

下午，临时政府正式举行总统选举。由于孙中山在革命党人中的崇高威望，17省的代表以16票同意选举孙中山为中华民国临时大总统。

1912年1月1日上午11点，孙中山在大公堂举行宣誓就职典礼，宣布中华民国成立。

1月2日，孙中山通告各省改用阳历，以中华民国纪年，1912年即为中华民国元年。1月3日，孙中山以临时大总统的身份出席了各省代表大会。会议选举黎元洪为临时副总统，并通过了孙中山提出的临时政府各部总长、次长名单，组成南京临时政府。1月28日，孙中山改各省代表会议为临时参议院，由各省代表会议的代表充任参议员，推林森为议长。具有重大历史意义的中华民国南京临时政府经过曲折的斗争终于诞生了。

南京临时政府成立后，在孙中山的领导下，颁布了一系列有利于发展民族资本主义经济、资产阶级民主政治和文化教育的政策、法令。

在政治方面，南京临时政府制定了《中华民国临时约法》，开宗明义地规定："中华民国由中华人民组织之。""中华民国之主权，属于国民全体。"它仿照西方资产阶级的民主共和制度，规定由参议院、临时大总统、国务员、法院行使统治权，确立了行政、立法、司法三权分立的政治体制；它根据资产阶级的"天赋人权"、"自由"、"平等"、"博爱"的原则，宣布中华民国公民一律平等，公民享有人身、言论、出版、集会、结社、通信、信仰等各项自由，有请愿、陈讼、考试、选举及被选举等各项权利，有纳税、服兵役等各项义务。

《中华民国临时约法》还规定：禁止买卖华工，禁止买卖人口，废除奴婢买卖契约和一切主奴身份；禁止刑讯、体罚，整顿警察队伍，维持治安；整顿吏治，严禁违法乱纪；限期剪除辫子，禁止缠足；禁止种植、吸食和贩卖鸦片；反对封建迷信等等。

在经济方面，南京临时政府颁布了一些保护和奖励工商业的法令，废除了清代的一些苛捐杂税，鼓励人民兴办实业，从事农垦，并欢迎华侨在国内投资，帮助一些有实际困难的企业继续开办下去。2月5日，实业部通知各省迅速成立实业司，立即开办实业，由财政部统一管理外国借款和在国内发行的公债。

在文化教育方面，南京临时政府也采取了一系列的措施，如提倡以"自由"、"平等"、"博爱"为主要内容的公民道德教育；提倡男女同校，鼓励女校；规定各级学堂一律改称学校，监督、堂长改称校长；禁止使用清政府颁行的教科书，新编教科书必须合于"共和民国宗旨"；新办了一些工业科技学校、女子师范学校和蒙回藏师范学校。

在对外政策方面，南京临时政府主张关税自主，废除领事裁判权。但为了换取各国对中华民国的承认，防止帝国主义列强对革命政权的破坏，南京临时政府又宣称清政府与各国缔结之条约、所借之外债、承认之赔款、让与之权利，民国承认有效，并负责偿还款项。这也表现出了民族资产阶级的软弱性和妥协性。

中华民国成立后，遭到了内外反动势力的联合进攻。由于南京临时政府的一些政策触动了帝国主义列强的在华利益，于是各国在外交上拒绝承认中华民国，在经济上进行封锁扼杀，在军事上进行威胁恫吓。而反动势力头子袁世凯获得清政府的军政大权后，凭借手中的军队，玩弄起软硬兼施的反革命手段。

袁世凯一面借革命势力来恐吓清统治者，逼迫清帝退位；一面又用清朝军队来威胁革命党人，要革命党人对他妥协，把临时政府的政权交给他。此时，帝国主义列强看到清政府已经朝不保夕，于是开始物色和扶植新的走狗，并把兴趣逐渐转移到手握重兵的袁世凯身上，甚至公然声称：只有袁世凯"统一"南北后，才承认中华民国。

在帝国主义列强和袁世凯的要挟下，南京临时政府中的旧官僚和立宪派趁机加紧了拥袁排孙的活动。孙中山被迫牺牲革命的主张，向袁世凯妥协。1月22日，孙中山发表声明：只要清帝退位，袁世凯赞成共和，就让袁世凯当临时大总统。

袁世凯得到南京临时政府的保证后，立即凭借手中的兵力逼迫清帝退位。2月12日，隆裕太后宣布清帝溥仪退位。中国持续两千多年的封建帝制就此结束。清帝退位后，孙中

山向临时参议院提出辞职,并推荐袁世凯继任临时大总统。同时,孙中山提出三个附加条件:临时政府仍设在南京;新总统必须到南京就任;新总统必须遵守原临时大总统颁布的一切法制章程。

袁世凯的实力和地盘都在北方,当然不愿接受孙中山提出的限制条件,于是他又串通各国驻北京公使,取得了帝国主义列强的公开支持。但孙中山坚持要求袁世凯到南京就职,并派蔡元培、宋教仁、汪精卫等为专使到北京迎接袁世凯南下。老奸巨猾的袁世凯表面上热烈欢迎专使团,暗地里却指使部下发动"兵变",北京、保定、天津、通州等地枪声大作。帝国主义列强也与袁世凯紧密配合,借口"保护侨民",大肆调兵遣将。

面对袁世凯的软硬兼施,革命派又一次妥协。3月10日,袁世凯在北京宣誓就职。4月1日,孙中山正式解除临时大总统的职务,其他一些同盟会的主要领导人也相继下野。次日,南京临时参议院决定将临时政府迁往北京。至此,以孙中山为首的资产阶级共和国政府——南京临时政府仅仅历时三个月就被扼杀了。辛亥革命的胜利果实被袁世凯篡夺。

发生地点	发生时间	推荐理由
北京	公元1915年	新文化运动是一场深刻的思想解放运动，使中国知识分子普遍接受了西方的民主和科学的思想，促进了民众的觉悟，为五四运动奠定了思想基础。

新文化运动

事件介绍

1915年9月，陈独秀在上海创办《青年杂志》，并在创刊号上发表了《敬告青年》一文，提出了民主和科学的口号，举起了新文化运动的旗帜，成为新文化运动兴起的标志。

袁世凯在帝国主义列强的支持下，窃取了中华民国临时大总统职务，并逐渐露出他反革命的嘴脸。他竭力破坏辛亥革命的民主成果，极力推行尊孔复古的反动政策，加紧建立专制独裁统治的活动，积极为复辟帝制做准备。

面对革命的失败和这股反动逆流，以陈独秀、李大钊、鲁迅为代表的激进民主主义者，从创办《青年杂志》开始，发动了一次反封建的新文化运动，大张旗鼓地宣传资产阶级民主思想，同封建尊孔复古思想展开了激烈的斗争。

陈独秀、李大钊、鲁迅、易白沙、吴虞等人首先以《新青年》(《青年杂志》)为阵地，把斗争锋芒指向以维护封建专制为中心的孔教和孔学，发出了打倒旧礼教的战斗呼声，高举民主"德先生"的旗帜，大力宣传资产阶级民主思想。

陈独秀认为，要"输入西洋式社会国家之基础，所谓平等人权之新信仰，对于与此新社会、新国家、新信仰不可相容之礼教，不可不有彻底之觉悟，猛勇之决心，否则不塞不

流，不止不行"。这足见陈独秀当时在反封建斗争中是坚决而彻底的。

"民与君不两立，自由与专制不并存，是故君主生则国民死，专制活则自由亡。"李大钊多次在《新青年》发表文章，揭露了中国封建社会两千多年来给中国带来的危害，号召当代青年"冲决过去历史之网罗，破坏陈腐学说之囹圄"，摆脱"僵尸枯骨"，站在民主自由的前列，为"索我理想之中华"而奋斗，表现了他彻底反封建的战斗精神。

吴虞在《新青年》杂志上发表《吃人与礼教》、《家族制度为专制主义之根据论》等文章，猛烈抨击了封建礼教、封建家族制度和封建道德，并把儒家的伦理学说和专制政治、家族制度联系起来加以攻击，指出儒家教忠教孝是要"把中国弄成一个制造顺民的大工厂"。吴虞鲜明地喊出了"打倒孔家店"的口号，被称为"只手打孔家店的老英雄"。

鲁迅一出现就成为反封建斗争中最彻底的和影响最广的思想家，以他的"呐喊"助长了新文化运动的声威。他从对生活的敏锐观察出发，深刻地揭露了封建礼教的罪恶，发出了解放思想的强烈呼声。1918年5月，鲁迅在《新青年》上发表的第一篇白话小说《狂人日记》，无情地揭露了封建礼教"吃人"的本质。他发出誓言："将来容不得吃人的人留在世上"，要求"救救孩子"，要求人们起来为"真的人"的生活而斗争。鲁迅始终站在反帝反封建的新文化运动的前列，成为新文化运动的伟大旗手。

在大力宣传民主思想的同时，新文化运动也大力宣传"赛先生"的科学思想。

科学是指自然科学和看待客观事物的科学态度和观点。陈独秀认为，"科学之兴，其功不在人权说下，若舟车之有两轮焉"，"我们物质生活上需要科学，自不待言；就是精神生活离开科学也很危险"。鲁迅也认为，"科学能教道理明白，能教人思路清楚"。当时，《新青年》上发表了很多文章，都运用大量的自然科学的知识，驳斥神鬼迷信学说，大力宣传无神论思想。

新文化运动所宣传的科学的含义主要有这样几点。(一)强调科学的重要性，主张"用科学解决宇宙之谜"，"人类将来真实之信解行证，必以科学为正轨"。(二)宣传唯物论和无神论，反对唯心论和"天命、天罚、天幸"的天命观，用自然科学的原理证明无形无质的鬼神是根本不存在的。(三)主张用科学态度对待传统观念和一切社会问题，指出"无常识之思维，无理由之信仰，欲根治之，厥唯科学"。(四)主张坚持真理，破除偶像，指出一切偶像都是无用的骗人的，"都应该破坏"。(五)宣传社会进化论，反对保守，力求进步。鼓励青年建立积极、进取、战斗的人生观。

随着新文化运动的发展，胡适、陈独秀等又以《新青年》为阵地，提出了"文学革命"的口号，提倡白话文，反对文言文，提倡新文学，反对旧文学。新文化运动的倡导者们力图通过文学革命，把宣传封建思想的旧文学，改造为适合传播民主和科学的新文学。

1917年1月，胡适在《新青年》上发表《文学改良刍议》，提出"国语的文学，文学的国语"，主张以白话文代替文言文，主要涉及文学改革的形式问题。紧接着，陈独秀发表了《文学革命论》，明确地举起了文学革命的旗帜。他要求文学不仅在形式上，而且在内容上要进行一次革命。

《新青年》从四卷一期起改用白话文，采用新式标点符号。于是，一些新体诗开始在《新青年》上出现。作为文学革命的主将，鲁迅在《新青年》上先后发表《狂人日记》、《孔乙己》和《药》等白话小说和一些犀利的杂文，出色地把反封建的革命内容和白话文的形式结合起来，为新文学树立了良好的典范。紧接着，钱玄同、刘半农等人纷纷发表文章响应文学革命。

除《新青年》外，新文化运动的另一个阵地就是北京大学。1917年4月，蔡元培来到北大后，大刀阔斧地推行中国历史上前所未有的教育改革。他高举民主和科学的思想旗帜，以"兼容并包，思想自由"的办学原则，整顿校风，改变观念。

为了建立一支有真才实学而又热心于教育事业的教师队伍，蔡元培多方奔走，广罗人

鲁迅旧照，蔡元培旧照，李大钊旧照。

才。不久，主张文学革命的激进知识分子陈独秀被请来担任文科学长，相对论物理学家夏元瑮担任理科学长，李大钊担任图书馆主任。他还先后聘请了胡适、鲁迅、钱玄同、李四光、任鸿隽、马寅初等知名学者到北大任教，集中国优秀人才于一堂。随着新文化运动的倡导者先后进入北大任教，北京大学逐步成为新文化运动的中心。

1917年10月，伟大的俄国十月社会主义革命爆发，并建立了世界上第一个无产阶级专政的国家。十月革命的胜利让全世界为之震动，也照亮了中国革命的道路。在十月革命的影响下，李大钊、陈独秀等具有初步共产主义思想的知识分子，先后在《新青年》上发表文章，宣传俄国十月革命的经验和马克思列宁主义，使新文化运动增加了一面新旗帜。

1918年11月，李大钊在《新青年》上发表了《庶民的胜利》、《布尔什维主义的胜利》两篇著名论文，科学地分析了第一次世界大战的性质及其与无产阶级革命运动的关系，热烈歌颂俄国社会主义革命的胜利。李大钊还坚信"将来的环球，必是赤旗的世界"，指出中国人民应当沿着十月革命所开辟的道路前进。李大钊的文章是在中国开展科学社会主义宣传的良好开端，为新文化运动注入了崭新的思想内容，为社会主义思潮的传播开辟了道路。

不久，伟大的五四运动爆发，中国的民主革命从此进入了一个新的阶段。

1921年7月，中国共产党成立，中国革命从此有了强有力的领导者和组织者。

发生地点	发生时间	推荐理由
北京、上海	公元1919年	五四运动是新民主主义革命的开端，无产阶级作为独立的政治力量，第一次登上了历史的舞台，为中国共产党的建立做了思想上和组织上的准备。

五四运动

事件介绍

1919年1月，巴黎和会在法国凡尔赛宫正式召开。在英美帝国主义国家的操纵之下，中国人民的幻想破灭了。巴黎和会不仅拒绝了中国代表提出的取消"二十一条"的要求，而且公然把德国在山东的所有权益全部让给日本。软弱无能的北洋军阀政府不顾全国人民的反对，竟然准备在丧权辱国的条约上签字，引起了中国人民的极大愤慨。

5月4日下午一点多，北京大学等十多个学校的学生三千多人，从四面八方浩浩荡荡地汇集到天安门广场，抗议帝国主义的侵略和北洋军阀政府的无耻卖国行径。他们高举各色各样的旗子、标语牌，上面写着"取消二十一条"，"外争国权，内惩国贼"，"还我青岛"，"头可断，青岛不可失"，"宁为玉碎，不为瓦全"等等。最引人注目的是金水桥南边竖立的一幅大白旗，上写"卖国求荣，早知曹瞒遗种碑无字；倾心媚外，不期章惇余孽死有头"的醒目标语。这里"曹瞒遗种"指的是曹汝霖，"章惇余孽"暗指章宗祥。北大学生谢绍敏5月3日晚用鲜血写下的"还我青岛"四个大字也悬挂在天安门前，使气氛更为悲壮。

下午两点半，浩浩荡荡的学生游行队伍从天安门出发，向东交民巷使馆区奔去。学生们沿途高呼"外争国权，内惩国贼"，"还我青岛"等口号。当队伍走到东交民巷西口时，被北洋军阀政府的反动军警拦住。义愤填膺的学生们决定去找卖国贼曹汝霖算账,直奔赵家楼胡同曹汝霖住宅。

下午四点半,游行队伍来到曹汝霖家门口,闯进曹宅。慌乱之中,曹汝霖躲进了卧室的壁柜里,章宗祥则藏到又黑又小的锅炉房里。学生们四处找不到人,有人找到一桶汽油,愤怒的人们立刻喊着:"烧掉这个贼窝!"熊熊的大火使壁柜里的曹汝霖和锅炉房里的章宗祥再也躲藏不住了,曹汝霖趁乱混在佣人中狼狈地逃走了,章宗祥被学生们发现后挨了一顿痛打,火烧赵家楼使五四集会达到了高潮。

北洋军阀政府闻讯后,立即派警察总监、步军统领带领大队军警赶到曹宅,逮捕了还没有离去的32名同学。

参加爱国运动的学生被捕后,北京各界掀起了救援被捕学生,声讨政府恶行的高潮。5月5日上午,北京各大专学校举行总罢课,要求释放被捕学生。社会各阶层人士普遍同情和支持学生的正义行动。迫于社会各界的压力,北洋政府于5月7日释放了全部被捕学生。

被捕学生释放后,各校开始复课。北洋军阀政府以为风潮已过,于5月8日下令"慰

▼ 1919年5月4日,北平学生上街游行时的情景。

燕京大学,即现在的北京大学。

勉"请求辞职的曹汝霖,同时传讯5月4日被捕的学生,并逼迫北大校长蔡元培辞职。于是,爱国学生和军阀政府的斗争重新尖锐起来。他们强烈抗议军阀政府的"传讯",并要求政府明令挽留蔡元培,但遭到北洋政府的拒绝。

为了争取全国学生的支援,扩大爱国斗争统一战线,北京学生联合会还派代表去天津、南京、上海等地宣传联络。5月11日,北京各大专学校教职员联合会正式成立,和学生们一起参加爱国斗争。5月13日,北京教职员联合会和学生联合会共同向军阀政府提出警告,要求迅速答复学生们的爱国要求,否则学生们将全体罢课,教职员将全体辞职。革命的烈火已成燎原之势。

中国人民的爱国热潮使日本政府惊恐不安,于是不断向北京政府施加压力,要求取缔学生的"排日"运动,同时派出军舰停泊在天津、吴淞、青岛等地,进行军事威胁。面对帝国主义侵略者的干涉和挑衅,卖国政府唯命是从,他们召开国务会议,迅速通过了在和约上签字、取缔爱国学生运动两项决议。

反动派的倒行逆施,进一步激怒了广大青年学生。5月19日,北京学生宣布总罢课,并广泛开展爱国宣传活动。

面对越演越烈的革命风暴,对日本侵略者一向奴颜婢膝的反动政府,变本加厉地对学生进行了野蛮的镇压。6月1日,北京政府以大总统徐世昌的名义,公然为三个卖国贼辩护，并接连下令各地镇压学生运动，并要求学生们立即复课。大批荷枪实弹的军警走上街头，驱赶游行队伍，抢走讲演团的旗帜，撕毁传单，恐吓群众。

爱国有罪，卖国有功，反动政府的倒行逆施只能使爱国学生更加愤怒。6月3日上午，北京二十余所学校的数百名学生又上街进行爱国宣传。北洋政府派出大批军警驱散听讲的群众，并逮捕讲演学生178人。

北京学生点燃的反帝爱国烈火，迅速燃遍全国各大城市，推动了全国的学生爱国运动的发展。天津、上海、济南、长沙、武汉、南京、成都等大城市和其他各地的学生，都纷纷罢课、集会、游行，甚至在国外的中国留学生也开展了各种爱国活动，形成空前规模的革命洪流。各地的军警乘机大肆逮捕学生，几天下来，被捕的学生有近千人。

反动政府对学生的大肆逮捕，激起了全国人民的愤怒，进而掀起了更大的革命风暴。五四爱国运动进入了一个新的阶段，形成了一个以工人阶级为主力，包括城市小资产阶级和民族资产阶级在内的广泛的群众爱国运动，运动的中心也由北京转到上海。

上海是当时中国最大的工商业城市。当北京政府大肆逮捕学生的消息传到上海时，具有光荣革命斗争传统的上海人民闻讯奋起，要求惩办卖国贼，释放北京被捕学生，开展了史无前例的罢课、罢工、罢市的"三罢"斗争。革命的烈火燃遍了黄浦江两岸。

6月4日下午，上海学生纷纷走上街头，开展了声势浩大的游行示威活动。他们到处宣传，并挨门挨户地动员各商户从5日起一起罢市。6月5日，在广大学生的宣传和积极推动下，上海商界宣布总罢市。上海也是当时我国工人阶级最集中的地方。在商界宣布罢市的同时，上海工人自觉地开始罢工，以反对北京政府逮捕爱国学生，支援学生的爱国斗争。

学生罢课、工人罢工、商人罢市的"三罢"斗争，给反动的北洋政府以沉重的打击。在革命运动不断高涨的情况下，反动政府十分恐慌。为了维护反动统治，安抚人心，北洋政府只好免去了曹汝霖、章宗祥、陆宗舆三个卖国贼的职务。

6月18日，山东各界联合会派出请愿团进京请愿，直接向北京政府表示山东各界人士反对在和约上签字的强烈要求。

山东代表的请愿活动，使全国各地人民也积极行动起来，开展了各种形式的拒签和约的斗争。6月28日是和约签字日期，留法华工和学生包围了中国代表团的寓所，迫使他们无法出席"和会"去签字。在广大人民的巨大压力下，北洋军阀政府不得不表示拒绝在"和约"上签字。至此，"五四"爱国运动取得胜利。

发生地点	发生时间	推荐理由
中国	公元1921年	《沉沦》是我国现代文学史上的第一本小说集，被公认为惊世骇俗的作品，影响力极大，造成了当时的"郁达夫热"。

震撼现代文坛的《沉沦》

事件介绍

郁达夫，名文，字达夫，1896年12月7日出生于富阳满洲弄（今达夫弄）的一个知识分子家庭里，幼年家庭贫困。1913年随长兄东渡日本，开始了他炼狱般的留学生活。近十年的留学生活，加深了郁达夫思想中的忧郁，对他的创作和生活甚至性格都形成了巨大的影响。他这样描述自己在日本的心情：一种被侮辱、绝望、悲愤、隐痛的混合作用，是没有到过日本的中国同胞绝对地想象不出来的。其时，日本军国主义已严重膨胀，滋生着侵略扩张的野心。"是在日本，我开始看清了我们中国在世界竞争场里所处的地位……是在日本，我早就悟到了今后中国的命运，与夫四万万同胞不得不受的炼狱的历程。"中国留学生作为弱国子民，到处受到欺凌和侮辱。由于时代的黑暗、祖国的贫弱，郁达夫长期饱受痛苦的煎熬，他的忧郁感伤情绪与日俱增。

郁达夫这样介绍自己写《沉沦》的初衷："在那荒淫残酷、军阀专权的岛国里面……眼看到故国的陆沉，身受到异乡的屈辱，与夫所感所思、所经历的一切，概括起来没有一点不是失望，没有一处不是忧伤，同初丧了夫主的少妇一般，毫无气力、毫无勇毅、哀哀切切，悲鸣出来的，就是那一卷那时惹起了许多非难的《沉沦》。"他这由于切肤之痛所发出的忧郁感伤的呐喊，必然在他的作品里有所反映。

郁达夫在进行文学创作的同时，积极参加各种反帝抗日组织，先后在上海、武汉、福州等地从事抗日救国宣传活动。他不是共产主义战士，却是一个很彻底的民主使者。在南洋，他曾谈起过自己和左联的关系："替穷人说话是我的宿愿。左联的很多作家和我都是至友，尤其是鲁迅，我们之间无话不谈。他和左联的关系，是由我做的媒。我的个性不适合做那样的工作，所以左联成立一个月之内便宣告退出了。不管别人怎么议论，我不辩解，而在暗中营救左翼作家的事，做得并不少。自问比挂空名不做实事的人，心中踏实得多。"夏衍先生就曾说："达夫是一个伟大的爱国者，爱国是他毕生的精神支柱。"

1938年底，郁达夫应邀赴新加坡办报并从事宣传抗日救亡活动，星洲沦陷后流亡至苏门答腊，因精通日语被迫做过日军翻译，其间利用职务之便暗暗救助、保护了大量文化界流亡难友、爱国侨领和当地居民。1945年8月29日，郁达夫被日本宪兵残酷杀害，终年四十九岁。1952年经中央人民政府批准，被追认为革命烈士。郁达夫生前好友、著名画家刘海粟这样评价他："达夫是中华大地母亲孕育出来的骄子，是本世纪最有才华最有民族气节的诗人之一，爱国是他一生言行中最突出的倾向。""60年来，评价郁达夫作品的思想性时，颇有分歧；至于他的文学才能，则无人怀疑。"（人们之所以对他的作品的思想性看法有分歧，是因为他的作品中有着大量直接的有关性方面的描写。）

在郁达夫遇害十周年的时候，有人写下这样的悲壮悼诗：

斑白犹存稚子心，
人间名利一尘轻。
今朝痛觉诗人梦，
血莫神州头作樽！

这是对郁达夫的公正评价。

《沉沦》是郁达夫早年的一篇代表性作品。小说通过对一个中国留日学生的忧郁性格和变态心理的刻画，抒写了"弱国子民"在异邦所受到的屈辱冷遇以及渴望纯真的友谊与爱情而又终不可得的失望与苦闷，同时也表达了盼望祖国早日富强起来的热切心愿。

郁达夫原名郁文，中国现代著名小说家、散文家、诗人，代表作有《沉沦》、《迟桂花》等。

　　作品的主人公在"五四"狂飙和西方新思潮的感召下业已觉醒，热切地渴望恢复刚刚意识到的失去的自身价值，向往异性的爱。然而，在这"文明"的现代社会，尤其是他这样一个身处异邦的弱国子民，他的所有追求都"已成为一种观念"，成了不可实现的理想。他的生活处于一种极端矛盾的状态中：在自身小的方面，他内心的情火熊熊燃烧，现实给他的却是残酷的压抑，于是，在一种青春欲望的蛊惑下，他便用病态和变态的行为来满足自己的欲望，走向沉沦；在国家大的方面，他热爱祖国，却眼看着祖国日益"陆沉"，使这个被歧视的弱国子民的自尊心与自卑感发生了剧烈的矛盾和冲突。他渴求理解、温暖和同情以及"从同情而来的爱情"，但他却没有能力找到这种爱；在心理上，他才华横溢，却反受社会歧视；在生理上，他渴求爱情，却找不到安慰体谅他的心。他在孤独与忧郁中挣扎，以至于进妓院麻醉自己苦寂的精神。在"贪恶的苦闷与向善的焦躁"的双重夹击下，自戕与自责又构成了他心理上更深刻的矛盾和苦闷。终于，伴着个人理想的彻底幻灭，他走向投海自尽的绝路。

　　郁达夫通过大胆直率的描写，表达了那一代知识分子所共有的内心需求，进而控诉了外受帝国主义压迫、内受封建势力统治的罪恶社会，因此在当时产生了很大的影响，引起许多知识青年的共鸣。

发生地点	发生时间	推荐理由
中国	公元20世纪20年代	作为"新月派"代表诗人的徐志摩，是一位在我国现代文学发展史上具有较大影响和重要地位的诗人。

荡涤心灵的徐志摩新诗

事件介绍

徐志摩（1896—1931），浙江海宁人，出身于富商家庭。笔名云中鹤、南湖、诗哲。他中学与郁达夫同班。

徐志摩1916年考入北京大学，并于同年从父命与年仅十六岁的张幼仪成婚，1918年赴美留学，1920年赴英国，就读于剑桥大学，攻读博士学位，其间徐志摩爱上林徽音，并于1922年3月与元配夫人张幼仪离婚。同年8月辞别剑桥启程回国。历任北京大学、清华大学教授，经常发表诗作。1923年与胡适等成立新月社，为主要成员，1924年，印度大诗人泰戈尔访华，徐志摩任翻译，后随泰戈尔漫游欧洲。同年认识有夫之妇陆小曼并与之相恋，1926年10月，与陆小曼结婚。1927年在上海光华大学任教授，1929年兼任中华书局编辑。1930年秋，应胡适之邀，到北京大学任教授。在此期间，徐志摩为了生计，于北平与上海之间疲于奔命。1931年11月19日，从南京乘飞机去北平，途中飞机失事，不幸遇难，死于泰山脚下，时年三十五岁。

《徐志摩诗全编》包括《志摩的诗》、《翡冷翠的一夜》、《猛虎集》、《云游》几部分，其中最为有名的一首是《再别康桥》，诗中写道：

轻轻的我走了，正如我轻轻的来；
我轻轻的招手，作别西天的云彩。

那河畔的金柳，是夕阳中的新娘；
波光里的艳影，在我的心头荡漾。

软泥上的青荇，油油的在水底招摇；
在康河的柔波里，我甘心做一条水草！

那榆荫下的一潭，不是清泉，是天上虹。
揉碎在浮藻间，沉淀着彩虹似的梦。

寻梦？撑一支长篙，向青草更青处漫溯，
满载一船星辉，在星辉斑斓里放歌。

但我不能放歌，悄悄是别离的笙箫；
夏虫也为我沉默，沉默是今晚的康桥！

悄悄的我走了，正如我悄悄的来；
我挥一挥衣袖，不带走一片云彩。

康桥，即英国著名的剑桥大学所在地。1920年10月至1922年8月，诗人曾游学于此。康桥时期是徐志摩一生的转折点。诗人在《猛虎集·序文》中说：在二十四岁以前，他对于诗的兴味远不如对于相对论或民约论的兴味。正是康河的水，开启了诗人的性灵，唤醒了久蛰在他心中的诗人的天命。因此他后来曾满怀深情地说："我的眼是康桥教我睁的，我的求知欲是康桥给我拨动的，我的自我意识是康桥给我胚胎的。"1928年，诗人故地重游。11月6日，在归途中的南中国海上，他吟成了这首传世之作。这首诗最初刊登在1928年12月10日《新月》月刊第1卷第10号上，后收入《猛虎集》。可以说，"康桥情结"贯穿在徐志摩一生的诗文中，而《再别康桥》无疑是其中最有名的一篇。

徐志摩原名章垿，留学美国时改名徐志摩。他是新月派代表诗人，深受西方教育的熏陶及欧美浪漫主义和唯美派诗人的影响。

　　《再别康桥》这首诗，较为典型地表现了徐志摩诗歌的风格。诗歌记下了诗人1928年秋重到英国、再别康桥的情感体验，表现了一种含着淡淡忧愁的离情别绪。徐志摩留学英国两年，大部分时间在此度过。这是他一生中最美好的时光。康桥的一切，早就给他留下了美好的印象，如今又要和它告别了，千缕柔情、万种感触涌上心头。

　　作者对康桥有着极大的依恋，所有入目的事物都能拨动作者的情思。诗歌开头用三个"轻轻的"为全诗定下哀而不伤的基调，然后通过目之所见来表达那浓浓的离愁别绪。作者用层层剥笋的方式一步步表达对康桥的依依惜别之情。这是作者梦想驰骋的地方，沉淀着作者"彩虹似的梦"，作者想重温旧梦，"寻梦？撑一支长篙，向青草更青处漫溯"，虽然旧日不会重来，但回想起以往的激情岁月，作者想要放声高歌，要"在星辉斑斓里放歌"，但理智告诉作者，在这肃静的学府里不宜做过多的喧哗，作者只能按捺下这激动之情，以沉默的方式向自己所钟爱的地方告别，轻轻地离开这个给自己梦和幻想的地方。

　　这首诗全篇给人以曲径通幽的恬静和余音绕梁的回味，让人一读再读，不忍释卷。全诗共分七节，排列错落有致，韵律在其中徐行缓步地铺展，颇有些"长袍白面，郊寒岛瘦"的诗人气度，可以说，正体现了徐志摩的诗歌主张。

　　康桥，因为有了志摩，而成就了它的灵性，径自走入中国文学史灿烂的一页。志摩，又因为有了康桥，而找到了精神寄托。

发生地点	发生时间	推荐理由
沈阳	公元 1931 年	九·一八事变导致东北三省的沦陷，破坏了我国领土完整，是日本侵略中国的开始，同时揭开了中华民族反抗日本帝国主义侵略斗争的序幕。

九·一八事变

事件介绍

1931年9月18日晚，日本关东军岛本大队川岛中队河本末守中尉打着巡视铁路的名义，率领部下来到我东北军北大营南六七百米处的柳条湖。晚上10点20分，他们将骑兵用的小型炸弹安放在南满铁路两根铁轨的接头处，点上火，只听"轰"的一声，铁轨被炸断1.5米，碎片向四周飞去。

河本立刻用随身带的电话机向岛本大队和沈阳特务机关报告，不到5分钟，日军驻扎在南满车站大和旅馆的炮兵开始向东北军驻地北大营开炮。随即，距爆炸地点4公里的文官屯日本军，在川岛中队长的率领下，向北大营攻去，紧接着，关东军代理司令官板垣征四郎下令第29联队发动对沈阳城的攻击。

当日军炮击北大营，步兵在坦克后向北大营逼近时，七旅官兵被命令不准抵抗。19日凌晨5时30分，北大营被日军占领。

19日中午，沈阳城被日军占领，这时距柳条湖爆炸声响起仅14个小时。事后，日本军贴出布告，反诬东北军炸毁铁路，这就是震惊中外的"九·一八"事变。

"九·一八"事变是日本关东军精心策划和制造的，是日本侵略政策发展的必然结果。

◀ 时任黄埔军校校长的蒋介石。

日本帝国主义用武力侵略中国的战争，由此开始。

明治时期，日本政府就提出了"大陆政策"，即第一步占领台湾，第二步吞并朝鲜，第三步侵占中国东北和蒙古，第四步征服中国，第五步称霸全世界。经过中日甲午战争和日俄战争，日本实现了前两步目标，同时取得了在中国东北的大部分权益。

1927年，日本爆发空前的金融危机，由积极推行大陆政策的田中义一上台组阁。他素以强硬侵华派著称，会后，田中义一根据经会议讨论决定的方针政策，拟定了一个秘密文件——《帝国对满蒙之积极根本政策》，即著名的《田中奏折》，从而最后确定了"唯欲征服支那，必先征服满蒙，如欲征服世界，必先征服支那"的侵略扩张政策。

在日本帝国主义加紧策划和实施侵略中国东北的计划的过程中，东北的政治局势也在迅速变化。

1928年，日军制造了"皇姑屯事件"，炸死了张作霖。关东军制造这一事件，企图由此引起混乱而一举占领东三省。

为安定人心，年仅二十八岁的张学良沉着机智，为了使东北不为日本所肢解，毅然投靠蒋介石南京政府。1928年12月29日，张学良断然宣布改易旗帜，随即在东北大本营降下了张作霖时代的五色旗，让国民政府的青天白日旗飘扬在白山黑水上空。

张学良"东北易帜"，是抗日爱国的一大壮举，维护了国家的统一和领土完整，有力地打击了日本帝国主义在东北的侵略势力。

1929年美国发生"股灾",世界经济危机爆发,并很快波及日本,日本工厂大量倒闭,经济一片混乱,国内阶级矛盾空前激化。日本侵略者企图从战争中寻找出路,把阶级矛盾转化为民族矛盾,在对外侵略战争中解决国内危机。

为了点燃战争之火,日本关东军为发动"九·一八"事变进行了精心而缜密的准备。9月18日,也就是农历的八月初七,日军炮击北大营,19日凌晨5时30分,占领了北大营。

面对日本帝国主义的武装进攻,蒋介石和南京政府寄希望于国际制裁,采取不抵抗政策。

事变前,当日本进攻东北的形势已十分明显时,8月16日,蒋介石致电张学良称:"无论日本军队此后如何在东北寻衅,我方应予不抵抗,力避冲突。于兄万勿逞一时之愤,置国家民族于不顾。"张学良即将此电转发东北各军事长官一体遵守。

▼ 张学良旧照。张学良"东北易帜"的壮举,维护了抗战大局和国家的统一,是近代中国政治中影响巨大的一次事件。

张作霖像。张作霖是近代中国割据军阀中势力较大、影响也非同一般的一支势力代表。他的死是他与日本矛盾不可调和的结果。

9月23日，蒋介石发表演说，声明要"以公理对强权，以和平对野蛮，忍辱含愤，暂取逆来顺受态度，以待公理之判决"。同日，南京政府发表《告全国国民书》，说已将此案"诉之国联行政院，以待公理之解决"，要求全国军队"对日军避免冲突"，全国国民亦"务须维持严肃镇静之态度"。

当时蒋介石正集中力量"围剿"红军，在他看来，共产党是比日本帝国主义更能威胁其统治的"心腹大患"，他不能既反共又抗日而"腹背受敌"。

蒋介石站在以江浙为中心的大地主大资产阶级的立场上，认为东北还不是他的"势力范围以内之地"，东北丧失了，不过是把"有名无实"变为"并丧其名"，这与他没有多大关系。

蒋介石对日本的武力一向怀着恐惧心理，认为日本"只要发一个号令"，"三天之内"，就能"灭亡我中国"，中国没有抵抗日本的条件。他把制止日本侵略的希望，寄托在国际联盟的干涉上面。

但是，国联并未能维护"公理"、"公法"，虽几经会商，也没能采取任何制止日本侵略的措施，反而对日本起了袒护和纵容的作用。

"九·一八"事变发生时，驻东北的日本兵力为第二师团和独立守备队共10400人，

9月21日从朝鲜调入一个混成旅团4000人,再加上其他军事力量如预备役军人、警察大队等,总计两万多人;而在东北三省和热河的中国军队有二十多万人,阻止日本对东北的侵略是完全可能的。但是,不抵抗命令使中国军队不战自退,眼睁睁地看着日军攻城掠地。

9月29日晨,日军占领沈阳。同日,占领长春、营口、本溪、鞍山、抚顺等20座城市。21日,日军占领吉林市。至25日,辽宁、吉林两省已有30座城市被日军侵占。然后,日军北下,11月19日占领黑龙江省会齐齐哈尔。接着,日军又掉转枪头南下,1932年1月3日,未发一弹进入锦州,并迅速占领辽西地区。2月5日,日军占领北满中心城市、东北特别行政区哈尔滨市。

至此,经过4个月零18天,东北3000万同胞,100万平方公里土地,数不尽的财产、

▼ 九·一八事变后,日军炮兵部队开进沈阳城。

宝藏、工矿设施，完全沦于敌手，蒋介石一枪未放就将我东北国土让给日本侵略者。他虽不是以文字让土，却是从实质上出卖了东三省。此后，国人为谴责这种卖国行为，给张学良以"不抵抗将军"的绰号。

"九·一八"事变后，全国人民纷纷谴责蒋介石卖国，各大城市的学生和工人们游行示威，掀起了抗日运动。

在抗日大潮的冲击下，蒋介石亲自接见了学生代表，并许以"我如不抗日，可杀我蒋某之头"。

"九·一八"事变，破坏了我国领土完整，致使东北人民受尽倭寇的凌辱，"是可忍，孰不可忍"，蒋政府一再妥协，已丧失了作为中国人的良心，置人民于水火而不顾，中国共产党于9月22日号召群众反抗日本帝国主义的野蛮侵略。

▼ 九·一八事变爆发后，日军占领了中国军队驻地——沈阳北大营。